专利开源战略与运营实践

国家知识产权局专利局专利审查协作天津中心◎组织编写

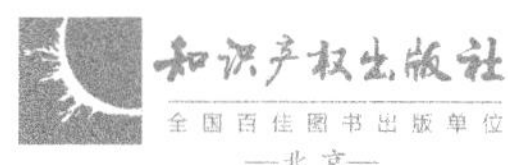

图书在版编目（CIP）数据

专利开源战略与运营实践/国家知识产权局专利局专利审查协作天津中心组织编写. —北京：知识产权出版社，2024. 10. —ISBN 978 -7 -5130 -9581 -5

Ⅰ. D913. 04

中国国家版本馆 CIP 数据核字第 2024Q3W048 号

责任编辑：江宜玲　　**责任校对**：王　岩

封面设计：杨杨工作室 · 张冀　　**责任印制**：孙婷婷

专利开源战略与运营实践

国家知识产权局专利局专利审查协作天津中心　组织编写

出版发行：知识产权出版社有限责任公司　　**网　　址**：http：//www. ipph. cn

社　　址：北京市海淀区气象路 50 号院　　**邮　　编**：100081

责编电话：010 -82000860 转 8339　　**责编邮箱**：99650802@ qq. com

发行电话：010 -82000860 转 8101/8102　　**发行传真**：010 -82000893/82005070/82000270

印　　刷：北京中献拓方科技发展有限公司　　**经　　销**：新华书店、各大网上书店及相关专业书店

开　　本：787mm×1092mm　1/16　　**印　　张**：16. 75

版　　次：2024 年 10 月第 1 版　　**印　　次**：2024 年 10 月第 1 次印刷

字　　数：397 千字　　**定　　价**：99. 00 元

ISBN 978 -7 -5130 -9581 -5

编委会

本书指导委员会

本书主要编写人员

卜广东：引言、第 1.3 节、第 2.2 节、第 2.4 节、第 3.3 节

毛　峰：第 4.4 节、第 5.2.2 节、第 5.4.4 节、第七章

曹丽冉：第 1.2 节、第 2.3 节、第 3.4 节、第 5.2.3 节

王晓光：第 3.2 节、第 4.3 节、第六章

孔　丹：第 2.1 节、第 4.1 节、第 4.2 节

夏　鹏：第 1.1 节

孟繁杰：第 5.1 节、第 5.3.2 节

于乔木：第 5.3.1 节、第 5.4.2 节

张丽娜：第 5.3.3 节、第 5.4.1 节

吴肖志：第 5.2.1.4 节、第 5.4.3 节

王　欣：第 5.2.1.1 节、第 5.2.1.2 节、第 5.3.4 节

王　宇：第 5.2.1.5 节

杨林郁：第 5.2.1.3 节

刘坛首：第 5.5 节

张阿真、闫文凤：第 3.1.2 节

李绅龙：第 3.5 节

王亚旭：第 4.5 节

杜　宣、陈艳娜：第 3.1.1 节

引　言

开源（Open Source），即开放资源，最早源于计算机软件的开放使用。Linux 作为第一个使用源代码开放模式的软件协作计划，助推了“开源”一词在软件领域的知名度。软件的开源使得参与开源的企业节省了开发时间，同时由于开发者和使用者的界限被打破，软件的开源更是推动了软件行业的快速发展。专利作为一种无形财产，其效能是以激励理论为前提，赋予创造性成果一定的垄断权利，鼓励创新，保护权利人权益。开源的目的在于共享技术，而专利的目的在于保护技术。在软件技术飞速发展的过程中，很多企业在参与开源的同时，也依靠专利保护其软件技术的创新，从而维持其在行业内的核心竞争力。因此，随着软件开源的发展，对于软件中包含的专利等知识产权的开源需求逐渐凸显，进而使得开源逐渐延伸到专利领域，专利开源是开源理念应用到专利中的具体表现形式。

近几年，国家高度重视开源生态的建立和完善。2021 年 9 月，中共中央、国务院印发《知识产权强国建设纲要（2021—2035 年）》，强调要完善开源知识产权政策和法律体系。2023 年 10 月，国务院办公厅印发《专利转化运用专项行动方案（2023—2025 年）》，提出要面向未来产业等前沿技术领域，鼓励探索专利开源等专利运用新模式。国家知识产权局将全面实施专利开放许可制度，将鼓励探索专利开源列入 2024 年知识产权重点工作。

在行业发展方面，2021 年 11 月，工业和信息化部印发《“十四五”软件和信息技术服务业发展规划》，提出要加快繁荣开源生态，提高产业聚集水平，可见开源作为一种产业生态发展模式，正在开辟产业竞争的新赛道。

在企业运用方面，国内越来越多的企业已经加入或考虑加入专利开源项目，企业对于开源专利的运用存在迫切的需求。

在专利开源项目方面，目前最具影响力的是开放发明网络（Open Invention Network，OIN）社区。OIN 社区成立于 2005 年，其以免费的形式进行 Linux 系统相关专利的许可授权，从而为核心 Linux 技术和相关的开源专利技术建立防御机制。具体而言，OIN 专利许可和会员专利交叉许可对所有 OIN 社区会员免费开放。目前，OIN 社区已有 3000 余家会员，拥有超过 280 万件专利和专利申请，超过 3700 项 Linux 和核心开源技术包的专利交叉许可，成员包括 Google、IBM、微软、索尼、飞利浦、东芝、360、华为、小米、字节跳动、快手、哔哩哔哩、长城汽车、腾讯、阿里巴巴、广汽集团、京东等国内外知名企业。可以说，OIN 的成立为专利开源提供了有效的参考，促进了专利开源的发展。

在专利开源主体方面，最具轰动效应的是电动汽车厂商特斯拉。2014 年 6 月，特斯拉首席执行官埃隆·马斯克宣布将开放特斯拉的所有专利技术，其官网发布《我们所有的专利属于你》一文，宣称："我们本着开源运动的精神，开放了我们的专利，目的是推动电动汽车技术的进步"；"任何人如果出于善意想要使用特斯拉的技术，特斯拉将不会对其发起专利侵权诉讼。"从 2014 年至今，特斯拉面向全球开放的专利涉及电动汽车综合控制、三电系统等核心技术。也是从那时起，全球新能源汽车市场开始百花齐放，数百家电动汽车初创企业纷纷涌入。谈及初衷，马斯克曾公开表示，希望更多人可以参与电动汽车技术研发，进一步推动行业发展。此举为特斯拉赢得了来自业界的诸如"颠覆""史无前例""有勇气的创举""值得尊重"等评价和赞誉，是将开源从软件领域扩展到其他领域的最具影响力的案例之一，也让专利开源这一创新的专利运营模式引起了广泛关注。2023 年 6 月，马斯克表示，特斯拉很乐意将自动辅助驾驶、完全自动驾驶或其他技术授权给有需要的公司，这意味着作为特斯拉招牌的全自动驾驶（Full Self Driving，FSD）技术的专利开源可能再一次加速电动汽车产业的发展与变革。此外，随着特斯拉在新能源汽车领域进行专利开源，越来越多的企业也开始寻求各自领域专利开源的可能性，如为开发低碳技术的创新者提供免费的专利使用权，旨在帮助应对气候变化所发起的“低碳专利承诺”（Low - carbon Patent Pledge，LCPP），以及涉及环保的环保专利共享（Eco - patent Commons）项目、生物领域的BIOS项目等。

专利开源项目的广泛发展也带来了一些思考。专利开源与传统专利运用在理念上有很大的不同。传统的专利运用建立在专利的排他权基础之上，强调对创新技术的独占，以构建技术与竞争壁垒；专利开源强调专利公开透明、协作参与及面向社区。两者理念的差别自然会带来以下一些疑问：

① 专利开源放弃了对技术的独占，是否会对现行以排他权为核心的专利保护制度带来冲击？

② 专利开源并非出自制度性安排，完全属于当事人的自发行为，权利义务取决于开源协议。面对自发的运作方式，相关政策与制度存在哪些空白点？该如何应对？

③ 企业付出大量精力和金钱来获取相关技术的专利权，却又提供给他人甚至竞争对手免费使用，那么在专利开源的背后，企业有怎样的真实诉求？使用者又会面临怎样的风险？

④ 当前专利开源项目已经开始应用于某些行业，并引起了业内的关注，那么这些专利开源项目是否有利于相关行业的发展？这是否会影响行业的竞争格局？

整体来看，目前我国对于知识产权开源，特别是专利开源及运营的研究相对较少，对于如何运用专利开源战略推动建立完善的专利开源生态、促进产业技术发展还未展开系统的研究，专利开源运营过程中存在哪些风险以及如何防控也还不够明确。这些已经成为目前亟须研究的重大问题。

本书介绍了专利开源和专利运营的源起和发展历程，明确了专利开源运营的内涵和特点，对专利开源运营实践的组织管理进行全面分析，并结合不同专利开源运营模式提供专利开源运营的具体操作过程、方法和示例。本书的内容：一方面，丰富了相关的理论研究，为完善我国相关的专利制度和专利政策提供参考；另一方面，提出了市场开拓、技术聚集、产品防御、社会公益、专利转化五种专利开源模式下的运营实施策略，这对于促进产业、企业的发展具有重要的现实意义。

本书的创新点在于：

① 结合专利开源发展现状，首次提出专利开源运营的概念，分析专利开源运营相较于其他专利运营方式的特点与优势。专利开源运营属于专利权利主体的自愿行为，专利权利主体并未放弃专利权，而是以自己的专利技术方案作为筹码交换条件，从而更好地构建有利于自身的专利生态，获得免费使用者的改进方案，赢得更好的社会声誉，或者满足公益、伦理等需求。专利开源运营可以通过企业或个人单方面自发地宣布开源其专利或加入开源组织，也可以以联盟、社区、基金会、协会等为载体进行专利开源。相比于专利转让、许可、质押等其他专利运营方式，专利开源运营的组织形式更为灵活。

② 从整体上分析了专利开源运营的开源条件，创新性地提出了专利开源运营的组织架构，具体分为开源主体管理、开源专利管理、法律事务管理、开源风险管理和开源生态管理五个部分，并对各管理功能以及管理运行方式进行了总结和归纳。在此基础上，针对市场开拓、技术聚集、产品防御、社会公益和专利转化这五种专利开源诉求，给出了方向性的分类实施策略，使得专利开源运营体系及其运作方式更加明晰。

③ 在明晰了专利开源运营体系及其运作方式的基础上，分别从市场开拓模式、技术聚集模式、产品防御模式、社会公益模式和产品转化模式五个方面，给出了不同专利开源模式的定义及特点。通过对各模式下经典开源案例的组织架构以及开源专利的分析，得出不同专利开源模式下进行开源运营的先决条件，同时进一步细化了相应模式下企业、行业、高校及科研机构的专利开源运营实施策略，为现阶段企业、行业、高校及科研机构的专利开源运营实践提供具有针对性、指导性、实操性的意见和建议。

本书的撰写团队拥有多年专利审查、专利分析和知识产权运营经验，2022 年曾承担国家知识产权局学术委员会专利专项研究项目“专利开源战略与风险防控研究”。在已有成果的基础上，撰写团队进一步查阅文献、咨询专家，并赴多家大型企业开展调研交流，积累了丰富的专业知识和实践经验，确保本书的研究质量和实用性。

本书的出版得益于众多领导、同事、朋友的关心与支持，在此表示衷心的感谢！特别感谢参与本书审阅和指导的专家、学者，他们利用在知识产权、开源技术和运营管理等领域的专业知识和实践经验，为本书的撰写提出了许多宝贵的建议。

我们期待本书能为专利开源运营领域的发展起到积极的推动作用，为读者带来启示和借鉴。由于编者水平有限，书中难免存在疏漏和不足之处，敬请广大读者批评指正。

目　录

第一章　专利开源运营概论

本章系统介绍专利开源的定义和特点，详细分析专利运营的产生背景、运营方式和国内外专利运营现状，在此基础上，结合专利开源发展现状，首次提出专利开源运营的概念，分析得出专利开源运营相较于其他专利运营方式的特点与优势，归纳出五种专利开源运营模式，并从企业、行业和国家三个层面分析专利开源运营战略及风险防控。

1.1　专利开源

专利开源也称作专利共享或者专利开放，在业内目前没有统一的定义。从字面意思来看，专利开源可以简单理解为将自己拥有的专利免费提供给他人使用。目前，专利开源已经应用于软件、新能源、区块链、空调、环保、生物等多个领域。具有代表性的专利开源项目有软件领域的 OIN 项目、新能源领域的特斯拉项目、空调领域的大金项目、环保领域的 Eco – patent Commons 项目、生物领域的 BIOS 项目等。

随着上述专利开源项目的发展，不同的专利开源项目演化出适合自身发展需求的特点。例如，OIN 专利开源项目主要是出于防御的目的，在协议中加入防御条款。

① **许可对象范围**。OIN 获取并开发不同技术的专利和专利申请，这些专利和专利申请免费许可给全部社区成员。

② **技术领域限制**。OIN 没有技术领域限制。OIN 拥有 280 余万件专利和专利申请，除了 Linux 系统社区交叉许可，OIN 还收购和开发了自己的战略专利组合。目前，OIN 的技术领域已经涵盖人工智能、商业、数据库、生物识别、电信、网络、虚拟化等领域。

③ **协议类型**。OIN 对所有社区成员采用统一协议，无差别对待。

④ **许可承诺**。OIN 社区成员需要明示同意。

⑤ **许可期限**。OIN 社区成员之间的专利许可无期限。

⑥ **协议条款**。OIN 项目中的标准条款包括不主张条款、违约条款、权利用尽条款和可再专利性条款。

再如，大金公司专利开源项目分别于 2021 年和 2022 年在原开源专利列表中新增了部分专利。人们在使用上述开源专利时，无须大金公司的预先批准，无须签订合同，即可免费使用已承诺的专利。此次专利承诺将不会被撤销，并且大金公司不会针对任何一方撤回承诺，除非该方触发大金公司的防御性终止条款。

又如，Eco - patent Commons 专利开源项目基于开源共享的理念，鼓励企业自愿捐赠其清洁专利技术，吸引了很多高新技术企业加入。但随着专利开源项目的发展，其加入了针对性限制，如果被许可方因为非环保目的使用了平台上的专利，则会被视为侵权，被许可方将受制于防御终止规定。该条款明确规定在下列两种情况下不得使用专利许可：

① 共享平台的成员或者有关方（或者与其有合作关系）侵犯了未捐赠专利所有人的专利权，并且该专利属于分类列表中的主要知识产权类，即便侵权的机器、制造品、加工品或组件（包括产品、服务以及它们的组件）能够单独（或包括在产品或服务中）减少自然资源消耗、减少废物的产生或污染，或者能通过其他方式产生环境效益；

② 非共享平台的成员侵犯了专利捐赠人组件（包括产品、服务以及它们的组件）的专利权，或机器、制造方法、加工方法的专利权。

对于如何界定是否为专利开源，以及专利开源与专利免费开放许可之间的区别，业界也有讨论。我们以特斯拉与丰田开放专利的方式为例说明。特斯拉使用默认许可规则，只要满足开源规则的“任何善意使用”，无须特别申请；而丰田虽然也承诺免费使用专利，但要求单独协商，确定许可条款，并且会“请求”但不“要求”使用方向丰田提供互惠性专利使用，对非交通领域的燃料电池使用则需要进行个案评估。也就是说，丰田的许可规则控制权强于特斯拉的许可规则，属于专利免费开放许可，这也恰恰是专利开源与专利免费开放许可的基本区别。

基于对现有专利开源项目的研究，我们可以发现专利开源主要具有以下三个特点：

① 专利开源项目一般具有开源协议，即有条件地开源；

② 专利开源项目需足够开放，即专利许可对象应面向不特定的个体；

③ 专利开源项目免许可费，以构建一种有利于自身的专利生态。

基于归纳出的这些特点，专利开源的定义可以明确为：

> 专利权人在特定条件下，以零使用费的形式将所持专利的部分或全部权利许可给不特定对象实施，以构建目标专利生态。

1.2 专利运营

本节介绍了专利运营产生的背景、基本概念和基本特征，归纳了专利转让、专利许可、专利质押融资、专利开源等十种专利运营方式，并从国外、国内两个角度分析了当前专利运营的现状。

1.2.1 专利运营概念

1.2.1.1 产生背景

专利运营的概念是伴随着专利制度的产生而在特定阶段形成的。在欧、美、日等发达国家和地区，专利制度形成较早。其中，英国在17世纪、美国在18世纪、日本在19世纪建立了专利制度。在美国，专利转让、专利池及专利联盟等专利运营活动在19世纪中期就已开始。随着美国专利制度不断完善、技术不断改进，以及法制、经济不断发展，专利运营的商业模式逐渐成熟。进入20世纪90年代后，世界各国的专利运营逐渐活跃且呈多样化的发展态势。

随着经济全球化的发展，专利运营也越来越受到各国的重视，并随之出现了不同地区、不同领域的运营模式。例如，韩国采用的政府主导模式，是建立以进攻型为主的专利管理公司来实施国际知识产权战略，通过积极检索、购买核心技术，抢注或收购专利，防止核心技术尤其是韩国核心技术被国外竞争对手抢先收购，这种进攻型战略对于保护韩国经济安全具有重要作用。而美国则主要采用市场主导模式，自20世纪80年代以来，美国的公司，尤其是高科技公司，越来越多地将专利诉讼作为公司的一种经营策略和经营手段，以最大限度地打击竞争对手，保护自己的优势地位。例如，高智发明公司将专利视为可以投资获取高额利润的高价值资产，通过融资建立发明基金，从事发明和投资发明，通过建立专利池、专利联盟，采取专利许可、专利诉讼等方式，将专利变为流动性资产。苹果公司收购北电网络公司的专利资产、谷歌收购摩托罗拉以及逾万件全球专利资产、微软收购美国在线公司的800多件专利及相关应用程序等近年来发生的一系列专利收购案，都证明了以专利交易为核心的专利运营市场日益繁荣。不管是政府主导还是市场主导，专利运营的迅速发展标志着知识产权作为重要资产，其价值逐渐为产业界所认知，也促使政府从规范市场垄断行为和对知识产权权利行使进行限制的角度出台相应的政策。

1.2.1.2　基本概念

专利运营的概念可以分为狭义和广义两种。狭义的专利运营是指通过对专利本身的经营以实现其经济价值的行为，如专利的转让、许可、质押等。广义的专利运营是指综合运用各种手段实现专利的市场控制力或经济价值的行为，包括商品化、转让、许可、质押等，以及为实施特定专利运营目的进行的各种中间服务，如专利价值评估、专利保险、专利担保、专利诉讼以及专利分析、展示和交易撮合等。[1]

专利权作为一种法律赋予的无形财产权，可以作为生产要素直接参与到生产、经营活动中，并加以量化，因此可以通过运营模式实现商业目的。专利运营的本质，是根据专利运营市场中专利的需求和供给来进行专利市场的动态匹配过程，是一种专利市场对专利权的配置行为。所谓专利运营，是指运营者将专利权作为投入要素直接参与到商业化运作和经营活动中，通过专利资本的各种技巧性市场运作提升专利竞争优势，最大限度地实现专利权价值的市场行为。这一概念包含三层含义：

① 专利运营的对象是专利权，而非含有专利权的产品；

② 专利运营的目的在于实现专利权价值的最大化；

③ 专利运营的主体是市场。

---

[1] 周胜生，高可，饶刚，等. 专利运营之道［M］. 北京：知识产权出版社，2016.

1.2.1.3 基本特征

专利运营的本质是基于专利权的资本管理和资本运作。因此，专利权的无形性、地域性、时间性、独占性等特性，也成为专利运营的基本特征。对这些基本特征进行分析，有助于全面把握专利运营的本质。专利运营的特征集中体现在专利运营主体、客体以及运营环节等方面。

① **运营主体复杂**。专利权并非通过唯一的物质载体实现，其可以在同一时间由不同主体分别占有和使用；专利权的无形性导致运营主体的多样化，运营主体可以是企业、组织，甚至国家。

② **运营客体特殊**。专利权的财产属性是专利得以运营的前提和基础，作为运营客体的专利权可以用于交换和流通，从而实现其价值。专利的市场价值伴随其所属产业的发展、核心技术的更新而变化。专利运营者应从产业链的角度分析专利财产的形态、集群、权能、组合。

③ **运营目的集中**。专利运营通常具有非常明显的诉求，并且相对集中，一般的专利运营以实现专利权的经济价值最大化为目标，前提是专利权应具有一定的市场应用价值。

④ **运营管理要求高**。从专利形成过程来看，专利权并不具有一般有形财产所表现的“投入与产出的对称关系”，专利的运营效果并不完全受制于其投入的智力和物质资源。因此，相较于有形财产，专利的运营过程更为复杂，需要更严格的合同约束和后续管理，专利权的价值实现模式、交付模式以及付费模式也更为灵活。

⑤ **运营空间受限**。由于专利权具有地域性，专利运营的空间有限。虽然关于专利权的国际条约从性质上讲是国际性的，但其实施却是国家层面的。这种权利范围的限定无形中也限制了运营的市场范围。[1]

1.2.2 专利运营方式

专利运营的基本目的在于实现特定专利的经济价值，或者保持市场竞争优势。不同的运营者出于不同的商业目的，可能采取不同的运营手段。特定的运营主体、特定的商业目的以及特定的运营手段相结合即构成特定的运营模式。[2]

专利运营呈现出多样化的发展态势，现有的专利运营方式主要包括专利转让、专利许可、专利质押融资、专利信托、专利保险、专利证券化、专利诉讼、专利标准化、专利池、专利开源等，下面对上述运营方式进行简要介绍。

1.2.2.1 专利转让

《中华人民共和国专利法》（以下简称《专利法》）第十条

专利申请权和专利权可以转让。

---

❶ 毛金生，陈燕，李胜军，等．专利运营实务［M］．北京：知识产权出版社，2013.

❷ 周胜生，高可，饶刚，等．专利运营之道［M］．北京：知识产权出版社，2016.

> 中国单位或者个人向外国人、外国企业或者外国其他组织转让专利申请权或者专利权的，应当依照有关法律、行政法规的规定办理手续。
>
> 转让专利申请权或者专利权的，当事人应当订立书面合同，并向国务院专利行政部门登记，由国务院专利行政部门予以公告。专利申请权或者专利权的转让自登记之日起生效。

从上述法律规定来看，根据转让对象的不同，可以将专利转让分为专利申请权的转让和专利权的转让。其中，专利申请权的转让是指专利申请人将国家知识产权局已经受理，但是仍未获得专利权的专利申请依法转让给他人的行为；专利权的转让是指专利权人将已经获得授权的专利依法转让给他人的行为。在进行专利申请权和专利权转让时，应当签订书面合同，并向国务院专利行政部门登记。

专利申请权转让后，转让方转让的只是针对该发明创造继续申请专利的权利，不能从根本上保证受让方未来一定能够成为该发明创造的专利权人。一项发明创造的专利申请权转让后，转让方不能再就同一发明创造提出专利申请，也无权再将该发明创造的专利申请权转让给第三人。专利权转让一经生效，受让人取得专利权人的地位，转让方丧失专利权人的地位。专利权转让合同不影响转让方在合同成立前与他人订立的专利许可合同的效力，除合同另有约定外，原专利实施许可合同所约定的权利和义务由专利权受让方享有和承担。另外，订立专利权转让合同前，转让方已经实施专利的，除合同另有约定外，合同成立后，转让方应当停止实施专利。

1.2.2.2　专利许可

《专利法》第十一条

> 发明和实用新型专利权被授予后，除本法另有规定的以外，任何单位或者个人未经专利权人许可，都不得实施其专利，即不得为生产经营目的制造、使用、许诺销售、销售、进口其专利产品，或者使用其专利方法以及使用、许诺销售、销售、进口依照该专利方法直接获得的产品。
>
> 外观设计专利权被授予后，任何单位或者个人未经专利权人许可，都不得实施其专利，即不得为生产经营目的制造、许诺销售、销售、进口其外观设计专利产品。

《专利法》第十四条

> 专利申请权或者专利权的共有人对权利的行使有约定的，从其约定。没有约定的，共有人可以单独实施或者以普通许可方式许可他人实施该专利；许可他人实施该专利的，收取的使用费应当在共有人之间分配。

由上述法律规定可知，在不拥有专利权的情况下，为了能够合法地实施他人的专利，可以通过专利许可的方式获得专利权人的授权。

专利许可，又称专利实施许可，是指专利技术所有人或其授权人许可他人在一定期限、一定地域，以一定的方式实施其所拥有的专利，并向他人收取使用费的一种专利运营方式。在专利许可中，专利权人为许可方，允许实施专利的人为被许可方，许可方与被许可方之间应当签订专利实施许可合同。专利实施许可合同只授权被许可方实施其专利技术，并不发生专利所有权的转让，即被许可方无权允许合同规定范围以外的任何单位或者个人实施该专利。专利实施许可的方式多种多样，在签订专利实施许可合同时，应当明确专利实施许可的类型。

① 按照实施期限，可分为在整个专利有效期内实施许可及在专利有效期内某一时间段实施许可；

② 按照实施地区，可分为在我国境内实施许可、在我国境外实施许可和在某些特定地区实施许可；

③ 按照实施范围，可分为制造许可、使用许可、销售许可，以及制造、使用、销售的全部许可；

④ 按照实施条件，可分为普通实施许可、排他实施许可、独占实施许可、分实施许可和交叉实施许可，这也是专利实施许可中常用的专利实施许可方式。

下面对常用的五种专利实施许可方式进行简要介绍：

① **普通实施许可**，是指在约定的时间、地域内，不仅被许可方可以按照约定的方式使用专利权，专利权人本人也可以使用，还可以继续许可给其他人使用。普通实施许可相对于独占实施许可和排他实施许可而言，其对抗效力最弱。

② **排他实施许可**，是指在约定时间、地域内，被许可方可以按照约定的方式使用专利权，专利权人也可以使用。排他实施许可的授权范围介于独占实施许可和普通实施许可之间，排他实施许可不能限制专利权人的使用，但可以要求专利权人在合同约定的范围内不再另行许可给第三人使用。

③ **独占实施许可**，是指在约定的时间、地域内，专利权只能由被许可方独自按照约定的方式使用，专利权人本人依约定不能使用，也不得再许可给他人使用。独占实施许可的专有性强，独占实施许可的被许可方在合同约定的范围内可以排除专利权人的使用。

④ **分实施许可**，是指专利实施许可的被许可方依据合同规定，除了在规定的范围内可使用许可方的专利外，还可以许可第三方部分或全部实施该专利。

⑤ **交叉实施许可**，是许可方和被许可方互相许可对方实施自己所拥有的专利技术而形成的实施许可，是指交易各方将各自拥有的专利、专有技术的使用权相互许可使用，互为许可方和被许可方。

另外，当专利权人不积极实施或者许可他人实施自己的专利，从而影响国家利益、公共利益或者技术进步时，国家会通过强制许可的方式来实施该专利。我国《专利法》对专利实施强制许可的相关情形作出了以下规定。

第五十三条

有下列情形之一的，国务院专利行政部门根据具备实施条件的单位或者个人的申请，可以给予实施发明专利或者实用新型专利的强制许可：

（一）专利权人自专利权被授予之日起满三年，且自提出专利申请之日起满四年，无正当理由未实施或者未充分实施其专利的；

（二）专利权人行使专利权的行为被依法认定为垄断行为，为消除或者减少该行为对竞争产生的不利影响的。

第五十四条

在国家出现紧急状态或者非常情况时，或者为了公共利益的目的，国务院专利行政部门可以给予实施发明专利或者实用新型专利的强制许可。

第五十五条

为了公共健康目的，对取得专利权的药品，国务院专利行政部门可以给予制造并将其出口到符合中华人民共和国参加的有关国际条约规定的国家或者地区的强制许可。

第五十六条

一项取得专利权的发明或者实用新型比前已经取得专利权的发明或者实用新型具有显著经济意义的重大技术进步，其实施又有赖于前一发明或者实用新型的实施的，国务院专利行政部门根据后一专利权人的申请，可以给予实施前一发明或者实用新型的强制许可。

在依照前款规定给予实施强制许可的情形下，国务院专利行政部门根据前一专利权人的申请，也可以给予实施后一发明或者实用新型的强制许可。

1.2.2.3　专利质押融资

专利质押融资，是指权利人以合法拥有的专利权中的财产权作为质押标的物出质，经评估作价后向银行等金融机构获取资金，并按期偿还资金本息的一种融资行为。当债务人不履行债务时，债权人有权依照法律规定，将专利权折价或者以拍卖、变卖专利权所得价款的方式优先受偿。由于专利权是一种无形财产权，不能以占有的方式公示权利，所以必须以登记的方式公示权利，且当事人之间应当签订书面合同。质权自有关主管部门办理出质登记时设立。办理质押登记后，出质人仍然是出质专利的所有人，但在行使专利权时，其对出质专利的处置权会受到一定限制。

《中华人民共和国民法典》第四百四十四条

知识产权中的财产权出质后，出质人不得转让或者许可他人使用，但是出质人与质权人协商同意的除外。出质人转让或者许可他人使用出质的知识产权中的财产权所得的价款，应当向质权人提前清偿债务或者提存。

未经质权人同意而转让或许可他人使用已经出质的专利权的，其转让或者许可行为是无效的，由此给质权人或者第三人造成的损失，由出质人承担赔偿责任。

在推广知识产权质押融资的长期实践中，国内逐步形成了以“银行＋企业专利权”为特点的北京模式、以“银行＋政府基金担保＋专利权反担保”为特点的浦东模式、以“银行＋科技担保公司＋专利权反担保”为特点的武汉模式。此外，全国其他地区也在积极探索适合当地情况的质押融资模式。例如，江苏省推出了将保险公司的险资直接用于知识产权质押融资的“政融宝”模式，四川省推出了“银行贷款＋保险保证+风险补偿+财政补贴”的便民融资模式。

1.2.2.4 专利信托

专利信托，是指专利权人将其专利及其衍生权利委托给受托人（通常为金融信托投资机构），受托人依照国家有关法律、法规接受专利委托，并致力于将受托项目进行转化的一种信托业务。专利信托是专利权人以出让部分投资收益为代价，在一定期限内将专利委托给信托投资公司进行经营管理，信托投资公司对受托专利的技术特性和市场价值进行深度发掘和适度包装，并向社会投资人出售受托专利风险投资收益期权，或者吸纳风险投资基金，构建专利转化资本市场平台，从而获取资金流的一种专利运营方式。专利信托具有专利转移和管理功能、专利资产保值与增值功能、专利资产证券化的融资功能。

专利信托将信托制度运用到专利领域，通过发挥其保值与增值功能来促进专利的商品化、市场化和产业化，是一种新型的专利技术转化方式。从制度安排来看，其最大的功能是为社会提供了一种优良的外部专利管理制度。相对于那些既缺乏资金，又没有专利管理经验的权利人来说，受托人一般具有较强的经济实力和丰富的专利管理经验，能较为顺利地将专利商品化。专利的特性决定了只有利用，才能实现其价值；否则，技术的更新换代、市场的变化以及高昂的维持成本会将专利的价值消耗殆尽。在权利无法直接通过企业或市场进行利用的时候，将既具有潜在价值又背负高额排他成本的专利委托给受托人，可在保值的前提下实现增值，在增值的同时实现保值。

1.2.2.5 专利保险

在实际生活中，专利权人面临专利侵权，若要维护自己的权利，一般存在两个方面的担心：

① 在获得赔偿前能否支付巨额的诉讼费用?

② 在支付巨额诉讼费用后能否胜诉?

一些专利权人，尤其是中小企业和个人，由于难以承担这种风险，只好放弃通过诉讼方式维护自己的专利权，甚至直接放弃自己的专利权，这有损于专利法律制度的权威性和严肃性。保险的基本功能就是把风险转移给保险人，一旦发生意外损失，保险人将补偿被保险人的损失。而引入专利保险机制，就可以分担上述专利权人的风险，更好地维护其合法权益。作为知识产权保险的重要组成部分，专利保险是指投保人以授权专利为标的向保险公司投保，在保险期间，保险公司按照合同约定向投保人支付因专利维权而支出的调查费用和法律费用的保险业务。专利保险作为专利金融的重要组成部分，在专利市场化运行与发展的过程中发挥着拓展融资渠道、提供风险保障的双重作用，能够为促进专利创造、强化专利保护、助力专利运营等提供全链条风险保障。

2011 年我国开始探索推进专利保险相关工作，2015 年中共中央、国务院印发《关于深化体制机制改革加快实施创新驱动发展战略的若干意见》，在该文件中首次提出“加快发展科技保险，推进专利保险试点”的部署要求。专利保险政策的不断推出，极大地促进了专利保险的发展。目前，我国专利保险已经涵盖了专利创造、运用、保护等各个环节。

1.2.2.6　专利证券化

随着经济和技术的不断发展，创新的复杂程度及要求逐步提高，研发投入也随之增多，一些创新主体因缺乏研发资金，难以持续进行技术研发，而创新成果申请获得专利权后，也存在将预期利益转化为现实利益的问题。同时，专利的时效性以及专利在其有效期内被更先进专利技术替代的风险，导致我国不少创新主体面临上述问题。解决这些问题的关键是融资，而专利证券化作为一种新兴的融资方式正好契合上述要求。专利证券化是指发起人将缺乏流动性，但能够产生可预期现金流的专利，通过一定的结构安排对专利中的风险与收益要素进行分离与重组后出售给一个特设机构，由该机构以专利的未来现金收益为支撑发行证券融资的过程。其实质是资产证券化在专利领域的延伸，是一种金融制度上的创新，也是利用资产证券化的结构融资原理，将专利未来一定期限内的预期收入证券化，使之立即变现并取得大量现金收入的专利运营方式。

作为一种新兴的融资方式，专利证券化具有以下优势：

① 获得资金多。公司将其专利证券化获得的融资，远远多于其以该专利质押担保获得的贷款。

② 融资速度快。专利权人能迅速地获得大笔资金，而不是像专利许可那样需要漫长的时间才能获得全部许可费。

③ 融资安全。以被证券化的专利为担保，投资人丧失了向发起人无限追索的权利。

④ 专利权人并不丧失专利权。

⑤ 有利于企业融资，促使企业真正成为创新主体。

⑥ 能够促进专利技术的充分利用和产业化。

⑦ 可以更好地盘活专利资产，提高企业的核心竞争力。

1.2.2.7　专利诉讼

专利诉讼是有关专利纠纷的诉讼。广义的专利诉讼是指所有关于专利权争议的诉讼；狭义的专利诉讼仅指对专利机关有关专利权的决定不服而向法院提起的诉讼，不包括因专利侵权纠纷和专利合同纠纷所引起的诉讼。专利诉讼主要包括专利权属诉讼、专利侵权诉讼、专利合同诉讼和专利行政诉讼等。

① 专利权属诉讼是指涉及一项专利申请权或专利权最终归属于何主体的诉讼；

② 专利侵权诉讼是指专利权人因专利权受非法侵害而引发的诉讼；

③ 专利合同诉讼是指因为不履行或部分履行专利实施许可合同或专利转让合同而引发的诉讼；

④ 专利行政诉讼是指针对专利行政行为的司法审查诉讼案件。

专利诉讼主要有以下几种情况：

① 发明专利申请人对国家知识产权局专利局复审和无效审理部驳回复审请求的决定不服的；

② 对国家知识产权局专利局复审和无效审理部宣告发明专利权无效或者维持发明

专利权有效的决定不服的；

③ 专利权人对国务院专利行政部门关于实施强制许可的决定或者关于实施强制许可的使用费的裁决不服的；

④ 未经专利权人许可实施其专利的侵权行为；

⑤ 假冒他人专利的行为。

正常情况下，专利权人发起侵权诉讼的目的在于要求对方停止侵权，并且赔偿损失。但是随着专利在经济发展、企业生产经营以及竞争中扮演着越来越重要的角色，出现了一些不以保护创新为目的，故意对现有技术提交专利申请以进行恶意诉讼，或者低价购买他人淘汰的或者即将失效的专利，通过恶意诉讼索要高额许可费的专利侵权诉讼模式。

专利诉讼运营在美国较为活跃，通过非专利实施实体（Non - practicing Entity，NPE）帮助创新主体对大型公司发起诉讼，获得侵权赔偿或签订许可协议，到账后在创新主体与 NPE 之间分成。NPE 主导下的专利诉讼运营在我国尚处于起步阶段。现阶段我国更为常见的专利诉讼运营方式还是由创新主体发起专利侵权诉讼，在诉讼中获取赔偿。因此，除对侵权方的侵权行为进行证明外，如何通过诉讼策略在侵权诉讼中获取高额合理赔偿是创新主体专利诉讼运营获取成效的关键。

1.2.2.8 专利标准化

将行业的技术标准与该行业的相关专利捆绑，是当今世界技术标准发展的重要趋势。技术标准的背后是专利，而专利的背后则是巨大的经济利益。现阶段，越来越多的企业或者联盟想将自己所拥有的专利技术变为该行业的技术标准，以期获得最大的经济利益。各个企业在市场中开展竞争的核心要素是标准和专利，两者之间的密切关系正在被越来越多的人认可。将专利和行业标准有机结合，使二者形成互相支持的关系，是企业谋求利益最大化的一种有效方式。许多跨国公司已经不满足于各项专利技术给他们带来的利益，而是寻求一种能综合运用知识产权专有性、地域性等特性的策略，一种更加集中的方法来实现其垄断市场的目的，而技术标准恰好适应了这种需求，将专利转化为标准，获得技术优势，从而控制市场。

相应地，为了能够获得更大的市场以及更多的利益，企业在取得具有一定市场前景的专利权后，希望更快地将自己所拥有的专利技术融入行业标准之中，这一过程需要通过制定相应的措施和专利战略来实现。专利标准化运营实质上是指将专利技术融入标准之中，借助标准的普遍使用或强制性，提高专利的经济价值和市场控制力。一旦与标准相结合，专利就会随着标准的普及而被强制性地要求使用，其经济价值和市场控制力也将得到更大程度的体现。专利的标准化涉及专利和标准的运用，标准通常涉及公共利益，而专利具有私有财产权的性质，如果两者关系处理不好，就会损害公共利益或专利权人的权益。虽然国际标准化组织各自制定了不同的专利政策，但是绝大多数仍然遵循以下两个原则：

① 标准组织成员应当披露各自的专利信息；

② 专利许可时应当遵循 FRAND 原则，即公平、合理和非歧视原则。❶

1.2.2.9 专利池

专利池是指两个或两个以上的专利权人达成协议，相互间交叉许可或共同向第三方许可其专利的联营性协议安排，或者是指这种安排之下的专利集合体。专利池通常由某一技术领域内多家掌握核心专利技术的厂商通过协议结成，各成员拥有的核心专利是其进入专利池的入场券。专利池依其是否对外许可，可分为开放式专利池和封闭式专利池。开放式专利池成员间以各自专利相互交叉许可，对外则由专利池统一进行许可。封闭式专利池只在专利池内部成员间交叉许可，不统一对外许可。开放式专利池是现代专利池的主流，其对外许可方式通常为一站式打包许可，即将所有的必要专利捆绑在一起对外许可，并且一般采用统一的许可费标准，许可费收入按照各成员所持必要专利的数量比例进行分配。专利池对外的专利许可事宜或委托专利池成员代理，或授权专设的独立实体机构来实施，有的专利池也允许其成员单独对外进行专利许可。随着技术标准与知识产权的日益结合，技术标准中核心专利的持有人往往结成专利池以解决复杂的专利授权问题。❷

专利池的出现是科技发展和专利制度结合的必然产物。专利池最重要的作用在于它能消除专利实施中的授权障碍，有利于专利技术的推广应用。不同的专利之间存在三种关系——障碍性关系、互补性关系和竞争性关系，由此产生障碍性专利、互补性专利和竞争性专利。

① 障碍性专利往往产生于在先的基本专利和以之为基础后续开发的从属专利之间。从属专利缺少基本专利，就不可能实施；基本专利没有从属专利的辅助，往往难以进行商业化开发。因此，障碍性专利之间的交叉许可就显得十分必要。

② 互补性专利一般是由不同的研究者独立研发形成的，二者互相依赖，各自形成某项产品或技术方法不可分割的一部分。同障碍性专利一样，互补性专利也需要相互授权才能发挥作用。

③ 竞争性专利也称为替代性专利，是指在某项发明实施过程中可以相互替代的专利，二者是非此即彼，而不是互为依存的关系。对于竞争性专利，一般认为，如果它们存在于同一专利池中，将会引发垄断问题。因此，排除竞争性专利进入专利池成为反垄断机关审查专利池的重要内容之一。而对于障碍性专利和互补性专利，如果将其放入同一专利池中，将会消除专利间互相许可的障碍，从而促进技术推广。

专利池的另一作用是能显著降低专利许可中的交易成本。专利池对其他厂商实行一站式打包许可，并采用统一的标准许可协议和收费标准，从而使被许可厂商不必单独与专利池各成员分别进行冗长的专利许可谈判，极大地节约了双方的交易成本。专利池还能减少专利纠纷，降低诉讼成本。专利池成员间的专利争议可通过内部协商解决，专利池所拥有的专利清单以及被许可厂商的名单都会公之于众，一旦有厂商侵犯专利权，会

---

❶ 周胜生，高可，饶刚，等．专利运营之道［M］．北京：知识产权出版社，2016.

❷ 詹映，朱雪忠．标准和专利战的主角：专利池解析［J］．研究与发展管理，2007（1）：92－99.

很容易被查出，也减少了间接侵权的发生。专利侵权行为的减少意味着专利诉讼的减少，即使出现了专利纠纷，专利池作为一个整体代表其成员参与诉讼，也可使诉讼过程大为简化；同时，专利池形式可以极大地节约诉讼双方的诉讼成本，不但减轻了企业负担，也避免了社会法律资源的巨大浪费。

1.2.2.10 专利开源

专利开源运营与上述专利转让、专利许可、专利质押融资、专利信托、专利保险、专利证券化、专利诉讼、专利标准化、专利池等一样，均属于一种专利运营形式，即运营者通过专利开放或专利免费许可将专利作为投入要素直接参与到商业经营活动中，从而实现自身目的。通过本书第1.1节对专利开源的定义和特点的介绍可知，一方面，可以通过专利开源，将部分“沉睡”专利唤醒，促进专利的转化和运用，既能提高专利的产业化运用水平，为创新活动提供知识源泉，还能促进创新知识的广泛传播和发展，对于创新发展具有重要作用；另一方面，专利开源可以促进企业产业链供应链的发展，降低企业成本，提高企业竞争力。

1.2.3 专利运营现状

1.2.3.1 国外专利运营现状

得益于美国发达的市场经济和比较完善的知识产权制度体系，专利运营从19世纪中期在美国开始出现，美国的专利运营一直以民间资本为主。在美国，最早投身于专利运营的机构是NPE，他们作为拥有专利权的主体，本身并不实施专利技术，即不将技术转化为用于生产流通的产品。根据运营目的的不同，NPE可以分为科研型NPE、投机型NPE、防御型NPE。作为美国投机型NPE的典型代表，高智发明公司是由美国微软公司的两位前高管内森·米尔沃德和爱德华·荣格在2000年联合创办的，其投资者有微软、英特尔、索尼、诺基亚、苹果、谷歌等著名企业。其自2007年9月起启动了在亚洲的业务，并在新加坡设立了地区总部，在中国、日本、韩国、印度设立了分支机构，是一家拥有雄厚实力的公司。高智发明公司下设科学投资基金、发明开发基金以及发明投资基金，这三只基金的主营业务虽然各有侧重，但主要目的只有一个：通过获取专利，对这些专利进行许可、转让，并收取相应费用。有学者对高智发明公司的价值链进行了分析，指出高智发明公司的活动流程与价值链的各个环节相呼应，依次是内部物流（从供应方手中购入专利）、生产作业（通过专利打包形成大型的专利组合，作为最终产品）、外部物流（由于发明产品的无形性，这一过程不含集中、存储和将产品发送给买方的实际行为，而是直接嵌套于市场销售环节，在专利授权时完成）、市场销售（与其他企业构建专利包授权使用的合作关系，通过将专利包授权给企业使用来收取专利许可使用费）、售后服务（对合作企业的专利使用及富有前瞻性的知识产权提供策略指导或其他服务）。专利的流通并不罕见，但是高智发明公司将其作为一个完整的体系去运作，是专利运营的典型代表。[1]

根据美国专利组织 Unified Patents 公布的数据，2015 年美国本土由 NPE 发起的诉讼占全部专利诉讼的67%，其中诉讼最多的两个领域分别是医药领域和高科技领域。随着越来越多的企业受到专业专利运营公司的攻击，防御型专利运营公司也在美国产生，其典型代表有合理专利交易公司（RPX）。该公司在专利诉讼盛行的背景下，由美国最大的风险投资公司于2008 年共同出资组建。RPX 在成立之初不到一年的时间里，就投资近 1 亿美元用于专利权的收购。如今，RPX 在收购专利方面每年平均花费 1.25 亿美元。截至 2015 年底，RPX 聚集了超过 1.5 万件专利，帮助其会员避免大量专利诉讼以及节约超过 32 亿美元的费用。RPX 是一家专利风险解决方案供应商，该公司的运营方式是通过防御性专利收集及面向专利运营公司的直接许可权交易，提供联合交易、专利交叉许可协议或其他降低风险的解决方案，帮助遍及全球的客户群实现专利风险管控，避免可能面临的高额诉讼及专利许可费。[2]

高智发明公司和 RPX 作为美国专利运营体系中的两个典型代表，体现了美国在专利运营方面已经发展得较为成熟。随着经济的快速发展，专利与经济利益的联系越来越紧密，与 NPE 相对，众多实体企业开始探索自己的专利运营模式，如企业自身成立专门的运营部门或者公司，或者与 NPE 合作，来提升企业对抗专利风险的能力。

和美国相比，欧洲专利侵权赔偿额度较低，大多数竞争者都会仔细考虑专利诉讼对正常生产经营的威胁，这才使得 NPE 专利运营模式在美国的发展取得了比其他国家更明显的优势。尽管欧洲 NPE 的优势不明显，但欧洲专利还是凭借极佳的基础优势，多年来形成了较为成熟的专利制度和专利保护体系，其 NPE 专利运营也颇具规模。英国专利保险制度由英国知识产权局实行统一登记管理。其中，专利申请保险是英国专利保险制度中的重要类别，是专利申请过程中基于专利申请人的内部申请程序与外部防御侵权风险而提供的双重保障；同时，若该专利申请人在获得专利授权后选择继续投保专利执行责任险，可享受相应的保费优惠。英国的专利执行责任险是指专利权人为防止自身的专利被侵权而投保的保险，与“美国侧重知识产权执行保险和知识产权侵权保险，为权利人与侵权人双方提供保障”不同，英国的专利执行责任险侧重为权利人服务。[3]

目前，欧盟委员会设立的欧盟创新中心（EU Project Innovation Center，EUPIC）已经成为区域性专利转移与资本转化的典范，以建立统一的欧洲专利市场，实现货物、服务、人员和资金的自由流动。1995 年，欧盟委员会开始筹建创新驿站（Innovation Relay Center，IRC），如今创新驿站网络平台已经遍布美洲、亚洲、非洲和大洋洲。欧盟创新中心主要设立在高校、商会、政府单位等公共机构中，以入网的平台实现跨区域、跨国的技术供需方配对。虽然设立方是欧盟及其成员国政府以及各地的非营利机构，但创新中心成立后从事收费服务：一类服务是与知识产权相关的撮合专利供需双方的咨询等中介服务；另一类则是参与专门科研项目，按一定比例进行交易抽成，分享项目成果。相

---

[1] 刘金蕾，李建玲，刘海波．高智发明模式的价值链分析与启示［J］．知识产权，2012（5）：91－96.

[2] 刘红光，孙惠娟，刘桂锋，等．国外专利运营模式的实证研究［J］．图书情报研究，2014（2）：40.

[3] 高留志．美国知识产权保险制度对我国的启示［J］．特区经济，2006（2）：297－299.

比传统专利运营的点对点单一模式，欧盟创新中心有效解决了小微企业创新过程中的技术成果浪费问题。❶

在日本和韩国，企业是专利运营的重要主体，以企业为主体的运营模式主要分为企业内部自行运营、设立许可公司运营以及委托信托机构运营三种。

① **企业内部自行运营**：主要由公司内部知识产权管理部门主导企业专利运营相关事务，代表企业有日本电报电话公司（NTT）。NTT 知识产权部门下属的战略许可组，专门负责全公司的专利许可、专利池活动、警告信处理、专利诉讼、知识产权相关许可等运营事务。运营工作根据是否为标准专利区分运营策略：标准专利进行双边谈判；非标准专利与标准专利捆绑许可，或者销售给 NPE。

② **设立许可公司运营**：主要由原公司另行出资设立新公司，并将专利权转移或委托给新设公司，该新设公司的主要任务为从事专利运营、许可事务等，代表企业有三星公司。三星公司的 OLED 专利和 LCD 专利在显示技术行业具有统治地位。2013 年 3 月，三星显示公司在美国华盛顿成立全资公司 Intellectual Keystone Technology（IKT），专注于三星公司 OLED 和 LCD 显示技术的贸易和专利事务。IKT 成立后，购买了日本爱普生公司部分显示技术专利。三星公司希望在显示领域开展专利运营，获取更大利益。具体措施主要包括通过 NPE 收取专利费和委托信托机构进行运营。通过 NPE 收取专利费是指公司通过专利转让将专利权移转给 NPE 以收取专利许可费，在收取费用后与委托公司按比例分成。

③ **委托信托机构运营**：是指公司以出让部分投资收益为代价，在一定期限内将专利委托金融信托投资机构经营管理，该机构对受托专利的技术特性和市场价值进行发掘和包装，并向投资人出售受托专利，以获取现金流。例如，索尼爱立信公司在 2013 年将 2185 件专利（约 260 个专利组合）转让给 Unwired Planet（NPE），双方约定：2014—2018 年，爱立信将每年转让约 100 件专利给 Unwired Planet，以换取现金流；Unwired Planet 也公开了协议内容，双方按每年授权金达成目标值的比例分收益。❷

1.2.3.2 国内专利运营现状

进入 21 世纪以来，我国提出了建设创新型国家的科教兴国战略，专利申请量出现了快速增长。这标志着我国知识产权的发展取得了显著成就，但与之相对的是，我国专利运营水平仍落后于发达国家。近年来，我国制定并推出了一系列政策来促进专利运营工作。

2006 年，国家知识产权局在《全国专利技术展示交易平台计划》中宣布成立首批 18 个国家专利技术展示交易中心。

2008 年，国务院发布《国家知识产权战略纲要》，指出知识产权战略主要有创造、运用、保护、管理四大环节。

---

❶ 曹辉，卞艺杰，孙武军. 创新驿站运行机制的经济学解释：基于双边市场理论视角［J］. 科学学研究，2010（11）：1731－1736.

❷ 王潇，张俊霞，李文宇. 全球专利运营模式特点研究［J］. 电信网技术，2018（1）：1－6.

2010 年，《全国专利事业发展战略（2011—2020）》强调“推动形成全国专利展示交易中心、高校专利技术转移中心、专利风险投资公司、专利经营公司等多层次专利转移模式，加强专利技术运用转化平台建设”。

2013 年，国家知识产权局发布《关于实施专利导航试点工程的通知》，提出将“培育专利运营业态发展”列为重点工作，专利运营这一概念也首次在我国官方文件中被提及。

2014 年，国务院办公厅转发《深入实施国家知识产权战略行动计划（2014—2020 年）》，提出要加强专利协同运用，推动专利联盟建设，建立具有产业特色的全国专利运营与产业化服务平台；形成资源集聚、流转活跃的专利交易市场体系，促进专利运营业态健康发展；加强政府、企业和社会资本的协作，在信息技术等重点领域探索建立公益性和市场化运作的专利运营公司。

2015 年，国家知识产权局推出《全国专利事业发展战略推进计划》，指出“高标准建设知识产权运营体系”，按照“1 + 2 + 20 + n”的建设思路，将重点搭建 1 家全国知识产权运营公共服务平台与 20 家特色试点平台，支持部分试点省份成立一大批专利运营机构，通过“试点 + 推广”的模式培育一批高水平、国际化的运营机构。

2016 年，国务院办公厅转发《“十三五”国家知识产权保护和运用规划》，指出要“促进知识产权高效运用”。

2020 年 2 月，国家知识产权局办公室印发《关于大力促进知识产权运用 支持打赢疫情防控阻击战的通知》，要求知识产权运营服务体系建设重点城市、知识产权运营平台（中心）、知识产权运营基金等各类试点项目，及时调整项目计划，足额兑现惠企政策，开放平台工具和数据资源，提供高水平知识产权转化运用服务，支持疫情防控和复工复产。知识产权运营服务体系建设试点项目所在地区、项目承担单位快速响应，为支持疫情防控和复工复产贡献了知识产权力量。2020 年 3 月，中共中央、国务院印发《关于构建更加完善的要素市场化配置体制机制的意见》，明确提出支持自主知识产权市场化运营。

后期，中共中央、国务院又相继出台了《“十四五”国家知识产权保护和运用规划》以及《知识产权强国建设纲要（2021—2035 年）》（以下简称《纲要》），指出：

> 建立规范有序、充满活力的市场化运营机制。提高知识产权代理、法律、信息、咨询等服务水平，支持开展知识产权资产评估、交易、转化、托管、投融资等增值服务。实施知识产权运营体系建设工程，打造综合性知识产权运营服务枢纽平台，建设若干聚焦产业、带动区域发展的运营平台，培育国际化、市场化、专业化知识产权服务机构，开展知识产权服务业分级分类评价。完善无形资产评估制度，形成激励与监管相协调的管理机制。积极稳妥发展知识产权金融，健全知识产权质押信息平台，鼓励开展各类知识产权混合质押和保险，规范探索知识产权融资模式创新。健全版权交易和服务平台，加强作品资产评估、登记认证、质押融资等服务。开展国家版权创新发展建设试点工作。打造全国版权展会授权交易体系。

随着国家政策的相继出台，我国专利运营取得了长足的进步。《中国知识产权运营年度报告（2020年）》显示，2020年我国专利实施状况稳步提升，全国专利转让、许可、质押等运营次数达到40.5万次，知识产权运营活动持续活跃，商标品牌培育工作取得积极成效，重点城市有力发挥了引领带动作用。“十三五”期间，全国专利运营次数达到138.6万次，是“十二五”期间的2.5倍，知识产权价值最大化的运营理念不断深入人心，以转化为目标的知识产权运营导向牢固树立，各类知识产权运营政策和项目密集推进，知识产权金融服务不断深化和拓展，逐步构建起规范有序、充满活力的知识产权运营服务体系，为知识产权强国建设提供了有力支撑，我国知识产权运营体系布局也日趋完善。《2022年中国专利运营状况研究报告》指出，2022年我国专利运营工作再上新台阶，共有48.5万件中国专利涉及运营，较2021年增长4.7%，专利质押占比和专利许可占比稳步提升，知识产权证券化日渐成熟，中国专利运营模式越来越丰富，其中专利许可数据的增长进一步反映了我国专利权人运营水平和能力的提升。

此外，知识产权保险、证券化等探索也在全国多地展开。国家知识产权局指导地方规范探索知识产权证券化，深圳成功发行多笔以知识产权质押方式构建底层资产的知识产权证券化产品，全国知识产权证券化产品发行数量逐年增长。同时，国家知识产权局指导保险机构推出集体商标、地理标志被侵权损失保险；江苏无锡支持和指导知识产权资产评估职业责任险等新的保险产品的开发，为知识产权质押融资提供了更全面的保障。在强化业务指导方面，国家知识产权局会同国家金融监督管理总局、国家发展改革委深入推进知识产权质押融资入园惠企行动，指导地方健全风险分担补偿机制、深化政银合作、丰富质押融资产品和服务模式，遴选发布首批20个知识产权质押融资及保险典型案例，将好的做法和优秀经验推广；会同中国人民银行等部门完善《加大力度支持科技型企业融资行动方案》，将知识产权金融促进转化、加强知识产权交易作为重要内容。在提升评估能力方面，国家知识产权局联合中国人民银行、国家金融监督管理总局制定《专利评估指引》推荐性国家标准，完善专利价值分析指标体系，科学指导质押融资等场景中的专利评估；联合国家金融监督管理总局，从优化监管、数据支持等方面指导建设银行开展知识产权质押融资内部评估专项试点，开发智能化评估模型和工具，提升专利价值评估和风险控制能力，降低评估成本、缩短评估周期，提升企业获得感。在优化服务举措方面，国家知识产权局会同国家金融监督管理总局持续深化江苏、浙江、广东知识产权质押登记全流程无纸化办理试点，充分发挥承诺制作用，免交纸质材料，在线审查周期压缩至1个工作日，企业和银行满意度显著提升；联合国家发展改革委指导运行全国知识产权质押信息平台，服务金融机构便利化获取专利商标质押信息。2023年以来，国家知识产权局从强化业务指导、提升评估能力、优化服务举措等方面着力推进知识产权质押融资工作。2023年上半年，全国专利商标质押融资金额达到2676.6亿元，同比增长64.6%，质押项目1.6万笔，同比增长56.9%。其中，质押金额在1000万元以下的普惠性专利商标质押项目占比72.5%，惠及中小微企业1.1万家，同比增长54.4%，普惠范围进一步扩大。

此外，国家知识产权局已于2022年全面启动了专利开放许可试点工作，截至2023年6月底，累计22个省份的1500多名专利权人参与试点，筛选出3.5万件有市场化前景、易于推广实施的专利试点开放许可，匹配推送至7.6万家中小企业，达成许可近

8000 项，取得良好成效，并呈现以下特点：

① 各类主体积极参与。近 600 家高校院所、900 多家企业作为专利权人参与试点，其中包括 110 家国家知识产权试点示范高校和多家中央企业。

② 制度优势初步显现。试点中，1100 多件专利实现一件专利对多家企业的许可，占达成许可专利总数的四成，“一对多”特征明显，有效提升了许可效率。

③ 试点成效受到广泛认可。有关调查显示，48. 3% 的专利权人知晓专利开放许可制度，49. 6% 的专利权人愿意采用开放许可方式，其中高校专利权人这一比例达到近九成。

2023 年 10 月，为贯彻落实《知识产权强国建设纲要（2021—2035 年）》和《“十四五”国家知识产权保护和运用规划》，大力推动专利产业化，加快创新成果向现实生产力转化，国务院出台了《专利转化运用专项行动方案（2023—2025 年）》（以下简称《方案》）。《方案》从三个方面对专利转化运用专项行动作出具体部署。

① 大力推进专利产业化，加快专利价值实现，梳理盘活高校和科研机构的存量专利，以专利产业化促进中小企业成长，推进重点产业知识产权强链增效，培育推广专利密集型产品。

② 打通转化关键堵点，激发运用内生动力，强化高校、科研机构专利转化激励，强化提升专利质量促进专利产业化的政策导向，加强促进转化运用的知识产权保护工作。

③ 培育知识产权要素市场，构建良好服务生态，高标准建设知识产权市场体系，推进多元化知识产权金融支持，完善专利转化运用服务链条，畅通知识产权要素国际循环。

《方案》的出台，旨在通过组织实施为期三年的专项行动，从提升专利质量和加强政策激励两个方面发力，进一步打通堵点、激发动力、激活市场，切实解决专利转化运用的源头质量问题、主体动力问题、市场渠道问题，从而有效提升专利转化运用效益，更好助力经济高质量发展。

1. 3　专利开源运营

1. 3. 1　专利开源运营概念

专利开源运营可以定义为专利开源主体以追求专利开源行为的价值最大化为目的，与市场化、产业化机制相结合，以多主体协调的形式贯穿整个创新过程的一种专利运营活动。价值最大化是指通过专利开源最大程度地实现自身的目的和诉求，如构建有利于自身的专利生态从而开拓更大市场、实现技术上的聚集，或者使得自身专利权免于被起诉，既可以实现专利产品防御的目的，也可以实现社会公益的目的等。多主体协调是指专利开源运营需要多方参与，如个体、组织和国家，个体主要为企业、高校和科研机构，组织可以是社区、基金会或专利联盟，国家为具有国有专利相关制度的国家。从有针对性地进行专利申请布局、专利分类管理、专利价值评估分析，到实施合适的专利开源运营策略，专利开源运营贯穿整个创新过程，同时这个过程又遵循市场和产业的发展规律。专利开源作为一种新兴的专利运营方式，与其他专利运营方式相比，既具有共性，又具有特性。从共性来讲，专利开源运营的本质是基于专利权的资本管理和资本运作。同时，专利开源运营又呈现出与其他专利运营方式不同的特点，具体表现为：

① **自愿性**。专利开源没有法律的“外部强制力”干扰，选择是否开源其专利，开源哪些领域的专利技术都属于专利权利主体的自愿行为。

② **有条件地开源**。专利开源是专利权利主体免费将所持有专利的部分或全部授予他人使用的行为，然而专利开源并非无条件免费，其只是将以往将许可使用费或其他费用作为专利权对价的传统专利运营模式，改为以自身的专利技术方案作为筹码，满足自身诉求的新型专利运营模式。

③ **专利权并未被放弃**。专利开源一般建立在专利权利主体保有专利权的基础上，并不要求专利权利主体放弃专利权。例如，特斯拉声明开源其专利，但并未声明放弃其持有的权利，而是放弃行使诉讼权，也就是不追究善意使用其专利技术的其他主体的侵权责任。

④ **组织形式灵活**。专利开源的组织形式可以是企业甚至个人单方面自发地宣布开源其专利或加入开源组织，也可以以联盟、社区、基金会、协会等为载体进行专利开源。相比于专利转让、许可、质押等其他专利运营方式，专利开源的组织形式更为灵活，更容易形成一套基于专利制度的补充规范。

⑤ **符合《专利法》和《中华人民共和国民法典》的相关规定**。专利开源的行为既可以采用开源协议、承诺书等合同形式，也可以仅仅是专利权利主体的单方面声明，合同或单方面声明均须遵循法律程序和形式，具有法律效力。

专利开源运营的意义在于：

① 弥补专利制度的不足，减少专利权的排他性对重点技术领域技术发展造成的障碍。《专利法》固然能够激励发明创造，但专利制度使得权利人以技术信息的公开换取一段时期内垄断权利的保护，容易形成“专利丛林”现象。商业主体通过大量申请专利“圈地”，也会大大增加技术研发难度和市场交易成本；专利权人在打击侵权行为时也需要付出一定的诉讼成本。专利开源运营有助于专利制度在对立统一的价值选择中规避知识产权保护过度的问题，降低技术研发成本和市场交易成本。

② 较之原有的专利许可模式，有利于提高技术扩散和转移的速度和便利性，更好地促进专利技术的推广和应用。

③ 提供了一种知识、技术和信息共享的新模式，对现行的知识产权制度构成一种有益的补充。相比于其他专利运营方式，专利开源运营的组织形式更为灵活多变。类比于自由软件、维基百科等，专利开源运营为公众共享了技术复杂度更高的知识，丰富了技术传播的社会机理，专利开源的行为也会在一定程度上自下而上地影响国家政策。

④ 展示了人类在与知识、信息有关的各种伦理系统和伦理行为方面发展的潜力，丰富了我们对于技术传播社会机理的理解。一些专利开源行为向公众展示了人性“善”的一面，如在 Low - carbon 专利开源项目、Eco - patent Commons 专利开源项目和 BIOS

专利开源项目中，专利权利主体将自己的专利免费提供给他人使用，希望相关专利技术惠及大众，解决人类所共同面对的疾病、环境污染等涉及命运的问题，并因此舍弃了利用专利权换取高额利益回报的机会。

⑤ 构成了一种捐献模式，通过放弃对技术的私有权利来惠及众人，通过竞争和激励更好地刺激创新，从而降低诉讼成本并减少"专利流氓"的负面影响。它减少了被迫支付的不必要的专利交易成本，以及在技术研发上花费的金钱和时间，改善了技术革新和技术应用的生态。[1][2]

1.3.2　专利开源运营现状

当前，专利开源运营仍处于研究和探索阶段。对于专利开源行为，2013 年，齐格勒[3]等在关于企业为什么免费开源其所拥有的专利的讨论中指出，专利开源是一种专利捐赠，其理念是专利所有者将专利捐赠给非营利组织，如高校和其他研究机构，原专利权人将包括所有义务在内的整个专利权转让给接受方。通过捐赠专利，原始专利所有者可以获得税收优惠和成本降低。此外，有学者认为，专利开源的动机比较复杂，涉及多方面的考虑。例如，基于经济利益的考虑，引导整个行业向着自己拥有竞争优势的方向发展，以期未来经济上有利可图；基于公益方面的考虑，促进环保领域技术的扩散和转移；基于伦理目的和道德的考虑，减少专利权的排他性对重点领域专利技术推广造成的法律障碍。[4]

本书将从当前软件、新能源汽车、空调、环保、生物和区块链六个领域中选取有代表性的专利开源项目进行分析，研究专利开源运营的特点、模式和风险等，为专利开源运营实践提供参考。这些专利开源项目包括软件领域的 OIN、Apache、GPL、Mozilla、木兰宽松、Patent Commons 专利开源项目，新能源汽车领域的特斯拉专利开源项目，空调领域的大金专利开源项目，环保领域的 Low - carbon、Eco - patent Commons 专利开源项目，生物领域的 BIOS、WIPO Re：Search、Biobricks 专利开源项目，区块链领域的 DPL、BDPL 专利开源项目，以及韩国知识产权局（KIPO）的国有专利开源项目等。

2014 年 6 月，特斯拉的专利开源引起业界广泛热议，"谈到开源，不得不谈专利。专利是发明者保护其发明创造的最重要武器，而开源则意味着不设防，意味着发明者花费时间、精力、金钱获得的独有的技术专利将不再为其带来利益，任何人都可以拿这些开放专利做任何事"。[5] 关于特斯拉为何开放其专利的讨论颇多，多方面的观点主要集

---

❶ 蒋雯．特斯拉专利开源的底层逻辑：技术储备和做大蛋糕［EB/OL］.（2022 - 05 - 30）［2024 - 01 - 08］. https：//mp. weixin. qq. com/s/4IokMW6UicickFbe_i86wA.

❷ HARDING S D. Meet the patents：fostering innovation and reducing costs by opening patent portfolios［J］. Journal of business & technology law，2016，11（2）：198 - 217.

❸ ZIEGLER N，et al. Why do firms give away their patents for free［J］. World Patent Information ，2013（37）：19 - 25.

❹ 胡波．专利共享行为研究［J］. 知识产权，2019（12）：71 - 76.

❺ 搜狐 IT. 当特斯拉宣布开源时你看到了什么［J］. 信息与电脑（理论版），2014（10）：8 - 9.

中在以下三个方面[1]：

① 电动汽车市场尚不成熟，电动汽车在整个汽车行业中所占比重还比较小。通过专利开源共享自己的专利技术，让还没有掌握关键技术的汽车厂商快速进入研发试制阶段，吸引更多大型厂商加速产品研发和扩大产能规模，推动电动汽车市场发展。

② 通过专利开源提高其技术的普适性，以在行业未来发展中占据优势。对于处在起步阶段的电动汽车行业而言，各厂商的市场标准不统一，尤其是在电池技术和充电技术方面存在较大差异。特斯拉通过专利开源吸引其他厂商采用其专利技术，纳入特斯拉构建的共同技术平台，最终会提高特斯拉技术标准的普适性，使特斯拉能够持续保持现有的技术优势和规模优势。

③ 通过开放专利来实现品牌营销，树立良好品牌形象，吸引更多的资金、优秀人才、尖端技术涌入特斯拉，提高特斯拉的影响力、科研实力和资金保障力。此外，特斯拉开放自己的专利，使得更多厂商可借用其专利技术，研究生产出类似于特斯拉汽车的车型，这使得汽车售价降低，品牌更平民化。[2]

目前，专利开源也应用到一些新兴技术和环保技术中。例如，《生物银行运作中的知识产权问题探析》中提到，开源专利致力于促进专利权人作出开源许可。澳大利亚研究机构 CAMBIA 在 2005 年组织建立了 BIOS 项目，针对基因探针和基因序列的一些专利，免费提供给研究者和生物技术公司自由使用，以减少研究工具被授予专利权后对生物技术领域技术发展造成的障碍，即其主要目的是保护生物技术的获取并促进其发展。BIOS 规定项目内的专利技术都可以非排他地许可给所有商业或者非商业目的的使用者使用，条件是被许可方将其在上述许可技术上的改进技术反向许可给 BIOS 的所有成员。

在环保领域，国际商业机器公司（IBM）、诺基亚、必能宝（Pitney Bowes）和索尼联手世界可持续发展商业理事会[3]（World Business Council for Sustainable Development，WBCSD）于 2008 年 1 月推出一项专利共享计划 Eco - patent Commons，利用环保技术的特性建立起私人自愿捐赠机制，在促进技术创新的同时实现有效的专利技术转让。《绿色专利联盟构建研究》中也提到："绿色专利联盟参照开源软件的实践经验，由私人企业自愿贡献其专利，从而为社会大众提供免费的绿色专利技术"；"在开源许可模式下，专利权人不阻止他人使用、改进和传播专利技术，以完全或有条件的方式进行开源许可，而使用者承诺以同样的条件与其共享技术进展。"

如何平衡专利权的垄断性与专利技术开放共享之间的矛盾，也是当前专利开源运营中不得不面对的问题。为了降低使用者可能存在的侵犯软件专利权的风险，在 Linux 基金会的支持下，专利共享（Patent Commons）平台聚集了 500 件由 16 名不同的专利权人提供的专利，技术使用者可以通过专利名称、摘要、类型等进行检索，找到感兴趣的专利。平台上所有专利都给出了不对使用者主张专利权的承诺和相应的许可协议条款，通过提供第三方易获取的、公开的专利许可协议，使得专利技术的许可使用更简便，避免

---

[1] 搜狐 IT. 当特斯拉宣布开源时你看到了什么［J］. 信息与电脑（理论版），2014（10）：8 - 9.

[2] 李渊. 特斯拉开源的背后及启示［J］. 开封教育学院学报，2015，35（7）：285 - 286.

[3] 一个为应对气候、自然和不平等问题的可持续发展挑战而设立的全球性社区。

了软件使用者可能产生的侵犯专利权的风险，促进了技术转移和实施。❶

1.3.3　专利开源运营模式

1.3.3.1　专利开源的构成要素

通过对上述专利开源项目从开源目的、组成形式、许可对象范围、技术领域限制、协议类型、许可承诺、许可期限、协议条款、风险、效果和特征等维度进行异同分析，发现构成一个专利开源项目的要素包括开源主体、开源范围、获取方式、协议类型、目的限制、时间限制在内的形式要素和由各个重要条款构成的协议条款要素。

（1）*形式要素*

① **开源主体**：指专利开源项目的主导者或发起者，可分为个体、组织、国家三类。

② **开源范围**：要构建针对特定产品和特定技术的专利生态，就需要确定针对哪些专利进行开源，即确定开源范围。最为常见的是构建专利池，并开源相应的专利，对于一些特定模式，还可以将开源的专利锚定在特定产品上；当然，也可以选择将拥有的全部专利进行开源。

③ **获取方式**：要获取开源范围内的专利技术，通常可以采用加入社区（组织）成为会员、明示确认的方式声明使用开源专利或者非明示确认的方式来获取相应的专利技术。

④ **协议类型**：专利开源项目的开源协议既可以采用通用协议格式，也可以针对特定的专利开源项目制定特有的协议。

⑤ **目的限制**：根据专利开源项目是否有一定的目的，可分为有目的限制和无目的限制两种。

⑥ **时间限制**：根据专利开源项目是否具有一定的期限，可分为有时间限制和无时间限制两种，专利开源项目通常设置为无时间限制。

（2）*协议条款要素*

开源协议中一般会设置多种限定条款，这些条款对于专利开源项目的运行具有举足轻重的作用。专利开源项目包含的重要条款主要为病毒条款、反向许可条款、不主张条款、可再专利性条款、权利用尽条款、违约条款以及转让限制条款。

① **病毒条款**❷。如果被许可方使用了开源专利，那么其后续基于开源专利而获得的专利也必须进行开源，这就如同病毒一样，在开源专利之间进行传染，因此被称为“病毒条款”。

② **反向许可条款**❸。如果被许可方使用了许可方的开源专利，那么被许可方现在拥有的以及未来可能获得的所有专利都需要反向许可给许可方。

---

❶ 陈琼娣．共享经济视角下的专利开放许可实践及制度价值［J］．中国科技论坛，2018（11）：86－93.

❷ 陈琼娣．开放创新背景下清洁技术领域专利开放许可问题研究［J］．科技与法律，2016（5）：947.

❸ 同上。

③ **不主张条款**❶。如果被许可方加入专利开源项目后针对许可方提出侵权主张，那么许可方许可给被许可方的专利许可在诉讼提起之日终止，并且许可方有权对被许可方提起诉讼。不主张条款可分为有限不主张条款和无限不主张条款两种。有限不主张条款与无限不主张条款的主要区别在于：有限不主张条款的主体和对象都是有限的，即仅涉及部分专利，涉及的被许可方需要满足一定条件；而无限不主张条款的主体和对象都是无限的，即涉及所有专利产品，且涉及所有被许可方。因此，无限不主张条款要求被许可方不得对许可方所有的专利产品提起诉讼，这会产生事实上的反向许可。

④ **可再专利性条款**❷。被许可方可以在开源专利的基础上进行二次开发，并申请和主张相应的知识产权。

⑤ **权利用尽条款**❸。许可方授予被许可方的专利许可，可用于制造、使用、销售、进口相应的专利产品，即开源专利的免费许可延至集成商、销售商等产业链的各个环节，整个产业链均可从专利开源项目中获益。

⑥ **违约条款**❹。一旦被许可方发生开源协议中规定的违约行为，那么被许可方的专利权将立即终止。违约行为一般包括提起侵权诉讼、实施违法行为等。

⑦ **转让限制条款**❺。开源专利进行转让时，开源协议依然适用于转让后的专利。当被许可方参与此类专利开源项目时，如果许可方后续将专利进行了转让，那么专利的受让人可能不会继续对专利开源，此时被许可方继续使用专利将存在侵权风险。

1.3.3.2 专利开源运营的模式

专利开源运营与开源主体的诉求紧密相关，诉求不同，专利开源的构成要素必然不同。一个用于产品防御目的的项目与一个用于市场开拓目的的项目会有很大的不同，一个用于社会公益目的的项目也会与一个用于技术聚集目的的项目有所不同。开源主体会依据其诉求选择相适应的构成要素，从而构建出符合自己要求的专利开源项目。《专利开源战略与风险防控》❻ 通过对专利开源主体的真实诉求进行深入分析，归纳总结出以下五种专利开源运营模式。

① **市场开拓模式**。以市场开拓为目的的专利开源行为往往发生在行业发展初创期，专利开源项目的构建者希望通过专利开源或共享，改变行业内的隐性技术属性，使得自身品牌、自身产品或自身所处行业的某类产品能够顺利进入市场，被其他利益相关者所理解和接受，以降低商务谈判难度、扩大合作网络、增强创新动力，同时避免因行业的同质化研发而导致的大量资源浪费，并能够尽快构建在特定行业中更加完整的专利生态，推动产业链的迅速发展，形成有利于自身发展的生态系统，做大市场。

---

❶ 陈琼娣．开放创新背景下清洁技术领域专利开放许可问题研究［J］．科技与法律，2016（5）：947.

❷ 黄林．保护高新技术企业专利的对策探讨［J］．经济纵横，2011（3）：108.

❸ 王广遇，黎琼．可及性视角下专利药品平行进口法律规制研究［J］．西部学刊，2021（1）：58.

❹ 刘远山，余秀宝．专利实施许可制度存在的问题及对策探究：以专利实施许可合同制度的完善为主视域［J］．重庆理工大学学报（社会科学），2012（3）：31.

❺ 于华伟，袁晓东，杨为国．专利证券化：资产选择与转移问题研究［J］．科技管理研究，2007（5）：229.

❻ 国家知识产权局学术委员会．专利开源战略与风险防控［M］．北京：知识产权出版社，2024.

② **技术聚集模式**。技术聚集模式的专利开源是指当产业存在多种技术路线时，通过专利开源将其他企业的研发方向聚集到自身的技术路线上，形成竞争优势，这有利于形成“虹吸效应”，推动某一特定技术方向的深入发展，特别是有利于掌握相关技术的开源主体成为行业龙头。在某一技术路线发展的同时，其他技术路线也会一同发展。当整个行业发展趋于完备，形成多种技术路线并行的状态时，部分技术领先的企业则希望通过专利开源来实现技术聚集，巩固自己的领先地位。

③ **产品防御模式**。产品防御模式的专利开源项目主要以组织的形式创建，并以社区的形式进行专利开源的传播。该模式适用于平台型技术，社区成员都能从这个平台获利，这也是其他专利权人加入的动力。该模式专利开源项目通过吸引更多参与者共同构建专利防御圈，可使相关产品免受专利诉讼的侵扰，也有利于促进平台型技术的发展。然而，这些开源主体也需要自己的专利，以应对纷至沓来的专利纠纷，通过专利开源构建完整的专利防御体系，遏制日益增加的专利侵权诉讼，维持良好的合作氛围。

④ **社会公益模式**。社会公益模式专利开源项目是为了解决环境污染、疾病等方面人类共同面对、影响人类命运和社会长远发展的共性问题，达到人类生态环境保护、健康生活等公益目的，由某一企业、组织机构等发起，放弃利益交换机会，将其专利权免费供他人使用，且不针对特定对象设置加入限制条件、许可要求的专利开源项目。无论是企业还是行业，均可以在保证自身发展的前提下，构建或加入社会公益模式的专利开源项目，通过开源某些与绿色环保、生物健康等相关的专利技术，实现绿色环保、公共卫生等领域专利技术公益目的的推广和利用。

⑤ **专利转化模式**。专利转化模式专利开源项目主要针对转化率偏低的专利或闲置专利，通过专利开源的方式促进专利的转化和利用。具体而言，专利转化模式专利开源项目可以组织或政府的形式进行创建，使用亟待转化的专利来构建开源专利池，可采用附带期限限制的方式向本国企业开放，使用目的优先选择无目的限制，可采用附带基本条款的通用协议。

1.3.4　专利开源战略

1.3.4.1　企业层面专利开源战略

企业的专利开源战略主要包括两个方面：

① 参与构建专利开源项目；

② 加入已有专利开源项目。

如果企业本身具备一定的专利储备，则可以选择构建专利开源项目，但：

① 创新主体需要明确自身诉求；

② 根据自身特点选择符合需求的开源模式；

③ 选择专利开源项目对应的基本要素。

企业在加入一个已有专利开源项目时，可以从以下三个方面进行考虑：

① 专利开源项目是否满足需求？

② 专利开源项目所涉及的专利是否满足需求?

③ 专利开源项目所带来的法律风险能否承受?

具体的，可以从专利开源项目的影响力与代表性、专利开源项目的可持续性、专利目标国家/地区分布、技术分支分布、专利价值度，以及地域等角度分析专利开源项目所开源的专利是否满足需求；根据开源协议的关键条款评估专利开源项目的法律风险。

1.3.4.2 行业层面专利开源战略

相对于企业而言，行业的专利开源战略更加复杂，我们从行业内互补技术复杂程度和技术整合能力两个技术维度，分析行业特点与专利开源的适配程度。

当行业内互补技术复杂程度低且技术整合能力弱时，专利开源并非最佳选择，应该以自由、不干预的方式，由市场进行技术研发方向的调节。

当行业内互补技术复杂程度高但技术整合能力弱时，建议行业组建专利池或建立专利开源项目，通过专利开源或者专利池的形式实现技术互补，吸引行业内企业积极参与，有效地将同行业内的互补技术聚集起来，取长补短，推动行业内企业合作，加快行业发展。

因此，并非每一个行业都适合进行专利开源：对于互补技术复杂程度较高、技术整合能力较弱的行业，如软件行业、新能源汽车行业等，适合采用专利开源策略实现市场开拓、技术聚集；而对于某些特定行业，如化工行业、电力传输行业等，则不适合采用开源策略。

1.3.4.3 国家层面专利开源战略

目前，我国缺乏针对专利开源的法律制度，为保障专利开源良好运行，我国应当从以下三个方面制定国家专利开源战略。

① **完善专利开源政策**。对于互补技术复杂程度较高、技术整合能力较弱的行业以及专利转化率低的国内非优势行业，国家可适当鼓励专利权人进行专利开源，从而通过技术共享带动行业技术整合，提升专利转化率。对于鼓励专利开源的行业，建立可持续的专利开源激励机制，如简化专利审查机制、减免专利申请费用和专利年费、制定专利信息的宣传推广机制。

完善现有法律体系，保障专利开源的良性发展，包括赋予开源协议法律属性，以及增设开源专利技术的进出口管制规定。

② **优化专利开源环境**。政府可适当引导国内专利开源组织建设，提供相关的政策支持和经费支持。通过政府指导，提高专利开源组织的运营管理能力，同时必须加强相应的管控，从而保障国内专利开源组织的专业化、规范化，进而与国际专利开源组织接轨。

借鉴软件开源发展经验，国家可以支持举办专利开源峰会等活动，为国内外开源相关方搭建交流合作平台，积极宣传开源文化，营造良好的开源生态。通过交流平台，及时发现专利开源过程中存在的问题，为专利开源政策的制定提供参考。

③ **健全专利开源体系**。国家可以搭建全国性的专利开源信息平台，提供专利开源

配套服务。设立专利开源咨询机构，邀请技术、知识产权和法律专家组成专家库，为专利开源项目提供技术发展和行业趋势分析，并为专利开源项目中所面临的知识产权和法律相关问题提供意见和建议。建立专利开源纠纷协商与解决机构，对于由于专利开源产生的法律纠纷进行调解与仲裁，探索在现行法律体系下对专利开源参与各方合法权益的保护方法，减轻各方对于专利开源的法律风险顾虑。

1.3.5　专利开源运营风险及防控

1.3.5.1　企业层面风险及防控措施

无论是加入还是构建专利开源项目，企业在可以获取一定收益的同时，也会面临一定的风险。这些风险主要包括法律风险和技术风险。

专利开源面临的法律风险主要是受到开源协议和开源组织形式的影响。一方面，开源协议中的重要条款可能会导致一定的法律风险。例如，开源协议中不主张条款带来的事实上的反向许可的法律风险，转让限制条款导致的被许可方侵权的风险，可再专利性条款中竞争对手通过专利开源项目获取许可方的核心专利并在此基础上进行技术开发和专利申请的风险，违约后被许可的专利权终止从而影响被许可方的后续使用并造成的侵权风险，权利用尽条款中后续主体（如集成商和销售商）在被许可方使用专利或制造产品的基础上继续集成开发和销售而导致侵权的法律风险，反向许可条款导致事实上的反向许可的风险，以及病毒条款中企业使用开源专利后续获得的延续性专利也必须开源的法律风险等。另一方面，开源的组织形式以及协议变动也会导致法律风险。

专利开源面临的技术风险包括因贡献自身专利而导致的专利技术被动开源的风险。具体而言，企业构建专利开源项目时由于无法选择开源专利的被许可方，因此当竞争对手参与专利开源项目时就可以获取开源专利中的技术并免费使用，这会对开源主体本身产生一定的技术威胁和冲击。竞争对手可以在开源专利的基础上进行二次开发，反过来会在技术发展和市场份额上对开源主体产生威胁，压缩开源主体的市场空间，限制开源主体的技术发展方向。然而，企业加入专利开源项目，作为被许可方使用开源专利时：一方面，技术方案本身缺少具体的参数以及实施细节等内容，会产生无法完成专利实施的风险；另一方面，企业加入的专利开源项目并不一定与其自身发展路线相匹配，企业加入专利开源项目并使用开源专利就相当于接受了专利开源项目的技术路线，可能造成技术路线规划、实施和后续发展的风险。同时，专利开源项目中的开源专利不一定是其最先进、最核心的技术，单纯地按照其开源专利的技术路线进行发展可能会导致企业技术落后，无法获得核心技术而处于受制于人的局面。

对于专利开源可能导致的各种风险，企业需要构建内部专利开源风险防控体系，加强内部开源管理，规范地使用开源专利技术；运用构建的内部专利开源风险防控体系，做好开源专利的事先评估、筛选和事中跟踪，避免过度依赖开源技术，并坚持技术的自主研发。

1.3.5.2 行业层面风险及防控措施

行业层面的风险主要体现在以下四个方面。

① **对行业技术路径的影响**。专利开源项目吸引越来越多的企业加入后会形成某一行业的规模效应，持有相关专利技术的企业通过专利共享在特定行业中构建更加完整的专利生态，从而形成一条或一个方向上的多条技术发展路径。专利开源所指向的同一发展路径会成为更多企业的选择。然而，行业的健康发展离不开技术路径的更新迭代，而技术路径的选择会受到政策、研发成本、研究实力、技术优势、技术壁垒、资金、市场前景等方面的影响。专利开源所形成的技术路径在一定程度上限制了行业多维度的发展，降低了行业内探索新技术、新路径的意愿，当行业的技术路径需要调整方向时，则会牵扯大量的人力、时间和资金投入，可能会影响行业发展进程。

② **引入国外开源专利技术对本国产业的影响**。专利开源属于新兴事物，整体处于前期的积累阶段，即便是发展较为成熟的 OIN 专利开源项目也不过十几年的历史。目前，专利开源项目大多数由外国企业或相关主体发起，中国企业或其他主体主导的专利开源项目少之又少。国内企业出于降低研发成本、减少专利许可费用的考虑，更愿意使用开源专利。但与传统专利制度下企业为了获得专利技术垄断权而着眼于自身专利研发的情况相比，专利开源后，部分国内企业可能会因为依赖专利开源而减少对后续或其他专利技术的研究。长此以往，如果一味依赖开源技术，我国相关产业的研发能力可能停滞不前甚至退化，缺乏对基础技术工程的创新布局，容易出现技术上的空白点。当专利不再开源，或者国外的开源专利技术不再先进时，这些产业的发展将难上加难。

③ **可能形成技术垄断，妨碍竞争**。以技术聚集为目的的专利开源项目，将其他企业的研发方向聚集到自己的技术路线上，形成竞争优势，甚至有可能通过资源分配等方式，达到巩固寡头地位的目的。此外，专利开源项目中的专利权人一般不止一个，且专利开源项目通常只赋予项目参与者内部成员的免费使用权，专利开源项目之外的第三方仍享有独立的专利权，各专利权人就有可能在专利开源项目内部约定以达到联合控制市场的目的。特别是当专利开源项目的最终目的是推进建立某一行业标准时，由于同行业内的企业之间存在竞争关系，因而这些企业为设定统一的标准而开展的协调、联合行动，实际上就存在以限制行业竞争为目的的非法垄断的可能性。

④ **开源项目权限不透明对行业发展的不利影响**。专利开源项目通常会设置管理规范，包括组织规则、会员加入/退出机制、会员的权利与义务等。然而专利开源项目中的组织规则往往不容易理解，涉及的权限也并非完全透明，对于会员可能设置高低等级，只有高等级会员才有资格进行各类决策。如专利开源项目的发起人或参与者可能会利用其高等级权限达成某种行动上的一致，通过其组成的行业垄断联盟阻碍其他企业的发展，减少潜在的竞争。这既不利于行业的良性竞争，也会限制中小企业的发展。

对于专利开源可能导致的各种风险，应该做好行业技术路线预判，加强关键技术的自主研究，鼓励行业组织或领军企业探索特定行业专利开源项目的运用实践；政府与行业组织应加强技术过度聚集时的监管，避免技术垄断；应成立由政府或行业协会主导的开源指导中心，强化中小企业应对风险的能力。

1.3.5.3 国家层面风险及防控措施

国家层面的风险包括专利开源对专利制度的冲击、技术进出口管制和对专利开源缺乏有效监管等。

专利开源导致专利制度重新被审视。专利制度赋予专利权人一定程度上的技术垄断地位，随着经济和社会的发展，专利制度的社会成本也显著增加。国内外部分学者和业内人士对知识产权制度提出了疑问，认为现行知识产权制度过于僵化，现行的知识产权保护不仅没有对社会、经济、文化、科技等产生促进作用，反而产生了障碍，甚至有人主张废除知识产权制度。对于专利开源是否会造成对当前专利制度的冲击，本书认为专利开源对专利制度的影响仅体现在微观层面。专利制度不可否认地对于鼓励创新起着举足轻重的作用：为知识产权提供私权保护是对权利人的肯定与尊重，同时有利于促进经济贸易的发展，从而在契约自由的原则下，激励知识产品的创造与交易，实现知识产品的价值最大化与资源的有效配置。专利开源是专利运营的一种新表现形式，其依然依赖于专利制度，而专利开源的行为可以对专利制度起到修正和补充的作用。

国家出于政治、经济、军事和对外政策的需要，制定商品出口的法律和规章，以对出口国家和出口商品实行控制。对于一些特定的技术，国家也会通过进出口管制来规范技术的进出口。而专利开源往往是全球性的，使用开源专利是否受出口管制是必须要面对的问题。当专利开源项目涉及纠纷时，明确相应的司法管辖权是第一要务。随着全球化的推进，专利开源项目中的参与方可能来自不同国家，这增加了司法管辖权的确立难度。创建专利开源项目时通常会在某地注册组织，那么组织确立的行为规范必然要符合开源组织所在国的相关法律规定。当出现纠纷时，组织所在地通常具有司法管辖权，某些专利开源项目也可能指明司法管辖权的归属方。而目前的专利开源项目中，专利开源组织在国外注册较多，一旦涉及纠纷，我国法院并不必然具有司法管辖权。

此外，在目前的专利开源实践中，对开源协议的解读没有相关法律、法规的规定，我国没有相关司法案例可以参考。专利开源项目的各个参与方对于开源协议中涉及的权利、义务难以形成明确的预期，一旦发生纠纷，就会存在较大的不确定性，不利于相关主体维权。

针对以上存在的风险，应当建立健全监管体制，将专利开源导致的专利实施许可纳入监管范围，加强对专利开源技术出口的监管；增强司法管辖的确定性，通过司法解释、有指导意义的司法案例和司法实践，尽可能按适当联系的原则将相关行为纳入管辖范围；针对缺乏开源参考案例的问题，专利开源与软件开源方式类似，开源协议中的条款具有很大的相似性，可以参考发展较为成熟的软件开源中的一些先例。

第二章　专利开源战略分析及运营实施

对于行业、企业或者其他专利权人来说，制定专利开源战略应考虑哪些因素，如何对专利开源进行组织和管理，如何具体实施专利开源战略是专利开源运营过程中最关键的三个问题。本章探讨了专利开源运营的先决条件，分析指出专利开源运营的组织架构中必备的五个管理模块，针对不同专利开源运营模式的特点，结合专利开源运营的五个管理模块制定专利开源运营的具体实施策略。

2.1　专利开源战略分析

只有当专利开源能够为某一行业或企业的发展产生推动作用时，行业或企业才可能会选择专利开源运营方式。行业在制定专利开源战略时应当考虑行业所处的阶段、行业内互补技术的复杂程度和技术整合能力两个方面的因素；而企业在制定专利开源战略时，应首先考虑自身的条件，从企业综合实力、持有的专利、所处行业特点等方面综合判断是否选择开源。

2.1.1　行业专利开源运营的先决条件

行业的发展周期通常分为初创期、成长期、成熟期和衰退期。行业所处的阶段不同，选择的专利运营方式也会不同，以下将详细分析行业分别处于初创期、成长期、成熟期和衰退期时是否适合选择开源。

在行业发展的初创期，新技术刚刚兴起，技术还不够完善，行业内的企业对于新技术的理解也不够深入，新技术不容易被模仿和复制，这意味着行业内互补技术复杂程度高；同时，参与到初创期行业的企业数量较少，很难有企业能够单独完成整个产品的生产与商业化，也难以整合出完整的产品产业链条，这意味着行业内的技术整合能力弱。在这个阶段，为了扩大技术流通的网络，行业可以构建专利开源项目，通过技术共享建立企业之间的沟通关系，并吸引新参与者加入相关行业，为行业中的新参与者创造机会，促使行业不断发展壮大，企业也可以因此获利。虽然行业在初创期制定和实施专利开源战略的过程中，受限于企业的数量和规模，行业内较难形成具有影响力的组织，但具有开源项目孵化、托管业务的基金会可在充分评估市场前景的基础上为行业提供专利开源运营服务。

当行业进入成长期时，整个行业发展逐渐活跃，形成多种技术路线并行的状态，不同技术路线之间存在技术壁垒，行业仍然呈现互补技术复杂程度高的特点；而为了行业的专业化、高效合作发展，行业内衍生出对产业链上下游开展长期稳定合作的需求，即行业应当进一步提高技术整合能力。因此，在这个时期，行业同样可以制定专利开源战略，构建专利开源项目，如行业内同一技术路线的企业组建专利联盟，并以专利联盟作为主体，联盟成员将各自与同一技术路线相关的专利形成专利组合，全部专利在联盟内部开源或者实行免费交叉许可，专利组合的全部或部分对联盟外的企业进行开源。

当行业迈入成熟期后，行业内越来越多的企业和其他个体参与到相关技术的开发中，技术发展基本完备，此时不同的行业呈现出不同的发展需求。对于传统的化工行业和电力行业，前者上中下游不同企业之间的关联度高，已实现产业链一体化；后者行业集中度高，存在具有绝对话语权的企业。这两个行业均体现出技术整合能力强的特点，已经不适合进行专利开源。而对于软件开发行业，专利技术彼此交织，需要通过构建专利开源项目来使相关产品免受专利侵权诉讼的侵扰，以实现技术共享。成熟期的行业在制定并实施专利开源战略时，企业等主体之间的交流合作更加频繁，衍生出基金会、社区、专利联盟等多种组织形式，行业可以以各类组织作为专利开源主体来创建专利开源项目。

当行业步入衰退期，行业往往面临技术转型，专利开源基本无法满足行业发展的需求，此时可能并不需要创建专利开源项目。

综合以上分析，行业在初创期和成长期都可以制定专利开源战略，通过创立专利开源项目以促进行业快速发展；而在进入成熟期之后，需要根据行业发展特点来决定是否进行专利开源；行业进入衰退期后，专利开源已无法推动行业继续发展。

2.1.2　企业专利开源运营的先决条件

2.1.2.1　企业综合实力的强弱

如果企业本身不但具有较为雄厚的财力（包括现金流、筹资、投资等方面）、精良的设备、一流的人力资源和先进的技术工艺等硬实力，还具有较强的文化影响力、学习能力、公关能力、社会公信度等软实力，那么企业专利开源战略将会更加灵活，可以选择构建或加入专利开源项目，构建专利开源项目时更有可能产生“头狼效应”，起到市场开拓、技术聚集、产品防御甚至是社会公益的作用；加入专利开源项目时更有可能提高专利开源项目的影响力。反之，如果企业综合实力较弱，那么需要谨慎实施专利开源战略，盲目构建或加入专利开源项目可能会承担本书前述的法律风险和技术风险，弊大于利，得不偿失。确需采用专利开源战略时，应综合评估开源风险，优选参与者加入专利开源项目。

2.1.2.2　企业专利水平的高低

企业考虑自身条件时不可避免地需要梳理自身的专利，从有效专利、在审专利、待挖掘专利等角度，综合专利涵盖的细分行业领域以及专利数量、专利质量等因素，对比分析同行业内其他企业的专利以确定自身专利水平的高低。如果企业专利涵盖的细分行业领域较多，或者专利专注深耕于某一个或几个细分领域，专利数量至少处于同行业内的中等偏上水平，通过技术价值、市场价值和权利价值等指标判断的专利质量为较高水平，则可以判断该企业的专利水平较高。如果仅仅具有一定的专利数量而专利价值较低，则可以判断其专利水平一般。如果专利数量较少且专利质量较低，则可以判断该企业的专利水平较低。具有较高专利水平的企业可以选择构建或加入专利开源项目，以达到进行市场开拓、技术聚集、产品防御、社会公益等目的。专利水平一般或较低的企业不建议构建专利开源项目，在是否加入专利开源项目时也应综合考虑开源风险，谨慎选择。

2.1.2.3 企业所处行业的发展阶段

通过分化、衍生或创新方式形成的新行业在其初创期时市场规模小、主体企业少，此时的企业往往综合实力不强并且专利水平较低，因此不建议参与专利开源活动。当行业进入成长期后，从新兴阶段转向多样化发展阶段并趋于成熟，部分企业的综合实力明显提升，专利水平会随着技术水平的提高而不断提高，行业内合作逻辑越发清晰，此时可以考虑参与专利开源活动，通过构建或加入专利开源项目降低成本，提高生产技术水平。行业进入成熟期后，企业规模、行业组织形式、市场份额分配等趋于稳定，生产能力开始饱和，此时企业综合实力、专利水平也处于相对稳定的状态，企业同样可以考虑参与专利开源活动，以起到产品防御的作用。对于处于成熟期后期甚至衰退期的行业，其专利控制力明显下降，此时不建议进行专利开源活动。

另外，当行业内的互补技术复杂程度高且技术整合能力弱时，技术不容易被模仿和复制，企业很难单独完成整个产品的生产与商业化，也无法通过简单的企业合作实现整个产品网络的整合。此时，企业可以选择构建或加入专利开源项目，通过专利开源的形式实现技术互补、取长补短，推动企业间合作，加快行业发展。

企业制定开源战略的具体决策流程，可以参考图 2.1.1。

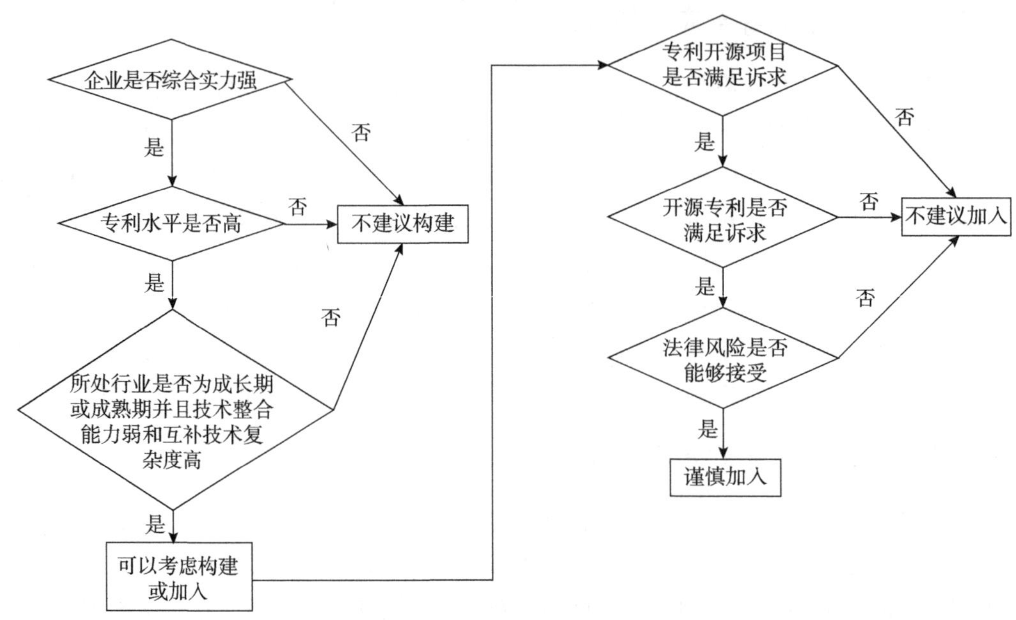

图 2.1.1 企业开源战略决策流程

2.2 专利开源运营的组织架构

就专利开源运营的组织管理而言，它是一个涉及机构、技术、人员、信息、市场等多要素的复杂系统。专利开源组织管理系统应当至少包括以下五个模块：开源主体管理、开源专利管理、法律事务管理、开源风险管理和开源生态管理。以下分别予以具体介绍。

2.2.1 开源主体管理

开源主体管理负责专利开源项目的构建和维护，是专利开源组织管理系统的核心。通过对世界范围内专利开源项目的分析，专利开源主体通常包括个体、组织和国家。个体主要为企业、高校及科研机构，组织可以是社区、基金会或专利联盟，国家具体为实行国有专利相关制度的国家。

需要说明的是，韩国是实行国有专利制度的国家。韩国国有专利是指韩国国家公务员在履行职务过程中开发的发明，由国家继承并以国家名义登记的工业产权（专利、实用新型、外观设计），由韩国专利部门负责技术转让及补偿等业务。由于我国并没有类似的国有专利制度，因此本节对于以国家作为主体的专利开源运营不予探讨。

由此，本书根据专利开源运营的不同主体，将开源主体具体划分为企业管理主体、高校及科研机构管理主体、基金会管理主体、社区管理主体和专利联盟管理主体五种类型。

2.2.1.1 企业管理主体

在现有的由企业构建的专利开源项目中，作为开源主体的企业通常为大型科技研发型企业，具有一定的研发实力和规模。大型企业普遍设立负责知识产权的相关部门以进行专利运营，部分企业设有独立的知识产权运营部门，也有企业由法务部门负责处理知识产权的相关事务。独立的知识产权运营部门在专利运营中更具优势。例如，海信集团将专利运营部门提升到决策层：

① 可以为企业决策层提供参考；

② 可以使企业的知识产权得到集中化管理，知识产权总部通过对项目小组的统筹管理，及时开展各项专利工作，能够适应多变的技术和市场，有利于技术创新和专利竞争力的提升。[1]

专利开源运营不同于以往的专利运营，需要更多的专业人员对专利开源项目作出准确的判断，制定企业的开源战略。随着互联网行业专利开源项目的不断发展，近几年国

---

[1] 李征，王浩，易方．浅析专利运营体系［EB/OL］．(2023－07－27)［2024－01－05］．http：//www.chinaipmagazine.com/journal－show.asp？id＝3955.

内各互联网公司相继设立开源办公室，为企业的开源发展提供更好的支持。因此，对于有专利开源运营需求的大型企业，可以以企业的知识产权部门乃至开源办公室作为专利开源运营的核心，研发部门、市场部门和财务部门分别为专利开源提供技术支持、信息支持和资金支持。负责开源运营的部门需要包括以下角色。

① **项目经理**：直接监督和管理开源为企业带来的价值，帮助企业更好地达成开源目标和愿景。

② **法务团队**：确保企业在开源运营中符合法律、开源协议以及其他法律的规定。

③ **安全团队**：负责企业开源安全漏洞的管理与评估工作，制定安全风险治理策略。

④ **合规团队**：确保专利开源项目的合规性。

⑤ **运营团队**：宣传开源文化，提升开源活动的积极性。❶

值得注意的是，中小微企业数量众多，虽然其专利技术资源在质量和数量上与大型企业相比不占优势，但是中小微企业在运营方式和技术应用方面具有灵活性，应当充分发挥出来。中小微企业可以借助专利开源提高自身影响力。在专利开源运营中，企业可以与专利运营服务型组织机构合作，由专业的专利开源运营机构为其制定开源战略。

2.2.1.2 高校及科研机构管理主体

目前，高校及科研机构存在大量闲置专利，其中不乏能够推动技术进步的高价值专利。然而，多数高校及科研机构未形成成熟的专利运营模式，专利管理运营人才缺乏，资金不足，专利转化运用难度较大。作为专利开源转化模式的成功案例，KIPO 专利开源项目可以为高校及科研机构的专利转化运用提供新思路。高校及科研机构可以定期发布其闲置的专利清单，允许任何人免费使用一定期限，到期后可根据具体情况与使用人开展后续合作。通过专利开源，一方面可以支持高校及科研机构的专利产生经济效益，另一方面可以确保使用者有充足的时间投入专利二次研发和产品试验以形成市场化产品。

针对多数高校及科研机构专利运营能力不足的问题，“斯坦福大学模式”可以成为一种解决途径。斯坦福大学首创在学校内部成立技术许可办公室（OTL），由专利技术经纪人负责一项专利技术从披露到转化的全过程，现已成为国外高校和科研机构普遍采用的标准专利运营模式。国内的清华大学也于 2015 年成立了 OTL，职责涵盖专利管理、技术转移、科技奖励、政策法务等工作内容。综合以上经验，高校及科研机构可以依托 OTL 的专业团队来进行专利开源项目的构建和维护，确定适合开源的专利、免费使用期限、开源协议等。

专利开源运营的具体服务流程为：

① 发明人向 OTL 提交发明和技术披露，OTL 记录在案，并指定专人（专利管理员）负责审查和了解其市场潜力；

② 在充分掌握信息的基础上，由 OTL 对技术进行评估，并独立决定是否申请专利，

---

❶ 棱镜七彩．走进开源项目办公室：下［EB/OL］．（2023－07－19）［2024－01－05］．https：//baijiahao.baidu.com/s？id＝1771830187914543559&wfr＝spider&for＝pc.

是否进行专利开源；

③ 专利保护，进行专利申请、专利布局；

④ 根据专利开源诉求选择合适的开源模式，制定开源协议并发布；

⑤ 对于有限制的专利开源项目，到期后如果技术需求方希望继续使用专利，应进行后续合作谈判；若以专利许可的方式进行后续合作，OTL 须对专利许可持续跟踪，获得许可收入并进行合理分配，许可收入应用于教学与科研活动，以促进专利运营的良性循环。❶

2.2.1.3 基金会管理主体

回顾全球开源运动和开源社区的发展历程可以看出，开源基金会对开源软件和开源社区的组织、发展、协同创新发挥了主导作用。开源基金会遵循公开、透明、开放等理念，为开源软件的孵化提供技术、运营、法律等全方位支持，为开源社区的建设和运营提供指导，发挥了孵化器和加速器的作用。开源基金会已成为开源生态最重要的组织者。❷ 在前面介绍的专利开源项目中，GPL、Apache、Mozilla、BioBricks 分别由自由软件基金会（FSF）、Apache 软件基金会（ASF）、Mozilla 基金会和 BioBricks 基金会管理。基金会管理要求有一定规模的运营基金，明确运营重点和商业模式，并拥有运营团队、技术团队和法律团队。

我国的开放原子开源基金会是国内软件开源领域的首个基金会，专注于专利开源项目的推广传播、法务协助、资金支持、技术支撑及开放治理等公益性事业，致力于推进开源项目、开源生态的繁荣和可持续发展。开放原子开源基金会为国内专利开源运营提供了优秀的组织管理和推广运营范本。在基金会的组织架构中，由理事会负责审议和修改基金会章程等，理事会下设技术监督委员会、秘书处、开源安全委员会。

① 技术监督委员会负责基金会技术相关决策、项目孵化评审等工作；

② 秘书处负责基金会日常运营事务等相关工作，下设业务发展部、运营部、法务与知识产权部、品牌推广部、研发部、财务部、综合部、行业研究部八个部门；

③ 开源安全委员会在理事会授权范围内，对开源安全相关的流程、项目、工具、标准、对外合作等工作进行规划和统筹执行。在基金会的推广运营中，举行开放原子全球开源峰会来揭示全球开源趋势、探讨开源领域的前沿观点、促进开发者生态的交流，举办开放原子校园行来推广开源文化、培养开源人才、夯实开源发展基础，启动开放原子开源大赛，提高开发者的动手实践能力以及运用新技术的创新创造能力。❸

由基金会管理的专利开源项目可以从开放原子开源基金会的运营和推广中获得经验。

---

❶ 国际科技创新中心. 技术许可办公室（OTL）建设及运营操作指南和典型案例［EB/OL］.（2021－11－05）［2024－01－05］. https://www.ncsti.gov.cn/kjdt/xwjj/202111/t20211105_50565.html.

❷ 开源协议专题（四）：最早的开源基金会和组织［EB/OL］.（2023－06－10）［2024－01－05］. https://www.cnblogs.com/cnhk19/p/17471814.html.

❸ 开放原子开源基金会. 关于我们［EB/OL］.［2024－04－09］. https://www.openatom.cn/.

2.2.1.4 社区管理主体

由开源社区构建的专利开源项目通常具有产品防御的诉求。社区管理的专利开源项目具有以下三点优势。

① **避免不必要的专利诉讼**。社区成员在遵守开源协议的前提下，可以制作、使用或分发包含在专利开源项目范围内的专利技术产品，而不存在专利诉讼风险。

② **改变资金服务方式**。社区通常由基金会或多家大型企业共同提供财务方面的支持，且成员不需要缴纳任何许可费用，这意味着社区借由基金会或大型公司为成员提供了获得资产增值的方式，社区帮助成员将专利从传统的不动产形式解锁，发挥了专利资产的价值。❶

③ **确保创新的延续**。开源社区为专利运营创建了一个协作环境，成员通过相互许可减少了针对同一技术的重复研发。加入开源社区不但不会因为可以坐享其成别人的专利而失去创新动力，反而会因为技术的加速发展而保持创新的激情。开源社区通过上述优势吸引和支持社区成员的参与和贡献，推动社区成员的创新和合作。

由基金会创立的开源社区可以直接依托基金会的管理框架运行。与之不同的是，在由多家大型企业共同投资创立的开源社区中，作为投资方的企业在项目运营管理过程中具有很大的发言权。例如，OIN 的管理团队由首席执行官协同董事会进行领导，而董事会成员均为作为投资方的 OIN 创始成员中的高管。

2.2.1.5 专利联盟管理主体

专利联盟是企业之间基于共同的战略利益，以一组相关的专利技术为纽带达成的联盟，联盟内部的企业实行专利的交叉许可，或者相互优惠使用彼此的专利技术，对联盟外部共同发布联合许可声明。建立专利联盟可以促使专利开源更健康、稳健地发展，防御性质的专利联盟可以更有效地应对第三方的知识产权挑战。❷

国内专利联盟的组织结构可以分为实体型和松散型两类。实体型联盟一般以注册公司法人或社团法人为主，有稳定的机构设置和明确的任务分工；松散型联盟则多以挂靠社会团体法人和一两个核心企业主导工作为主。目前，国内专利联盟采用的组织结构以松散型为主，这里以 LED 产业专利联盟为例，说明松散型专利联盟的管理方式。LED 产业专利联盟挂靠广东省半导体产业联合创新中心，其主要运营工作由五个部门完成，分别是项目部、托管部、交易部、投融资部和运营部。

① 项目部负责向企业宣传政策、项目计划等，让这些信息尽快被广大行业企业所熟知，起到信息推广和政策辅助的作用。

---

❶ CIPAC. OIN：不用专利诉讼，也不用专利变现，用专利推动一场软件的社会运动 [EB/OL]. [2024-01-05]. http://mp.weixin.qq.com/s/geMQ81WqZiYjORCzwNlz6w.

❷ 中国计算机学会. FCES 2021 “开源与知识产权保护”论坛专家观点集要 [EB/OL]. (2021-07-30) [2024-01-05]. https://mp.weixin.qq.com/s?__biz=MjM5MTY5ODE4OQ==&mid=2651497474&idx=4&sn=e2de162c1631583a4f2caa046864c9c5&chksm=bd4f98608a3811765d353cbed9f32614255c01e12290c605919dfaea2587cab9dd1a82d041e6&scene=27.

② 托管部面向海内外寻找符合对接标准且有价值的核心专利包，通过分析专利包，对具有运营价值且专利权人有出售意向的专利包进行购买，专利运营包括专利诉讼等方式。

③ 交易部的工作重点是面向企业申请高新技术企业认定、维护知识产权及商誉等特定产业需求，促进市场专利交易活动，降低企业相关成本。

④ 投融资部筹划成立投融资公司，从小项目做起，投融资对象是小型创业公司，以公司的名义开展业务。

⑤ 运营部通过与市场上创新性较强的公司建立联系，将公司的技术成果专利化，再开展专利成果的投资运营，完成专利从技术研发到产品收益的运营工作。如果选择以专利联盟作为开源主体管理方，那么可以依托如 LED 产业专利联盟所设置的运营部这样的组织部门，对开源主体进行管理，通过设置相应的团队或者小组推进专利开源项目。在联盟的资金来源上，前期通过项目资助、数据库收费等方式维持运营资金正常流转；此外，在专利中介服务中，可收取一定比例的中介费。[1]

2.2.2　开源专利管理

开源专利管理模块，用于开源专利的管理，应当实现以下三个方面的功能：

① 对开源主体的现有专利进行评估分析，根据当前的行业现状和所处阶段，以及开源主体的特点和自身诉求等因素来确定哪些专利适合开源，哪些专利不适合开源；

② 对已开源的专利进行跟踪管理，关注其带来的市场价值、生态效应以及是否产生风险、是否引起专利纠纷等；

③ 为下一步专利布局提供参考依据，根据当前技术发展趋势，评估专利开源战略可能带来的市场和经济效益，预测未来趋势，指导开源主体进行专利申请、专利布局、专利维护以及有针对性地制定专利开源战略。

实现上述功能的核心在于对专利的价值评估，专利价值评估有助于专利开源主体进行更好的专利开源战略决策。国内学者李春燕等提出使用引用指标、科学指标、内容指标、国际指标、时间指标等作为专利价值评价指标[2]；万小丽等从技术价值、市场价值和权利价值三个维度构建了专利质量评估体系[3]；Chiu 等则利用层次分析法从技术特征、成本、产品市场、技术市场角度进行专利资产评估[4]；美国学者卡博雷等提出将专利家族规模和市场规模加权后，更易于评估专利价值；科特·席勒等则使用总市场数据和 BLP 模型来衡量专利价值；意大利学者格里马尔蒂等提出一种可以评估和分析专利组合价值的框架，该框架制定了专利组合价值指数，该指数提供了一种快速的程序来确

---

[1] 刘云，桂秉修，冉奥博．中国专利联盟组建模式与运行机制研究：基于案例调查［J］．中国科学院院刊，2018，33（3）：225－233.

[2] 李春燕，石荣．专利质量指标评价探索［J］．现代情报，2008（2）：146－149.

[3] 万小丽，朱雪忠．专利价值的评估指标体系及模糊综合评价［J］．科研管理，2008，29（2）：185－191.

[4] CHIU Y J，CHEN Y W. Using AHP in patent valuation［J］. Mathematical and computer modeling，2007，46（7/8）：1054－1062.

定专利的获利能力，并从内部业务角度考虑专利组合的价值。[1]

开源专利管理可以融合现有的经济学方法（包括市场法、成本法、收益法、实物期权法等）、技术类方法（利用机器学习、决策树、神经网络等先进算法对专利进行价值评估）、统计学方法（主要运用于指标的权重分配，包括层次分析法、粗糙集理论、蒙特卡罗模拟法、概率回归法等）以及综合评估方法（包括技术融合法、体系评估法等）等多维度专利价值评估方法或模型对开源专利进行价值评估，为企业制定专利开源战略、开源专利选择、行业专利开源主体的开源运用和国家专利开源政策制定、开源环境优化等提供决策依据。

开源专利管理在为实现专利开源主体的专利布局、申请、维护等提供建议的功能时，可综合法律信息、市场信息、行业/技术领域特点和未来可能的发展方向等，给出保护式、对抗式或储备式等不同专利布局建议。保护式布局侧重于对创新成果及其应用产品形成专利保护网和保护屏障，保护核心产品和关键技术。对抗式布局定位为应对市场竞争需求，针对竞争对手的创新实施封堵或突围，或针对竞争对手的技术发展方向主动地进行对抗竞争，拓展或维护市场。储备式布局则着眼于未来，从潜在应用市场、潜在技术形态、未来市场等方面出发进行专利挖掘和部署，从技术特征的合理概括、非必要技术特征的撰写、权利层次，甚至是后期维权等角度指导开源专利的权利要求撰写，合理布局，明确开源专利的权利范围，对开源专利的年费是否续缴、部分无效后的开源专利是否放弃、著录项目的及时变更等进行多方面维护。

2.2.3 法律事务管理

法律事务管理，用于帮助专利开源主体进行已有开源许可证的改进，或者基于开源目的、组成形式、许可对象范围、技术领域限制、协议类型、许可承诺、许可期限、协议条款等不同的维度，结合专利开源主体自身的诉求和特点，撰写适合自身的开源许可证，明确许可范围和条款，解释权利归属，处理开源的组织形式变动、开源协议变动、开源协议中的条款以及开源专利对外许可等带来的法律问题，构建适合自身开源需求的许可证。

开源目的包括市场开拓、技术聚集、产品防御、社会公益和专利转化，组成形式包括国家、组织或者个体，许可对象范围可以选择完全开放或者面向社区开放，技术领域限制包括有技术领域限制和没有技术领域限制，协议类型包括统一协议、原则性协议、单独协议，许可承诺包括单方允诺、明示同意，许可期限包括有期限和无期限，协议条款包括不主张条款、违约条款、权利用尽条款、转让限制条款、可再专利性条款、反向许可条款和病毒条款等；在加入专利开源项目前分析开源协议或声明的法律条款，加入专利开源项目后遵照协议条款帮助开源主体进行专利开源，避免不必要的法律问题。

法律事务管理还负责处理可能出现的权属纠纷、侵权问题以及其他可能涉及的法律

[1] 周丽俭，余康乾．专利价值评估研究综述［J］．经济研究导刊，2021（8）：159－161.

问题，具体包括专利申请权纠纷、专利权属纠纷、专利侵权纠纷、假冒他人专利纠纷、署名权纠纷等，也可以包括侵权赔偿、证据保全等问题。

2.2.4 开源风险管理

开源风险管理，用于构建服务化架构和可配置化的应用系统，为专利开源主体防范专利开源中的风险提供支持。例如，开源风险管理可以采用可自定义的多子模块可配置化架构设计，专利开源主体可以根据自身需求，选择不同子模块进行灵活组合或者自定义相应子模块以构建适合自身的开源风险管理体系。子模块可以包括开源风险管理规范制定子模块、技术风险评估及应对子模块、法律风险评估及应对子模块、管理部门对接子模块等。

① 开源风险管理规范制定子模块：可以设置通用的管理规范条款，如管理责任主体、管理范围、奖惩条款等，还可以设置可自定义或可编辑的管理规范条款，供开源主体灵活设置。

② 技术风险评估及应对子模块：可以委托开源主体的内部技术部门或者外部专业技术团队，进行专利技术被动开源、竞争对手、开源专利被二次开发、技术路线、技术垄断可能性等不同技术评估项的技术风险评估，评估项也可以自行定义，以及制定当上述技术风险发生时的通用应对策略，如终止开源、技术路线变更、多技术路线并行研发、技术路线引领等。

③ 法律风险评估及应对子模块：可以罗列常用的法律风险评估项，如开源协议评估、开源组织形式评估、技术进出口风险评估等，并设置可编辑的法律风险评估项，针对不同的法律风险，还可以制定相应的应对策略，如退出专利开源项目、健全进出口管制机制等。

④ 管理部门对接子模块：负责与各级政府管理部门、市场监督管理部门以及法律部门对接，定期更新专利开源项目实施情况，下发管理部门要求，配合管理部门完成调查、督导、整改等工作。

在企业层面，开源风险管理能够帮助企业建立风险防控体系，加强企业内部开源管理，制定内部专利开源管理规范。参与专利开源项目前，对可能涉及的法律风险和技术风险事项进行全面评估；参与专利开源项目时，实时跟进，做到及早发现风险，及早降低风险；构建专利开源项目时，根据自身的目标与条件对可能发生的风险进行充分评估，并通过专利开源项目组织架构与协议条款的设计规避不能承担的风险。还需要对开源的专利技术进行事先评估、筛选和事中跟踪，并坚持技术的自主研发。

在行业层面，对于以社区、联盟、基金会等形式构建的，能够影响行业发展的行业专利开源主体，开源风险管理从提升核心技术研发实力、强化监管、加强主导等方面提供风险防控建议，引领业内企业做好行业技术路线研判，加强关键核心技术的自主研发，在专利开源项目中诚实信用地行使专利权，建立健全自律性约束机制，加强技术过度聚集时的监管，避免技术垄断，鼓励行业组织或者领军企业探索特定行业专利开源的运用实践。

2.2.5 开源生态管理

开源生态管理，用于专利开源生态的构建，包括专利开源运营的内部生态和外部生态的构建。

专利开源运营内部生态的构建需要专利开源运营主体之间的紧密联系，无论是加入还是构建专利开源项目，专利开源运营主体与运营环境之间只有通过不断地资源交换、运用、共享，均衡开源主体发展，才能推动专利开源运营生态圈的长远演化与发展。高校及科研机构往往拥有大量的科研技术成果，存在未开源的专利和“沉睡”的专利技术。开源生态管理可以帮助高校及科研机构从专利开源运营组织架构设置、专利开源流程管理、开源管理机制等方面完善其专利运营管理体系，加强与其他专利开源运营主体在各方面的协作，对接开源生态圈，鼓励开源管理人才的培养，同时建立高校及科研机构与企业的协同机制，挖掘与市场需求匹配的专利资源，培育高价值专利。专利开源运营内部生态还可以汇聚不同层次的服务机构，提供技术转移对接、开源专利信息库建设、专利开源项目的宣传推广等配套服务。

专利开源运营外部生态的构建主要包括开源政策生态和开源运营文化生态。专利开源运营受市场和行业影响巨大，有时需要政府颁布相应的专利开源鼓励政策来适度地实施宏观调控，实现资源优化配置，以促进专利开源运营的协调发展。

① **要注重创新文化的生态培育**。开源主体要坚持贯彻创新理念，培养创新意识，改变以往仅注重专利数量的价值认知，回归专利的本质，提升专利质量。

② **要基于已有开源成果，宣传开源理念**。开源不是坐享其成，需要开源主体共同协作，才能在此基础上分享成果。任何创新活动在单打独斗的方式下难以进行，优质的创新成果需要通过群体间的相互协作，共同完成。

③ **要加大开源的宣传力度**。通过向社会公众介绍 OIN、DPL、特斯拉、大金、Low - carbon、BIOS 这些已有的开源成功先例，宣扬“信息自由”和“知识共享”的价值观，让社会公众看到专利开源的作用。

2.3 专利开源运营的分类实施

专利开源运营的实施可以借助专业的专利开源平台和高效的组织管理来进行。就专利开源平台而言，虽然大多数专利开源项目在其运营网站发布开源专利清单，技术需求方可以按照其所处行业、开源主体的技术优势等直接访问相应网站查询开源专利清单。然而，一方面，部分专利开源项目因没有进行积极的宣传推广而导致影响力不足；另一方面，开源专利清单因仅包含专利基本信息而使得技术需求方无法对是否加入专利开源项目作出正确判断。搭建统一、专业的专利开源平台有助于推动专利开源的健康良性发展。专利开源平台应当具备专利开源项目的审核、发布、监督和推广四项功能。

(1) 专利开源项目审核

开源主体将开源专利相关信息和开源协议提交给平台管理者，由平台管理者对资料的真实性、全面性、合法性进行审核。审核主要包括以下三个方面：

① 对专利开源项目和开源专利的真实性进行审核，避免出现专利权属纠纷；

② 对开源专利的信息进行审核，包括专利的期限、年费缴纳情况、许可转让情况、无效和诉讼情况等，开源专利不可为失效专利、不可享有独占或排他许可、不可处于无效宣告程序中、不可处于质押状态；

③ 对开源协议进行审核，开源协议不得与现行法律冲突，对可能受到进出口管制的专利技术作出风险提示。

(2) 专利开源项目发布

平台管理者将审核合格的专利信息和协议按照行业、技术领域等分类后在平台上发布，公众可以自由查询并获取这些信息。专利信息除专利公布或公告文本、专利期限、年费缴纳情况、许可转让情况、无效和诉讼情况等内容之外，还可以附加专利附属文件，对开源专利中未披露的具体实施方式、相应配套设备等进行补充说明。

(3) 专利开源项目监督

平台管理者定期更新开源专利的法律状态和诉讼情况，对开源协议的变动进行重点提示，避免加入专利开源项目的企业和个体权益受损；设立公众意见反馈渠道，对于专利开源项目中违反开源协议的主体和行为进行公示并将这些主体列入平台黑名单。

(4) 专利开源项目推广

平台可以提供专利开源咨询服务，邀请技术、知识产权和法律专家组成专家库，为专利开源项目提供技术发展和行业趋势分析，并对专利开源项目中可能面临的知识产权和法律相关问题给出意见和建议。同时，平台可以根据专利价值度或其他专利评估模型对开源专利进行评分，技术需求方浏览这些评分信息有助于作出科学决策。

不同开源模式的开源主体不同、开源诉求不同，具体的开源运营实施策略也必然有所差异。本节主要分析在市场开拓、技术聚集、产品防御、社会公益和专利转化五种模式的专利开源运营中，分别以企业和行业作为开源运营主体的具体实施策略。

2.3.1 市场开拓模式下的专利开源运营实施

制定市场开拓模式下的专利开源战略时，应当考虑该模式的专利开源项目通常在行业发展的初创期。初创期的行业市场需求小，往往需要进行大量投资才能创造出技术传播运作所需的市场环境，而专利开源则可以以相对低的成本加速技术传播，促进技术交流和共享，从而吸引更多参与者共同将市场做大做强。在市场开拓模式的专利开源项目中，企业和行业均可以作为专利开源主体，其中：企业既可以选择构建新的专利开源项目，也可以选择加入已有的专利开源项目；而行业则可以汇集相关企业来共同创建新的专利开源项目。

2.3.1.1 企业实施策略

(1) 企业构建专利开源项目

当企业自身条件满足开源要求时，企业可以选择专利开源作为市场开拓的手段。以下从开源主体管理、开源专利管理、法律事务管理、开源风险管理和开源生态管理五个方面制定市场开拓模式下企业构建专利开源项目的实施策略。

企业通过开源主体管理设立开源办公室以专职负责专利开源运营，并且可以借助成熟的专利开源平台进行专利开源项目的运营和推广。开源办公室的具体组织架构及分工如下。

① **信息团队**：进行市场调研，分析产业和技术发展现状，收集同行业其他企业的研发能力和技术水平信息，确定是否发起专利开源项目。

② **研发团队**：针对产业和技术发展特点提供开源专利清单。

③ **法务团队**：制定开源协议并确保专利开源项目符合法律规定。

④ **安全团队**：根据专利开源项目的进展情况、行业发展阶段、竞争对手技术水平等因素定期分析企业在专利开源项目中存在的法律风险和技术风险，制定风险应对策略。

⑤ **合规团队**：持续监督专利开源项目中违反开源协议的行为，一旦触发防御性终止机制，则需要立即主张解除被许可方权利并要求其支付相应赔偿。

⑥ **运营团队**：负责对专利开源项目进行宣传，提高项目影响力和开源主体知名度。

对于开源专利管理，市场开拓模式的目的是避免因行业的同质化研发而导致的大量资源浪费，以及尽快促进行业形成更有优势的技术方向，通过专利共享推动产业链的迅速发展，因此这种模式的专利开源项目对开源专利的数量和质量都有一定要求。企业通过开源专利管理进行专利挖掘、布局，对开源专利进行选择，建立专利开源列表，优选开源全部专利，以更快地吸引他人加入，也可以开源部分专利以构建专利池；开源专利的质量可以通过已有的专利价值评估分析方法进行评估，可优先采用专门针对开源专利建立的包括转让次数、家族被引证次数、扩展同族数量、维持年限和是否属于新兴产业五个维度的专利价值度模型。

法律事务管理的重点在于制定合理的开源许可协议。企业构建以市场开拓为目的的专利开源项目时应该撰写开源协议，开源协议一般应采用明示获取的方式，以明晰双方的权利义务关系；并且优先采用标准化的通用开源协议，简化加入专利开源项目的流程。开源协议中不宜有过多的限制，如此才能吸引更多企业加入专利开源项目，从而进入该市场，并在较短时间内推动整个行业的技术迭代更新。

开源风险管理负责开源过程中的法律风险和技术风险的预判与防范。对于由企业构建的市场开拓模式的专利开源项目，其法律风险主要涉及开源协议中的有限不主张条款、转让限制条款、可再专利性条款、违约条款、权利用尽条款等，以及开源的组织形式和协议变动导致的法律风险。技术风险主要涉及无法把竞争对手排除在外、竞争对手在核心专利基础上进行二次开发的风险。开源风险管理的工作重点在于构建企业内部专利开源风险防控体系，对专利开源项目进行事先评估、事中跟踪，并坚持技术的自主研发。

开源生态管理负责企业内部创新和开源理念的培育与激励，开源生态内各企业之间的技术共享、应用和其他业务交流，以及对专利开源项目的宣传和推进。创新驱动发展，企业可以利用开源生态管理进行创新意识的培养和开源概念的普及。此外，优质的创新成果往往需要通过群体间的相互协作共同完成，企业还可以通过技术互通宣讲会、研究成果展览或座谈会等形式，维护生态内企业之间的紧密联系和信息共享。对于市场开拓模式的专利开源项目，由于市场和技术发展均不成熟，专利开源项目往往难以向公众推广，企业可以加大宣传力度，借助技术峰会、产品发布会、行业论坛或年会等场合对专利开源项目进行介绍，并通过向社会公众展示成功的开源案例，让社会公众看到专利开源的作用，普及开源文化，使更多企业和个人加入专利开源项目。

（2）企业加入专利开源项目

当企业自身条件满足开源要求时，企业可以选择加入专利开源项目作为市场开拓的手段。当开源主体管理、法律事务管理、开源生态管理制定的实施策略与企业构建市场开拓模式下的实施策略相似时，开源专利管理需要对拟加入的专利开源项目的专利进行分析，从专利持续性、专利目标国家/地区分布、专利价值、竞争对手等专利分析角度，分析其是否满足自身企业的需求，还可以利用第2.2.2节提及的专利价值评估方法对专利开源项目中的开源专利是否满足自身企业需求进行评估和专利价值分析。企业在加入以市场开拓为目的的专利开源项目时，应对专利开源项目涉及的行业发展前景有足够的分析和谨慎的预判。企业应当通过开源风险管理做好预研分析，充分权衡利弊，控制投入人力、物力、财力的占比，并在行业发展出现瓶颈或停滞不前时做好放弃的准备。比起构建一个专利开源项目，加入专利开源项目所面临的技术风险更加严峻，轻易作出的决策容易使企业随着已进入的新兴行业的消失而大伤元气。此外，企业应当通过开源风险管理充分评估法律风险。市场开拓模式的专利开源项目在初期往往对专利使用者较为宽容，一旦市场发展、企业壮大，专利开源项目构建者可能会利用开源协议中各项条款来限制加入者的权利、增加加入者的义务，企业应利用开源风险管理对协议中的条款（如病毒条款、反向许可条款、不主张条款、违约条款等）逐一分析，找出潜在风险。

2.3.1.2 行业实施策略

市场开拓模式适用于产业形成初期，此时行业内企业数量少、规模小，企业手中的专利数量和质量也往往处于低水平阶段，专利开源主体应为基金会或其他具有资金实力并认可该行业前景的组织，建议基金会或类似组织设立专门的运营团队、技术团队和法律团队进行开源项目运营。

运营团队负责开源主体管理和开源生态管理的对接工作。开源主体管理包括日常运营事务，开源项目内各开源主体的登记、信息维护，以及其他项目运行需求。开源生态管理既负责项目内企业的定期交流，通过技术说明会、联学联动等形式加强业内运营主体之间的联络和沟通，营造创新氛围，推广开源理念，又负责提供知识产权转移共享、开源专利信息库建设、开源项目宣传推广等配套服务。技术团队和法律团队负责开源专利管理、法律事务管理和开源风险管理。市场开拓模式中行业依赖的主体依然是企业，因此行业的开源主体管理、法律事务管理、开源风险管理可以借鉴企业市场开拓模式专利开源项目的相应模块建设和实施。

2.3.2 技术聚集模式下的专利开源运营实施

制定技术聚集模式下的专利开源战略时，应当考虑该模式下的专利开源项目通常处于行业发展的成长期。行业经历了初创期之后，整个市场通过不断地发展形成了一定的规模。此时行业中的不同企业在经过独立研发之后形成了各自不同的研究路径，从而使整个行业呈现出多条技术路线并行的状态。部分技术领先的企业希望通过专利开源将其他企业吸引到自己的技术路线上来，即实现技术聚集，从而巩固自己的领先地位。与市场开拓模式的专利开源项目类似，技术聚集模式的专利开源项目的主体既可以是企业，也可以是行业。其中，企业既可以作为专利开源项目的创立者，也可以作为专利开源项目的加入者。

2.3.2.1 企业实施策略

（1）企业构建专利开源项目

在行业发展的成长期，由于整个行业的技术发展相对成熟，各个企业均具备一定的研发和生产基础，技术交流逐渐增多。企业构建技术聚集模式的专利开源项目时，开源主体面临的法律事务、开源风险和开源生态与企业构建市场开拓模式的专利开源项目的情况类似。因此，在技术聚集模式的专利开源项目中，开源主体管理、法律事务管理、开源风险管理和开源生态管理可以借鉴市场开拓模式专利开源项目的相应模块建设。需要注意的是，开源风险管理还应当注意企业自身被动接受专利开源项目带来的技术实施和技术路线上的风险。

与市场开拓模式不同的是，技术聚集模式的专利开源项目需要根据技术聚集模式的诉求进行开源专利管理。开源专利可以以核心专利技术为主，数量不一定要很多，但要统一在同一条技术路线上，体现出该路线的技术优势。例如，将核心专利形成开源清单，对与核心专利实施相关的其他专利进行许可，同时可以将实现核心专利的部分设备和产品出售。加入专利开源项目的其他企业既可以付费使用与核心专利实施相关的其他专利以及设备和产品，也可以利用自身的研发基础重新开发出与核心专利适配的技术。通过这种组合型专利运营，开源企业在利用技术优势吸引业内其他企业加入专利开源项目的同时，仍可在众多竞争对手中保持技术领先的地位。

（2）企业加入专利开源项目

企业加入技术聚集模式的专利开源项目时，开源主体管理、开源专利管理、法律事务管理、开源风险管理、开源生态管理制定的实施策略与加入市场开拓模式时的管理策略相似，此时行业发展已经经历了一定阶段，不大可能出现行业快速衰退的现象，但不同的技术路线会导致业内企业的分化。因此，在加入技术聚集模式的专利开源项目时，最为重要的是企业需要利用开源风险管理，从技术路线使用年限、普及程度、成本、被替代性、可演进方向等角度分析对比当前行业内的多条技术路线的优劣势，结合企业自身条件和在行业中所处地位分析可能出现的风险，选择是否参与该专利开源项目，谨慎“押注”某一条技术路线。

2.3.2.2 行业实施策略

行业中并行的多条技术路线分别掌握在不同的企业手中，且每条技术路线对应的企业数量相对有限，这是行业开展技术聚集模式专利开源项目的客观环境之一。由于此阶段属于相同技术路线的企业数量不多，虽然企业之间的合作交流愈加频繁，但仍无法形成基金会或社区的规模，因而企业之间通常以组建专利池的形式构建专利联盟。同时，技术聚集模式的专利开源项目对于开源专利的把控能力要求很高，开源的专利应当属于同一技术路线，这样才能使专利开源项目的加入者走向既定的技术路线。当基金会或开源社区作为开源主体时，任何加入者都能够成为专利开源项目的贡献者，这很有可能导致后续发展偏离原有技术路线。因此，行业中技术聚集模式的开源管理主体应当通过对开源专利范围和开源协议进行严格把控，以保证专利开源项目中的技术发展走向不会偏离既定技术路线。

开源专利管理负责确定开源专利的范围和价值评估。在技术聚集模式的专利开源项目中，开源专利的范围应当包括在专利联盟的专利池中，既可以将整个专利池对外部企业进行开源，也可以选择专利池中的部分核心专利进行开源。开源专利管理同时负责与联盟内企业就开源专利的范围进行沟通。

法律事务管理负责处理专利开源项目的相关法律问题，并针对专利联盟和专利开源项目之间存在的冲突进行解决。专利联盟内的企业之间实施专利交叉许可，这种专利交叉许可既可以是完全免费的，也可以根据专利本身的价值收取一定费用。当专利联盟对外部企业实施专利开源时，开源专利对外部企业来说是完全免费的。因此，专利联盟内部的专利合作方式必然也要随着专利的开源而进行调整，如规定全部开源专利在联盟内部实行免费交叉许可或者开源。法律事务管理在拟定开源协议的同时，要兼顾联盟内不同企业对开源专利的贡献度，从而平衡联盟内部各企业之间的利益。

开源风险管理负责专利联盟在专利开源活动中的风险预警、评估和规避工作。专利联盟的开源风险管理可以参考企业的开源风险管理来组建。此外，专利联盟的开源风险管理可以有针对性地为联盟内的不同企业提供风险管理方案。

开源生态管理的主要任务是对内提高专利联盟内企业对于专利开源的贡献度，对外提高外部企业对于专利开源的参与度。专利联盟的开源生态管理可以参考基金会或开源社区的开源生态管理方式。

2.3.3 产品防御模式下的专利开源运营实施

制定产品防御模式下的专利开源战略时，应当考虑该模式下的专利开源项目通常应处于行业的成熟期，且主要针对的是平台类产品，如软件开发等。这类行业在迈入成熟期之后，专利和产品的侵权诉讼逐渐增多，不利于整个行业的良性发展，因此需要通过组建产品防御模式的专利开源项目来使相关产品免受专利侵权诉讼的侵扰，实现技术共享。就产品防御模式的开源主体而言，专利开源项目的创立者只能是行业本身，单个企业可以加入已有的专利开源项目。

2.3.3.1 企业实施策略

开源协议中通常包含不主张条款或反向许可条款，虽然两种条款的形式和内容不同，但其结果均为将加入专利开源项目的企业的全部或部分专利免费许可给开源主体使用。当企业加入市场开拓或技术聚集模式的专利开源项目时，免费许可的范围仅限于参与该专利开源项目的企业或者专利联盟，对企业的影响相对有限。而当企业加入产品防御模式的专利开源项目时，免费许可的范围扩大到项目中的全部成员，这显著增加了专利风险。因此，在加入产品防御模式的专利开源项目之前，开源专利管理应在充分评估专利开源项目已有专利价值的同时，对自身的专利进行全方位评估，避免加入专利开源项目后自身的专利屏障受到过度冲击。在加入产品防御模式的专利开源项目之后，开源专利管理需制定合理的知识产权保护策略，对关键性核心技术采用技术秘密等其他手段进行保护，避免被动开源。

产品防御模式的专利开源项目的主要目的一方面是要减少行业中的侵权纠纷，另一方面是要促进技术的合作交流和迭代更新。同时，产品防御模式的专利开源项目涉及成员范围更广。因此，相比于市场开拓模式和技术聚集模式的专利开源项目，产品防御模式的专利开源项目的协议条款往往更加复杂，除了不主张条款之外，产品防御模式专利开源项目的协议还可能包括违约条款、权利用尽条款、转让条款、可再专利性条款和病毒条款等。法律事务管理的主要任务是对开源协议中的条款进行分析，联合开源风险管理对专利开源项目所带来的法律风险进行预先评估，并在加入专利开源项目后保证企业的行为符合开源协议的规定。

开源风险管理需要坚持事先评估、事中跟踪的原则：一方面，在加入专利开源项目前对法律风险和技术风险进行充分评估；另一方面，在加入专利开源项目后针对可能出现的开源组织形式和协议变动引发的法律风险随时跟进，以保障企业在开源活动中的自身权益。

2.3.3.2 行业实施策略

产品防御模式的专利开源项目，其主要目的是针对平台型的技术，通过专利开源吸引更多的参与者共同构建专利防御圈，使得相关产品免受专利诉讼的侵扰。因此，在开源主体管理中，产品防御模式的开源主体通常为基金会、社区或专利联盟。在开源专利管理中，产品防御模式的专利开源项目对于加入专利开源项目的个体所贡献的专利数量和专利质量一般没有要求，这是由产品防御的诉求决定的，由此可以吸引更多的贡献者、更多的专利加入专利开源项目，从而建立一个更广泛的专利防御平台。产品防御模式专利开源项目的法律事务管理和开源风险管理可以直接参考市场开拓模式的相关模块进行建设。然而，由于开源主体和开源诉求不同，产品防御模式的专利开源项目在开源生态管理中应当更加注重如何吸纳更多的加入者以及扩充开源专利的数量，营造良好的开源生态。产品防御模式的开源生态管理应当重点完成以下三项任务。

① **寻求资金支持**。绝大部分产品防御模式的专利开源项目，其开源主体是基金会和社区。基金会和社区的首要任务是为专利开源项目提供资金支持，以保证专利开源项目的日常运营、外部专利购买、为专利诉讼提供法律援助等。因此，企业可以在不缴纳会员费的前提下加入专利开源项目，享有更多的免费专利许可，并且避免后续可能出现的法律问题。

② **根据参与者的贡献度，为其提供相应的权限**。建立参与者贡献度评估机制，该机制可以包括提供的开源专利数量、开源专利价值度等多个维度，根据参与者对专利开源项目的贡献度提供不同的项目运营管理权限，具有较高权限的贡献者可以参与项目决策。

③ **建立有效的成员协商机制**。建立基于项目管理机构的重要问题协商机制和成员合作交流机制，使项目成员之间可以形成网络交互式协商结构，通过信息化平台、讨论会等方式实现成员之间的知识交流与信息共享，促进行业的快速发展。

2.3.4 社会公益模式下的专利开源运营实施

社会公益是贯穿整个社会发展的重要活动，无论是企业还是行业，均可以在保证自身发展的前提下构建或加入社会公益模式的专利开源项目，以实现绿色环保等领域专利技术的推广和利用。社会公益模式的专利开源项目与其他模式的专利开源项目相比，其最突出的特点在于具有奉献的属性，因此在构建这种模式的专利开源项目时，企业和行业都应当在基本的组织管理策略的基础上更加侧重于开源生态建设。因此，以下分别讨论构建和加入社会公益模式专利开源项目的实施策略。

2.3.4.1 构建专利开源项目的实施策略

构建社会公益模式的专利开源项目，是为了实现绿色环保、生物医药等领域专利技术的推广和利用。社会公益模式的专利开源项目的管理主体既可以是企业这种个体，也可以是基金会、社区或者专利联盟这种组织。当企业作为开源管理主体时，可以设立知识产权部门或者开源办公室；当基金会、社区或者专利联盟作为开源管理主体时，可以利用原有的知识产权管理架构来进行专利开源项目的管理和运营。开源专利管理负责开源专利内容的筛选。虽然对于贡献给专利开源项目的专利数量不应当作强制要求，但企业和行业的开源专利管理应当对贡献到专利开源项目的专利技术方案进行筛选，保证专利的可实施性和针对性，以切实解决环保、疾病治疗等现实问题。社会公益模式的专利开源项目的法律事务管理和开源风险管理可以参考市场开拓模式相关模块进行建设，所不同的是法律事务管理中应考虑在开源协议中明确将开源专利的使用目的限制为社会公益目的，以保障专利许可方和被许可方的权益。

2.3.4.2 加入专利开源项目的实施策略

企业加入社会公益模式的专利开源项目主要存在以下两种情形：

① 为专利开源项目贡献相应的开源专利，以支持社会公益项目或通过社会公益项目提升企业形象；

② 出于社会公益的目的使用专利开源项目中的开源专利。

由于社会公益项目本身具有奉献属性，作为专利贡献者的企业通常不必像加入其他专利开源项目时那样对开源专利、法律事务、开源风险进行严格管理，但企业的开源生态管理可以针对企业对社会公益的贡献进行一定的宣传，提高企业影响力。同时，社会公益模式的专利开源项目对作为专利使用者的企业约束也相对较少，由此吸引更多企业使用其中的专利技术，但开源协议往往会规定使用者应当承诺将相关专利技术应用于社会公益，因此企业的法律事务管理应当重点关注开源协议的相关要求。与社会公益相关的专利通常不涉及企业核心技术，因此开源带来的技术风险和法律风险较低，企业可以参照其他模式的专利开源项目对开源风险进行管理。

社会公益模式的专利开源项目重点应集中在开源生态建设上，目前社会公益模式的专利开源项目的主要问题是影响力不足。以 Low - carbon 项目为例，加入该项目的企业主要来自计算机及软件相关领域，因而其贡献的专利多数也是在机房、服务器等领域的碳减排技术，而占据碳排放主要份额的传统行业企业与技术却缺席。这一方面说明各领域企业对于开源专利这种创新方式的接受程度有明显差异，计算机及软件相关领域的企业接受程度要明显高于传统行业；另一方面说明通过专利开源这种方式来实现公益诉求仍然任重道远。因此，针对社会公益模式的专利开源项目，开源生态管理应当围绕如何进行项目宣传推广制定其独有的实施策略。

① 企业可以通过社会公益活动、知识产权年会、行业论坛等形式为专利开源项目进行宣传，突出专利开源项目的社会公益属性，获取一定的知名度，并期望政府机构配合专利开源项目，鼓励企业加入或主动构建社会公益模式的专利开源项目，并给予一定的支持和奖励，弘扬奉献精神；

② 开源主体对加入专利开源项目的企业、高校及科研机构等进行公示，利用广告效应为加入者树立良好的社会公益形象，对其他主体起到示范作用。

2.3.5 专利转化模式下的专利开源运营实施

专利转化模式下的专利开源项目是指针对转化率偏低的专利，通过专利开源这种形式，促进专利成果的转化与利用。专利转化模式可以成为解决高校及科研机构大量“沉睡”专利问题的有效途径，因此专利转化模式的开源主体优选高校及科研机构，并以 OTL 作为高校及科研机构的代表开展专利开源运营。开源专利管理对拟开源专利的价值进行评估，法律事务管理根据专利价值评估结果以及市场需求、与该技术相匹配的企业规模来确定开源协议。开源协议通常应附带期限限制，从而在开源期间可以通过免费使用的方式吸引更多企业使用相关的开源专利技术，同时在开源到期后双方有机会重新制定合作方式，以对高校及科研机构的研发与运营投入形成回报。开源生态管理的重点在于搭建专利权人和专利使用者沟通的桥梁，既可以依托已有的成熟专利开源平台，也可以由开源主体自行创立专利开源平台，并负责其日常维护。专利开源平台建设的具体方式在前文已有阐述，该平台实现专利开源项目的审核、发布、监督、推广四项功能。需要注意的是，为专利转化模式服务的专利开源平台更应当注重平台推广，提高专利开源项目的知名度。例如，可以通过宣传经典的成果转化案例、树立专利转化服务品牌等方式，同时进行开源专利转化后的跟踪，将转化后的专利应用于产品的技术效果、市场反响、用户满意度等方面的表现作为跟踪信息反馈给开源主体，让开源主体切实感受到自身研究成果的市场价值，提升研究荣誉感，从而进一步促进产学研深度合作。

2.4　小结

本章从行业和企业两个层面进行专利开源战略分析，介绍了专利开源运营的先决条件。从开源主体管理、开源专利管理、法律事务管理、开源风险管理和开源生态管理出发，详细介绍了专利开源运营所涉及的技术、人员、信息、市场等复杂要素的基本管理架构；并针对构建专利开源项目和加入专利开源项目两种策略，分别介绍了市场开拓、技术聚集、产品防御、社会公益和专利转化五种不同的专利开源运营模式，上述五个管理模块的主要功能和基本实施方式等，为后续不同模型的具体运营实践奠定组织基础。

第三章　专利开源战略分析及运营实践：市场开拓模式

本章从理论上对市场开拓模式下的专利开源运营进行战略分析，并从实践出发分析现有的市场开拓模式专利开源项目的经典案例，以此为基础，进一步深入挖掘市场开拓模式下专利开源运营的行业运营实践和企业运营实践。

3.1　市场开拓模式分析

以市场开拓为目的的专利开源可以满足行业或企业内组织的市场拓展、扩大产业规模的诉求。本节简要介绍市场开拓模式的含义，并从开源主体、专利开源项目的许可对象、专利开源项目的许可承诺类型以及特定的协议条款等方面分析市场开拓模式的特点。

3.1.1　市场开拓模式概述

市场开拓模式能够拓展企业产品或服务的领域与对象，扩大市场份额，增加消费对象，一般包括市场用户定位和需求分析、当前市场状况调研、制定自身发展计划以及市场开拓的具体实施等步骤。

市场用户定位和需求分析需要企业首先了解自身产品或服务，根据自身产品或服务特点寻找特定的客户群体：哪些客户可能会对自身产品或服务感兴趣；这些客户的消费能力如何，是否有可替代产品；海外市场是否和国内市场相同，海外消费者与国内消费者的消费观念、消费水平有何差异等。

企业进行市场状况调研时，可以从市场区域、拜访对象、宣传资料、确定调查行程、制订调查计划、计划报批等方面入手。

企业制订自身发展计划时，应当制订循序渐进的市场拓展计划，确定先进入什么市场、后进入什么市场、以什么方式进入市场，明确开发人员和市场合作伙伴，计算市场开发计划的盈亏平衡点，制订市场开发进度表并及时跟进。

做好上述准备后，企业就可以正式开始市场开拓工作。市场开拓人员按照企业既定的方针、政策、计划、方案，与意向合作者洽谈、协商，最终签订合作合同，让企业的产品或服务进入开拓的区域，送到更多客户手中，这就是市场开拓要做的事情。这个阶段的主要工作就是商务谈判，商务人员既可以充分展示企业自身产品和服务、明确双方权益、听取对方反馈和建议、告知对方本企业的硬性规定，求同存异、站在对方角度思考并注重谈判场合的礼仪，还可以通过多元化平台拓展市场、加强品牌营销推广、发挥社交媒体影响力以及力争实现全渠道销售等手段进行市场拓展。

以市场开拓为目的的专利开源行为往往发生在行业发展初创期。创新主体在这一阶段将持有的专利开源或共享出来，就可以：

① 迫使潜在竞争对手无法就同一技术或相似技术再取得专利权，以此保证该技术不被"圈地"，通过普及和推广来达到开拓市场的目的；

② 为同行突破相关技术瓶颈提供帮助，促进相关领域专利技术的产业化，无形中影响同行选择有利于自己的技术路线和产业方向。如果整个行业的未来发展走向自身拥有竞争优势的方向，那么开源专利的经济收益将大于放弃专利的成本；

③ 在开源协议或单方面声明中设置反向许可条款等，以对被许可方施加义务，这些条款能够保证创新主体在未来技术研发、产品生产等过程中免受专利侵权困扰。

3.1.2 市场开拓模式特点

市场开拓模式中的开源主体以企业或者业内有影响力的多家企业构成的组织、联盟或社区为主。对于企业来说，开源的专利需要经过企业内部筛选，可以选择特定技术的专利进行开源，也可以直接开源全部专利（甚至开源未来的专利）来扩大自身技术的影响力。对于以基金会、联盟或社区形式组成的行业主体而言，开源专利往往以专利池的形式开放特定技术领域的专利。如前面提到的 OIN，以保护 Linux 为目的，其专利池以 Linux 及其核心开源技术包的专利为主。市场开拓模式专利开源项目的许可对象主要包括以下两种：

① **面向社区**。明示有意愿加入专利开源项目的创新主体，能够免费使用项目内的专利技术；

② **完全开放和共享**。任何个人、企业或组织均可免费使用专利开源项目的专利技术。

当然，免费仅仅是不将许可费作为对价筹码，并不是完全意义上的"免费"。许可承诺类型可以包括单方面允诺或者明示同意。

① **单方面允诺**。即专利开源项目的构建者单方面声明，明确允许所有人或者符合特定条件的人实施某一项专利或者某一技术领域的多项专利，无须取得其许可授权，也无须支付许可费，这种开源行为框架许可已不是他人实施该专利的必要条件。

② **明示同意**。即专利开源项目的构建方通过网页格式的合同电子文本形式对外展示相关开源协议或许可协议，当不特定人点击"同意"时，即视为其明确作出接受这一开源协议或许可协议的意思表示，也就表明对方已同意加入该专利开源项目。需要说明的是，这里的开源协议或许可协议通常为通用协议，也就是不论想加入专利开源项目的创新主体是谁，都使用同一个协议模板，以最大限度保证专利开源项目参与者的快捷加入，吸引更多的企业构建自身专利生态。在市场开拓模式的专利开源项目中，对于专

利许可期限和专利使用目的往往也不做限制，以保证项目参与者能够随时使用开源专利，并将开源的专利技术进行产业化或者在开源专利的基础上二次开发，推广相关技术和产品，达到市场开拓的目的。

对于开源协议或许可协议的条款，市场开拓模式下的专利开源项目通常设置有可再专利性条款和权利用尽条款。其中，可再专利性条款指的是被许可方可以在开源专利基础上进行二次开发并且申请和主张相应的知识产权；权利用尽条款则是将开源专利的免费许可延至集成商、销售商等产业链的各个环节。如果要达到市场开拓的目的，专利开源项目的构建者不会限制专利技术的二次开发和利用，相反会鼓励专利的多角度、多维度使用和开发，也会允许将开源专利的免费使用权延伸至上下游的其他企业，以推动产业链发展。此外，还可能会设置不主张条款以要求被许可方不得对许可方所有的专利产品提起诉讼。然而，不同于产品防御模式时需要设置病毒条款和反向许可条款来制衡许可方和被许可方的权利义务，对被许可方过多限制不利于开源专利技术的推广和自身技术路线的宣传，因此，市场开拓模式的专利开源项目中不涉及或者不会明确设置病毒条款和反向许可条款。

3.2 经典开源案例分析

在市场开拓模式的专利开源项目中，具有代表性的是特斯拉的专利开源项目。本节首先对特斯拉专利开源项目的背景和开源诉求进行简要介绍，然后对特斯拉开源战略的制定、项目的构建和实施进行分析，最后从特斯拉的经典案例分析中得到启示，从而为后续市场开拓模式的开源战略和运营实践提供参考。

3.2.1 案例概况

3.2.1.1 专利开源战略背景

世界上第一辆真正意义上的纯电动汽车是苏格兰人达文波特（T. Davenport）于1834 年发明的。1895—1915 年是纯电动汽车发展的黄金期，然而 1908 年福特推出的流水线生产方式，以及 20 世纪 70 年代的石油危机，改变了整个汽车行业，燃油汽车成为主流。20 世纪 90 年代，人们对于空气质量和温室效应的日益关注，使得新能源汽车再度获得生机。21 世纪初，为了解决新能源汽车行业发展的最大瓶颈——电池技术问题（包括续航、安全性和充电时长等），全球主要汽车及电池制造厂商尝试采用不同种类的电池，主要包括：

1996 年，通用 EV1 车型所采用的当时技术最先进的铅酸电池，以及其第二代车型更换的镍氢电池；

2000 年，在北美、欧洲公开发售的丰田普锐斯采用的高功率镍氢电池；

2005 年，比亚迪着手研究磷酸铁锂电池，2006 年研发成功，并将其搭载在 F3e 电动汽车上；

2008 年，服务于北京奥运公交专线的由中国南车集团制造的 BK6211EV 所采用的锰酸锂电池；

2009 年，戴姆勒公司推出了 B 级燃料电池车 F – CELL；

2010 年，宁德时代开始致力于聚合物锂电池的研究；

2013 年，LG 化学开始专注于三元锂电池的研发。

作为电动汽车核心技术的电池呈现“百家争鸣”的景象，技术的多样性和高分散度一定程度上导致电动汽车的市场接受度较低。

虽然特斯拉早在 2003 年便已成立，但设计一个高性能、高效率、高安全性和低成本的变速箱等技术难题和高昂的生产成本，使得其第一款超级跑车 Roadster 直到 2008 年 2 月才开始交付，随后特斯拉将 Roadster 的销售范围逐步扩大至欧洲、亚洲和澳大利亚等新兴市场。从 2008 年到 2012 年，特斯拉在 31 个国家销售了超过 2250 辆 Roadster。与此同时，特斯拉也开始为其他汽车公司提供电动汽车的零部件和技术服务。2008 年，特斯拉与戴姆勒汽车公司达成合作协议，为其旗下的 Smart 品牌提供电池包和电机。2009 年，特斯拉又与丰田公司签订合作协议，为其提供电池组和电动发动机，并从丰田公司手中购买了位于加利福尼亚州弗里蒙特的工厂，用于生产自己的下一代产品。在成功推出 Roadster 之后，特斯拉并没有满足于做一个小众的电动超级跑车制造商，而是开始转型为一个面向更广泛消费者的电动汽车制造商，旨在为更多普通消费者提供电动汽车。它开始研发更实用、更经济、更智能的电动汽车产品，并打造自己的品牌形象和销售渠道。2012 年 6 月 22 日，特斯拉发布了它的第二款产品——Model S，这是一款全尺寸豪华电动轿车。这款轿车拥有更大的空间、更高的续航里程、更强的性能、更多的创新功能和更低的价格，它采用了全铝合金车身、17 英寸触摸屏、可升降空气悬架、超级充电站等技术，拥有自主研发的自动驾驶系统（Autopilot），可以实现自动变道、自动泊车、自动召唤等功能。

虽然电动汽车技术很早就已出现，并且电动汽车行业先后涌现出多家知名企业和多款经典车型，但在 2013 年前后，电动汽车在整个汽车行业中所占比重仍非常低。有资料显示，2013 年包括混合电动汽车和纯电动汽车在内的插电式汽车在美国的销售量为 9.6 万辆，仅占美国汽车总销量的不足 1%，而纯电动汽车只占了其中的一半（即不足 0.5%），全球燃油汽车的销售量则首次突破了 8000 万辆，特斯拉的 Model S 纯电动汽车的全球销量仅为 2.23 万辆。埃隆·马斯克于 2014 年在特斯拉官网上发表的《我们所有的专利属于你》一文中也对当时的电动汽车市场作出了类似的阐述：“大型制造商的电动汽车项目（或任何不燃烧碳氢化合物的汽车项目）的规模很小，甚至根本没有，平均占其汽车总销量的比例远低于 1%”；“充其量，大型汽车制造商生产的电动汽车范围有限，产量有限，有些根本不生产零排放汽车”；“鉴于每年的新车产量接近 1 亿辆，全球汽车约为 20 亿辆，特斯拉不可能以足够快的速度制造电动汽车来应对碳危机。同样，这意味着市场是巨大的，我们真正的竞争对手不是正在生产的少量的非特斯拉电动汽车。”

2014 年处于电动汽车市场的初期，整个产业链尚不完善，特斯拉虽然有一定的技术积累，但其市场份额较小，特斯拉希望通过专利开源来吸引业内企业，打通产业链的上下游，做大整个电动汽车市场。在这篇《我们所有的专利属于你》一文中，埃隆·马斯克认为："特斯拉汽车公司的成立是为了加速可持续交通的出现，如果我们为创造引人瞩目的电动汽车扫清了道路，却在背后埋下了知识产权地雷来限制其他人，那么我们的行为与这一目标背道而驰。特斯拉不会对任何出于善意想要使用我们技术的人提起专利诉讼"；"我们相信，特斯拉、其他生产电动汽车的公司以及全世界都将受益于一个共同的、快速发展的技术平台"；"我们相信，将开源哲学应用于我们的专利将加强而不是削弱特斯拉在这方面的地位。"

特斯拉的开源专利中包含其核心的充电技术专利和电池设计技术专利，而这两项技术的开源也是特斯拉扩大电动汽车市场的重要手段。

① **充电技术**。由于特斯拉生产的汽车是纯电动汽车，不是混合动力汽车，其必须使用充电站而不是加油站进行动力补给。虽然特斯拉的目标是在2015年底前将超级充电站覆盖到98%的美国司机，但在路上找到与特斯拉汽车匹配的充电站并不总是那么方便。推动使用与特斯拉相同充电技术的电动汽车的发展，可以从根本上吸引整个行业的其他制造商参与创建兼容的充电站。

② **电池设计**。在2014年底，马斯克宣布了特斯拉在内华达州新超级电池工厂（Gigafactory）的位置。如果其他汽车生产商制造新的电动汽车时采用特斯拉的电池设计，那么他们有理由直接向特斯拉购买电池，而不是自己大量生产电池。

通过鼓励特斯拉的竞争对手采用特斯拉的充电技术和电池设计，可以提高整个电动汽车行业的兼容度，使得其他电动汽车企业有更多的精力去对其他方面的技术进行改进，加速整个行业的发展，同时在一定程度上也促进了特斯拉自身的快速发展壮大。

2015年9月29日，特斯拉发布了它的第三款产品——Model X，这是一款全尺寸的豪华电动SUV。其延续了Model S的优秀性能和创新设计，增加了更多的功能和特色，如鹰翼式后门、全景挡风玻璃、生物防御模式、可选的第三排座椅等。它也是第一款拥有自动驾驶硬件的特斯拉汽车，可以通过软件升级来获得更多的自动驾驶功能。

2016年3月31日，特斯拉又推出了它的第四款产品——Model 3。这是一款中型电动轿车，是特斯拉实现其"秘密宏图"第三篇章的关键产品，目标是将电动汽车普及到更广大的市场和消费者。它拥有与Model S和Model X相当的性能和技术，但售价只有前两者的一半左右，起价为3.5万美元。Model 3也是特斯拉首次采用标准化和大规模生产的方式来降低成本和提高效率的产品。特斯拉在2018年前后经历了前所未有的多项挑战，包括生产问题、人员离职、财务压力、高管变动和安全事故等，公司的主力车型Model 3的生产遭遇了重大困难，导致交付量无法达到预期，这给特斯拉带来了严重的财务压力。同时，特斯拉的高管层也发生了变动，包括首席会计官、首席人力资源官和工程副总裁等高管离职。此外，特斯拉还面临着多起安全事故的调查和诉讼，这些事件对特斯拉的声誉和股价造成了多重负面影响。但特斯拉在面对这些挑战时表现出了强大的韧性和适应能力，通过加大生产力度、优化供应链管理和推出新产品等措施来应对困难。在之后的几年中，特斯拉逐步走出困境，成为全球最具影响力的汽车和能源公司之一。

2019 年，特斯拉推出了 Model Y，这是一款中型电动 SUV。它具有灵活性、高效性和安全性等特点，旨在满足消费者对功能性和实用性的需求。

2022 年，特斯拉全球销量超过 130 万辆，市值一度超过万亿美元，选择专利开源这一专利运营策略促进了特斯拉的发展。❶

3.2.1.2　专利开源的组织与实施策略

以下从开源主体管理、开源专利管理、法律事务管理、开源风险管理和开源生态管理五个方面来介绍特斯拉专利开源项目中专利开源运营的具体实施策略。

（1）开源主体管理

特斯拉的专利开源项目是典型的以企业作为开源主体的专利开源项目。特斯拉并没有在其官网或者其他公开场合介绍其企业的组织架构，因此我们也无从得知特斯拉负责专利开源项目运营的开源主体的管理结构，仅能从特斯拉目前在知识产权方面的一些行为对可能与专利开源项目相关的职位和部门进行推测。

首先，特斯拉设有首席知识产权顾问的职位，并且这一职位通常由具有丰富知识产权和诉讼从业经验的人员担任。例如，自 2016 年前后至 2018 年担任特斯拉首席知识产权顾问的杰夫·里舍（Jeff Risher），在加入特斯拉之前曾在苹果公司供职近十年，最后担任的职务是专利许可和战略总监；接替杰夫·里舍的克里斯·吕贝克（Chris Lubeck）于 2016 年加入特斯拉，在此之前曾在超过百年历史的世界顶级律师事务所柯克兰（Kirkland）和埃利斯（Ellis）做私人执业律师。可见，特斯拉对于知识产权管理十分重视，专利申请和开源策略很可能由首席知识产权顾问所负责的部门进行监督和维护。

其次，特斯拉已多次主动或被动发起针对知识产权的维权行为。例如，针对技术秘密，特斯拉已多次向其他电动汽车企业提起诉讼，其中包括国内的冰零智能科技公司；针对专利，2022 年 Autonomous Devices LLC 公司针对自动驾驶车队检测、图像识别、自动驾驶模拟三大类技术的 6 项专利向特斯拉发起专利侵权诉讼，特斯拉则于 2023 年 6 月对这 6 项专利提出无效宣告请求。可见，特斯拉拥有完整的知识产权团队来处理法律维权的相关事宜。

---

❶ 马斯克的“秘密宏图”第一篇章在 2006 年 8 月 2 日公布，包括四步计划：
① 造一辆跑车；
② 用这笔钱开发一款人们买得起的轿车；
③ 再用这笔钱开发一款更便宜的轿车；
④ 在进行上述三步的同时，提供可持续能源。
“秘密宏图”第二篇章于 2016 年 7 月 20 日公布，同样包括四步计划：
① 创造惊人高效的、配备集成储能功能的、美观的太阳能板；
② 扩充电动汽车产品线，以覆盖主要细分市场；
③ 通过分析大量汽车行驶数据，开发出比手动驾驶安全 10 倍的自动驾驶系统；
④ 共享汽车，让用户的车在闲置时为用户赚钱。
2023 年 3 月，马斯克揭晓了“秘密宏图”的第三篇章：地球如何走向完全可持续能源之路。
目前，第一篇章的目标已全部实现，第二篇章的大部分目标也已实现，未来能否真正实现完全可持续能源之路还是个未知数。

（2）开源专利管理

截止到2023年8月31日，特斯拉的开源专利共1196件，这在同类型、同体量的企业中可以说是非常少。事实上，特斯拉并不是从一开始就对专利申请表现得不积极。在宣布专利开源之前，特斯拉一度非常重视其专利。《我们所有的专利属于你》一文曾写道："昨天，在我们帕洛阿尔托总部的大厅里，有一堵特斯拉专利墙；但现在已经没有了。"2014年，马斯克宣布特斯拉专利开源时，将全部专利——包括其核心的充电技术和电池设计技术——进行开源，这也符合市场开拓模式专利开源运营中对于开源专利数量和质量的要求。在宣布专利开源之后，随着越来越多电动汽车企业的崛起，电动汽车相关的专利申请数量飞速增长，但特斯拉的专利数量并没有明显上升，显然特斯拉的很多关键性技术并没有申请专利，而是以技术秘密的形式进行保护。从特斯拉的知识产权诉讼中也可以发现，特斯拉已多次就侵犯技术秘密进行诉讼，而主动发起的专利诉讼则鲜有耳闻。

（3）法律事务管理

特斯拉并没有明确的开源协议，仅在官网上公布了"专利承诺"，以作为原则性规范。"专利承诺"主要包括四个部分和一个开源专利列表。

首先，特斯拉重申了马斯克的承诺，即特斯拉不对从事有关电动汽车或相关设备制造且因善意使用而侵犯特斯拉专利的任何一方提起诉讼。特斯拉从两个方面解释了上述承诺。

① 特斯拉专利的范围，指的是特斯拉现在或将来所有的全部专利，但共有专利及不受承诺约束的专利除外。特斯拉同步发布了该承诺下的特斯拉专利列表。

② 善意使用方的界定排除了以下三种行为：

- 主张、协助他人主张或者财物资助主张针对特斯拉的任何专利或其他知识产权，或针对第三方使用涉及电动汽车或相关设备技术的任何专利权；
- 挑战、协助他人挑战或者提供财务资助挑战特斯拉专利；
- 推广或销售任何假冒特斯拉产品的行为。

其次，特斯拉承诺其专利开源将不受专利转让的限制，但特斯拉也声明以上专利开源承诺仅是承诺诉权的暂缓执行，而不是放弃该诉权。特斯拉以单方面允诺的方式作为许可承诺，任何人可以在无须告知特斯拉的前提下免费使用其专利，这也是市场开拓模式专利开源项目的协议特点。

（4）开源风险管理

目前仍未有报道显示有任何企业使用特斯拉的开源专利，所以特斯拉针对专利开源风险的应对机制尚不明确。在法律风险方面，由于特斯拉的"专利承诺"仅仅是其官网上的一篇文章，并不具备合同协议的必要手续，形式上也不严谨，缺乏法律约束力和不可撤销的意愿，这意味着特斯拉可以随时撤回或改变其专利开源政策。因此，无论是作为专利开源项目构建者的特斯拉，还是作为专利开源项目加入者的其他企业，在特斯拉专利开源项目中均会面临各种不确定的法律风险。在技术风险方面，由于特斯拉主要依靠技术秘密的方式对其知识产权进行保护，并且其他企业加入特斯拉的专利开源项目之后，反而可以提高电动汽车的市场占有率，从而为特斯拉带来正向影响，因此特斯拉专利开源项目的技术风险相对较小。

（5）开源生态管理

特斯拉的专利开源是由马斯克首先在社交媒体上发布消息，借助马斯克自身影响力引发各方对于特斯拉专利开源的关注，其后才在官网上发布“专利承诺”，可见特斯拉并没有着力进行开源生态管理。然而，特斯拉专利开源作为里程碑式的专利开源事件，对于整个专利开源生态的建设、开源文化的形成有着重要意义。专利开源因为马斯克和特斯拉的影响力而被更多的人关注，而特斯拉也因为专利开源再一次成为社会公众热议的对象。然而，在市场开拓模式的专利开源项目中，大多数情况下开源主体并不具有这样的影响力，很难复制特斯拉的专利开源生态管理模式。

3.2.2　专利分析

3.2.2.1　开源专利数量和更新情况

截止到2023年8月31日，特斯拉的开源专利（即有效专利和在审专利申请）共有1196件。图3.2.1显示了特斯拉自2010年起开源专利申请数量在各年份的分布情况。特斯拉将其全部专利进行开源，其开源专利数量与专利申请量密切相关。从图3.2.1中可以看出，特斯拉在2014年宣布专利开源之后的次年（2015年），开源专利申请量达到峰值，为135件。这表明特斯拉并没有因为担心专利开源对其产生不利影响而减少专利申请量，反而在宣布专利开源后始终保持着每年较高的专利申请量，保证了专利开源项目良好的持续性。这也符合市场开拓模式对专利开源项目专利更新的需求，使得电动汽车行业内的相关企业可以持续借助特斯拉的开源专利精进技术。

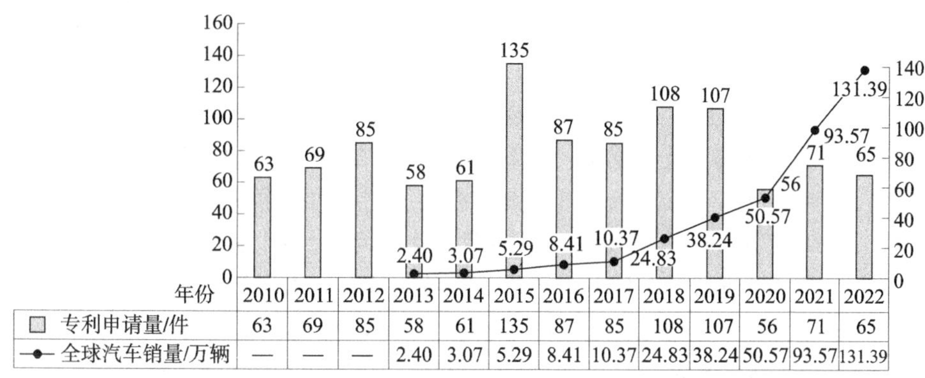

年份	2010	2011	2012	2013	2014	2015	2016	2017	2018	2019	2020	2021	2022
专利申请量/件	63	69	85	58	61	135	87	85	108	107	56	71	65
全球汽车销量/万辆	—	—	—	2.40	3.07	5.29	8.41	10.37	24.83	38.24	50.57	93.57	131.39

图3.2.1　特斯拉开源专利申请年份分布和全球汽车销量年份分布

图3.2.1中同时提供了特斯拉自2013年成立以来的全球汽车销量数据。可以明显看出，特斯拉的全球汽车销量基本处于指数增长状态，这表明不论从技术推广层面、企业文化层面还是品牌营销层面，专利开源实际上为特斯拉的持续快速发展起到了一定的促进作用。

3.2.2.2 开源专利价值度分布

图3.2.2显示出特斯拉开源专利价值度分布情况，在一定程度上反映了专利的价值。特斯拉开源专利的平均价值度为5.37。而从价值度分布图上来看，价值度处于4～6的中等水平专利数量最多（为602件），此外有385件专利的价值度处于6～8的较高水平。由此可见，特斯拉的开源专利中超过80%的专利价值均在中等及以上水平。

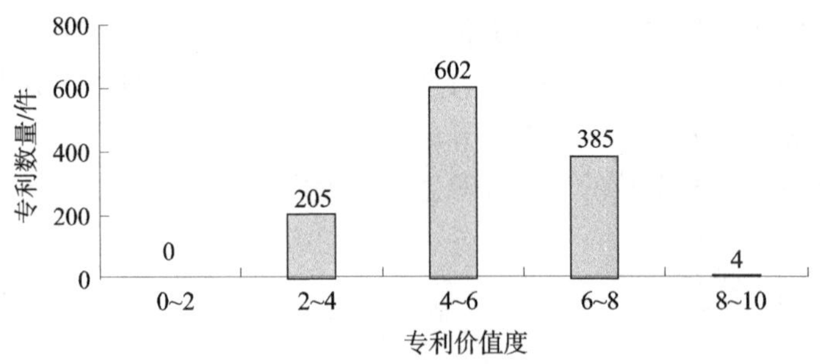

图3.2.2 特斯拉开源专利价值度分布

注：专利价值度一般划分为多个区间，为避免出现相邻区间临界值归属不明确的情况，现对专利价值度区间划分规定如下：各个专利价值度区间的规则为左闭右开（如0～2区间包括临界值0，不包括临界值2；2～4区间包括临界值2，不包括临界值4），同时最后一个专利价值度区间的规则为左闭右闭（如图中8～10区间包括临界值8和临界值10）。本书所有专利价值度区间划分都遵守以上规则。

3.2.2.3 开源专利技术领域价值

特斯拉的开源专利主要分布在电控、光伏技术、用户界面、驱动电机、锂电池、元器件、车辆零部件、自动驾驶、数据处理技术等技术分支。其中，电控、驱动电机和锂电池被称为电动汽车的“三电”系统，是电动汽车最为关键的技术系统。特斯拉在电控和锂电池两个技术分支的专利数量相对较多，符合特斯拉在电池和电控技术方面处于领先地位的特点；用户界面、自动驾驶和数据处理是汽车电子技术的重要组成部分，然而这三个技术更多地以源代码的形式呈现，因此相应的专利数量较少；光伏技术的专利主要来源于特斯拉下属的光城公司（SolarCity），其在电网、光伏充电等技术领域持有大量专利，为特斯拉电动汽车充电桩等设施提供了充足的技术储备；此外，作为典型的汽车企业，特斯拉还拥有一定数量的车辆零部件和元器件相关专利。这里需要说明的是，在光伏技术领域进行专利储备的背后，是特斯拉对于未来汽车发展必须依赖可持续能源的判断和先手准备，通过储能产品Powerwall和Powerpack让特斯拉的顾客从可再生能源中获益，将无数司机从石油能源中解放出来，享受电能的清洁、便利与高效。

图3.2.3显示出特斯拉开源专利中各个技术分支的专利数量及价值度。可以看出，电控、光伏技术、用户界面、驱动电机、锂电池这五个与电动汽车尤为相关的技术分支的专利价值度均在5以上，表明特斯拉在新能源汽车领域的专利质量较好。特斯拉在电控、锂电池这两个电动汽车的传统技术领域保持着相对较高的专利数量和专利质量，而在驱动电机方面的专利数量和专利质量相对较低。可以看出，其核心技术在于动力电池和电控技术，汽车必不可少的驱动技术可能依赖于与其他企业的合作。

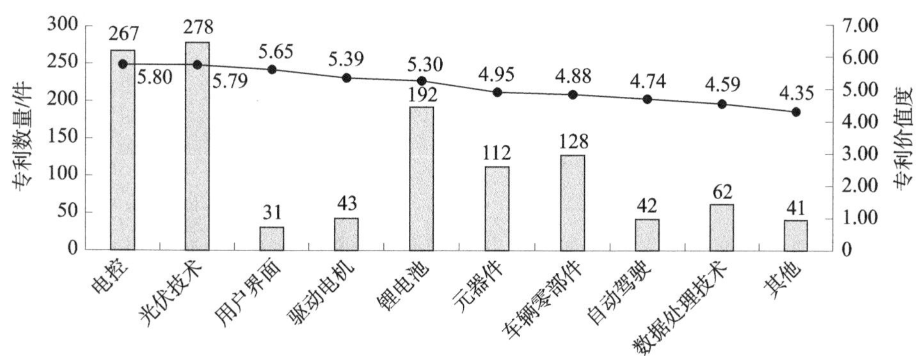

图 3.2.3　特斯拉开源专利各技术分支专利数量及专利价值度

3.2.2.4　专利技术领域年度分布

图 3.2.4 显示了特斯拉各技术分支的专利数量随申请年份的分布情况。从中可以看出，特斯拉在电控、光伏技术、锂电池这三个电动汽车的重要技术分支以及车辆零部件和元器件这两个基本技术分支上，几乎每年均有新增的专利申请；而用户界面、自动驾驶和数据处理技术本身的专利数量较少，因而其专利申请并没有表现出连续性。驱动电机并不属于特斯拉的主要研究方向，因而每年仅有少量的新增专利申请。可见，特斯拉在其主要研发方向上始终保持着稳定的专利数量增长，其专利开源也具有较好的持续性。

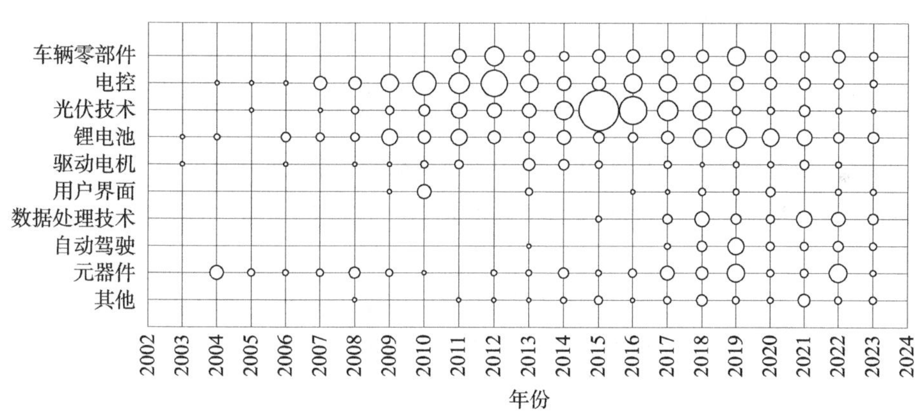

图 3.2.4　特斯拉各技术分支专利申请年份分布

注：图中气泡大小代表专利数量的多少。

3.2.2.5　开源专利地域价值度分布

特斯拉的开源专利具有明显的地域差异。从图 3.2.5 中可以看出，特斯拉的开源专利主要集中在美国。由于特斯拉将其全部专利进行开源，因此其专利开源策略与专利布局策略基本一致，大量的专利仅在美国申请，在其他国家和地区则根据当地的市场情况进行相应的专利布局。同时，在各个技术分支中，电控和锂电池作为电动汽车最核心的技术，在中国、欧洲、日本和韩国的专利数量均明显高于其他技术分支在该国家/地区的专利数量。

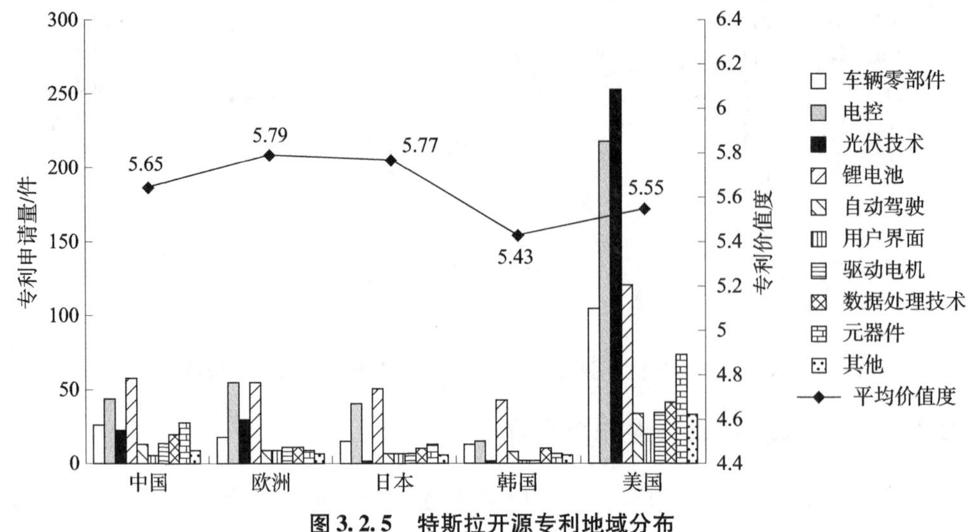

图 3.2.5　特斯拉开源专利地域分布

从专利价值度的角度来看，特斯拉在中国、美国、欧洲和日本的专利价值度较高，在韩国的专利价值度相对较低，其中欧洲的专利价值度最高，表明特斯拉更加关注欧洲的电动汽车市场。

3.2.3　案例启示

3.2.3.1　构建专利开源项目的企业应当设有专职负责部门

专利开源涉及开源专利的选择、开源协议的制定、开源风险的防控、开源生态的建设等方面。特别是如特斯拉这样的专利开源项目，其所针对的是自身持有的全部专利，且开源协议仅为法律效力存疑的“专利承诺”。在专利开源过程中，企业需要专业的技术和法律团队来保障专利开源项目的正常运行，即使企业选择开源某一技术领域或某一特定技术的专利，也应该设置专门负责的部门或小组，从上述多个方面确保专利开源的顺利实施。

3.2.3.2　应当针对有行业影响力的技术进行专利开源

虽然特斯拉开源了充电技术和电池设计技术的相关专利，但是这两项技术后来并没有被广泛应用于其他电动汽车中。究其原因，一方面，特斯拉的开源专利所代表的技术路线没有受到其他电动汽车企业的认可，除了特斯拉，绝大多数电动汽车企业采用动力电池的技术路线；另一方面，特斯拉更倾向于通过技术秘密的方式进行技术保护，高价值专利数量少，其他企业在使用特斯拉开源专利时的收益要小于加入专利开源项目所面临的风险。

3.2.3.3　开源专利应当具备一定的可持续性

特斯拉在宣布开源后仍保持了较为稳定的专利申请量，且专利的价值并没有因为开源而降低，这能够为专利开源项目的持续开展提供基本保障，这在一定程度上使得那些使用特斯拉开源专利的相关企业充满信心，这些相关企业可以持续不断地借助特斯拉的开源专利，从而达到开拓市场的目的。

3.2.3.4　专利开源项目应当制定正式、完善的开源协议

特斯拉的“专利承诺”属于专利协议类型中的原则性规范，其法律效力不明确。虽然很多专利开源项目的开源协议同样是在官网上公布的协议声明，且不需要严格按照履行合同协议的相关手续来执行，但这些开源协议的形式和内容更为正式，条款更为明确，更有可能被法院认定为有效合同。然而，特斯拉的“专利承诺”缺乏法律约束力和不可撤销的意愿，这意味着特斯拉可以随时撤回或改变其开源专利政策。因此，其他电动汽车企业即便有意愿使用特斯拉的专利，也更倾向于通过付费的专利许可途径，而不是免费的专利开源途径来规避“专利承诺”中的风险。

3.2.3.5　开源主体要量身定制开源生态管理策略

特斯拉依靠马斯克在社交媒体上发布消息使其专利开源项目受到广泛关注，然而在大多数情况下，构建市场开拓模式专利开源项目的主体往往不具有马斯克这样的影响力，无法复制特斯拉的开源宣传方式。在市场开拓模式的专利开源项目中，开源主体应当借助有影响力的论坛、峰会或其他社交媒体对专利开源项目进行宣传，扩大专利开源项目的影响力，从而构建适合自身的开源专利生态。

3.3　行业战略分析及运营实践

具备市场开拓诉求的开源主体通常为行业或者企业，以下将分别通过具体实例来进行行业和企业的市场开拓模式的专利开源战略分析及运营实践分析。专利开源运营实践包括三个方面：

① 依据专利开源运营的决策条件选择合适的行业作为专利开源运营的研究案例；

② 分析市场开拓模式的专利开源运营的行业组织管理架构；

③ 根据市场开拓模式专利开源运营的特点及行业特点，为所选定的行业量身定制专利开源实施策略。

3.3.1　行业专利开源运营案例选择

3.3.1.1　行业专利开源诉求分析

行业具有市场开拓诉求，表明其正处于成长初期，因此可以从处于成长初期的行业中选取具有代表性的行业作为专利开源运营案例。《中国战略性新兴产业发展报告（2014）》指出，战略性新兴产业是指建立在重大前沿科技突破基础上，代表未来科技

和产业发展新方向，体现当今世界知识经济、循环经济、低碳经济发展潮流，目前尚处于成长初期，未来发展潜力巨大，对经济社会具有全局带动和重大引领作用的产业。可见，战略性新兴产业同样处于成长初期，可以作为具有市场开拓诉求行业的选择依据。

战略性新兴产业的概念最初是在 2010 年提出的，此后随着产业发展和政策调整，战略性新兴产业的范畴也经历了几次调整。2010 年 10 月，国务院发布《关于加快培育和发展战略性新兴产业的决定》，其中指出，战略性新兴产业是以重大技术突破和重大发展需求为基础，对经济社会全局和长远发展具有重大引领带动作用，知识技术密集、物质资源消耗少、成长潜力大、综合效益好的产业。根据战略性新兴产业的特点，立足我国国情和科技产业基础，现阶段重点培育和发展节能环保、新一代信息技术、生物、高端装备制造、新能源、新材料、新能源汽车等产业。2012 年，国家统计局发布的《战略性新兴产业分类（2012）》根据以上七大产业，将战略性新兴产业划分为七个大类。2018 年 11 月，为准确反映“十三五”国家战略性新兴产业发展规划情况，满足统计上测算战略性新兴产业发展规模、结构和速度的需要，国家统计局发布《战略性新兴产业分类（2018）》，指出战略性新兴产业包括新一代信息技术产业、高端装备制造产业、新材料产业、生物产业、新能源汽车产业、新能源产业、节能环保产业、数字创意产业、相关服务业九大领域。2021 年 3 月，《中华人民共和国国民经济和社会发展第十四个五年规划和 2035 年远景目标纲要》中指出，聚焦新一代信息技术、生物技术、新能源、新材料、高端装备、新能源汽车、绿色环保以及航空航天、海洋装备等战略性新兴产业，加快关键核心技术创新应用，增强要素保障能力，培育壮大产业发展新动能。2023 年战略性新兴产业分类目录更新，在 2018 年版的基础上将“八大产业”调整为“九大产业”，增加了“航天”和“海洋装备”两大产业，取消了“数字创意”产业。从战略性新兴产业的构成演变中可以发现，新一代信息技术、生物技术、新能源、新材料、高端装备、新能源汽车始终是国家近十年来重点关注的新兴产业。

新一代信息技术产业主要是运用物联网、云计算和人工智能等技术向各行业全面融合渗透，构建万物互联、融合创新、智能协同、安全可控的新一代信息技术产业体系。例如，加大 5G 建设投资，推进工业互联网、人工智能、物联网、车联网、大数据、云计算、区块链等技术集成创新和融合应用等。在新一代信息技术产业中，国内已建立木兰开源社区。木兰开源社区是 2018 年国家重点研发计划“云计算和大数据开源社区生态系统”项目重点成果，由中国电子技术标准化研究院牵头，联合北京大学、国防科大、联想、腾讯云，以及开源中国、北航、中国科学院软件所、西南大学、华为、阿里云、浪潮、新华三、中电标协、中国科学院东莞育成中心、湖南酷得共 16 家单位共同承担。

生物技术产业主要包括通过新技术发展精准医疗和个性化医疗、发展高效精准的农业育种、拓展海洋生物资源新领域等，建设健康中国、美丽中国。例如，推动创新疫苗、体外诊断与检测试剂、抗体药物等产业重大工程和项目的落实落地等。生物技术产业所涵盖的技术中有较大一部分并不适合通过专利来保护，并且根据现有生物领域专利开源项目（如 WIPO Re：Search）可以发现其本身具有社会公益属性，因此生物技术产业并不适合作为市场开拓模式专利开源项目的案例。

新材料产业主要指的是一些新型功能材料、先进结构材料和复合材料，运用纳米、超导、智能等先进材料提高工艺装备的保障能力。例如，在光刻胶、高纯靶材、高温合金、高性能纤维材料、高强高导耐热材料、耐腐蚀材料、大尺寸硅片、电子封装材料等领域实现突破，保障大飞机、微电子制造、深海采矿等重点领域产业链供应链稳定等。材料制备通常处于产业链的上游，是影响很多行业发展的基础领域，且新材料研发属于前沿科技，各个研发主体所采用的制备方法不同，较难通过专利开源来实现技术上的交流，因此新材料产业也不适合作为市场开拓模式专利开源项目的案例。

高端装备产业是为满足经济建设和国防建设的需要，大力发展的现代航空装备、卫星及应用装备、先进轨道交通装备、海洋工程装备、智能制造装备等高端装备制造产业。例如，工业、建筑、医疗等特种机器人，高端仪器仪表，轨道交通装备，高档五轴数控机床，节能异步牵引电动机，高端医疗装备和制药装备，航空航天装备，海洋工程装备及高技术船舶等高端装备。高精尖技术的专利通常由专利权人牢牢掌握在自己手中，部分高端装备涉及航空航天等与国防建设有关的技术，更不适合开源共享。

新能源产业主要通过核电、风电、太阳能光伏和热利用、页岩气、生物质发电、地热和地温能、沼气等新能源，开发新型太阳能光伏和热发电、生物质气化、生物燃料、海洋能等可再生能源技术。例如，建设智能电网、微电网、分布式能源、新型储能、制氢加氢设施、燃料电池系统等基础设施网络。对于新能源汽车产业，如开展公共领域车辆全面电动化城市示范、加快新能源汽车充/换电站建设、实施智能网联汽车道路测试和示范应用、加大车联网和车路协同基础设施建设力度等。发展新能源和新能源汽车产业均是为了解决日益突出的能源问题和环境保护问题，技术路线有限，很多情况下可以通过技术交流来推动行业整体发展，因此新能源和新能源汽车产业具有市场开拓的诉求。

通过以上分析可知，新一代信息技术产业已有实际的开源运营案例，新能源、新能源汽车产业具有市场开拓的诉求，可以从中选择具体行业作为开源案例进行分析。进一步地，我们选取横跨新能源和新能源汽车两大产业的氢能源汽车行业作为开源案例进行研究。

氢能源汽车不仅具有市场开拓的诉求，而且其发展更具有紧迫性。目前，业内普遍认为电动汽车相比传统燃油汽车的最大优势是零排放，然而电动汽车使用的电能大多来自火力发电。以我国为例，2023 年上半年，我国火力发电量占总发电量的 70.67%。因此，虽然电动汽车本身没有碳排放，但是火力发电产生的碳排放量仍然可观。2020 年 9 月 22 日，我国在第七十五届联合国大会上宣布，力争在 2030 年前使二氧化碳排放达到峰值，努力争取 2060 年前实现碳中和。2022 年 3 月 23 日，国家发展改革委、国家能源局印发《氢能产业发展中长期规划（2021—2035 年）》，部署了推动氢能产业高质量发展的重要举措以及产业发展的各阶段目标，其中包括：

① 到 2025 年建立以工业副产氢和可再生能源制氢就近利用为主的氢能供应体系，燃料电池车辆保有量约 5 万辆，部署建设一批加氢站，可再生能源制氢量达到 10 ~ 20 万吨/年，成为新增氢能消费的重要组成部分，实现二氧化碳减排 100 ~ 200 万吨/年；

② 到 2030 年，形成较为完备的氢能产业技术创新体系、清洁能源制氢及供应体

系，产业布局合理有序，可再生能源制氢广泛应用，有力支撑碳达峰目标实现；

③ 到2035年，形成氢能产业体系，构建涵盖交通、储能、工业等领域的多元氢能应用生态。

由此可见，氢能源汽车作为真正的零排放汽车，其行业发展迫在眉睫。专利开源作为促进行业和技术发展的有效手段，可以为氢能源汽车的发展提供助力。

3.3.1.2 行业专利开源先决条件分析

前文已探讨过，行业在制定开源战略时应当考虑行业所处的阶段以及互补技术复杂程度和技术整合能力。当行业从初创期进入成长期时，虽然有一定的专利技术积累，但产业链仍不完善，市场规模较小，行业内的企业很难单独完成整个产品的生产与商业化，也无法通过简单的企业合作实现整个产品网络的整合。在这个前提下，行业可以通过构建专利开源项目来满足市场开拓的诉求。

氢能源汽车行业与电动汽车行业有着相似的发展规律，且电动汽车行业已有实际的专利开源项目，因此可以将电动汽车行业构建专利开源项目时所面临的状况与氢能源汽车行业的现状进行对比，以为氢能源汽车行业的专利开源项目分析提供参考。在电动汽车行业发展初期，面对电动汽车市场份额不足1%的现状，特斯拉宣布开源其全部专利以吸引业内企业，打通产业链的上下游，做大整个电动汽车市场。全球范围内对于电动汽车技术的关注造就了近几年电动汽车行业的飞速发展。2022年，包括纯电动车型和混合动力车型在内的全球电动汽车销量超过1000万辆，全球电动汽车在整个汽车市场中的份额已跃升至14%。[❶] 而特斯拉在2019年再次宣布专利开源时，其诉求已由市场开拓转变为技术聚集。从氢能源汽车行业发展阶段来看，该行业已经进入成长期，但市场份额仍然很小。

① 国内外对氢能源汽车已经完成了原始技术积累，并分别推出了代表性的氢能源车型。例如，国外氢能源汽车的研究和推广主要集中于乘用车领域，代表企业及产品包括丰田Mirai、现代NEXO、本田Clarity等，主要在美国、日本、韩国进行推广；中国氢能源汽车行业重点在于商用车领域，包括客车、重卡、物流车等，代表企业包括宇通客车、东风汽车、上海大通等，目前也推出了几款乘用车型，包括长安深蓝SL03、广汽Aion LX Fuel Cell、北汽EU7 FC、红旗H5－FCEV、东风氢舟e·H2等。

② 近两年氢能源汽车的销量数据显示，2022年1月至11月全球注册的氢动力汽车销量为18457辆，2023年前7个月全球新销售的氢能源汽车共有9619辆，可见相对于全球电动汽车的同期销量而言，氢能源汽车的销量可以用微不足道来形容。

由此可以判断，如今的氢能源汽车行业正面临着与2014年的电动汽车行业相同的难题，氢能源汽车行业符合市场开拓模式专利开源项目对于行业所处阶段的要求。

从行业互补技术复杂程度和技术整合能力的角度来看，氢能源汽车的技术不容易被模仿和复制，且氢能源汽车企业很难单独完成整个产品的生产与商业化，也无法通

---

❶ 光明网．全球电动汽车产业加速发展［EB/OL］．（2023－06－02）［2024－01－05］．https：//baijiahao.baidu.com/s？id＝1767557691671103972&wfr＝spider&for＝pc.

过简单的企业合作来实现整个产品网络的整合。以氢燃料电池汽车为例，整个产业链主要分为上游制氢、储氢运氢和加氢站建设，中游为氢燃料电池及系统配件，下游为整车厂商。虽然我国在氢能源汽车的上中下游均有一定的涉及，但是仍面临以下三个瓶颈：

① **关键原材料和零部件依赖进口**。例如，空压机、氢喷射泵以及质子交换膜、催化剂、碳纸及碳布等。其中，作为催化剂主要材料的铂金是稀有金属，全球产量很低，价格昂贵，约是黄金的四倍，即使在丰田的精益化生产情况下，每辆氢燃料电池客车至少要使用铂金 150 克，而且铂金催化剂多数依赖进口，成本较高；同时，质子交换膜也是大量进口，一般工作温度为85℃ ~90℃，温度过低或过高都不起作用。

② **整车制造成本高**。国产氢燃料电池汽车的综合制造成本平均约为 150 万元/辆，同类性能的电动车和燃油车造价仅分别为其 1/6 和 1/10。

③ **加氢站的投资成本大**。一个常规加氢站投资额大约为 1500 万元，是普通加油站的 3 倍左右，其中设备购置的费用占总投资额的 40%~60%，设备主要依赖进口。目前，加氢站处于产业发展的前期，加氢站建设基本靠补贴。因此，氢能源汽车行业表现出互补技术复杂程度高，但技术整合能力弱的特点，构建专利开源项目可以有效地将同行业内的互补技术聚集起来，取长补短，推动行业内企业合作，加快行业发展。

由此，我们可以确定氢能源汽车行业具备构建市场开拓模式专利开源项目的先决条件，适合构建专利开源项目。氢能源汽车行业涉及多个细分技术领域，因此需要分别进行分析，以确定其中适合进行专利开源的技术分支。氢能源汽车主要包括以下两大技术路线。

① **氢内燃机汽车（HICEV）**。氢发动机通过燃烧氢产生动力，与汽油、柴油发动机相同，也同样使用燃油喷射系统，大体上可以称为汽油、柴油发动机所用系统的改进版本。除了燃烧少量机油外，氢发动机在使用时不排放二氧化碳。

② **氢燃料电池汽车（FCEV）**。它通过氢与空气中的氧气发生化学反应产生电力，在此过程中产生电能，即直流电。与动力电池不同的是，燃料电池虽然可以持续发电，但是不能储存电能，所以一般的氢燃料电池汽车还需要一组电池来储存电能，通过电机驱动车辆。

这两种技术路线具有各自不同的优势。对于氢内燃机汽车而言，氢内燃机的主体结构与柴油机相差不大，因此两者之间的零部件通用性极高。以康明斯公司的燃料不限定（fuel - agnostic）平台为例，氢内燃机与柴油机之间有高达 80% 的部件可以通用，更换发动机气缸盖、燃料喷射系统以及发动机控制单元等部件后，即可由柴油转为氢气。主流车企都有足够的技术积累和研发条件，能够相对较快地普及和推广。对于氢燃料电池汽车而言，氢能源从化学能到电能再到机械能的转换，相比氢内燃机从化学能到机械能的能量转换效率更高，而且省去了内燃机中的机油润滑系统和散热系统。但氢燃料电池技术路线由于需要更新整套驱动系统，并且在燃料电池堆中需要贵金属催化剂，因此整车无论是技术门槛还是制造成本，都比氢内燃机更高、更贵。因此，氢燃料电池汽车对

于技术发展的需求更加迫切。❶

氢燃料电池汽车的上游产业链包括制氢、储氢、运氢和加氢站建设。在制氢方面，我国是世界第一产氢大国，2021 年氢气产能为 3300 万吨，2022 年氢气产能为 3781 万吨，且拥有国家能源集团、中石化等龙头企业。在储氢运氢方面，车载储氢系统是氢燃料电池汽车的重要组成部分，储氢方式有三种：气态储氢、液态储氢、固态储氢。气态储氢是现阶段主流的储氢方式，优点是使用方便，储存条件易满足，成本低。我国已经完成 35MPa 储氢系统 - Ⅲ型瓶组产业化，国外为 70MPa 储氢系统 - Ⅳ 型瓶组。目前，国内部分企业开始加快发展Ⅳ 型瓶技术，采用技术引进方式进入Ⅳ 型储氢瓶市场，也有部分企业采用自研方式进行Ⅳ 型储氢瓶量产准备。在加氢站建设方面，加氢站是氢燃料电池产业化、商业化的重要基础设施，主要将不同来源的氢气通过压缩机增压储存在站内的高压罐中，再通过加氢机为氢燃料电池汽车加注氢气。加氢站的核心设备包含氢气压缩机、站用储氢容器、加氢机等。我国的氢气压缩机、加氢机等设备进口依赖度较高。氢气压缩机主要被美国 PDC、英国 HOWDEN、德国 HOFER 等垄断，国内加氢站主要采用美国 PDC 隔膜压缩机。目前，加氢机生产和制造均已实现国产化。❷

氢燃料电池汽车的中游为氢燃料电池及系统配件。氢燃料电池系统是氢燃料电池汽车的核心零部件，其成本占整车的 60% 左右。氢燃料电池系统主要由燃料电池电堆、空压机和增湿器等构成，成本占比分别为 65%、14%、7%。电堆是氢能源汽车的核心组件，相当于氢燃料电池的“心脏”。它是由端板、绝缘板、集流板以及多个单电池组成，其中催化剂和双极板的成本占比较高。单电池主要由双极板和膜电极组成，其中膜电极由 5 层材料构成，分别是最外层的两层气体扩散层、两层催化层以及一层质子交换膜。单电池需要以堆栈的方式构成电池电堆，电堆的两侧需要端板、绝缘板以及集流板等结构装配，起固定、绝缘以及收集电流的作用。电堆的主要供应企业分布在日本、美国、德国等，我国企业也有一定涉及。空压机相当于燃料电池的“肺”。它对进入电堆的空气加压，以提高燃料电池的功率密度和效率。空压机的压力和流量输出在很大程度上直接影响燃料电池发动机的化学计量比和空气加湿特性，进而影响燃料电池堆的电压输出和燃料电池发动机的功率输出。全球燃料电池空气压缩机核心厂商主要分布在北美、欧洲和亚太地区。我国空压机技术与发达国家相比仍有一定差距，处于追赶阶段。

氢燃料电池汽车的下游为整车企业。从企业竞争格局来看，丰田 Mirai 和现代 NEXO 占据市场绝对主导地位。根据韩国市场调研机构 SNE Research 发布的数据，2023 年 1 月至 6 月，全球氢燃料电池汽车销量为 8290 辆，现代售出 3198 辆，市场占有率为 38.6%，位居全球第一；丰田售出 2328 辆，市场占有率为 28.1%；中国氢燃料电池汽车整体销量为 2410 辆，市场占有率为 29.1%。可见，现代和丰田仍是全球氢燃料电池汽车的两家代表性企业，中国所有车企的氢燃料电池汽车销量仅与丰田一家持平，且与

---

❶ 卡车之家．同样烧氢气，氢燃料电池和氢内燃机差异在哪？谁才是主流［EB/OL］．（2022-10-13）［2024-01-05］．https://baijiahao.baidu.com/s?id=1746556553029417993&wfr=spider&for=pc.

❷ 谭谈财经．2022 年我国氢燃料汽车产业链分析，氢能源细分领域竞争格局分析［EB/OL］．（2022-09-17）［2024-01-05］．https://zhuanlan.zhihu.com/p/565379418.

现代存在明显差距。❶

综合以上分析，考虑到氢燃料电池系统在氢燃料电池汽车中的核心地位，我们选取氢燃料电池汽车行业作为市场开拓模式专利开源项目的主体，在下一节中探讨氢燃料电池电堆的专利开源运营的组织管理和实施策略。

3.3.2　专利开源运营的组织管理

3.3.2.1　开源主体管理

氢能源汽车行业正处在成长期，目前没有出现具有行业影响力的组织。公开信息显示，国内的氢能源汽车行业相关组织包括联盟和基金会两种形式。其中，具有代表性的联盟为中国氢能源及燃料电池产业创新战略联盟（以下简称中国氢能联盟）和嘉定氢能及燃料电池汽车产业联盟；具有代表性的基金会为中国·氢产业发展基金、氢能产业基金和深圳白鹭氢能产业股权投资基金。

（1）氢能源汽车行业相关联盟

中国氢能联盟成立于2018年2月，是由国家能源集团牵头，国家电网公司等多家央企参与的跨学科、跨行业、跨部门的国家级产业联盟。截至2023年4月，中国氢能联盟成员单位已经增加到105家。其中，中央企业及所属单位有25家，地方国有企业有19家，高校及科研机构有13家，民营企业有32家，外资及在华机构有16家。由成员单位发起的地方联盟有9家，省级氢能创新研究中心有5家。主要职责包括：

① **技术创新**。建设国家氢能创新中心和行业重点实验室；

② **综合服务**。建立并完善行业标准、计量、检测、认证和安全体系，开展数字氢能和高水平国际合作；

③ **协同示范**。牵头与各级政府开展氢能及燃料电池产业示范，促进自主装备广泛应用，探索氢能商业化路径；

④ **氢能科普**。提高公众对氢能及燃料电池的认知，在国内形成有利于氢能发展的社会氛围，促进氢能社会的构建。

在中国氢能联盟的官网上显示，目前联盟的重点工作在于推动“氢能领跑者行动”，联手第三方实验室、企业实验室与认证机构打造氢能装备“检测—认证”模式，支持先进技术氢能装备扩大应用市场，完善并提升氢能装备检测认证基础服务能力，推动我国氢能产业链向高端制造发展。

嘉定氢能及燃料电池汽车产业联盟于2022年11月10日正式成立，其中，捷氢、重塑、彼欧、舜华、鲲华、势加透博、轻程、济平等全区20余家头部企业悉数入盟。嘉定氢能及燃料电池汽车产业联盟旨在推动全区氢能与燃料电池汽车产业协同发展，主要任务包括政策和战略研究、关键共性技术研发、示范应用扩大和丰富、产业链供需合

---

❶ 氢能学堂．中国成为火车头！一文了解2023 H1全球氢车市场情况［EB/OL］．（2023-08-21）［2024-01-05］．https：//baijiahao．baidu．com/s？id=1774825006221455417&wfr=spider&for=pc．

作、学术交流与协同发展、产业人才集聚等。联盟将推行产业链链长和产业联盟会长“双长制”，充分发挥政府部门“链长”和龙头企业“链主”作用，推动嘉定氢能及燃料电池汽车产业集聚进一步加快，创新能力进一步提升，示范应用进一步扩大，产业配套进一步完善，打造氢能与燃料电池汽车产业创新引领区。

由此可以发现，氢能源汽车行业相关联盟呈现出两种不同的类型。

① **由国家和龙头企业牵头的大型产业联盟**。虽然大型产业联盟中汇聚了众多研发实力强、资金雄厚的成员，但由于氢能源汽车所涉及的技术领域较多，不同企业之间采用的技术路线也可能不同，因此难以在联盟成员之间形成技术整合的局面。从中国氢能联盟的工作重点也可以发现，目前其主要关注氢能装备的检测和认证。

② **由区域性产业集群形成的中小型产业联盟**。这种类型的产业联盟受到地域限制，大部分联盟很难将已具有一定规模的氢能源企业纳入其中，导致联盟影响力有限。

通过以上分析可以看出，目前的氢能源汽车行业相关的产业联盟中并没有形成联盟内部的专利资源整合，尚未形成专利开源的环境，暂不具备构建专利开源项目的条件。

（2）氢能源汽车行业相关基金会

中国・氢产业发展基金启动于2016年，目标规模为100亿元人民币，首期规模为10亿元人民币，由腾达建设集团股份有限公司、长安国际信托股份有限公司、东英金融集团有限公司及博石资产管理股份有限公司共同发起设立，由博石资产管理有限公司负责管理。投资范围涵盖氢产业链的上下游，既投资优秀企业，也投资创新技术；功能角色上既有风险投资（Venture Capital，VC）阶段的投资，也有联合业内上市公司共同进行的私募股权投资（Private Equity，PE）阶段的投资，甚至不排除进行一小部分天使轮投资；主要投资于氢气制取、提纯、运输和存储等环节，以及以氢燃料电池为代表的氢能转化领域，和以氢能汽车为代表的氢能应用领域等。

2018年，为加快实现以氢能源为基础的未来“氢能社会”，北京清华工业开发研究院与韩国现代汽车公司合作，共同发起设立氢能产业基金，联合加速推动全球氢能产业的发展。氢能产业基金由清华工业开发研究院下属投资机构水木易德投资与现代汽车集团风险投资部门共同募集管理，基金投资人来自亚洲、欧洲、北美等地区，基金初期目标规模为1亿美元。清华工业开发研究院与现代汽车以氢能产业基金作为平台，利用双方近20年所积累的氢燃料电池汽车的核心技术、氢能源产业的广泛资源与技术创新的孵化体系，持续研究与跟踪氢能领域技术研发与产业发展趋势，培育全球氢燃料电池汽车产业链、供氢产业链上下游，遴选在相关核心技术领域取得重大突破或者在产业链核心环节全球领先的企业进行投资，并依托双方战略资源，帮助所投资企业对接产品技术与工程技术，拓展市场应用，优化供应链能力等，最终实现多层次、全方位地培育与打造氢能源交通全产业链。

2019年，南都电源与中广核资本控股有限公司、中广核产业投资基金管理有限公司签署《氢能产业基金合作框架协议》，共同成立深圳白鹭氢能产业股权投资基金合伙企业（有限合伙），发挥各自产业链的优势，实现资源共享、优势互补。基金总规模拟定为5亿～10亿元人民币，首期规模拟定为2.01亿元，在首期规模投资额超过70%时，协议三方可协商以增加基金出资额或新设基金的方式扩大基金规模。

虽然氢能领域已经成立了以上具有代表性的基金会，但对于这些基金会的项目投资、孵化等运作成果鲜有报道，这些基金会在氢能源汽车行业的影响力仍待提升，因此依托现有基金会实施氢能源汽车行业的专利开源运营还需进一步探索。

（3）氢能源汽车行业专利开源主体

专利联盟更适合组建产品防御模式的专利开源项目，而现有的与氢能源汽车行业相关的产业联盟暂不具备构建专利开源项目的条件；开源基金会可以作为市场开拓模式的专利开源项目的组织管理主体，但目前与氢能源汽车行业相关的基金会主要目标在于项目投资，并没有技术整合的计划，更不涉及专利开源生态的构建。考虑到目前氢能源汽车行业相关组织的运行现状，本书认为应当设立氢能源汽车相关技术的开源基金会，依托开源基金会组织建设氢能源汽车相关的专利开源社区，促进社区成员之间的技术交流，并进行氢能源汽车行业的专利开源项目运营。

3.3.2.2 开源专利管理

开源基金会应当设立专家技术部门以提供开源专利清单，并对专利清单进行维护。

① 专家技术部门对社区成员所提供的专利进行筛选和评估，一方面要保证拟开源的专利权属清晰，不涉及法律纠纷，且专利应为有效专利，部分情况下也可包含在审专利申请；另一方面要对专利质量进行评价，采用合理的专利质量评价手段对专利质量进行打分，应保证高价值专利的占比，才能吸引更多企业和个人加入专利开源项目或积极使用开源专利。

② 专家技术部门要定期对开源专利清单中的专利状态进行跟踪，及时剔除涉及法律纠纷、失效的专利，确保许可方的利益不受损害。

③ 专家技术部门要根据行业和技术发展情况主动检索具有开源价值的专利，并提供给基金会的运营部门，运营部门可以此作为吸纳社区成员的参考，将更多适合开源的专利纳入开源专利清单中，促进技术交流和行业发展。

3.3.2.3 法律事务管理

开源基金会应当设立法律事务部门来负责专利开源项目运营过程中的法律问题，包括开源协议的制定和维护及其他法律问题的处理。

（1）开源协议的制定和维护

开源协议要根据市场开拓模式专利开源项目的特点来制定。专利开源项目的要求分为形式要素和协议条款要素。具体到开源基金会构建的市场开拓模式的专利开源项目，形式要素包括开源专利范围、许可对象范围、许可承诺类型、许可期限、协议类型和使用目的限制。

① **开源专利范围：**优选构建专利池，专利池可以包括开源基金会所持有的专利以及社区成员所贡献的专利，其中开源专利的管理由开源专利管理模块来执行。

② **许可对象范围：**优选为完全开放，由此可以将相关专利技术向全行业广泛推广，推动整个行业的技术发展，这在市场开拓阶段尤为重要，当然也可视情况选择在社区内

开放。

③ **许可承诺类型**：既可以是单方允诺，也可以是明示同意。单方允诺的方式更为灵活，能够提高许可方的便捷性，有利于技术的快速传播；而明示同意则在流程上更为规范，可以更好地对专利权人和许可方双方的行为进行监督，保障双方权益。

④ **许可期限**：应为无期限限制，由此可以提高许可方的积极性，避免因许可期限导致的法律纠纷。

⑤ **协议类型**：应为通用协议，这种协议类型可以简化加入专利开源项目的流程，便于开源基金会管理专利开源项目。

⑥ **使用目的限制**：应选择无限制。

在开源基金会构建的市场开拓模式的专利开源项目中，协议条款要素包括不主张条款、可再专利性条款、权利用尽条款、转让限制条款、违约条款等关键条款，也可视情况设置反向许可条款和病毒条款。其中，不主张条款通常为有限不主张条款，专利许可方应当明确自身的义务，才能获得专利权人不主张的权利。

此外，法律事务部门需要根据现有的法律法规和其他政策对开源协议进行及时调整，保障专利开源项目的合法合规性，并充分保障专利权人和许可方的利益。

（2）其他法律问题的处理

在由开源基金会构建的专利开源项目中，法律事务部门一方面需要代表开源基金会处理日常法律事务，保证基金会的正常、合规运行；另一方面，对专利权人和许可方双方在专利开源过程中的行为进行监督，对违反开源协议的行为进行及时提醒，对双方产生的矛盾进行调解，为权益受损方提供法律援助。

3.3.2.4 开源风险管理

开源基金会设立安全部门负责专利开源风险的防控。本书第1.3.5节提到的专利开源风险主要包括法律风险和技术风险。

法律风险在于开源协议本身存在的风险和协议变动导致的风险。由于开源协议中普遍包含不主张条款、可再专利性条款等关键条款，这些条款所潜在的法律风险在前文已经充分讨论过，在此不再赘述。需要注意的是，在开源基金会构建的市场开拓模式专利开源项目中，许可对象范围可能不仅限于社区内部，而是对所有个体完全开放。此时开源基金会和专利权人难以及时掌握已使用相关专利的许可方信息，当许可方违反开源协议时，专利权人的权利易受到损害。因此，安全部门应对开源协议中的法律风险进行充分评估，并加强风险管理。

开源项目的技术风险也比较明确。一方面，专利权人向专利开源项目所提供的开源专利会被不特定的第三方使用，其中包括专利权人的竞争对手，由此易造成专利权人面对技术威胁和冲击；另一方面，为了保障专利权人的权利，开源协议中通常会设置违约条款，而现有的违约条款中通常包含许可方及其相关的第三方不得对专利权人的知识产权进行挑战的规定，因此一旦许可方使用了专利权人的专利，许可方所持有的知识产权客观上也对专利权人免费开放，导致许可方为了使用专利权人的专利而付出极大的代价。因此，专利开源项目对于专利权人和许可方双方都存在明显的技术风险。为了保障行业和市场的健康运行，安全部门可以帮助专利权人和许可方做好相关的风险评估工作，尤其对于刚刚步入成长期的行业来说，专业的安全团队可以在很大程度上避免后续由专利开源导致的各类纠纷。

3.3.2.5　开源生态管理

开源基金会应当设立开源生态运营部门以进行开源生态的构建。内部开源生态的构建包括：

① 社区成员之间除了专利技术的交流之外，还可以由开源生态运营部门推进成员之间在产品、资源等方面开展交流，如由开源基金会和主要社区成员共同建设创新研发平台，合作推动整个行业的技术进步。创新研发平台的研究成果也可进行专利申请并作为开源专利；

② 通过社区内部的开源文化宣传，使成员更积极地投入专利开源项目，扩大开源专利数量，提高开源专利质量，从而吸引更多人加入开源社区。

开源生态运营部门更重要的任务在于外部开源生态的构建，包括：

① 对专利开源项目做好推广宣传工作，在技术峰会、产品发布会等多种场景中对专利开源项目的进展情况和成果进行宣传，推广开源文化。

② 加强开源平台建设和运营，通过建设开源平台，在开源平台上发布开源专利的详细信息，并展示成功开源案例，在一定程度上降低公众对于加入专利开源项目和使用开源专利的顾虑。

③ 培养开源人才，定期开展专利开源项目运营培训，为有兴趣投入开源工作的人才提供学习和实践的机会。

3.3.3　专利开源运营的行业实施策略

3.3.3.1　开源主体管理

前文已经分析了氢能源汽车行业在建立市场开拓模式的专利开源项目时可以依托设立的开源基金会来进行开源项目运营。在现有的行业基金会中，国内规模最大的为中国·氢产业发展基金，但参与发起的腾达建设集团股份有限公司、长安国际信托股份有限公司、东英金融集团有限公司及博石资产管理股份有限公司全部为资产管理类公司，这些公司并没有氢能源汽车行业相关技术背景；虽然氢能产业基金和深圳白鹭氢能产业股权投资基金的发起者都有氢能源产业背景，但这两个基金的规模相对较小，尤其是深圳白鹭氢能产业股权投资基金主要是针对发起者之间的资源和技术共享而设立的。

整体来看，氢能源汽车行业的开源基金会也可以参照现有中国·氢产业发展基金的模式设立，依托资产管理类公司设立投资规模较大的开源基金会。这种开源基金会的优点很明显：由于专利开源是专利权人将其拥有的专利以免费形式交给不特定对象使用，在专利开源项目运行之初的短期内，专利权人的利益必然在一定程度上受损，并且可能面临一系列法律纠纷，因此规模较大的开源基金会可为专利开源项目运营保驾护航，保障专利开源项目的高质量、可持续发展；缺点是开源基金会的发起者缺乏氢能源汽车行业的相关背景，在专利开源项目运营决策方面可能存在不足，因此需要组建行业顾问和技术团队，对行业发展趋势和开源运营策略作出正确判断。开源基金会的组织架构可参考开放原子基金会的架构设计。

3.3.3.2 开源专利管理

氢燃料单体电池由双极板、膜电极组件、密封圈等部件组成，其中膜电极组件成本占燃料电池堆的60%，主要由催化剂、膜材料、扩散层组成，涉及这三个组成部分的技术也被业内认为是燃料电池电堆领域“卡脖子”的关键技术。以膜材料为例，全氟结构的质子交换膜实现大规模量产的条件很严苛：

① 氟化工材料很特殊，有强腐蚀性、爆炸性，因此需要工业化的稳定生产平台，这需要时间的积累；

② 厂商还要和车企一起开展试验评价，试验评价是将膜材料应用于氢能源汽车的重要环节。

目前，研发全氟质子交换膜需要大量经费，行业专家表示：企业研发全氟质子交换膜每年要亏损上千万元。[1] 因此，本节以燃料电池膜电极组件作为开源专利的分析对象，本节所涉及的专利限定如下：

① 专利有效性为截止到2023年9月的有效和在审专利，无效专利已不具有开源的可能性；

② 专利或专利申请的公开国家为中国，且专利申请人为国内申请人。

符合上述条件的专利数量为4126件，图3.3.1显示燃料电池膜电极及其组件专利数量随申请年份的分布情况。总体来看，虽有起伏，燃料电池膜电极的专利数量在近十年来迅速上升，其中与催化剂、膜材料和扩散层这三个组件相关的专利数量均稳步提升，这表明国内对这三个技术领域始终保持较高的关注度。

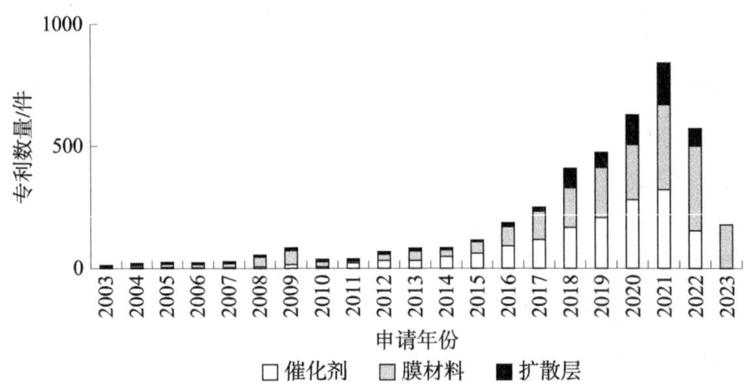

图3.3.1 燃料电池膜电极及其组件专利申请量趋势

[1] HDAuto. 中国的氢燃料电池，被什么卡了脖子［EB/OL］.（2020-09-19）［2024-01-05］. https://baijiahao.baidu.com/s?id=1678231442328446525&wfr=spider&for=pc.

从图 3. 3. 2 中燃料电池膜电极三个组件的专利数量分布来看，膜材料的专利数量最高（为 1972 件），在燃料电池膜电极专利数量中占比达到 48%。前文已提到，膜材料工艺要求严苛，并且需要试验评价，投入大量研发经费。催化剂的专利数量为 1582 件，占比为 38%。目前，催化剂相关专利主要掌握在西方少数发达国家手中，国内大多数企业还处于实验室阶段，少数企业可实现量产；同时当前燃料电池催化剂需要用到贵金属铂，所以成本比较高，虽然燃料电池总体成本在下降，但催化剂在核心零部件中的占比却在不断提升。扩散层的专利数量为 572 件，占比 14%。其中，碳纸作为扩散层的基材，是制约我国氢燃料电池领域发展的核心基础材料，受限于复杂的工艺及装备，我国至今未能实现碳纸的量产，目前专利数量也仅有几百件，布局相对较少。

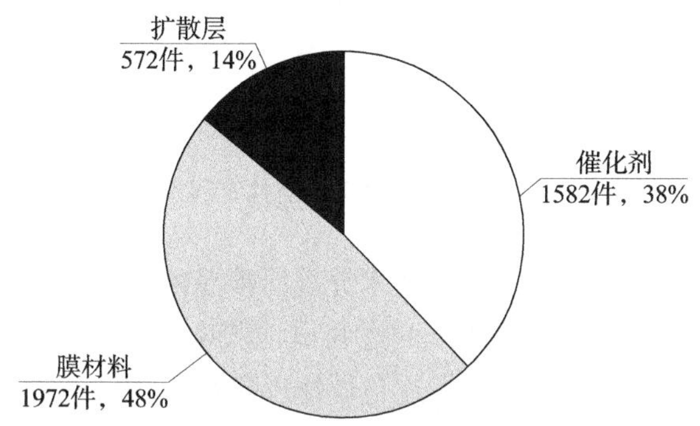

图 3. 3. 2　燃料电池膜电极各组件专利数量分布

图 3. 3. 3 显示出国内申请人在燃料电池膜电极领域的专利质量普遍偏低，平均专利价值度仅为 3. 72，并且专利价值度的分布随着专利价值度数值上升而呈现递减趋势，专利价值度在 2 ~3 的专利数量为 1524 件，占比为 37%。专利价值度的评价维度包括家族被引证次数、扩展同族个数、转让次数、专利权维持年限以及是否属于新兴产业。其中，国内企业往往不注重海外布局，因此扩展同族个数较少，导致家族被引证次数偏低；燃料电池膜电极的专利申请总量不高，大多数企业倾向于独立研发，因此专利转让概率也相对其他领域较低；燃料电池膜电极的专利数量在近年内才出现明显增长，专利权维持年限总体来看也较短；燃料电池膜电极的大多数技术均属于新兴产业，仅有该维度的分值较高。以上因素均导致燃料电池膜电极专利价值度较低的现状。

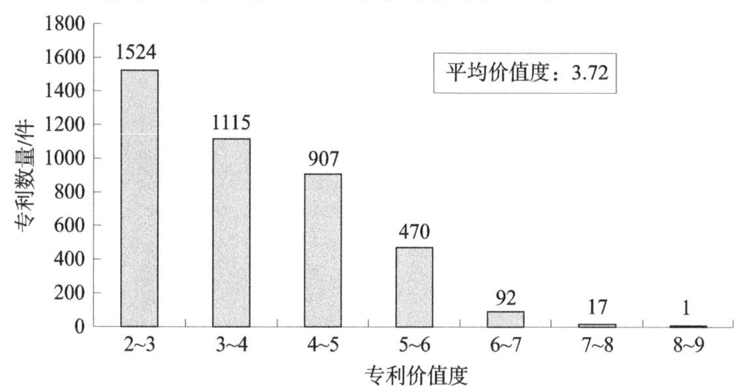

图 3. 3. 3　国内燃料电池膜电极专利价值度分布

图 3. 3. 4 为燃料电池膜电极三个技术分支各自的专利价值度，从中可以看出，在这三个技术分支中，膜材料的专利价值度最高，为 3. 82；催化剂和扩散层的专利价值度分别为 3. 73 和 3. 37。可见，国内申请人在膜材料方面的投入相对更大，其专利数量和专利质量都高于另外两个技术分支。

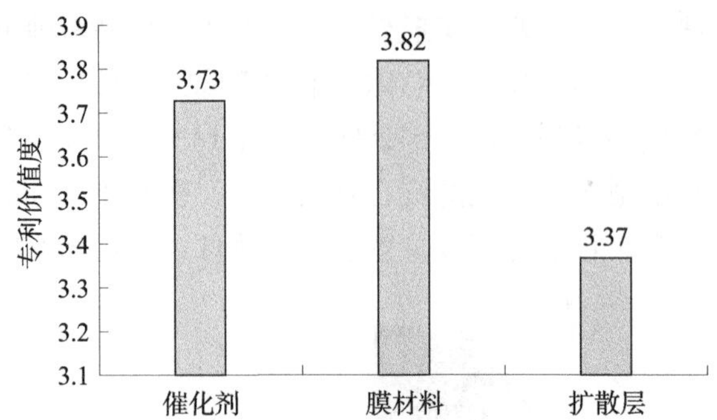

图 3. 3. 4　燃料电池膜电极各组件专利价值度分布

进一步地，对燃料电池膜电极三个技术分支所涉及的专利权人按照所持有的相关专利数量进行排序，得到如图 3. 3. 5 所示的燃料电池膜电极组件主要专利权人分布情况。从图 3. 3. 5 中可以发现，中国科学院大连化学物理研究所在催化剂、膜材料和扩散层三个技术分支中的专利数量均排在第一名，大连理工大学在催化剂和膜材料两个技术分支的专利数量也分别进入了前五名，这表明目前燃料电池膜电极组件的大量专利仍掌握在高校及科研机构手中，很多研究成果仍停留在实验室阶段，尤其是催化剂领域，专利数量排在前五名的全部为高校及科研机构。图 3. 3. 5 同时标注了每个技术分支排名前五位的专利权人所持有的专利价值度，其中，山东东岳未来氢能材料股份有限公司（图中简称为“山东东岳”）和新源动力股份有限公司（图中简称为“新源动力”）的专利价值度分别为 5. 16 和 4. 58，明显高于其他专利权人，这表明这两家企业在该领域中具有较强的技术实力。综合专利数量和专利质量两个评价维度，为开源专利的筛选提供了基础。

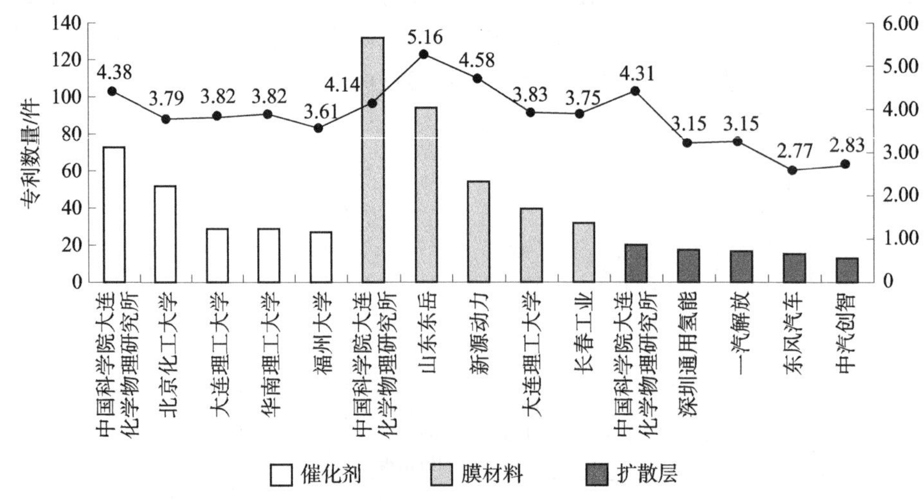

图 3. 3. 5　燃料电池膜电极各组件专利主要专利权人

3.3.3.3　法律事务管理

法律事务部门下设开源协议合规团队和法务支持团队，分别负责开源协议的制定和维护以及其他法律问题的处理。

开源协议应由开源协议合规团队进行合规审核，之后开源基金会将统一形式的开源协议在其官网上公开发布，便于所有人获取。开源协议的具体形式如下。

① 在开源协议中明确规定开源专利的范围，如将开源专利管理模块所提供的开源专利清单以附件的形式附在开源协议之后，并且承诺专利清单中的专利和专利申请不会被删除。

② 开源协议中明确许可对象的范围。当许可对象范围是社区成员时，需要注明成为社区成员的标准和流程。

③ 规定专利权人和许可方的权利和义务，其中包括协议中的具体条款。

开源协议合规团队应当及时根据法律法规及相关政策的变化对开源协议进行修改和完善，将修改后的开源协议草案向所有人公示，并对修改依据、修改后可能会面临的法律问题进行解释说明和重点提示。公示后收集相关意见和建议，对协议修改后产生的专利权人和许可方之间权利和义务的变动进行协调和解决。

法务支持团队的主要责任是维护，即对专利权人和许可方双方在专利开源过程中的行为进行监督，对法律纠纷进行调解，同时可以从法律纠纷中寻找开源协议中可能存在的漏洞，并反馈给开源协议合规团队，从而进一步完善开源协议，保障专利权人和许可方的合法权益。

3.3.3.4　开源风险管理

结合前文所列举的专利开源项目中的法律风险和技术风险，开源基金会安全部门的主要任务可以包括以下五个方面：

① 为开源基金会、专利权人、许可方提供相关安全建议，并配合法律事务部门从开源安全角度制定开源协议；

② 制定开源基金会的开源安全工作计划与预算，对开源过程中的安全问题做到事先评估和事中跟踪；

③ 制定开源基金会开源安全总则，包括相关的决策机制和流程，保证开源安全管理事务执行规范、有据可依；

④ 制定相应的开源安全标准，发布与开源安全相关的白皮书；

⑤ 开展开源安全的教育推广工作，尽可能减少开源安全问题的发生。

可见，安全部门的工作需要与法律事务部门和开源生态运营部门相互配合，为专利开源项目的健康运行保驾护航。

3.3.3.5　开源生态管理

① 定期举办开源峰会。一方面，邀请开源专家探讨开源领域的前沿思想和理论；另一方面，邀请氢能源汽车行业技术专家交流技术发展现状和前景，并将会议成果整理

成册并发行。

② 在开源项目官网或者专门的开源平台上发布开源专利信息，以便公众自由查询并获取。专利信息除专利期限、年费缴纳情况、许可转让情况、无效和诉讼情况等内容之外，还可以包括额外的专利附属文件，对开源专利中未披露的具体实施方式、相应配套设备等进行补充说明。

③ 构建全媒体传播渠道，对专利开源项目进行定期宣传，打造专利开源项目品牌，重点宣传专利开源项目对氢能源汽车行业发展的推动作用。

④ 开展线上线下开源人才的培养工作，一方面可与高校合作开设开源通识课程，另一方面可在成员企业中挑选合适的人才进行开源教育，为专利开源项目提供后备人才。

3.4 企业战略分析及运营实践

前文提到了多个专利开源项目推动了多个行业的快速发展，对于氢能源行业，特别是氢能源汽车行业的企业同样可以考虑通过专利开源运营来开拓氢能源汽车市场，推动氢能源汽车行业的发展。本节选择氢能源汽车行业内的某领军企业 A 作为企业专利开源运营实践的主体，从专利开源项目的企业组织管理和实施策略两个方面对专利开源的企业运营实践进行介绍，从而为企业如何具体制定专利开源战略提供借鉴。

3.4.1 企业专利开源运营案例选择

如前所述，企业在制定开源战略时需要考虑自身的条件，通过企业综合实力、持有的专利、所处行业特点等方面来判断自身是否适合构建专利开源项目。

① 企业综合实力强，无论是财力还是技术都在行业中名列前茅，才有能力构建出对行业中其他企业具有足够吸引力的专利开源项目；

② 企业专利持有量大、专利价值度高，能够为专利开源项目的持续开展提供基本保障；

③ 企业所处行业的发展阶段和特点也决定了该行业企业能否通过专利开源实现自己的诉求。

本节重点在于研究企业如何构建市场开拓模式的专利开源项目，因此在选择合适的企业作为研究对象时：

第一步　判断该企业或该企业所处行业是否具有市场开拓的诉求；

第二步　对企业的综合实力进行评估；

第三步　对企业的专利水平进行评价。

根据第 3.3.1 节的分析可以确定，氢能源汽车行业适于构建市场开拓模式的专利开源项目，氢能源汽车行业的企业同样具有市场开拓的诉求。国内氢能源汽车的主要企业包括宇通客车、福田欧辉、海格客车、中通客车、东风汽车、上汽大通等。这些企业或者本身为国内汽车相关细分行业的龙头企业，或者隶属于龙头企业旗下的新能源汽车企业。因此，在氢能源汽车行业可以找到综合实力强的企业，由这些企业构建的专利开源项目必然具有号召力。

我们以A企业、B企业和C企业作为考察对象，并从中选择一家作为构建市场开拓模式专利开源项目的主体进行研究。三家企业的综合实力对比情况如下。

（1）A企业

A企业是由国家单独出资、依法设立的有限责任公司，是中国四大汽车集团之一，中国品牌500强。A公司在国家企业技术中心排名中位居汽车行业前三，目前已完成自主新能源汽车的品牌布局、平台与商品布局、核心资源布局，加快向自主品牌和新能源转型升级，完成电池、电机、电控产业化和近地化布局，掌握了商用车和乘用车绿色低碳动力技术、绝缘栅双极型晶体管（IGBT）、燃料电池全技术链等核心技术和关键资源。

（2）B企业

B企业的业务范围覆盖乘用车、商用车，合资合作、新兴业务、海外业务和生态业务等板块，旗下某品牌轿车价值在国内自主轿车和自主商用车中保持第一，旗下另一品牌商用车是国内商用车领域的领航者。B企业的新能源汽车已经量产，企业位居2021年《财富》世界500强前100位，聚焦电动化、混合动力、氢燃料三条技术路线和电池技术、电驱技术、电控技术、高压技术、补能技术、燃料电池技术六大关键技术领域。

（3）C企业

C企业是国内专注于氢能汽车研发和制造的企业，目前已初步构建从制氢储氢、加氢站建设、氢能动力系统、氢能整车及核心零部件到氢能检测公共服务的氢能汽车全产业链布局，在全功率氢能动力系统、全新平台架构、创新能量管理系统、轻量化车身、整车控制系统、热管理技术等核心领域构建技术壁垒，形成具有自主知识产权的核心技术。目前，C企业已申请及已授权专利1735件，其中发明专利724件（占比41.7%），987件专利已获得授权。2019年，C企业正式发布首款氢能源乘用车，该企业位列2020年、2021年全国企业科技创新500强。

下面对这三家企业的专利实力进行对比分析。

3.4.1.1　A企业专利分析

在incoPat商业数据库中利用申请人和关键词的组合检索策略，对A企业的氢能源汽车相关专利进行检索，共检索到205件专利。对上述205件专利进行分析，从图3.4.1中可以看出，A企业在氢能源汽车领域的专利申请量自2014年开始整体基本呈上升趋势（2019年两会期间，氢能源首次写入政府工作报告，随后国务院、国家发展改革委、国家能源局等部委相继出台了氢能产业发展政策，各省也发布了氢能源相关规划，政策上的利好也在一定程度上促进了氢能领域专利数量的增加），并且在专利申请资助等政策红利逐步减少的情况下，A企业专利申请量并没有出现明显的下降趋势。从专利类型来说，A企业的氢能源汽车相关专利中发明专利占比为94%，可见A企业对专利申请的要求较高，并且渴望获得相对稳定的发明专利权。从技术发展路线来看，A企业明确侧重于氢燃料电池作为氢能源汽车动力来源的技术路线，该技术路线的专利申请量远远超过氢内燃机，这也与目前市场上的主流氢能源技术路线相契合。需要说明的是，上述205件专利均为中国专利，A企业缺少海外专利的申请和布局。

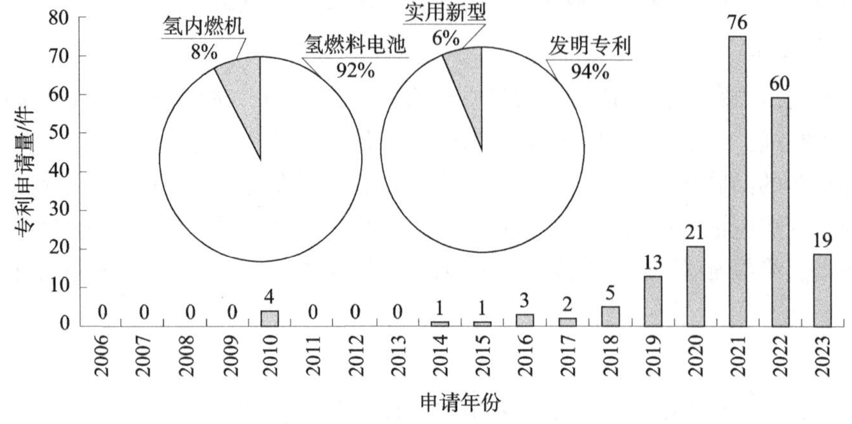

图3.4.1 A企业氢能源汽车专利概况

注：氢内燃机及氢燃料电池的专利申请有交叉，故两项求和略大于205。

从图3.4.2中可以看出，A企业在氢燃料电池领域的催化剂、电堆、膜电极、气体扩散层等多个细分技术领域均有专利布局，如果进行专利开源，相关专利技术可惠及氢燃料电池中游各个细分领域的企业。A企业属于汽车整车制造企业，因此在催化剂、电堆、膜电极、气体扩散层、双极板等方面涉及电池内部结构的专利数量相对较少，而在性能分析、预测、故障监测诊断方面，燃料电池控制（主要涉及燃料电池的功率输出、电池剩余电量控制等）和燃料电池系统（主要涉及储氢、供氢、管路等硬件）中的专利数量较多。A企业专利技术中的燃料电池系统具体包括储氢结构、底盘布置结构、供氢系统、密封结构、系统防护装置等，而燃料电池控制包括燃料电池输出功率控制、气流控制、电池剩余电量控制、吹扫、燃料电池启动等，通过专利开源可以为相关车企在氢能源汽车燃料电池系统设计和燃料电池控制方面提供相关技术参考。

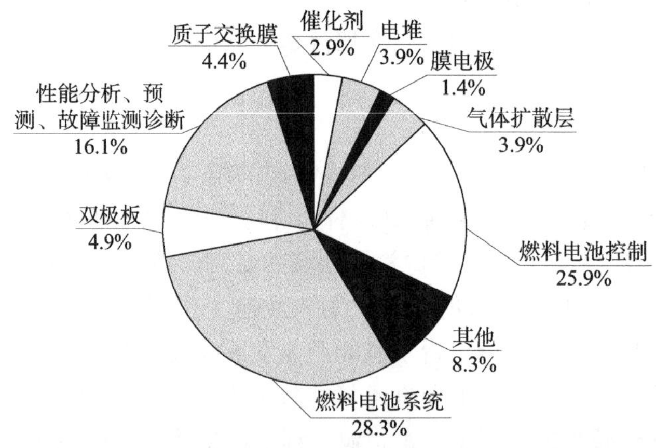

图3.4.2 A企业氢燃料电池各技术分支及其专利数量

A企业氢能源汽车相关专利中有113件专利有家族被引证记录，占到了全部专利的55.1%（见图3.4.3）。在113件专利中，大多数专利的家族被引证次数在1～10次，其中被引证次数大于或等于10次的专利有13件。经分析，上述13件专利均涉及燃料电池这一技术路线，具体涉及催化剂（2件），燃料电池控制（4件），燃料电池系统（4件），性能分析、预测、故障监测诊断（3件）。可见在A企业专利质量相对较高的专利中，燃料电池控制和燃料电池系统占比较高，再一次说明A企业侧重于对燃料电池控制和燃料电池系统这两个细分领域的研究。A企业作为汽车企业，相对更加重视对氢燃料电池的控制和使用以及燃料电池系统的设计，以提高氢燃料电池的使用寿命、安全性能和氢能源汽车的续航里程、行驶效率等。

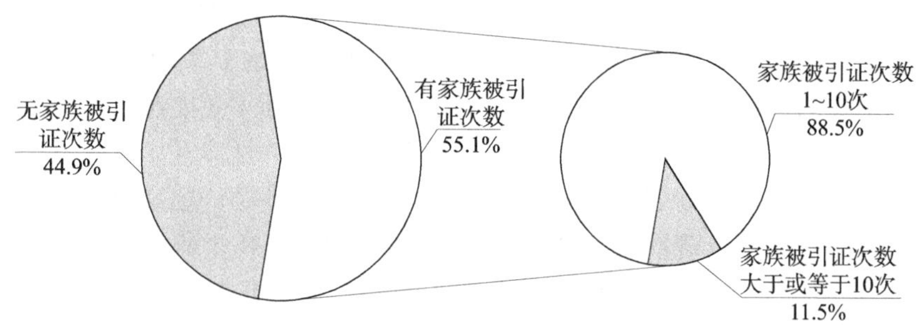

图3.4.3　A企业氢能源汽车相关专利被引证次数

引证相关专利的申请人包括长安汽车、中通客车、中国汽车技术研究中心、广汽集团、北汽新能源、上汽大通、奇瑞、岚图汽车、潍柴动力、爱德曼氢能源装备、安徽明天氢能科技、武汉格罗夫氢能汽车、上海捷氢科技、中车氢能、氢源风新动力科技、南京氢创能源、宁波绿动氢能等氢能源汽车领域的相关企业，以及清华大学、北京理工大学、同济大学、吉林大学、浙江大学、武汉理工大学、中国矿业大学等高校，可见A企业在氢能源汽车领域，特别是氢燃料电池领域的专利技术具有一定市场价值和二次研发价值。

从图3.4.4中可以看出，A企业在氢能源汽车领域的专利联合申请人既包括天津大学、华中科技大学、广西科技大学和桂林电子科技大学这样的高校与科研机构，也包括

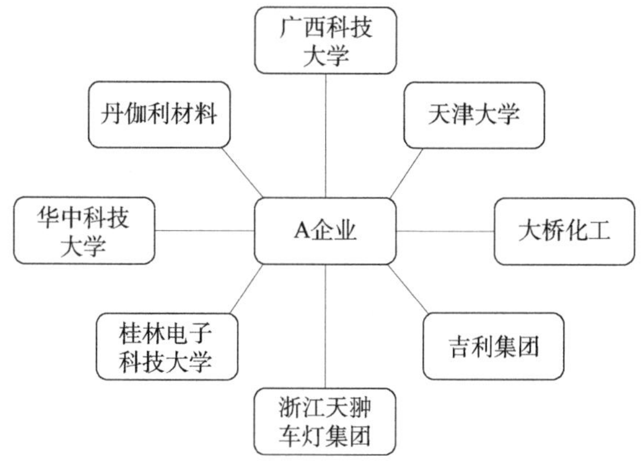

图3.4.4　A企业氢能源汽车专利联合申请人

吉利集团这样的汽车行业龙头企业，这反映出A企业重视与业内同行的交流和与高校及科研机构的产学研合作。在自身市场优势和产品优势的基础上，A企业能够充分利用高校及科研机构的科研和人才优势，解决企业面临的技术问题，推动氢燃料电池领域的前沿技术落地和产业化，同时为企业自身培养人才。此外，A企业也能够结合氢能源电池领域的特点，选择与汽车行业内的材料企业及电池控制相关企业合作，深入催化剂材料、电池控制等技术分支的研究，共同推动氢燃料电池的发展。

3.4.1.2 B企业专利分析

同样在incoPat商业数据库中利用申请人和关键词的组合检索策略，对B企业的氢能源汽车相关专利进行检索，共检索到94件专利。对上述94件专利进行分析，从图3.4.5中可以看出，B企业在氢能源汽车领域的专利申请始于2010年，与A企业基本同步，涉及氢燃料电池的固定支架。2012年后，B企业中断了氢能源汽车相关专利的申请。2018年，B企业开始重新关注氢能源汽车相关技术，并逐步开始氢能源汽车相关专利的申请。2019年，氢能源首次写入政府工作报告，B企业顺应国家政策和技术发展趋势，在后续年份中专利申请量明显增多。从专利类型来说，B企业的氢能源汽车相关专利中发明专利占比为56.4%，可见B企业对于专利申请的要求相对较高，渴望获得稳定的发明专利权。从技术发展路线来看，B企业同样侧重于氢燃料电池作为氢能源汽车动力来源的技术路线，该技术路线的专利申请量远超氢内燃机的专利申请量。B企业的94件专利均为中国专利，缺少海外专利申请和布局，这也反映出其目前仍以国内市场为主，尚未进行海外市场布局。

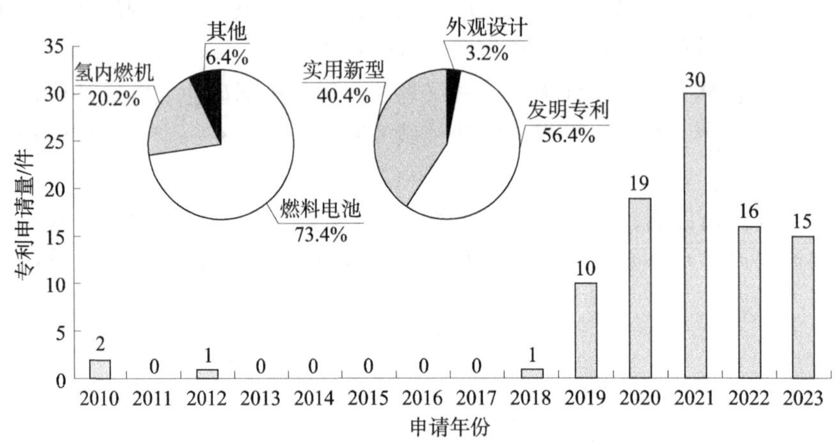

图3.4.5 B企业氢能源汽车专利概况

从图3.4.6中可以看出，B企业在氢燃料电池领域的催化剂、电堆、膜电极、双极板、质子交换膜等多个细分技术领域均有专利布局，但相对于A企业，B企业在细分技术领域缺少气体扩散层的专利申请。同样作为车企，B企业在燃料电池系统和燃料电池控制的技术分支上研究最多，其中燃料电池系统涉及供氢供氧系统、储氢系统、排气阀、余热回收系统等，燃料电池控制则涉及燃料电池充放电、预充保护、二次启动等，而涉及燃料电池制造的催化剂、电堆、膜电极、双极板等电池内部结构的专利数量较少。

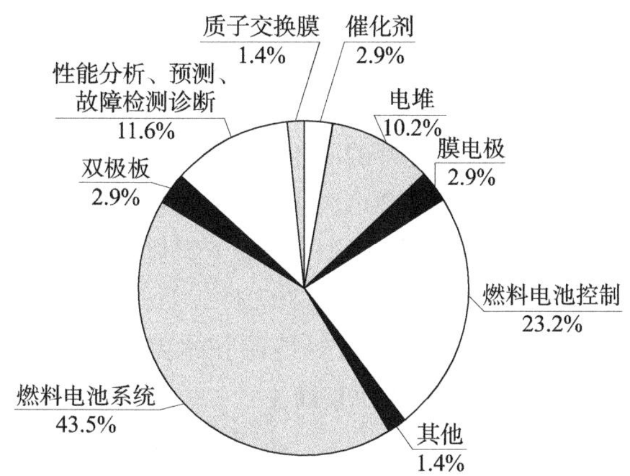

图 3.4.6　B 企业氢燃料电池各技术分支及其专利数量

B 企业涉及氢能源汽车的专利中仅 23 件有被引证记录，占全部专利的 24.5%（见图 3.4.7），这 23 件专利均涉及氢燃料电池，其中 20 件的被引证次数不超过 10 次，家族被引证次数超过 10 次的只有 3 件，分别涉及氢燃料电池水汽分离装置、燃料电池的热电联供系统和燃料电池的供氢系统。引证相关专利的申请人包括北航、北理、西南交大、东风集团、广汽埃安、国轩高科、北汽福田、潍柴动力、吉利集团、上汽集团、长安汽车等高校和汽车相关企业，说明 B 企业氢能源汽车相关专利技术被市场认可，具有一定市场价值和二次研发价值，也在一定程度上影响着行业发展。然而分析上述 94 件专利可以发现，涉及 B 企业联合申请的申请人中仅包括西华大学和奇瑞商用车，相比于 A 企业，B 企业的联合申请人数量较少且多元化程度不高，因此 B 企业在企业合作方面还有待加强。

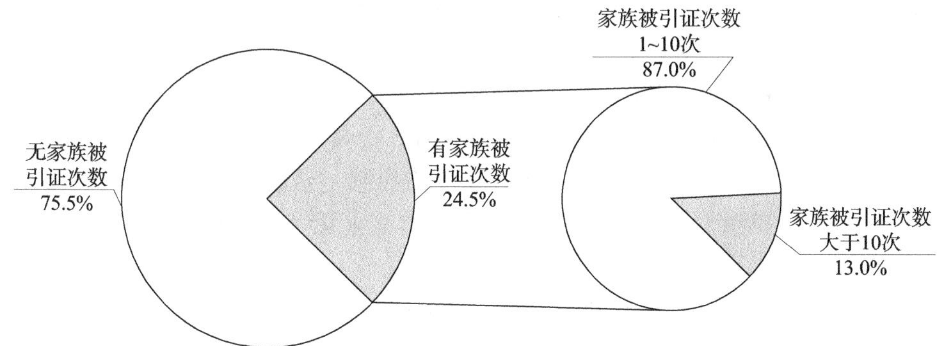

图 3.4.7　B 企业氢能源汽车相关专利被引证次数

3.4.1.3　C 企业专利分析

同样在 incoPat 商业数据库中利用申请人和关键词的组合检索策略，对 C 企业的氢能源汽车相关专利进行检索，共检索到471件专利，专利数量明显多于A企业和B企业。对上述471件专利进行分析，从图3.4.8中可以看出，C企业的氢能源汽车相关专利主要从2018年开始（2014年的1件专利存在申请人变更记录，经核实是从中国地质大学购买的实用新型专利），与A企业和B企业相比，起步相对较晚，并且申请时间集中于2019年和2020年。从专利类型来说，C企业的氢能源汽车相关专利中发明专利占比仅为46.3%，可见C企业对专利类型的要求相对不高，对专利权的稳定性需求有限，更重视专利数量，专利在2019年和2020年的集中申请可能与资助补贴、减免费等政策红利相关。从技术发展路线来看，C企业同样侧重于氢燃料电池作为氢能源汽车动力来源的技术路线，该技术路线的专利申请量为297件，远远超过氢内燃机的专利申请量(21件)，该技术路线与目前市场上的主流氢能源技术路线相契合。C企业的471件专利均为中国专利，缺少海外专利的申请和布局。

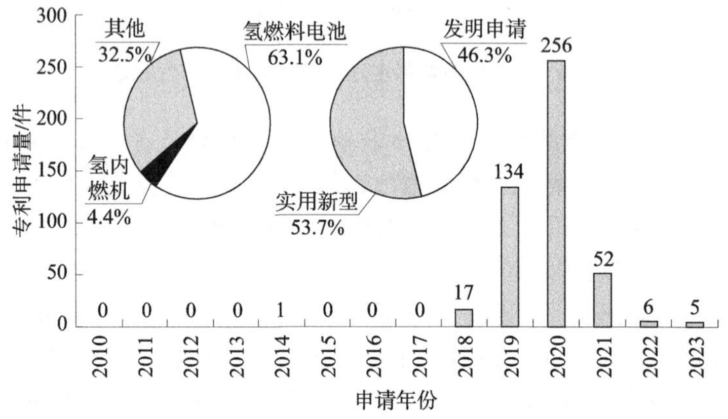

图3.4.8　C企业氢能源汽车专利概况

从图3.4.9中可以看出，C企业在氢燃料电池领域的电堆、双极板、质子交换膜等多个细分技术领域有专利布局，但数量相对较少，且在细分技术领域缺少对催化剂、膜电极、气体扩散层等的专利申请，其在氢燃料电池领域的专利布局不够全面。C企业在燃料电池系统和燃料电池控制的技术分支上研究最多，其中燃料电池系统涉及供氢供氧系统、热管理系统、辅助热交换系统、高压系统、冷却系统、水汽分离系统、过滤器等，燃料电池控制则涉及燃料电池的DC/DC电路控制、充放电控制、与其他储能单元的能量均衡控制、控制装置集成化等技术，可见C企业更多关注氢燃料电池的下游相关技术。

C企业涉及氢能源汽车的专利中196件有被引证记录，占全部专利的41.6%（见图3.4.10)，这196件专利也均涉及燃料电池，其中189件的被引证次数不超过10次，家族被引证次数超过10次的只有7件，涉及辅助能源系统的氢能源汽车燃料电池能量管理系统、氢能源汽车的燃料电池制动能量回收系统、氢能源汽车的燃料电池能量管理系统、燃料电池汽车用集成化风扇控制系统和适用于氢燃料电池的乘用车底盘平台等。

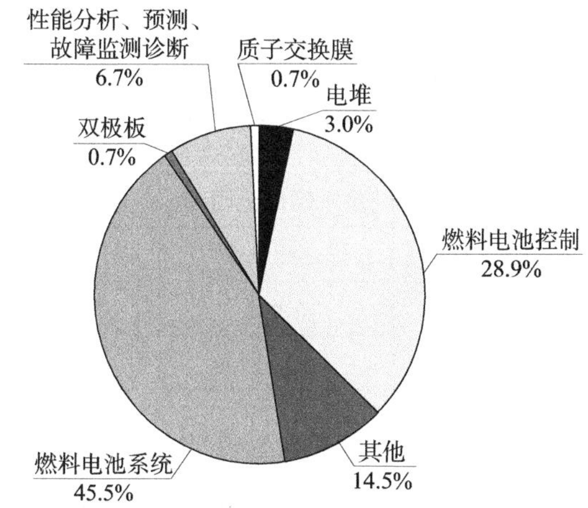

图 3.4.9　C 企业氢燃料电池各技术分支及其专利数量

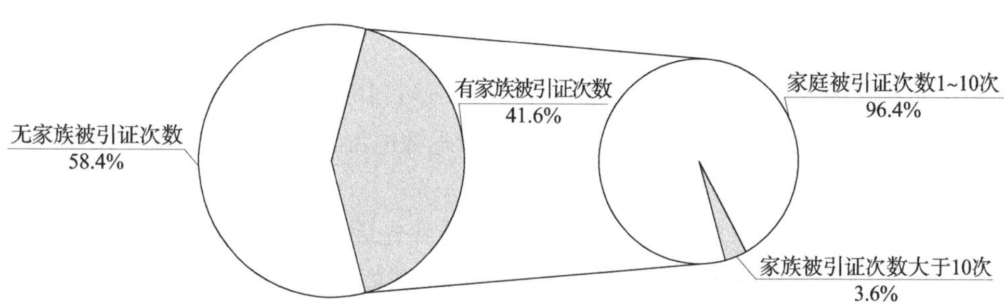

图 3.4.10　C 企业氢能源汽车相关专利被引证次数

引证相关专利的申请人包括浙江大学、东南大学、湖南大学、武汉理工大学、太原理工大学、福特汽车、东风集团、长安汽车、上汽集团、宇通客车、江淮汽车、岚图汽车、一汽集团、长城汽车等高校和汽车相关企业，说明 C 企业氢能源汽车相关专利技术的市场认可度较高，具有不错的市场价值、研究价值和二次研发价值。作为一家致力于氢能汽车研发和制造的企业，C 企业的专利技术也被其他汽车企业所重视。然而分析 C 企业的 471 件专利可以发现，涉及 C 企业联合申请的申请人中仅包括中国地质大学，相比于 A 企业和 B 企业，C 企业的联合申请人数量较少，并且没有与其他企业合作申请的专利。

从企业综合实力和企业专利情况两个维度进行企业对比，以进行企业案例选择。结合表 3.4.1，从企业规模、营收等情况分析可知 A 企业综合实力优于 C 企业，略逊于 B 企业；A 企业的氢能源汽车专利数量居中，但其细分技术领域涵盖更为全面，影响范围也更大，这也保证了 A 企业进行专利开源时能够惠及业内更多的上下游企业。此外，在三家企业中，A 企业与其他企业、高校及科研机构的联合申请人最多，企业外联程度最好，A 企业更加注重同其他企业、高校及科研机构的合作，这一点保证 A 企业在构建专利开源项目时能够更好地构建自身专利生态，加入专利开源项目时能为该项目带来更多的“玩家”，更能起到推广专利开源项目的作用。因此，本书选择 A 企业作为构建市场开拓模式专利开源项目的主体进行研究。

表 3.4.1 三家企业专利开源条件对比

企业	企业综合实力	企业专利情况			
		专利数量	技术领域全面度	家族被引证情况	企业外联程度
A 企业	☆☆☆	☆☆☆	☆☆☆☆	☆☆☆☆	☆☆☆☆
B 企业	☆☆☆☆	☆☆	☆☆☆	☆☆☆	☆☆
C 企业	☆☆	☆☆☆☆	☆☆	☆☆	☆☆

A 企业的氢能发展历程经历了以下三个阶段。

第一阶段：验证氢燃料电池汽车的可行性。早期新能源汽车技术路线非常多，包括混动、REV、PHEV 等，氢燃料电池的技术路线也有很多。A 企业选择了全功率燃料电池汽车技术路线，这条路线被认为难度最大。

第二阶段：尝试突破整车级系统的关键技术。

第三阶段：将这些技术研究成功之后，推广应用到市场上，同时加快技术迭代。

A 企业的氢能研发涉及燃料电池系统、燃料电池电堆、整车制造等多个氢能源汽车中下游技术领域。

① 在燃料电池系统方面，A 企业创立的某品牌先后打造高中低三个燃料电池系统平台，功率覆盖 20～300kW，可满足全系列乘用车和商用车需求，其中 2023 年推出的氢元 H2 · One 130 燃料电池系统是商用车通用的燃料电池产品，核心部件自主化率和国产化率均达到 100%。

② 在燃料电池电堆方面，A 企业通过研发七合一膜电极、低流阻高耐腐的双极板技术，以及实现 -40℃ 冷启动的技术突破和试验，推出了三个平台，包括 70kW、150kW、350kW 的电堆。

③ 在整车制造方面，A 企业利用前期商用车的先行效应，拉动燃料电池乘用车的发展。

A 企业在 2020 年推出某款氢能源汽车，加氢 3 分钟，续航里程能达到 500 千米。截至 2023 年，A 企业在氢能方面已经实现了以下突破：

① 成功开发了国内首款 80kW 全功率燃料电池乘用车；

② 完成了国内首次 70MPa 带载碰撞试验；

③ 获得了中国汽车工程学会 2022 年度科技进步一等奖；

④ 获得了中国品牌首张全功率燃料电池乘用车牌照；

截至 2022 年底，A 企业在氢能领域相关的发明专利累计超过 200 项。另外，A 企业自主研发的 80kW 燃料电池系统也成功搭载在轻型商用车上，目前 A 企业氢燃料商用车销量已超过 3000 台，位列行业第一。

作为企业构建市场开拓模式专利开源项目的案例，以下依次探讨 A 企业专利开源运营的组织管理和实施策略。

3.4.2 专利开源运营的企业组织管理

为顺利开展专利开源项目，A 企业应当设置相应的组织管理体系，组织管理体系常见的模式包括最高层直管模式、法务部门管理模式、研发部门管理模式和知识产权管理部门管理模式。

① **最高层直管模式**：指企业专利开源事务由企业最高管理层直接管理，采用最高层直管模式的企业大多数是规模较大的外国企业，如 IBM、东芝等。最高层直管模式的优点是结构简单、层级少、沟通效率高，能及时处理相关事务；缺点是专利开源不直接贴近研发团队或设计团队，可能出现技术风险。

② **法务部门管理模式**：指由法务部门来统筹、协调、管理专利开源事务，其优点是有利于对专利开源项目进行多角度、全方位的管理，缺点是专利开源管理岗位往往属于法务部下属岗位，并且管理人员较少，在从事管理工作时容易受到多重阻碍，执行效率不高。

③ **研发部门管理模式**：也有企业将开源专利管理的权限下放到研发部门，由研发部门来主导企业专利开源管理工作，优点是可以使专利开源工作和研发工作相契合，有利于企业对专利开源项目的利用，缺点是研发部门对知识产权法律、法规的理解不深入，难以理解专利开源的真实目的和背后诉求，综合运用知识产权的能力不足。

④ **知识产权管理部门管理模式**：指企业专门设立知识产权管理部门或者小组，并将专利开源的管理权全部转交至该知识产权管理部门或者小组名下。这一模式可以看作最高层直管模式的变型，是更加专业化的管理模式，对从业人员的专业素质要求更高。采用这种管理方式，有利于充分发挥专利开源项目的价值，缺点是需要投入较大人力成本，并且一旦专利开源项目终止，存在人员分流问题。

目前，国内企业依然适合由法务部门管理专利开源项目或者由专门设立的知识产权管理部门进行专利开源项目的管理，因此建议 A 企业通过设立法务部门或知识产权部门对专利开源运营进行统一管理。

3.4.2.1 企业开源主体管理

A 企业设立负责知识产权的相关部门以进行专利运营，可以是独立的知识产权运营部门，也可以由法务部门负责处理知识产权的相关事务。A 企业的上述专利管理部门职能应当包括：

① 制定开展专利工作的规划、计划和管理办法，并纳入企业技术进步规划中；

② 负责对职工进行《专利法》和专利知识的宣传培训工作；

③ 支持企业职工的发明创造活动，为职工提供有关专利事务的咨询服务；

④ 办理企业专利申请过程中的各项事宜，管理本企业持有的专利权，办理有关专利纠纷、专利诉讼等事务；

⑤ 组织专利的实施、构建专利开源项目或参与已有专利开源项目和其他专利运营；

⑥ 管理、利用与本企业有关的专利文献和专利信息；

⑦ 研究本企业的专利战略，为企业的经营决策服务，保护本企业的专利权并注意防止侵犯他人专利权；

⑧ 依法办理对职务发明专利的发明人或设计人的奖励与报酬；

⑨ 做好与技术和产品进出口有关的专利工作；

⑩ 筹集和管理企业的专利基金。

A 企业选择专利开源作为市场开拓的手段时，应当设置一名主管及法务团队、安全团队、专利团队、运营团队，此外还需要设置外联团队：一方面，可以联系企业内部的其他部门协调技术、市场等不同接口单元；另一方面，联系其他企业或政府部门，负责企业合作、与政府部门接洽等事宜。其中，主管负责整个知识产权相关部门的专利开源项目运作和管理，制定专利开源项目的实施策略和计划，协调和指导企业内部各个部门，针对专利开源项目对内为企业的研发和生产经营提供咨询服务，对外与外联团队一起加强与合作伙伴的联系与沟通。

3.4.2.2 企业开源专利管理

前文提到的专利团队用于对 A 企业开源专利进行管理，包括开源专利的申请、开源专利的价值评估分析、专利布局、开源专利维护等。

A 企业可以将专利申请分为以下等级：

① **容易被其他公司规避的技术**。这些技术与现有技术相比区别不大，企业可以将这些技术涉及的专利延后申请或开源。

② **具有市场前景且有利可图的专利技术**。这些技术对于竞争对手来说也具有一定的规避难度，尽管对于企业来说获得权利不是十分迫切，但需要这类专利阻碍其他竞争对手实施此项技术，或者所涉及的技术相较于其他竞争对手具有领先特性，同时也是其他公司必然使用、不能轻易规避的技术，对于这类专利应进行正常专利申请。

③ **基础专利**。这是一类比较重要的专利，一旦获得授权，对于其他公司来说比较难以规避，同时这些发明都是在研发计划中受青睐的技术，且具有明确的应用潜力。对于这些专利，企业应优先申请，并且应该注重专利权利要求的保护范围。

④ **战略性专利**。它指的是那些基础的、必要的发明，原则上在将来的技术和产品上不容易被规避，同时应该是处于前沿领域的技术和发明，而且应该在技术上能够实施，在较广泛的范围内可靠地应用，这些发明应当被给予最高的优先级进入申请程序。

虽然专利的申请优先级有所不同，但进行专利开源是需要企业进一步评估的。A 企业还可以根据发明创新的程度对开源专利进行划分。例如，可以根据发明问题解决（IRIZ）理论将专利进行以下等级划分：

第 1 级：多为参数优化类的小型发明，一般为常规设计或对已有系统的简单改进；

第 2 级：通过解决一个技术矛盾对已有系统进行少量改进；

第 3 级：对已有系统进行根本性改进；

第 4 级：采用全新的原理完成对已有系统基本功能的创新；

第 5 级：罕见的科学原理促成的一种新系统的发明。

A 企业也可以根据市场应用价值等标准对开源专利进行划分。例如，五星级专利为市场应用前景明确或相对基础、底层的专利，四星级专利次之，其他依此类推。A 企业还可以结合自身情况，根据与主营产品的关联程度对开源专利进行划分。例如，A 级为与产品直接相关的专利，B 级为相关技术或周边产品的专利，C 级为不相关产品的专利。对于开源专利进行分级，并采用前文提到的各种专利评估方式进行价值评估，就能制定针对性的管理和运营策略。例如，对于五星级或 A 级的专利，因其技术的基础性，他人无法绕开或难以规避，因而需要从风险管理的角度重点考虑其是否适合开源，开源后是否给公司带来损失，选择开源后是否需要在开源协议中对相关专利制定特殊的条款；对于四星级或 B 级的专利，大都涉及技术改良，对其需要积极维护，可以考虑开源；对于其他等级的专利，企业本身并不适用，这类专利是否开源应该综合考虑，选择开源是否会使得专利开源项目参与者感到失望，或者认为是形式大于内容的一次专利运营"作秀"，另外，开源这些专利是否有助于企业进行市场开拓。就 A 企业而言，可能还不涉及上述战略性专利，更多的是涉及应用层面的具有市场价值的专利。因此，可以将性能分析、预测、故障监测诊断、燃料电池控制和燃料电池系统相关专利优先申请，以期尽快确权并进行开源，并尝试拓展其他细分领域的专利申请。

把哪些专利加入开源列表本身就是开源专利的布局，A 企业应该结合自身条件和所处的行业风口，选择特定领域的专利技术进行开源，以实现有利于自身行业发展的技术领域的市场开拓和资源共享。行业的实时发展动态也是开源需要考虑的重要因素，例如，阿里巴巴达摩院在 2023 年 8 月宣布向社会免费开放 100 件 AI 专利，正是结合当前 AI 正在掀起新一轮技术浪潮的时势，可以：

① 帮助中小微企业克服 AI 技术研发门槛过高、AI 专利大多掌握在少数企业和高校及科研机构手里的难题，更好地利用 AI 技术进行业务创新。阿里巴巴达摩院免费开放 100 件 AI 专利，覆盖了图像技术、视频技术、3D 视觉等技术领域，不乏"交通信号灯感知""疑似侵权图片检测""时序数据预测""点云数据处理""智能字幕生成"等富有广阔应用场景的专利，让中小微企业以较低成本甚至零成本获得 AI 技术红利，加速 AI 时代的到来。

② 实现阿里在 AI 领域的开源布局，以求进一步开拓 AI 市场，推动 AI 技术生态的发展。

A 企业应当关注氢能源汽车行业的性能分析、预测、故障监测诊断、燃料电池控制和燃料电池系统这些细分领域，通过构建专利池开源相应专利，或者在加入其他专利开源项目时贡献出性能分析、预测、故障监测诊断、燃料电池控制和燃料电池系统这些细分领域的专利，实现相关细分领域的开拓和整个技术领域的创新发展。

对于开源专利的维护，除了日常年费缴纳、无效案件应对、著录项目变更等，A 企业可以根据以下三点选择维持或者放弃。

① **行业特点**。从企业所处的行业可以大致看出专利平均维持年限的长短，如对于快消品行业、数码产品行业等，其产品迭代快、技术周期短，因此处于这些行业的企业一般平均专利维持年限相对较短；反之，如大型机械制造业，其专利平均维持年限相对较长。在开源专利维护中，企业也应顺应时势，维持年限较短的专利应当果断放弃专利权，剔除出开源专利的范围。A 企业所处的氢能源汽车行业技术周期长，储氢制氢成本

难以短时间内大幅下降，技术迭代相对较慢，因此氢能源汽车行业的专利平均维持年限可能相对较长，A企业在专利维护策略方面应尽量以维持为主。

② **专利授权质量**。企业需要考虑专利授权时的质量，不仅是撰写质量，还包括OA答复质量。专利撰写质量的高低决定其能否获得较好的保护范围。有些专利即便撰写质量较好，但在审查过程中有相当接近的现有技术，导致修改后所获得的保护范围很小，那么这样的专利实际作用相当有限，其创新程度不高，或者说现有技术极大地限制了专利的保护范围。显然，在考虑维持或放弃开源专利时，可以优先考虑维持保护范围较大的专利。经上述专利分析发现，A企业的专利申请年份相对靠后，2020年及以后申请的专利占比超过85%，因此目前没有放弃专利的必要。

③ **专利使用情况**。专利说到底是要发挥其作用的，如有些专利的作用在于保护自己的产品或技术，有些专利的作用在于阻止第三方实施特定的技术，可以将其作为考虑是否维持或放弃开源专利的一个因素。

从A企业目前的专利情况来看，没有发生过无效、诉讼、质押等事件，专利被引次数也较少，因此A企业应当继续加强研发和专利申请，在保持专利数量的前提下再进行专利质量的评估，从而决定是否放弃。

3.4.2.3 企业法律事务管理

前文中，法务团队的职责就是处理法律事务，具体包括以下事项。

① **专利开源中开源许可证的事务处理**：涉及开源许可证的选择、改进与撰写，构建专利开源项目时进行开源许可证的条款设计、评估分析，以及在加入其他专利开源项目时分析对方的开源协议或声明的法律条款，并遵照上述条款指导专利开源，以避免不必要的法律问题，负责开源专利生态外的创新主体与本企业法律关系的处理、追责或抗辩，负责处理开源过程中可能出现的专利申请权纠纷、专利权属纠纷、衍生专利的侵权纠纷、假冒他人专利纠纷、署名权纠纷等，应当能够处理开源专利涉及的侵权赔偿或纠纷赔偿、证据保全等。具体来说，氢能源汽车行业目前还没有开源先例可循，因此需要A企业内部法务团队进行开源许可协议的设计和撰写。然而考虑到当前氢能源汽车市场仍处于加速发展阶段，过多的开源协议条款和限制可能会阻碍业内同行使用该企业专利技术，因此开源许可协议的设计应当从短从简，如仅进行有限不主张条款、可再专利性条款、权利用尽条款、违约终止条款的设计。

- 有限不主张条款限制了被许可方加入专利开源项目后，如果针对许可方提出侵权主张，那么许可方许可给被许可方的专利许可在诉讼提起之日终止，从而保护开源主体的利益。
- 可再专利性条款允许被许可方在开源专利的基础上进行二次开发并申请相应知识产权，从而形成相关技术的专利网络，这利于做大市场。
- 权利用尽条款则是通过将开源专利的免费许可延伸至产业链上的多个环节，使得整个市场获益。
- 违约终止条款是在被许可方发生开源协议中规定的违约行为后终止其被许可的专利权。

② **管理专利开源的形式要件**：包括开源专利的获取方式、开源时间限制等。想要获取开源范围内的专利技术，可以采用加入社区成为会员、明示确认的方式声明使用开源专利或者非明示确认的方式来获取A企业相应的专利技术，或者可以设立与A企业单独合作的沟通渠道，在获取A企业开源专利的基础上进一步个性化定制知识产权的转移转化。开源时间限制则需要视A企业及其所处行业的发展阶段而定。例如，当A企业所处的行业处于初创阶段时，可以适当放宽开源时间限制；当A企业决定进行业务拓展而将研发重点转移至其他行业时，本行业的专利开源应终止；当A企业所处行业在快速发展后趋于饱和或者迅速衰退甚至消失时，A企业应终止专利开源。

3.4.2.4　企业开源风险管理

安全团队的职责是进行A企业的开源风险管理，确保企业开源安全，制定安全风险治理策略。

A企业可能面对的法律风险包括反向许可的法律风险、转让限制条款导致的被许可方侵权风险、竞争对手通过专利开源项目获取许可方核心专利的风险等。因此，安全团队需要对法务团队所制定开源协议中的各个条款进行着重研讨和分析，可在开源协议中进一步增加事实上的反向许可限制，设置保护被许可方免于侵权的条款以及权利用尽条款中针对后续主体的保护性条款等。

A企业面临的技术风险包括专利技术被动开源，技术方案缺少具体的参数、实施细节或者其他配套技术等内容，导致无法完成专利实施，技术路线跑偏等。企业在加入某个专利开源项目后可能也需要贡献自身专利技术，即在成为被许可方的同时也可能成为许可方，因此有可能被动贡献意料之外的其他专利技术。企业构建专利开源项目和加入专利开源项目时都会面临无法实施开源专利技术方案的问题，最直接的解决办法就是吸收技术方案的内涵和精髓，在该技术方案的基础上进行二次开发以转变为适合自身企业的技术。此外，无论加入以市场开拓为目的的专利开源项目还是构建以市场开拓为目的的专利开源项目，都可能出现技术路线跑偏的问题，即主导的技术路线或者跟随的技术路线在政策、研发成本、研究实力、技术优势、技术壁垒、资金、市场前景等因素的影响下，导致前期的大量研发、产业链创建投入遭遇重大损失，甚至可能阻碍行业的发展。对于上述技术风险，A企业可以通过内部研讨，确定是否可以接受。如果不能接受，则需要在构建专利开源项目时对开源专利列表进行删除或修改，并进行定期的专利列表更新，或者及时退出已加入的专利开源项目，避免损失进一步扩大，或者可以通过外联团队与具有技术专研和预判能力的高校及科研机构合作，深入了解技术可行性和发展趋势，从而对上述风险进行管理和应对。

3.4.2.5　企业开源生态管理

企业开源生态管理运营团队负责开源专利生态的维护，具体包括以下内容。

① 某个行业或技术领域企业间公共关系和技术生态的维护。随着技术的不断发展和迭代，运营团队需要跟进和维护新的合作伙伴，以最大程度地完善生态圈上下游的结构，并加强技术层面的沟通。从第3.4.1节的分析可知，A企业氢能源汽车相关专利中

有113件专利有被引证记录，占到了全部专利的55.1%。引证相关专利的申请人包括长安汽车、中通客车、中国汽车技术研究中心、广汽集团、北汽新能源等多家国内大型企业，以及清华大学、北京理工大学、同济大学等多所重点高校。A企业在氢能源汽车领域的专利联合申请人既包括天津大学、华中科技大学等科研机构，也包括吉利集团这样的汽车行业龙头企业。这反映出A企业重视与业内同行的交流和与高校及科研机构的产学研合作，在氢能源汽车领域，特别是氢燃料电池领域具有一定的市场号召力，A企业可以通过企业联合展销、举办峰会论坛、技术共享说明会等形式进行技术交流和合作，营造良好的行业技术生态。A企业还需要梳理不同层次的服务机构，充分协调上述服务机构以实现技术转移对接、开源专利信息库建设、专利开源项目的宣传推广。

② 运营团队应该向公众展示专利开源的意义，从伦理角度向公众展示专利开源行为对人性“善”的一面的肯定。例如，在Low－carbon专利开源项目、Eco－patent Commons专利开源项目和BIOS专利开源项目中，专利权利主体将自己的专利免费提供给他人使用，希望相关专利技术惠及普罗大众，解决人类所共同面对的疾病、环境污染等涉及命运的问题。从市场角度展示专利开源有助于专利制度在对立统一的价值选择中规避知识产权保护过度的问题，促进专利技术扩散，提高技术的便利度，降低技术研发成本和市场交易成本，达到宣传推广的效果。

氢燃料电池汽车最大的优势在于其环保性，通过使用氢气作为燃料，实现零排放，对环境影响极小，且其排放的是水蒸气，而非二氧化碳或其他有害气体，因此被誉为“终极环保汽车”。A企业应当加强对氢燃料电池汽车环保特性的宣传，这既有助于企业环保形象的树立，也有助于推动开源理念更加深入人心。

3.4.3 专利开源运营的企业实施策略

3.4.3.1 A企业构建专利开源项目的实施策略

（1）对氢能源汽车行业有足够的分析和谨慎的预判

众所周知，我国氢气资源丰富，发展氢能源具有先天资源优势。目前，我国氢气产量位居世界第一，而且我国煤炭资源丰富，还有丰富的风电、光电等可再生能源，经过技术研发和改进，这些资源都可以用来进行水电解制氢。氢能相关政策法规也逐渐完善，加氢站基础设施建设开始追赶国际步伐，从国家和省级层面进行统筹规划，推进我国氢能产业的发展。现阶段，国内氢能产业加速规划布局，相关部门高度重视氢能产业发展，多项文件均鼓励引导氢能产业发展。《国家创新驱动发展战略纲要》《“十三五”国家科技创新规划》《“十三五”国家战略性新兴产业发展规划》《中国制造2025》《汽车产业中长期发展规划》《“十三五”交通领域科技创新专项规划》等政策纷纷将发展氢能和燃料电池技术列为重点任务，将氢能源汽车列为重点支持领域。我国也具备一定的氢能源汽车研发基础，国内已初步掌握关键材料、部件及动力系统部分关键技术，基本建立了具有自主知识产权的车用燃料电池动力技术平台。如果A企业坚信我国是全球氢能源汽车最重要的潜在市场，在未来能够研发出新材料，做好基础研究，厘清燃料电池耐久性不足背后的机理，然后根据机理进一步发展适用于氢能源汽车的新材料和新部件，能够克服技术上的挑战（如氢燃料电池电堆耐久性的挑战）、降低成本（主要是制氢成本，氢燃料电池部分核心部件还依赖进口）、完善基础设施（主要是加氢站的建设），那么A企业就可以制定继续在氢能源汽车行业深耕的企业发展战略，也就能选择专利开源这一专利运营手段促进氢能源汽车领域的发展。

（2）设置知识产权相关部门以专职负责专利开源运营

知识产权相关部门包括法务团队、安全团队、专利团队、运营团队、外联团队等。

① 法务团队负责制定开源协议，优选原创定制协议。

② 安全团队负责根据专利开源项目的进展情况、行业发展阶段、竞争对手技术水平等因素定期分析企业在专利开源项目中存在的法律风险和技术风险，制定风险应对策略。

③ 专利团队负责进行企业开源专利的管理，包括提供开源专利清单（可开源全部专利以吸引更多创新主体的加入，或者将其中的一部分构建专利池）、进行清单专利的价值评估、开源专利维护等。通过前文分析可以看出，A企业的专利数量和质量都有一定保障，具备专利开源的基础。

④ 运营团队负责专利开源项目的宣传和开源生态的构建，提高项目影响力和开源主体的知名度，具体可以从以下两个方面着手：

- 在高校及科研机构产学研深度融合的同时，进行专利开源的宣传和推广；
- 加强与氢能源汽车上下游企业甚至竞争对手的合作。

⑤ 外联团队则负责联系企业内部的其他部门，协调技术、市场等不同接口单元，与其他企业或政府部门接洽等事宜。

（3）认识到构建专利开源项目是一种市场开拓方式

A企业应该自上而下统一对于专利开源的认识，专利开源是专利运营的一种方式，目的是充分挖掘并发挥专利的价值，实现企业自身收益的最大化。因此，A企业构建专利开源项目需要企业内部各个部门提高重视程度，统一协作，共同推进专利开源项目的实施。

3.4.3.2 A企业加入专利开源项目的实施策略

在看好氢能源汽车这一行业的前提下，A企业如果要加入某一专利开源项目，需要注意以下事项。[1]

① **要对拟加入的专利开源项目中的专利进行分析，确定是否满足自身企业需求。**当拟加入的专利开源项目中的专利列表不再更新或者更新频率较低、专利目标国仅包括中国，或者专利价值度偏低时，需谨慎考虑是否加入该专利开源项目。A企业的氢能源汽车专利主要集中在性能分析、预测、故障监测诊断，燃料电池控制和燃料电池系统这些技术分支上，当拟加入的专利开源项目中专利涉及的技术分支与A企业自身的技术分

---

[1] 开源生态管理与构建专利开源项目时开源生态管理的作用和职责相同，此处不再赘述。

支重合度较高并且技术分支广度较低时（即仅涉及上述技术分支而对A企业没有技术互补性时），须谨慎考虑是否加入该专利开源项目。反之，对于开源专利列表持续更新，专利目标国包括中、日、美、德等氢能源产业相对发达的国家，开源专利涵盖氢能源汽车行业中的多个技术领域和技术分支，且开源专利价值度较高的专利开源项目，可以考虑加入。

② **与构建专利开源项目相比，加入专利开源项目的风险更大**。A企业的法务团队、安全团队、专利团队、运营团队需要协作应对。

- 在技术层面上，专利团队和安全团队在充分分析开源项目专利、开源项目主导方的企业研报、营收、研发投入等动态的基础上，还需要实时跟进氢能源汽车行业的技术发展，关注新材料研发、制氢成本和加氢站等行业动态，从而调整投入的人力、物力、财力。
- 在法律层面上，法务团队应对专利开源项目中开源协议的病毒条款、反向许可条款、不主张条款、违约条款等逐一分析，找出潜在风险并做好侵权应对预案，对冲开源协议变动导致的限制加入者权利或增加其义务的风险。

3.5 小结

专利开源可以帮助行业和企业实现市场开拓。

本章首先对市场开拓模式进行战略分析，从开源主体、开源专利范围、开源项目许可对象、许可承诺类型、许可时限、开源协议条款设置等方面概括市场开拓模式的特点；然后聚焦以市场开拓为目的的经典专利开源项目——特斯拉，从新能源汽车发展的历程、特斯拉宣布开源战略时的背景、特斯拉专利开源组织与实施、特斯拉的专利等角度对特斯拉构建专利开源项目进行全面分析，得到了构建专利开源项目的企业应当设有专职负责专利开源的部门、应当针对行业有影响力的技术进行专利开源、专利开源项目应当制定正式完善的开源协议以及开源主体需要量身定制开源生态管理策略这四个方面的启示。

本章还在市场开拓模式分析和经典案例分析的基础上，对专利开源的行业和企业运营实践提供建议。

在行业运营实践层面，首先选择氢能源汽车作为行业案例，然后从开源主体管理、开源专利管理、法律事务管理、开源风险管理和开源生态管理五个方面进行行业专利开源运营的组织管理介绍，最后围绕上述五个方面针对行业专利开源运营制定实施策略。

在企业运营实践层面，对比分析了三家氢能源汽车行业内的企业，并选择其中一家作为专利开源的主体，同样从开源主体管理、开源专利管理、法律事务管理、开源风险管理和开源生态管理五个方面给出企业专利开源实施策略的建议。本章给出的以市场开拓为目的的行业和企业实施策略，并不限于氢能源汽车行业，符合开源条件的其他新兴行业和该行业内的企业同样可以借鉴上述实施策略，以通过专利开源战略开拓市场。

第四章　专利开源战略分析及运营实践：技术聚集模式

随着专利制度的不断完善、产业技术的不断改进，世界各国的专利运营活动逐渐活跃且呈多样化发展态势。相对于传统的专利转让、许可等运营模式，专利开源运营受到了越来越多的关注。专利开源运营，应针对不同企业、不同行业，以及行业所处的不同发展阶段、涉及技术的复杂程度，选择相应的专利开源模式。本章重点分析技术聚集模式的专利开源战略，围绕技术聚集模式下专利开源项目的代表性案例，从实践角度进行全方位分析，进一步深入挖掘技术聚集模式下专利开源运营的行业运营实践和企业运营实践的具体策略。

4.1　技术聚集模式分析

本节针对专利开源的技术聚集模式，从产业技术发展、企业实力等角度进行战略分析，进一步概括技术聚集模式的形成逻辑和特点。

4.1.1　技术聚集模式概述

随着科学技术的发展进步，行业通常会呈现不同的发展阶段，行业所属的企业同样因自身技术的发展程度而经历不同的发展阶段。初创企业或行业的技术积累较少，而部分企业或行业经过几十年的发展，技术发展较为成熟。在某一行业技术的发展过程中，往往会存在多条技术发展路线，不同的技术发展路线各具优缺点，并存在一定的竞争关系。在此情况下，一些掌握核心技术、拥有雄厚财力、占据一定市场份额的企业，为了扩大市场、提高企业的效益，增强自己在该行业中的竞争优势，巩固自身在行业中的领先地位，会选择将部分具有较高价值的专利进行开源。通过将部分专利进行开源，企业一方面能够提高自身所拥有的技术在整个行业中的使用程度，扩大自身对于整个行业的影响力，增强品牌效应；另一方面既能够使需要使用该技术的部分企业大大降低生产成本和技术实施风险，也能够提高专利开源企业在行业中的知名度，提高自身企业的产业链完整程度。通过专利开源，企业能够将部分企业的技术路线与自身的技术路线整合聚集起来，实现技术聚集的目的。

综上，技术聚集模式的专利开源可理解为，当行业存在多条并行技术发展路线，且核心技术由不同企业掌握时，部分技术领先的企业通过专利开源的方式，影响并引导其他企业技术研发向自身技术路线靠拢，形成聚集效应以巩固行业地位的专利运营手段。在此种模式下，企业综合实力明显提升，企业之间的联系逐步紧密，行业内同一技术路线的企业可以组建专利联盟，并以专利联盟为主体构建专利开源项目以实现技术聚集。联盟成员将与技术路线相关的专利形成专利组合，全部专利在联盟内部实行免费交叉许可或者开源，专利组合的全部或部分对联盟外的企业进行开源。以技术聚集为目的的专利开源项目，将其他企业的研发方向聚集到自己的技术路线上，形成竞争优势，参与技术路径确立的经营者通过联合或资源分配，有可能故意通过技术的选择，达到巩固少数寡头地位的目的。

4.1.2 技术聚集模式特点

技术聚集模式的专利开源，首先体现在其技术性上，这要求企业必须具有较高质量的专利储备，且能够对行业内其他企业形成足够的吸引力，这样的专利一般是基础专利或核心专利。这些专利被其他企业使用会给开源企业带来一定的技术风险，给开源企业自身的技术发展带来一定的压力，同时使用开源专利的企业也存在自身技术路线被替换的隐患。技术聚集模式的专利开源的目的就是实现技术的聚集，因此，该模式的专利开源具有一定的方向性。

4.1.2.1 技术性

技术聚集模式适用于产业存在多种技术路线，或者业内尚未形成认可的统一技术路线时，通过专利开源将其他企业研发方向聚集到自身的技术路线上，形成竞争优势。此时产业内技术发展相对成熟，各家企业均具备一定的技术研发和生产基础。技术聚集模式可以以关键专利技术为主，开源专利的数量不一定要很多，但要统一于同一条技术路线，体现出该路线的技术优势。例如，将核心专利形成开源列表或开源清单，与核心专利实施相关的其他专利一起进行许可，同时将实现核心专利的部分设备和产品出售；加入专利开源项目的其他企业既可以付费使用与核心专利实施相关的其他专利或设备和产品，也可以利用自身的研发基础重新开发出与核心专利适配的技术。通过这种组合型专利运营，开源企业在利用技术优势吸引业内其他企业加入专利开源项目的同时，仍可在众多竞争对手之中保持技术领先。

4.1.2.2 风险性

企业加入技术聚集模式的专利开源项目时，此时产业发展已经经过了一定阶段，不大可能出现产业快速衰退的现象，但不同的技术路线会导致产业内企业的分化，因此在考虑加入技术聚集模式的专利开源项目时，最为重要的是企业需要利用开源风险管理，从技术路线使用年限、普及程度、成本、被替代性、可演进方向等角度分析对比当前行业内多条技术路线的优劣势，结合企业自身条件和行业所处阶段开展专利开源的可行性研究，谨慎“押注”某一条技术路线。

4.1.2.3 方向性

现实中，往往多条技术路线掌握在不同的企业手中，且每条技术路线对应的企业数量相对有限，这是行业开展技术聚集模式专利开源项目的客观环境之一。由于采取相同技术路线的企业数量并不多，虽然企业之间的合作交流愈加频繁，但仍无法满足形成技术社区所需的体量，企业之间通常以组建专利池的形式构建专利联盟。同时，技术聚集模式的专利开源项目对于开源专利的把控能力要求很高，开源的专利应当完全由构建专利开源项目的一方提供，这样才能使得专利开源项目的加入者走向既定的技术路线。当以基金会或开源社区作为开源主体时，任何加入者都能够成为开源专利的贡献者，这很有可能导致后续的发展偏离原有的技术路线。因此，行业中技术聚集模式的开源管理主体应当为专利联盟，以负责专利开源活动中的内外关系统筹，确保技术聚集的技术发展方向。

4.2 经典开源案例分析

日本大金公司专利开源项目（以下简称大金开源项目）和生成式人工智能专利开源项目是技术聚集模式具有代表性的专利开源项目，本节从产生背景、发展现状、组织管理以及开源专利分析等角度，分别对两大专利开源项目进行简要介绍和分析，从实践角度呈现技术聚集模式下开源运营的全貌，挖掘该模式下开源运营实践的经验和启示。

4.2.1 大金开源项目案例分析

1997 年 12 月，在日本京都召开的《联合国气候变化框架公约》缔约方第三次会议通过了旨在限制发达国家温室气体排放量以抑制全球变暖的《京都议定书》，规定了限制排放包括二氧化碳（CO_2）、甲烷（CH_4）、一氧化二氮（N_2O）、氢氟烃（HFCs）、全氟烃（PFCs）和六氟化硫（SF_6）六种温室气体在内的一揽子温室气体的要求，从国际政策上明确了 HFCs 制冷剂属于必须逐步削减其排放量的一种温室气体。同时，国际制冷界就减少制冷空调系统对全球气候变化的影响达成共识，决定从以下三个方面着手：

① 尽量选用全球变暖潜势（GWP）值低的制冷剂；

② 逐渐提高制冷空调系统的能效比（COP）值；

③ 降低制冷空调系统制冷剂的泄漏率。

世界各地已经开展了对高 GWP 制冷剂的转换工作。为了降低制冷剂对全球变暖的影响，欧盟颁布了修订后的 F - gas 法规。美国环境保护署正在修订法规，确定对消耗臭氧和高 GWP 的制冷剂可接受的替代品。此外，日本的《合理使用和正确管理氟碳化合物法》已于 2015 年 4 月生效，鼓励对高 GWP 制冷剂的转换。在这种技术与历史背景下，日本大金公司敏锐地、清醒地认识到，当时广泛使用的 R410A 是一种高 GWP 值的

HFCs 制冷剂，迟早将被《京都议定书》所限用与淘汰，并不是一种永久性替代制冷剂，必须尽早寻找新的替代制冷剂。二氟甲烷（HFC-32，以下简称 R32）具有降低空调对全球变暖影响的特点，如不破坏臭氧层，其 GWP 值只是传统空调制冷剂 R410A 的约三分之一。此外，R32 可以提高空调的运行效率，且制冷剂本身流通广泛且容易获得；作为单一制冷剂，它也容易回收和再生，可以减少新制冷剂的生产量。基于这些特点，大金公司认为 R32 是一种可以减少空调对环境负荷的制冷剂。于是在 20 世纪末，大金公司开展了以纯 R32 或质量分数高于 70% 的 R32 混合制冷剂在分体式与多联式空调系统中应用的研究，同时围绕 R32 制冷剂开始了专利开源运营。

4.2.1.1 大金开源项目介绍

大金公司于 2011 年向发展中国家免费开放了涉及 R32 制冷剂使用的 93 件专利，并于 2015 年将这些专利在全球范围内免费开放。其中，在 2011 年 9 月 29 日，大金公司与中国制冷空调工业协会签订了大金公司向中国企业免费开放涉及 R32 制冷剂使用的基础专利的协议书。该协议书的专利清单中，包括了大金公司拥有的在中国登记的涉及 R32 制冷剂使用的 15 件基础专利。

大金公司已经在欧洲、中东、澳大利亚、亚洲、美洲和非洲等市场销售使用 R32 的家用空调器。在印度，大金公司完成了 12 个本地制造商参加的有关 R32 的技术培训计划。大金公司预计通过它的免费使用专利策略，R32 市场会进一步增长，从而可以从其高能效的 R32 空调器中获益。选择新一代制冷剂是空调行业必须解决的迫切问题。没有一种单一的全能制冷剂能适合所有的应用，因此，对每一种应用选择最合适的制冷剂是必要的。目前，世界各地也有一些转移的制冷剂，如丙烷（R290）、CO_2（R744）、氨（R717）以及 HFO 共沸混合物等，包括霍尼韦尔的 L41（Solstice）和科慕的 Opteon XL55。目前，出于环境要求，所有主要的日本、中国和韩国制造商都在本国或海外生产 R32 房间空调器，R32 制冷设备在亚洲、欧洲和澳大利亚多个国家的市场份额逐渐攀升，这也与大金公司开源专利的地域分布相一致。在欧盟，大金空调 R32 已成为行业标准。专利开源成为 R32 标准全面推行的重要手段。随着大金公司向全球免费开放其专利技术，大金公司将节能的 R32 作为空调制冷剂渗透到全球市场之中，逐步实现通过开源达到技术聚集的目的。

2019 年，大金公司在其官方网站上发布了“HFC-32 专利不主张承诺”[1]，通过免费使用所有在 2011 年之后提交的已承诺专利，希望进一步促进 R32 设备的使用，且其后期分别于 2021 年和 2022 年在开源专利列表中新增加了部分专利。人们在使用上述开源专利时，无须大金公司的预先批准，无须签订合同，即可免费使用已承诺的专利。此次专利承诺将不会被撤销，并且承诺不会针对一方被撤回，除非该方触发大金公司的防御性终止权，如针对由大金或其集团公司之一提供的单组分 R32 设备提起专利侵权诉讼或其他法律程序。

---

[1] DAIKIN. HFC-32 PATENT NON-ASSERTION PLEDGE [EB/OL]. [2024-09-30]. https://www.daikin.com/corporate/ip/intellectual_property/r32.

4.2.1.2　大金开源项目组织管理

专利开源组织管理系统一般包括以下五个管理模块：开源主体管理、开源专利管理、法律事务管理、开源风险管理和开源生态管理。

开源主体管理负责专利开源项目的构建和维护，是专利开源组织管理系统的核心。现有的由企业构建的专利开源项目中，作为开源主体的企业通常为大型科技研发型企业，具有一定的研发实力和规模。对于大金公司来说，其开源主体属于企业。20 世纪末，大金公司开展了以纯 R32 或质量分数高于 70% 的 R32 混合制冷剂在分体式与多联式空调系统中应用的研究，并在推出使用 R32 制冷剂空调的前一年，宣布将部分涉及 R32 制冷剂的专利开源。这些决策的过程均需要大金公司负责知识产权的相关部门和专责人员来进行开源专利的选择、评估以及开源清单的维护。通过设置相应的知识产权部门对专利开源项目进行统筹管理，及时开展专利开源各项工作，能够适应多变的技术和市场，有利于技术创新和专利竞争力的提升。专利本身是一种法律权利，专利的开源地域选择，开源专利后期的宣传、推广等需要不同部门为专利开源提供技术支持、信息支持和资金支持。

开源专利管理包括对开源专利的价值进行评估和分析，并为专利开源主体的专利布局、申请和维护等提供帮助和建议。大金公司于 2011 年向发展中国家免费开放了涉及 R32 制冷剂使用的 93 件专利，并于 2015 年将这些专利在全球范围内免费开放。在大金公司的开源专利管理中，2019 年大金公司在其官网上发布了开源专利列表，并指出大金公司会以不定期将专利或专利申请添加到此列表中，但不会从中删除专利或专利申请的方式，进行开源专利列表中专利的管理。在 2021 年和 2022 年，大金公司又在该列表中增加了一定数量的开源专利。

所有的专利开源项目一般都需要设置开源的组织形式、开源协议、开源专利列表等约束信息，其中开源的组织形式、开源协议的变动、开源协议中的条款以及开源专利的对外许可等可能会导致法律风险，因此法律事务管理的目的是处理或防范上述法律风险。对于技术聚集模式的专利开源来讲，其开源协议类型可以选择通用模式，许可期限有无限制均可，使用目的无须进行限制，协议关键条款可以根据项目自身需求对病毒条款、反向许可条款、有限不主张条款、无限不主张条款、可再专利性条款、权利用尽条款以及违约终止条款进行选择和限制。具体到大金公司，大金公司认为创新在保护环境方面发挥着至关重要的作用，希望通过鼓励开发使用 R32 制冷剂的设备来推进创新步伐。大金公司承诺不针对个人或实体提起诉讼或其他诉讼程序，指控该个人或实体的开发、制造、使用、销售、邀约销售、租赁、出口、进口或分销任何 R32 设备侵犯了大金公司承诺的专利权。该承诺对大金、其关联公司及其继承人和受让人（大金各方）具有法律约束力。如果大金方将承诺的专利出售、转让或以其他方式转让给任何个人或实体，大金方将有义务要求该个人或实体以书面形式同意遵守承诺，并要求任何随后的受让人，除非在承诺中明确说明，否则不会以暗示、禁止反悔或其他方式承担、授予、接受或放弃任何其他权利、许可或义务。大金各方对承诺的专利不提供任何形式的保证。R32 设备是指：（a）空调、热泵、冷冻机或冰箱，并且（b）使用非混合、单组分 R32

制冷剂作为运行期间制冷剂；或者（b）在（a）所述的任何设备中使用的任何机械部件。为免生疑义，R32 设备不包括可能以某种方式使用 R32，但在运行期间实际上并未使用 R32 作为制冷剂的设备或其组件。

开源风险管理用于构建服务化架构和可配置化应用系统，为专利开源主体防范专利开源中的风险提供支持。大金公司指出，大金作出上述承诺是为了鼓励 R32 设备的创新。为此目的，并为避免有人滥用承诺，大金方保留在任何时候针对任何个人或实体（或其关联公司、代理人）终止承诺的权利（防御性终止），当其：

① 提起诉讼或其他诉讼程序，指控全部或部分基于大金方或其代表开发、使用、进口、制造、销售或分销的 R32 设备的专利侵权行为；

② 在诉讼、异议、多方审查或其他程序中质疑承诺专利的有效性或可执行性；

③ 在①或②所述的任何程序或质疑中拥有经济利益；

④ 为①或②中所述的任何此类诉讼或质疑的提出或起诉提供自愿协助，除非具有管辖权的政府机构的传票或其他具有约束力的命令要求提供此类协助；

⑤ 以书面形式威胁要启动①或②中所述的诉讼或质疑；或者

⑥ 先前拥有或控制了①中所述主张的专利。

大金方在行使防御性终止权利时的任何延迟或遗漏均不会损害该权利或被解释为放弃该权利。如果大金公司终止承诺，则该终止将使承诺自始无效，并且具有与承诺从未在第一时间延长至该个人或实体相同的效力。在大金一方行使防御性终止后，大金公司应自行决定是否、何时以及以何种方式和条款再次将承诺延伸至该个人或实体。大金公司在其协议条款中涉及的主要条款为不主张条款和违约条款，对权利用尽条款、转让限制条款、可再专利性条款、反向许可条款以及病毒条款均未作限制。

在开源生态管理中，大金公司是一家集研发、冷媒制造一条龙生产的专业空调品牌，拥有雄厚的技术实力。早在 2012 年 11 月，国际新制冷剂和环境科技大会（神户专题会）公布了关于 R32 的报告及安全评价书。R32 具有降低空调对全球变暖影响的特点，在如今节能减排、保护环境的大背景下，相对其他制冷剂具有明显优势，为 R32 在全球的使用提供了良好前提条件。日本经济产业省与很多厂商合作，在很多国家推动使用 R32 制冷剂，部分日本厂商也推出了采用 R32 的空调机型。大金 R32 环保新世代冷媒空调上市后，大金公司荣获美国政府“环境贡献企业”奖，是日本第一家获此殊荣的企业。除此之外，大金公司在欧洲开始推广 R32 家用空调，并于 2015 年向全球宣布开放相关专利，从而推进了空调主流厂家开发 R32 产品的进程。在欧盟，R32 成为行业标准，所有欧盟成员国必须强制执行。大金公司通过自身不断的努力宣传以及与其他国家或地区的合作，为 R32 制冷剂在空调中的使用创造了良好的生态环境。

4.2.1.3 大金开源项目专利分析

本节从申请年份、价值度、技术领域、地域分布以及发明人等多个角度对大金公司未失效的开源专利进行了深入分析，全面揭示大金公司开源专利的具体情况，厘清大金公司专利开源运营的技术脉络。

（1）持续性

1）申请年份分布

截止到2023年9月初，大金公司在其官方网站上公布的涉及R32制冷剂的开源专利列表中共包括419件专利，除去失效专利后总数为385件。大金公司开源专利的申请年份分布如图4.2.1所示。根据大金公司对其专利承诺的说明，此次专利开源是针对2011年后的专利申请，并且开源专利列表显示其最后的更新时间是2022年7月1日，因此开源专利的申请年份是从2012年至2022年。从图4.2.1中可以看出，大金公司的开源专利申请年份集中分布在2013—2020年，除了2014年和2017年的开源专利数量较少之外，每年开源专利数量均在40件以上，尤其是2020年的开源专利数量已经超过50件，虽然2021年和2022年开源专利数量相对前几年较少，但是仍然有一定数量的专利开源。可见，大金公司的专利开源具有较好的持续性。

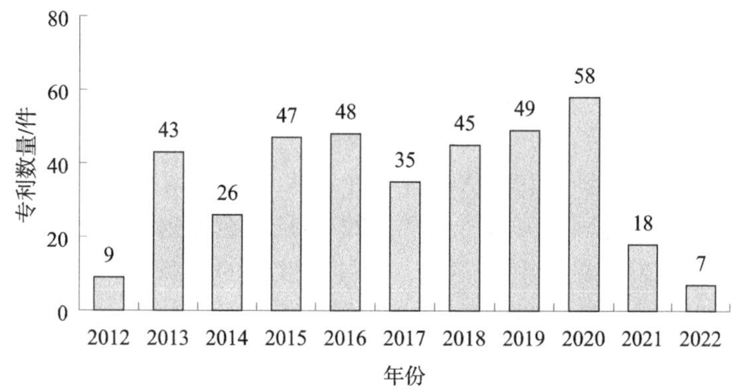

图4.2.1 大金公司开源专利申请年份分布

2）申请年份与价值度分布

图4.2.2给出了大金公司开源专利的申请年份与专利价值度的分布情况。大金公司2012—2017年开源专利价值度均在5左右，2018年以后开源专利价值度有所下降。整体上，大金公司的开源专利价值度较高，但最近几年其开源专利价值度有所下降。专利价值度的5项指标分别为转让次数、家族被引证次数、扩展同族数量、维持年限和是否属于新兴产业。一方面，2018年以后的专利申请维持年限相对较短，同时由于公开较晚，其家族被引证次数相对于前期申请的专利较少，上述两种因素是2018年以后开源专利价值度降低的原因；另一方面，大金公司在2012年左右的开源专利主要涉及制冷剂泄漏保护、制冷系统压缩机以及空调调节系统控制，这三个分支的专利价值度本身就相对较高。2018年以后的开源专利中，制冷剂泄漏保护依旧占据一定比例，但制冷剂循环装置、空调调节系统设备以及制冷系统其他部件的占比较大，而这三者本身的专利价值度较低，这样就导致大金公司前期开源专利价值度较高，后期专利价值度较低。

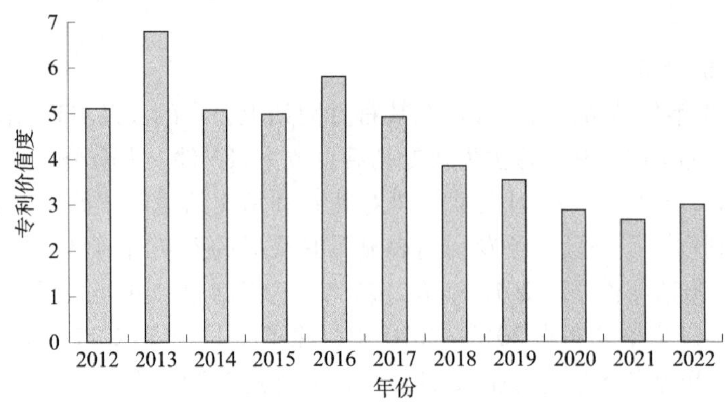

图 4.2.2　大金公司开源专利申请年份与专利价值度分布

3）申请年份与地域分布

图 4.2.3 示出了不同申请年份的开源专利在五个主要开源国家/地区的分布情况。在五个主要开源国家/地区中，从开源专利涉及的地域来看，申请年份为 2012 年的专利仅在日本进行了开源，除了 2014 年没有在欧洲的开源专利以外，2013—2020 年大金公司在中国、美国、欧洲、日本和澳大利亚五个国家和地区均有相应开源专利，而 2021 年只有在欧洲、日本和美国的开源专利，2022 年只有在美国的开源专利。从开源专利的数量变化来看，2020 年的专利申请中，中国和欧洲的开源专利数量整体上呈现增加的趋势。而澳大利亚的开源专利数量在 2016 年呈现增加的态势，2016 年以后呈现减少的趋势，到 2021 年减少到零。

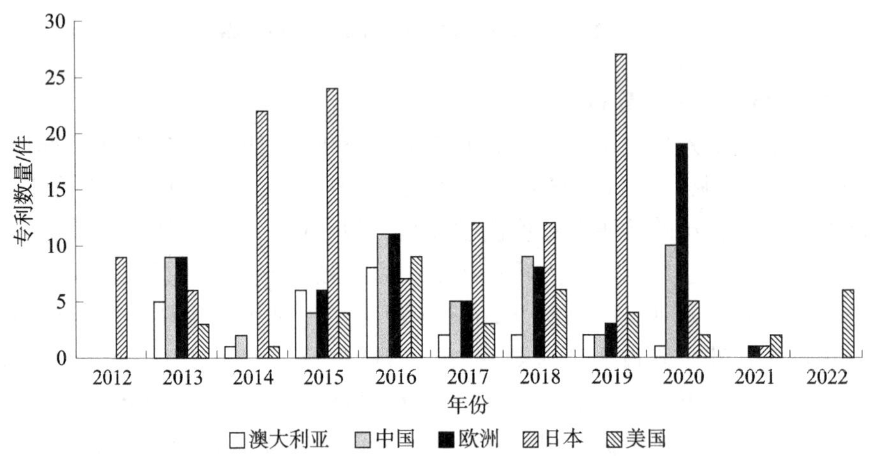

图 4.2.3　大金公司开源专利申请年份与地域分布

4）开源时间与技术领域分布

如前所述，技术聚集模式专利开源适用于产业存在多种技术路线，或者尚未形成业内认可的统一技术路线时，技术聚集模式通过专利开源将其他企业的研发方向聚集到自身的技术路线上，形成竞争优势。2019 年，大金公司在其官方网站上发布了第一批开源专利清单，随后分别在 2021 年和 2022 年增加了新的开源专利。通过分析在不同年份下开源专利所涉及的技术领域，能够比较明确地看出大金公司在不同年份中对技术领域的关注程度。图 4.2.4 示出了大金公司分别在 2019 年、2021 年、2022 年开源专利所涉及的技术领域分布情况。

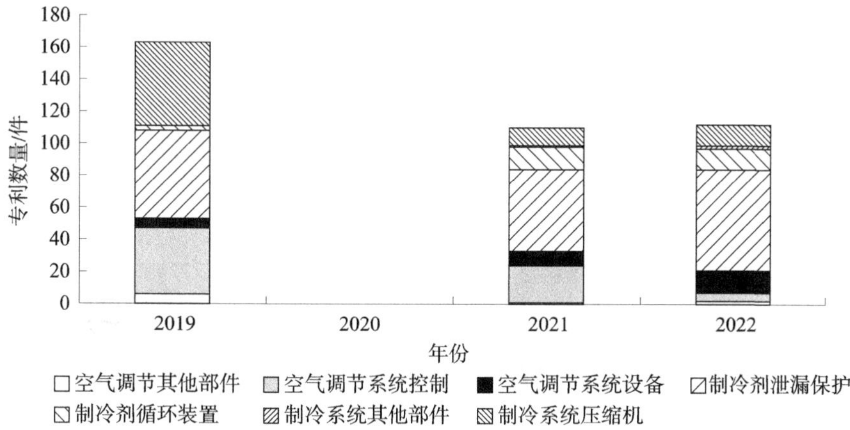

图 4.2.4　大金公司开源时间与开源技术领域分布

注：大金公司 2020 年未公开开源的专利。下同。

在 2019 年第一批开源的专利清单中，空气调节系统控制、制冷剂泄漏保护以及制冷系统压缩机的开源专利数量较多，占比分别达到 25%、34%、32%，占据了总开源量的 91%；涉及空气调节其他部件、空气调节系统设备以及制冷剂循环装置的开源专利数量较少，占比分别为 3%、4%、2%，占据了总开源量的 9%。通过上述分析可知，在 2019 年，大金公司的主要关注点在空气调节系统控制、制冷剂泄漏保护以及制冷系统压缩机上，其通过开源想要实现的主要目的是这三个技术领域的技术聚集。然而，在 2021 年和 2022 年新增的专利开源列表中，涉及制冷系统压缩机和空气调节系统控制的开源专利数量明显减少，到了 2022 年占比分别为 12% 和 4%；涉及空气调节系统设备及制冷剂循环装置的开源专利占比逐步增加，到了 2022 年占比均为 12%，而制冷剂泄漏保护的开源专利数量一直占据首位，且呈现逐年增加的趋势。以上数据说明，随着大金公司对相关技术领域的专利开源，在实现技术领域聚集的同时，大金公司在不同的发展时期所关注的发展重点略有不同。明显地，相对于 2019 年，2022 年时大金公司的发展重点在现有制冷剂泄漏保护的基础上，逐步从空气调节系统控制和制冷系统压缩机转移到了空气调节系统设备及制冷剂循环装置上。

5）开源专利的开源时间与地域分布

大金公司在不同国家/地区的开源策略有所不同。大金公司的 385 件开源专利，主要面向日本、欧洲、中国、美国、澳大利亚、巴西、印度、韩国、沙特阿拉伯、泰国、印度尼西亚和阿联酋。日本、欧洲、中国、美国和澳大利亚是大金公司专利开源数量最多的五个国家/地区，通过分析在不同年份下开源专利所涉及的开源地域，能够明确大金公司在不同年份中对于不同地域的关注程度，图 4.2.5 示出了大金公司分别在 2019 年、2021 年、2022 年开源专利所涉及的地域分布。

大金公司在 2019 年第一批开源的专利清单中，在日本开源专利数量较多，占比达到 46%，在中国、欧洲、澳大利亚以及美国的占比分别为 15%、15%、13%、11%。

在2021年和2022年新增的开源清单中，大金公司在日本的开源专利数量依旧是最多的；在澳大利亚的开源专利数量逐年递减，到了2022年占比只有1%；而在欧洲的开源专利数量逐年增加，到了2022年占比超过了中国，达到了31%；大金公司在中国以及美国的开源专利数量在这三年中基本维持在一个较为稳定的水平，且占比均在10%以上。以上数据说明，随着大金公司对不同地域的专利开源实现技术领域的聚集，大金公司在不同发展时期所关注的地域有所不同。明显地，相对于2019年，2022年大金公司在重点关注中国、美国及日本的基础上，逐步减少了对澳大利亚的关注，增加了对欧洲市场的关注。

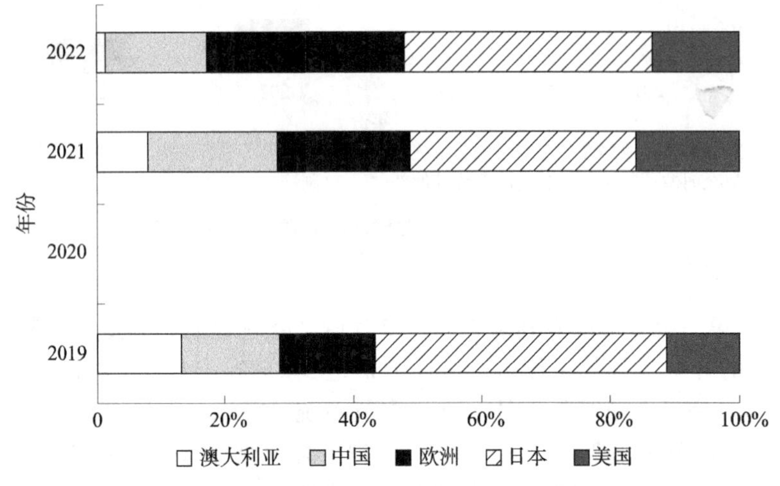

图4.2.5　大金公司开源时间与开源地域分布

6）开源时间与价值度分布

图4.2.6示出了大金公司开源专利的开源年份与对应的专利价值度分布情况。大金公司在2019年给出的开源专利列表中的开源专利价值度为5.65，2021年新增的开源专利价值度为4.46，2022年新增的开源专利价值度为2.89，不同年份所涉及的开源专利价值度呈现下降趋势。从整体上看，大金公司在2019年公布的开源专利价值度较高，2021年和2022年的开源专利价值度有所下降。前文指出评价专利价值度的5项指标分别为转让次数、家族被引证次数、扩展同族数量、维持年限和是否属于新兴产业。2021年新增到列表中的开源专利主要为2016—2019年的开源专利，2022年新增到列表中的开源专

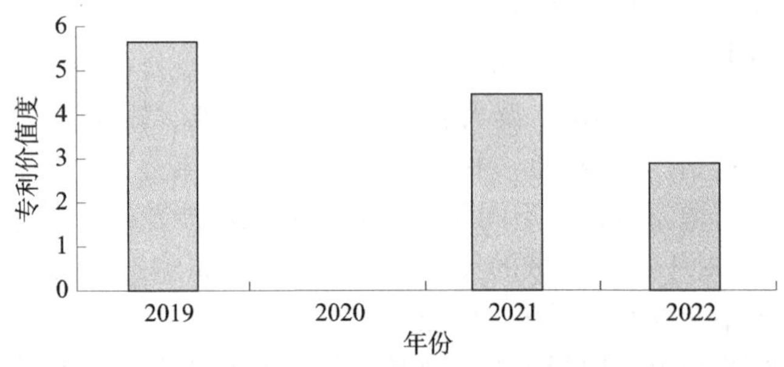

图4.2.6　大金公司开源专利开源年份及其专利价值度分布

利主要为2019—2022年申请的专利。由于2016年以后的专利申请尤其是2019年以后的专利申请，其维持年限相对较短，且公开较晚，其家族被引证次数相对于前期申请的专利也是较少的，这是2021年和2022年新增到开源列表中的开源专利价值度降低的一个因素。

（2）技术领域分布和价值度分布

图4.2.7显示出大金公司开源专利价值度的分布情况。在大金公司的全部开源专利中，专利价值度最高的专利为7.60，专利价值度最低的专利为2.65，平均价值度为5.06。从价值度分布图来看，专利价值度在3～4的专利数量最多，达到122件，占开源专利总量的31.7%；接近平均价值度的4～5和5～6的专利数量为128件；专利价值度超过6的专利数量为119件。由此可见，虽然大金公司的开源专利价值度属于中等水平，但其拥有不少专利价值度相对较高的专利，这些专利可以为后续单组分R32设备的发展提供技术储备。

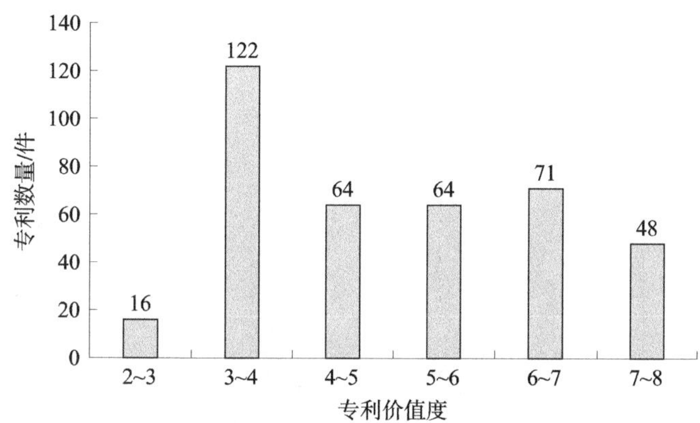

图4.2.7 大金公司开源专利价值度分布

1）开源专利技术领域价值度分布

在分析大金公司开源专利的整体价值度分布后，以下进一步分析不同技术分支的专利价值度分布情况。大金公司的专利开源项目围绕单组分R32设备进行技术开源，其技术分支主要分为两大类：

① **制冷系统**：包括制冷剂泄漏保护、制冷剂循环装置、制冷系统压缩机以及除制冷系统之外的其他部件；

② **空气调节系统**：包括空气调节系统控制、空气调节系统设备以及除空气调节设备之外的其他部件。

图4.2.8显示了大金公司每个技术分支的开源专利数量和价值度。其中，制冷系统和空气调节系统的开源专利数量分别为278件和107件，制冷系统开源专利的数量是空气调节系统开源专利的2.6倍，可见开源专利主要涉及的是制冷系统。具体地，在制冷系统中的制冷剂泄漏保护开源专利为169件，占比为43.9%；制冷剂循环装置开源专利为30件，占比为7.8%；制冷系统压缩机开源专利为76件，占比为19.7%；制冷系统其他部件的开源专利为3件。在空气调节系统中，空气调节系统控制开源专利为69件，占比为17.9%；空气调节系统设备开源专利为29件，占比为7.5%；空气调节其他部件的开源专利为9件。

无论与之前广泛使用的R22制冷剂还是替代R22制冷剂的R410A制冷剂相比，R32制冷剂的物理特性均有一定差异，因此在将单组分R32制冷剂应用于已有制冷系统中时，制冷系统的制冷能力与制冷效率可能会出现一定程度的降低，需要对原有制冷系统的结构、部件进行重新设计，才能达到与原制冷系统等同或更高的能效。此外，就空调机而言，当制冷剂从制冷剂回路泄漏到室内使得室内制冷剂浓度增高时，制冷剂所具有的急性毒性、可燃性导致有可能发生中毒事故、燃烧事故、窒息事故等，而R32制冷剂的可燃性高于R22等制冷剂，因而发生上述事故的可能性提高，那么对于制冷剂泄漏保护的要求则随之提高。因此，大金公司针对单组分R32设备的开源专利主要集中在制冷系统，尤其是制冷剂泄漏保护方面。

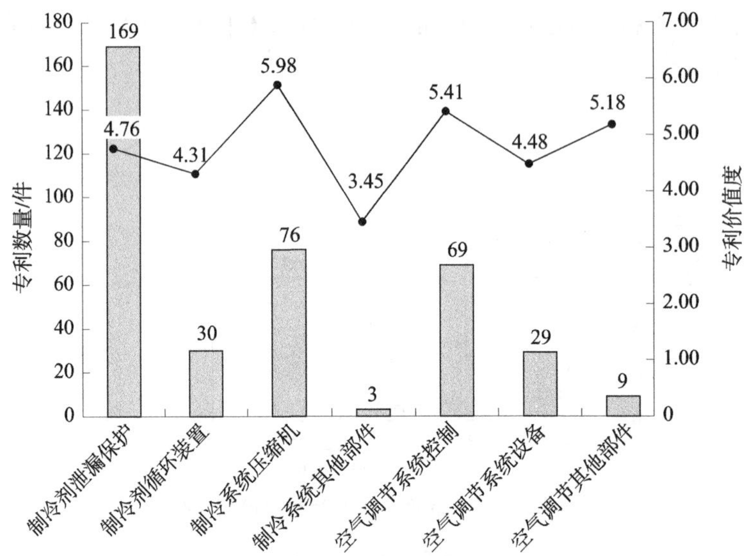

图4.2.8　大金公司开源专利各技术分支专利数量及其价值度

各个技术分支的开源专利价值度与开源专利数量总体上呈一定相关性，即开源专利数量较高的技术分支，其专利价值度也相对较高，如制冷剂泄漏保护、制冷系统压缩机、空气调节系统控制这三个开源专利数量最高的技术分支相应的专利价值度也较高。相对而言，制冷剂循环装置和空气调节系统设备这两个技术分支的专利价值度则相对较低，制冷系统其他部件和空气调节其他部件这两个技术分支由于专利数量较少，所包含的技术内容较繁杂，其专利价值度的参考意义较为有限。可见，大金公司开源的专利集中在价值度较高的专利申请中，其希望通过专利开源的途径推动单组分R32制冷设备的发展。

2）技术领域专利价值度评价指标分布

评价专利价值度的5项指标分别为转让次数、家族被引证次数、扩展同族数量、维持年限和是否属于新兴产业。图4.2.9示出了大金公司开源专利各技术分支在价值度各指标上的分值分布情况。

① **转让次数**。大金公司成立于1924年，是集空调、冷媒及压缩机的研发、生产和销售于一体的跨国企业，具有完备的制冷系统和空调机研发生产经验，所有开源专利均为企业自身研发成果，不涉及专利权的转让，因而几乎每个技术分支的转让次数分值均

为最低分。

② **家族被引证次数**。由于制冷系统和空气调节系统不如电动汽车、互联网等热门技术领域的研发热度高，家族被引证次数较多的开源专利申请仅有 8 件，分布在制冷剂泄漏保护、制冷系统压缩机和空气调节系统控制三个技术分支，且这三个技术分支在该项指标上的分值相对较高。

③ **扩展同族数量**。大金公司在全球制冷系统和空调机行业具有很高的市场份额，因此其在全球多个主要发达国家和发展中国家均有专利布局，其开源专利在各技术分支的该项指标分值均较高。

④ **维持年限**。大金公司的开源专利分布在 2012—2022 年，维持年限相应地在 1 ~ 10 年，区间内分值与维持年限呈正相关。制冷系统压缩机和空气调节系统控制技术分支的申请年份较早，制冷剂泄漏保护、制冷剂循环装置、空气调节系统设备申请年份较晚，可以看出其研发重点的转移。

⑤ **是否属于新兴产业**。制冷系统和空气调节系统均属于新兴产业，各技术分支在该项指标的分值相对均衡。

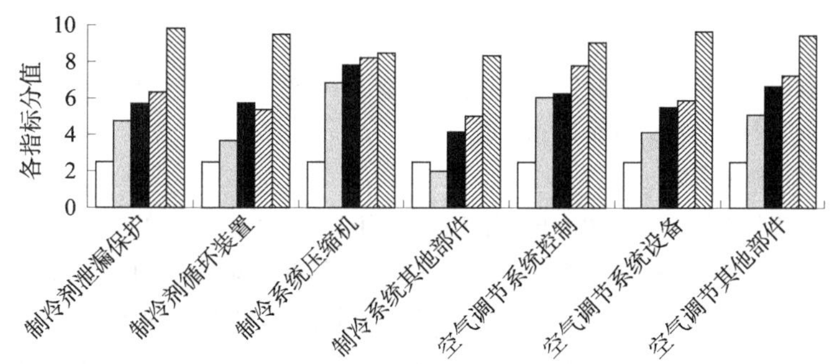

图 4.2.9 大金公司开源专利各技术分支在专利价值度各指标中的分值分布

综合比较而言，制冷剂泄漏保护、制冷系统压缩机、空气调节系统控制这三个专利价值度较高的技术分支中，空气调节系统控制在全部价值度评价指标中均排名前列，是大金公司开源专利中最有价值的技术分支；制冷系统压缩机的家族被引证次数和维持年限的分值都很高，表明其是大金公司以及行业中其他企业都很重视的分支；虽然制冷剂泄漏保护的申请年份较制冷系统压缩机晚，但二者的家族被引证次数相近，表明该技术分支是研发热度较高的领域，并且大金公司在该技术分支的技术能力也很突出。

3）技术分支的申请年份分布

图 4.2.10 显示出大金公司开源专利各技术分支随申请年份变化的趋势。2012 年主要集中在制冷剂泄漏保护和制冷系统压缩机两个技术分支，但是到 2015—2016 年就出现明显的研发重心转移。制冷剂泄漏保护在 2015 年的专利数量增至 21 件，虽然 2016 年起出现专利数量下降，但随后仍然继续增长，到 2020 年已经增至 32 件。而制冷系统压缩机的专利数量在 2013 年以后则出现断崖式下降，在 2017 年有小幅波动，直至 2019 年才开始出现增长的趋势。空气调节系统控制和空气调节系统设备两个技术分支的开源

专利均是在2013—2014年开始申请并在此后保持一定的专利数量，但空气调节系统控制的研发明显集中在2015—2018年，到2020年开源专利数量为2件。制冷剂循环装置的开源专利数量虽然不多，但其从2013年至2021年整体上具有一定的研发连续性。

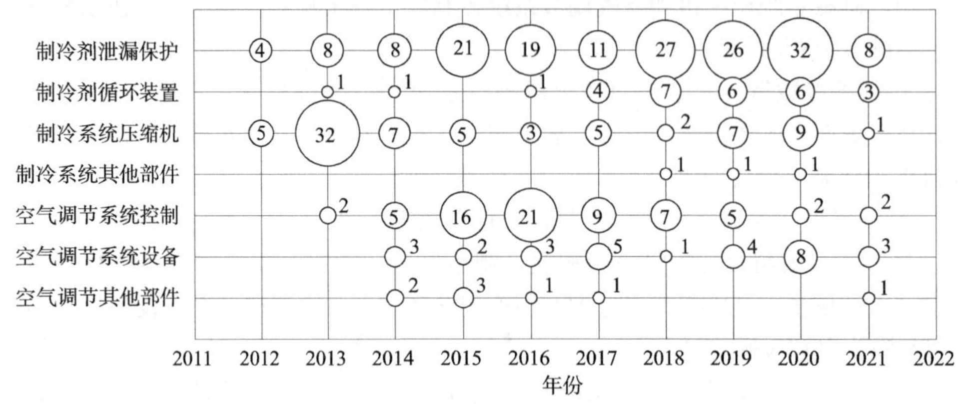

图4.2.10　大金公司开源专利各技术分支的申请年份分布

注：气泡中数字表示专利数量，单位为件。

由此可以看出，制冷剂泄漏保护和制冷系统压缩机这两个技术分支是单组分R32设备的关键技术，其技术发展相对连贯。

4）开源专利地域分布

大金公司在不同国家/地区的开源策略有所不同。大金公司的385件开源专利主要面向日本、欧洲、中国、美国、澳大利亚、巴西、印度、韩国、沙特阿拉伯、泰国、印度尼西亚和阿联酋。从图4.2.11中可以发现，大金公司在不同国家/地区的开源专利数量具有明显差异。日本、欧洲、中国、美国和澳大利亚是专利开源数量最多的五个国家/地区。大金公司虽然在日本的开源专利数量最多，达到125件，但与385件开源专利仍相差260件，表明部分在其他国家/地区的开源专利并未在日本国内进行开源；同样地，大金公司有75件开源专利仅在日本进行布局，并没有同时在其他国家进行专利申请，更不用说进行专利开源。此外，大金公司在欧洲的开源专利有62件，接近在日本开源专利数量的二分之一，而在中国、美国和澳大利亚的开源专利数量分别为52件、40件和27件，可见大金公司并不是一味地将某项技术在所有同族国家/地区中进行专利申请并开源，而是有选择性地在部分国家/地区进行专利布局，并根据该国家/地区的技术发展情况有针对性地进行专利开源。总体来说，大金公司更加重视单组分R32设备在本国的技术推广及应用。

大金公司在不同国家/地区的开源专利技术侧重点基本一致。制冷剂泄漏保护、制冷系统压缩机和空气调节系统控制是大金公司385件开源专利中数量最多的三个技术分支，大金公司在日本、欧洲、中国和澳大利亚也更侧重于这三个技术分支的专利开源，但在美国的开源专利中，制冷系统压缩机的专利数量占比较低，而制冷剂循环装置的专利数量占比则较高，由此也佐证了大金公司对于专利开源的地域选择性。

就专利价值度而言，大金公司在日本的开源专利价值度为4.86，接近大金公司所有开源专利的平均价值度4.67。这是由于绝大多数的开源专利均在日本进行开源，专利价值度的计算样本重合度较高。而大金公司在欧洲、中国、美国和澳大利亚的开源专利价值度均大于5，尤其是在澳大利亚的开源专利价值度达到6.12。这是由于专利申请人通常将价值度较高的专利在除本国之外的国家/地区进行专利布局，而价值度越高，其专利布局的国家/地区数量往往越多，因而在欧洲、中国和美国这些重要的目标市场国家/地区的专利价值度要高于日本的专利价值度。而澳大利亚并不是通常意义上的重要目标市场，因而在澳大利亚进行专利布局表明大金公司对该项专利的重视程度更高，其价值度必然也明显高于其他专利。

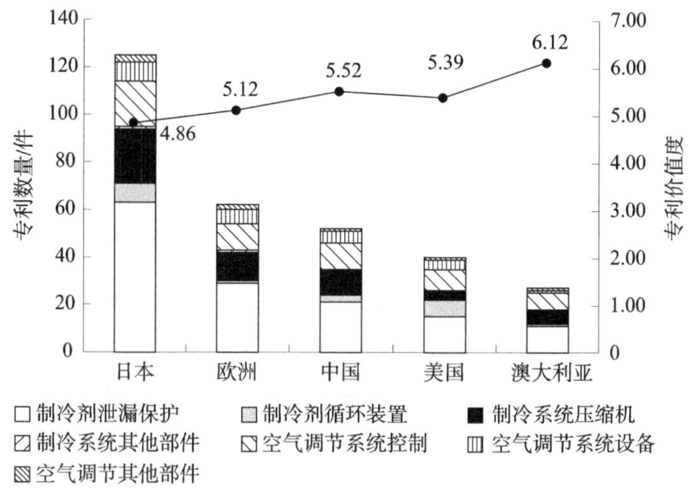

图4.2.11　大金公司开源专利的地域分布及其价值度

5）技术分支开源专利申请年份与地域分布

由前文的分析可知，在大金公司开源专利涉及的七个技术分支中，开源专利的数量占比前三的技术分支分别为制冷剂泄漏保护、制冷系统压缩机、空气调节系统控制。下面将对大金公司在上述三个技术领域、不同申请年份的开源专利在各个主要开源国家/地区的分布情况进行分析。如图4.2.12（a）所示，在制冷剂泄漏保护技术领域，申请年份为2012年的专利为日本专利；申请年份为2013年的开源专利中增加了欧洲、中国、美国和澳大利亚的开源专利；随后几年，上述五个国家/地区基本上有相应的开源专利（2017年、2019年、2020年除外），而申请年份为2021年的开源专利涉及的国家/地区只有日本和美国，到了2022年，开源专利涉及的国家/地区仅有美国。

在制冷系统压缩机领域，申请年份为2012年的专利为日本专利，申请年份为2013年的开源专利中同样增加了欧洲、中国、美国和澳大利亚的开源专利。在2014—2019年，日本的专利是最多的，其次为澳大利亚和美国，这期间没有中国的开源专利；而到了2020年，中国的开源专利数量与欧洲的开源专利数量一致；2021年以后，上述主要国家都没有相应的开源专利。

在空气调节系统控制领域，与前述制冷剂泄漏保护和制冷系统压缩机领域的开源趋势不一致，2012年在上述五个主要国家/地区均没有相应的开源专利。2013年开源专利开始出现在日本，随后在中国、美国、欧洲和澳大利亚也出现了。到了2016年，各个

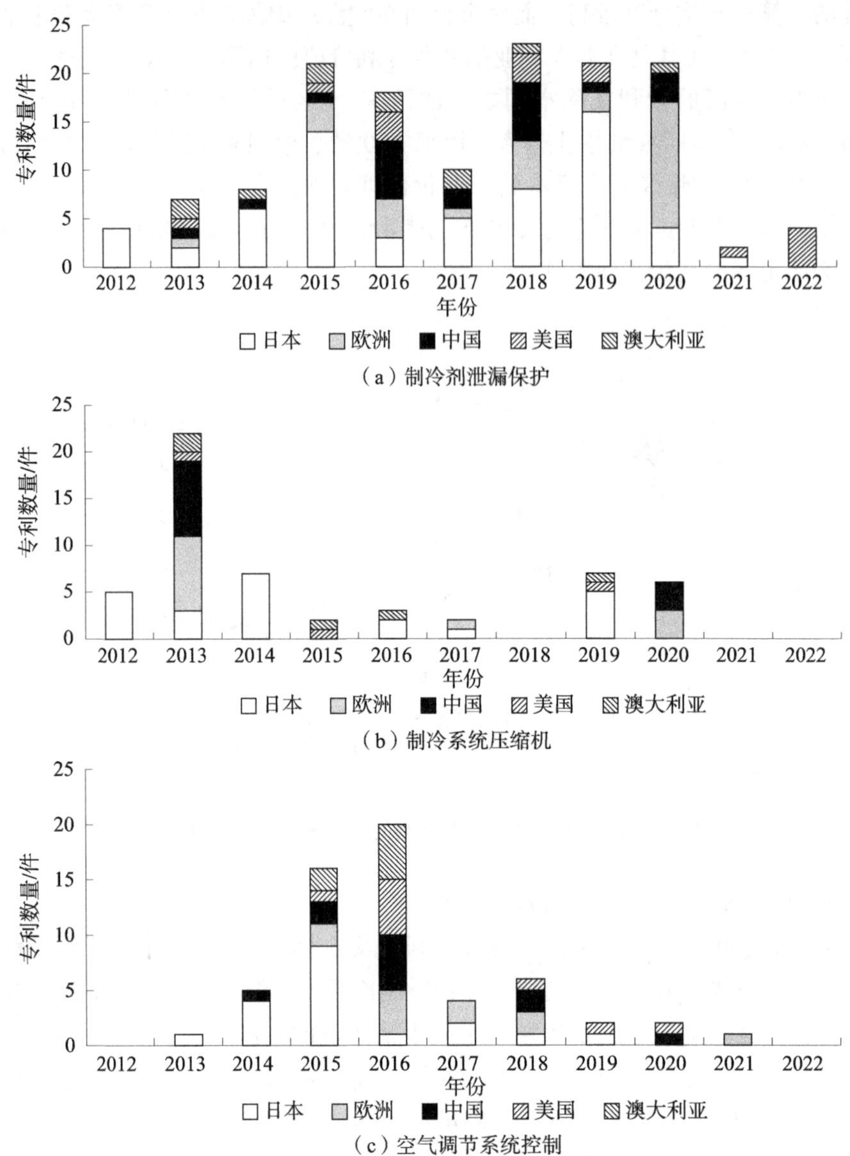

（a）制冷剂泄漏保护

（b）制冷系统压缩机

（c）空气调节系统控制

图 4.2.12　大金公司不同申请年份开源专利在各主要开源国家/地区的分布情况

国家/地区的开源专利数量达到了最大值，之后的几年中各个国家/地区对应年份的开源专利数量逐渐减少。到了2021年，只有欧洲仍有开源专利，2022年在上述主要国家/地区没有相应的开源专利。

（3）开源专利的发明人数量

发明人数量的多少体现了在实施发明创造的过程中，创造性劳动来源于个体还是多人共同协作，从一定角度体现了实施该发明创造需要克服的技术困难程度。发明人数量越多，说明完成该发明创造需要更多人协作，则对应于该专利技术复杂程度越高，需要付出更多努力和投入，这在一定程度上影响专利质量。

图4.2.13给出了大金公司开源专利中发明人数量与专利件数的关系。发明人数量为2人的开源专利数量是最多的，达到了133件，在所有的开源专利中占比为34.5%；其次为发明人数量为3人的开源专利，占比为28.3%；发明人数量为6人和7人的开源专利数量分别为6件和4件，占比较少，分别为1.6%和1%。而发明人数量为1人、4人及5人的开源专利占比相近，基本都在10%左右。可见，在大金公司开源的专利中，需要5人及以上发明人合作才能完成的专利占比仅有12.5%。在给出大金公司开源专利的发明人数量对应的专利申请量以后，下面我们分别从发明人数量与开源专利价值度、申请年份、地域、技术领域以及开源时间的分布五个方面对大金公司的开源专利做进一步的分析。

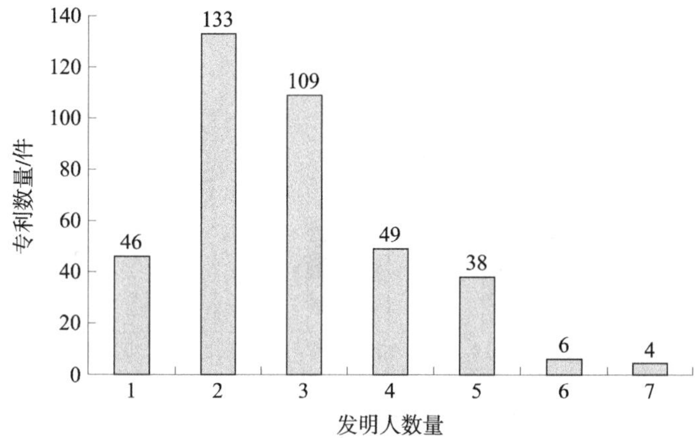

图4.2.13 大金公司开源专利发明人数量分布

1）发明人数量与专利价值度分布

图4.2.14给出了大金公司开源专利中发明人数量与专利价值度的分布情况。发明人数量为4人的开源专利对应的价值度是最高的，达到了5.65，其次是发明人数量为3人和6人的开源专利，发明人数量为1人的开源专利对应的价值度为3.93，是最低的。

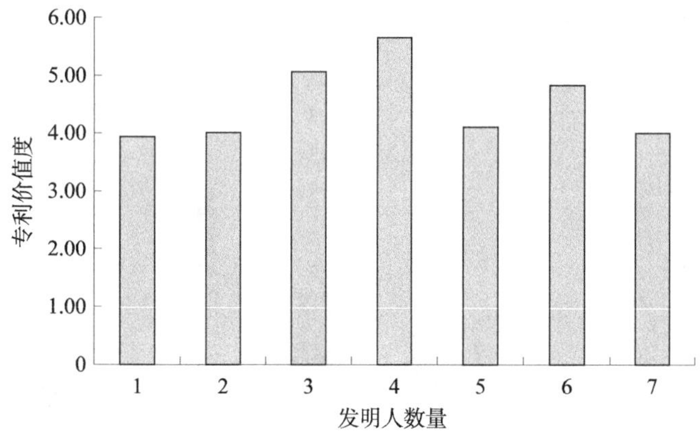

图4.2.14 大金公司发明人数量与专利价值度分布

2）发明人数量与申请年份分布

图4.2.15示出了大金公司不同申请年份的专利对应的发明人数量变化情况。2012

年的专利申请中，发明人数量都为 3 人或以下，而在 2013 年增加了发明人数量为 4 人的专利申请，但是该年份中发明人数量为 3 人的专利数量仍然是最多的。2014 年又增加了发明人数量为 5 人和 6 人的专利申请。在 2014—2018 年申请的专利中，发明人数量为 2 人或 3 人的占比是较高的，2016—2018 年没有发明人数量为 6 人的专利申请，2019 年以后出现了发明人数量为 7 人的专利申请。这说明随着开源专利所涉及的制冷技术的发展，技术复杂程度逐渐提高，需要越来越多科研人员参与到专利技术的开发中，也从另一个侧面说明了大金公司对外开源专利所涉及的技术复杂程度越来越高，技术含量越来越高。

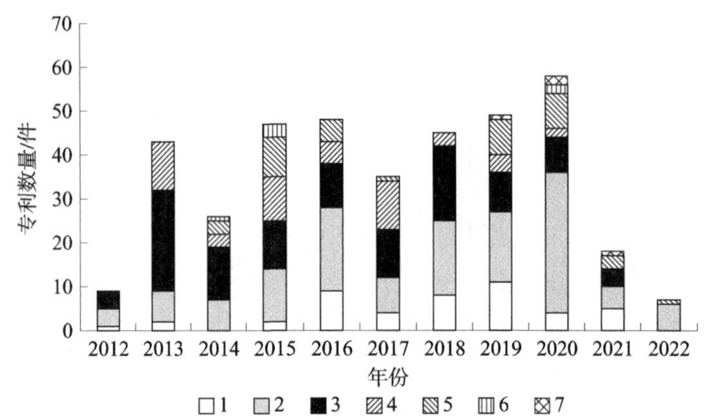

图 4. 2. 15　大金公司不同申请年份专利对应发明人数量分布

3）发明人数量与地域分布

图 4. 2. 16 示出了大金公司开源专利所涉及的主要地域对应的发明人数量的变化情况。在 5 个主要的开源国家/地区中，发明人数量基本上以 1 ~3 人为主，日本的开源专利发明人数量为 2 人的占比最多，其次为 3 人，没有 7 人以上发明人的专利。中国、欧洲和澳大利亚的开源专利中占比最多的是发明人数量为 3 人的专利申请，美国没有发明人数量为 6 人以上的开源专利，欧洲有 1 件发明人数量为 7 人的专利申请。

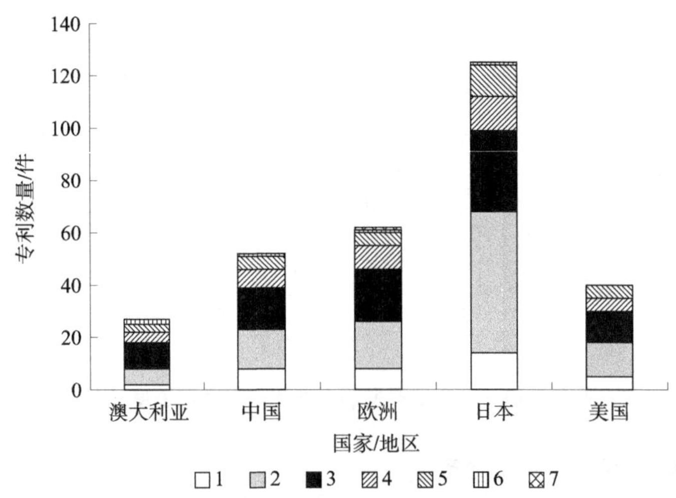

图 4. 2. 16　大金公司开源专利主要地域和发明人数量分布

4）**发明人数量与技术领域分布**

图4.2.17示出了大金公司开源专利所涉及技术领域对应的发明人数量变化。发明人数量为1~3人的开源专利中涉及制冷剂泄漏保护的专利占比最大，而发明人数量为6人以上的专利申请中不涉及制冷系统其他部件及制冷系统压缩机的相关专利。在涉及制冷剂循环装置的专利中，基本上发明人数量都是1~4人，只有一件专利的发明人数量为7人，没有发明人数量为5人或6人的专利。空气调节系统控制和制冷剂泄漏保护，发明人的数量从1~7人均有相应专利分布，而制冷系统其他部件的开源专利只有发明人数量为2人和3人的专利。这说明大金公司在空气调节系统控制和制冷剂泄漏保护领域的关注度相对于其他技术领域更加重视，需要投入更多资源，而制冷系统其他部件涉及的相关技术相对较为简单。

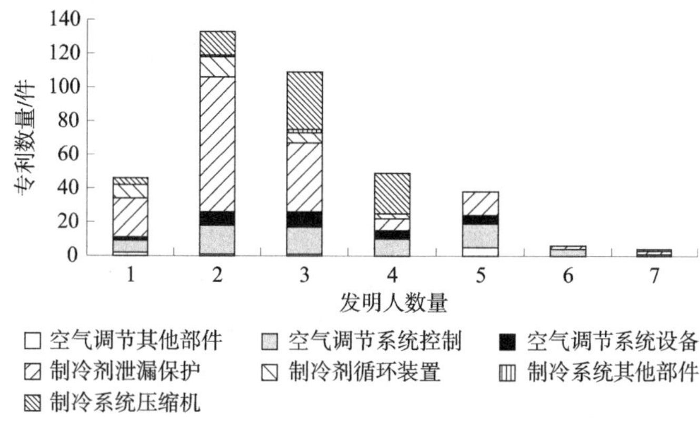

图4.2.17　大金公司开源专利技术领域和发明人数量分布

5）**发明人数量与开源时间分布**

图4.2.18示出了大金公司开源专利的开源时间与对应的发明人数量的变化情况。在2019年的开源专利中，发明人数量为2人和3人的专利占比最大，开源的专利中没有涉及发明人数量为7人的专利，从2019年到2022年三年开源的专利中，发明人数量为3人的专利数量逐年递减，到了2022年，发明人数量为3人的专利数量小于发明人数量为5人的专利数量。2021年和2022年两年开源的专利中增加了发明人数量为7人的专利。

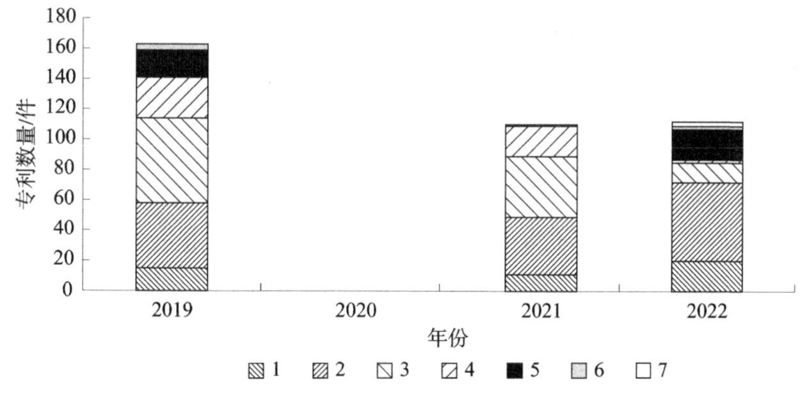

图4.2.18　大金公司开源专利开源时间和发明人数量分布

4.2.2 生成式人工智能开源项目案例分析

2022 年，最火的聊天机器人模型 ChatGPT 进入公众视野。ChatGPT 是人工智能研究实验室 OpenAI 推出的一种自然语言处理工具，使用了 Transformer 神经网络架构，拥有语言理解和文本生成能力，尤其是它会通过连接大量的语料库来训练模型。ChatGPT 不单是聊天机器人，还能完成撰写邮件、视频脚本、文案、翻译、编写代码等任务。这一语言工具的出现主要源自生成式人工智能（AI Generated Content，AIGC）技术。它能够生成包括对话、故事、图像、音视频、指令等内容，是利用人工智能技术自动生成内容的新型生产方式。

结合人工智能的演进历程，AIGC 的前身最早可追溯到 20 世纪 50 年代。1957 年，莱杰伦·希勒（Lejaren Hiller）和伦纳德·艾萨克森（Leonard Isaacson）通过将计算机程序中的控制变量换成音符，完成了历史上第一部由计算机创作的音乐作品——弦乐四重奏《伊利亚克组曲》（*Illiac Suite*）。1966 年，约瑟夫·维森鲍姆（Joseph Weizenbaum）和肯尼斯·科尔比（Kenneth Colby）共同开发了世界上第一款可进行人机对话的机器人“伊莉莎”（Eliza），其通过关键字扫描和重组完成交互任务。20 世纪 80 年代中期，IBM 基于隐形马尔可夫模型（Hidden Markov Model，HMM）创造了语音控制打字机“坦戈拉”（Tangora），能够处理约 2 万个单词。20 世纪 80 年代末至 90 年代中期，由于高昂的系统成本无法带来可观的商业回报，各国政府纷纷减少了在人工智能领域的投入，AIGC 没有取得重大突破。

之后，AIGC 逐渐从实验性向实用性转变。2006 年，深度学习算法取得重大突破，同时期图形处理器（Graphics Processing Unit，GPU）、张量处理器（Tensor Processing Unit，TPU）等算力设备性能不断提升，互联网使数据规模快速膨胀，为人工智能算法取得显著进步提供了海量训练数据。但是 AIGC 依然受限于算法瓶颈，无法较好地完成创作任务，应用场景仍然有限，效果有待提升。2007 年，纽约大学人工智能研究员罗斯·古德温装配的人工智能系统通过对公路旅行中的一切所见所闻进行记录和感知，撰写出小说 *The Road*。作为世界上第一部完全由人工智能创作的小说，其象征意义远大于实际意义，整体可读性不强，拼写错误、辞藻空洞、缺乏逻辑等缺点明显。2012 年，微软公开展示了一个全自动同声传译系统，基于深层神经网络（Deep Neural Network，DNN）可以自动将英文演讲者的内容通过语音识别、语言翻译、语音合成等技术生成中文语音。

2014 年起，随着以生成式对抗网络（Generative Adversarial Network，GAN）为代表的深度学习算法的提出和迭代更新，AIGC 生成的内容愈加逼真。自然语言处理领域中使用的大多数模型都是基于循环神经网络（Recurrent Neural Network，RNN）的，如长短时记忆网络（LSTM）。然而，这些模型存在许多局限性，如计算复杂度高、难以并行计算等。自然语言处理领域的主流模型是 RNN。RNN 模型的优点是能更好地处理有先后顺序的数据，被广泛应用于自然语言处理中的语音识别、手写识别、时间序列分析以及机器翻译等领域。但 RNN 模型也有不少缺点，如在处理较长序列，如长文章或书籍时，存在模型不稳定或者模型过早停止有效训练的问题，以及训练时间过长的问题。

AIGC 的能力本质上就是自然语言处理的能力。2017 年 6 月，谷歌大脑团队（Google Brain）在神经信息处理系统大会（NeurIPS）上发表了一篇名为《注意力是你所需要的全部》（*Attention is all you need*）的论文，谷歌人工智能研究院的研究人员提出了深度学习模型——Transformer 模型，从而颠覆了传统的自然语言处理模型。Transformer 的核心思想是基于注意力机制，即通过计算输入序列中每一个词与其他词的关系来决定该词的重要性。Transformer 通过两个注意力层（即多头注意力机制）来实现这一目的，从而避免了 RNN 模型中的长序列依赖问题。另外，Transformer 模型使用位置编码的方法解决了 RNN 模型中反向传播困难的问题，从而提高了模型的效率。Transformer 的核心思想是让模型能够在序列数据中自动学习相对位置信息，从而更好地处理长序列数据。它通过注意力机制，把输入序列中的每个位置与其他位置进行关联，并通过多头注意力机制对不同位置的关系进行综合考虑。Transformer 采用自注意力机制（Self - attention），完全抛弃了传统 RNN 在水平方向的传播方式，只在垂直方向上进行传播，不断叠加 Self - attention 层。这样，每一层的计算都可以并行进行，利用 GPU 加速。Transformer 模型是由编码器（Encoder）和解码器（Decoder）构成的机器翻译模型，其优点在于能够并行进行数据计算和模型训练，缩短训练时长，并且训练出的模型可用语法解释，也就是模型具有可解释性。

近些年，研究人员在大规模语料库上预训练 Transformer 模型，产生了预训练语言模型，其在解决各类自然语言处理任务上展现了强大的能力。有趣的是，当参数规模超过一定水平时，这个语言模型有了显著的性能提升，出现了在小模型中不存在的能力，如上下文学习。为了区别于预训练语言模型，这类基于 Transformer 进行预训练的具有大规模参数的模型被称为大语言模型（Large Language Models，LLMs）。大语言模型成为目前生成式人工智能的主流技术。自 2017 年谷歌提出 Transformer 大模型后，人工智能迎来了新时代，各种大语言模型百花齐放，生成的内容逐渐逼真到人类难以分辨的程度。大语言模型致力于多模态的发展，能够智能地与用户对话，生成用户期望的文本、音视频等多种模态的内容，提升用户各方面使用的便捷性。接下来，我们从各大公司对大语言模型的研究来看大语言模型的应用。

2018 年，OpenAI 提出 GPT 模型，该模型使用了多层深度神经网络，能够生成文本、回答问题并进行语言翻译等；2019 年，OpenAI 团队推出 GPT - 2 模型，该模型拥有史无前例的自然语言生成能力，可以在生成文本时产生与人类类似的风格和思路，虽然该模型被认为具有潜在的滥用风险，但 OpenAI 仍然将其作为开源软件发布，并放弃了商业化发展的计划；2020 年，OpenAI 发布了更先进的 GPT - 3 模型，该模型使用了 1750 亿个参数，可以完成更多的任务，如文本生成、翻译、对话引擎等；2021 年，OpenAI 推出了 DALL - E，并于一年后推出了升级版本 DALL - E2，DALL - E2 主要应用于文本与图像的交互生成内容，用户只需输入简短的描述性文字，DALL - E2 即可创作出相应的高质量卡通、写实、抽象等风格的绘画作品；2022 年，OpenAI 基于 GPT - 3.5 系列大语言模型微调而成的 ChatGPT 正式发布，这个人工智能对话聊天机器人在短短几个月时间里，活跃用户数就突破一亿，成为史上用户数增长最快的消费者应用；2023

年 3 月，OpenAI 震撼推出了大型多模态模型 GPT－4，GPT－4 不仅能够阅读文字，还能够识别图像，并生成文本结果，现已接入 ChatGPT 并向 Plus 用户开放。

2018 年，谷歌提出大规模预训练语言模型 BERT，该模型是基于 Transformer 的双向深层预训练模型，其参数首次超过 3 亿；2019 年，谷歌发布基于 Encoder－decoder 的 T5，兼容 BERT 和 GPT 的下游任务；2022 年，谷歌发布了 UL2，试图统一大语言模型的框架；同年，谷歌发布 PaLM，该模型基于 Decoder－only，具有 5400 亿参数，提出了思维链；2023 年，谷歌发布了 PaLM－2，宣称其性能超过 GPT－4。

Meta 公司[❶]于 2023 年推出全新人工智能大语言模型 Llama。Llama 模型旨在帮助研究人员和工程师探索人工智能应用和相关功能，在生成文本、对话、总结书面材料、证明数学定理、预测蛋白质结构等复杂任务方面有很大的应用前景。

百度研发的 ERNIE 大语言模型问世于 2019 年，是在 BERT 模型基础上的进一步优化，在中文自然语言处理任务上取得了较好的效果。2023 年百度正式推出文心一言（ERNIE Bot），它是基于文心大模型的生成式对话产品，其自然语言处理大模型主要为 ERNIE 系列模型，是打造文心一言的关键。ERNIE 系列模型已经迭代到 3.0 版本。

随着越来越多的企业或者个人参与到 AIGC 大模型的开发中，不同的企业提出了具有不同技术路线的人工智能大语言模型。为了吸引更多的企业或者个人参与自身技术路线的大语言模型开发和应用，多家企业针对自己涉及人工智能大语言模型的专利技术进行开源。比较典型的有谷歌的 Transformer 模型、Meta 发布的 Llama 系列模型以及百度发布并开源的 ERNIE 系列模型。下面分别以这三种大语言模型的开源项目为例进行分析介绍。

4.2.2.1 Transformer 模型项目

（1）Transformer 模型项目分析

谷歌提出的 Transformer 模型，其源代码起初由谷歌在 TensorFlow 开源项目中发布。2018 年 10 月，抱抱脸（Hugging Face）公司首席科学家托马斯·沃尔夫（Thomas Wolf）在开放源代码社区 GitHub 上创建了一个名为 pytorch－pretrained－BERT 的项目，将谷歌基于 TensorFlow 实现的 BERT 模型用 PyTorch 进行了重写，该项目可以加载谷歌公开的模型参数，至此开启了 Transformer 最具影响力的大语言模型开源项目 Hugging Face/Transformer 的序幕。

模型变形数量[❷]和点赞数能够反映开源模型在业界受关注程度以及行业先驱作用，能够反映相关技术是否为大语言模型领域的代表性技术，因此下文使用前述变形数量和点赞数量来分析模型的影响力和代表性。截止到 2023 年 8 月，该模型开源项目在 Hugging Face 开源平台的变形数量为 943，在 GitHub 的分支数量为 21.7 万，点赞数量为 11 万。

---

❶ 脸书（Facebook）公司于 2021 年更名为 Meta。

❷ 模型变形数量是指在开源平台中，除了本模型原创新主体之外的其他业界创新主体对模型进行改进后产生的模型数量。

Transformer 是一种基于注意力机制的神经网络模型，其最初目的是用于自然语言处理任务，如机器翻译、文本摘要、语音识别等。相比于传统的循环神经网络模型，Transformer 模型具有更好的并行能力和更短的训练时间，在处理长序列任务方面表现出色。

Transformer 以三种不同的方式使用多头注意力：

① 在编码器—解码器注意力层中，查询来自前一个解码器层，键和值来自编码器的输出，这允许解码器中的每个位置都参与输入序列中的所有位置。

② 编码器包含自注意力层。在自注意力层中，所有键、值和查询都来自同一位置，是编码器中上一层的输出。编码器中的每个位置可以关注编码器上一层中的所有位置。

③ 解码器中的自注意力层允许解码器中的每个位置关注解码器中所有位置，需要防止解码器中的向左信息流以保留自回归属性，并屏蔽（设置为∞）归一化函数（softmax）输入中对应于非法连接的所有值。

Transformer 模型是大语言模型的基础模型，各语言模型都是在其基础上，形成了不同的技术分支。例如，仅关注编码端的 Transformer，被称为 Encoder - only；仅关注解码端的 Transformer，被称为 Decoder - only；编码端、解码端都考虑的被称为 Encoder - decoder。Transformer 模型的重大意义在于，Transformer 作为自然语言处理技术发展史上里程碑式的模型，具有较大创新性和指导性。其创造性地抛弃了沿用几十年的 CNN、RNN 架构，完全使用 Attention 机制来搭建网络并取得了良好的效果，帮助 Attention 机制站上了时代的舞台。论及模型本身，Attention 机制的使用使其能够有效捕捉长距离相关性，解决了自然语言处理技术领域棘手的长距离依赖问题，同时抛弃了 RNN 架构，使其能够充分实现并行化，提升了模型的计算能力。自此，Attention 机制进入自然语言处理任务的主流架构，众多性能卓越的预训练模型都基于 Transformer 架构，如 BERT、OpenAI GPT 等。

Transformer 作为 Hugging Face 的头号产品，集成了当今大量 SOTA[1] 模型的优点：一是降低了预训练模型，甚至自然语言处理技术领域的学习门槛；二是方便研究人员和工程师进行二次开发，加速研究进展。只有把行业蛋糕做大，一家公司才会有更好的前景。下面针对 Hugging Face/Transformer 开源项目分别从代码、数据、工具、参数和算力等角度来分析 Transformer 模型及其开源现状。

① **代码**：Transformer 模型及代码均在 GitHub 以及 Hugging Face 上开源。

② **数据**：Transformer 架构是各类大语言模型的基础，可用于不同任务，如理解与生成特定的用例，包括语音、图像、文本等。针对不同的任务目的，可采用不同的训练集，主要包括以下数据集：WikiText - 103、GLUE、SST、MNLI、SQuAD、OntoNotes、WNUT、SWAG、ARC、Wikitext、C4、WMT、IWSLT、CNN/DM、XSum 等。

③ **工具**：Hugging Face 用 PyTorch 实现了 BERT，并提供了预训练的模型，后来越来越多的人直接使用 Hugging Face 提供的模型进行微调。使用 Transformer 库进行微调，主要包括：

---

[1] SOTA：State of the art 的缩写，意为当前最先进的。

- 分词标记，使用提供的 Tokenizer[1] 对原始文本进行处理，得到 Token 序列；
- 构建模型，在提供好的模型结构上，增加下游任务所需预测接口，构建所需模型；
- 微调，将 Token 序列送入构建的模型，进行训练。

④ **参数和算力**：Transformer 作为现在主流模型架构的底层架构模块，不存在模型训练参数和算力问题，其与主流大语言模型自身的框架有关。Transformer 模型使用的是 Apache 2.0 开源协议。该协议中明确包含了专利许可相关条款，并允许对开源模型的代码进行商业使用。

（2）Transformer 模型专利分析

谷歌并没有给出 Transformer 模型对应的专利列表，Transformer 系列模型使用的开源协议均涉及专利许可相关内容，因此可认为 Transformer 模型涉及的相关专利均开源。

针对检索后得到的 213 件基础专利，我们从可持续性、专利目标国家/地区分布、专利价值度分布等角度对模型相关专利进行分析，并根据家族被引证次数、扩展同族数量、转让次数、专利权维持年限以及论文被引证次数这五个维度构建价值度模型，利用该价值度模型计算得到项目的专利价值度。该专利价值度与前文的专利价值度在影响维度构建方面的不同之处在于用论文被引证次数替代了是否属于新兴产业这一维度，因为生成式人工智能只属于一个产业，考虑是否属于新兴产业这一维度意义不大；同时，基于生成式人工智能的特点，其技术会以论文形式发表，因此采用论文被引证次数作为该章节专利价值度的考虑因素。

由上述分析可知，Transformer 模型涉及的基础专利共 213 件，谷歌在大语言模型方面研究所涉及的基础专利共 558 件，因此 Transformer 开源专利在创新主体总专利量的占比约为 38%。由此可见，谷歌对 Transformer 模型的改进优化具有很高的重视程度，尽管 Transformer 模型架构处于开源状态，谷歌仍不断对该模型架构进行创新研发、改进优化，并且创新占据大语言模型的较高比例，开源作为企业发展的一种战略方式并不会妨碍技术的改进且不会影响专利的布局。

检索到模型相关的论文共 278 篇。模型相关基础专利与论文的比例大致为 1∶1，由此可见，在大模型论文发表和专利申请方面，谷歌都比较重视，通过发表相关文章以提升在大模型领域的影响力，同时实现专利布局。

图 4.2.19 给出了 Transformer 模型开源专利被引证次数分布情况，其中开源专利被引证次数从 0 ~ 76 次均有相应分布，被引证 0 次的数量是最多的，其次为 2 次和 1 次。Transformer 模型开源专利被引证次数均值为 8.83 次，谷歌发布的 Transformer 在 SCI 上发表的论文被引用次数均值为 109.76 次。综合以上数据可以得出，Transformer 模型论文的影响力与代表性比开源专利的影响力与代表性高，有些论文被引用次数超过 1 万次，可见该模型位于该领域发展的前沿，在大语言模型领域具有深远影响。谷歌作为大模型开源的领导者，可以继续巩固自己作为行业领袖的地位。

---

[1] Tokenizer：又称为分词器，是自然语言处理中的一个重要组件。它的任务是对文本进行分解，将其划分为有意义的基本单位，这些基本单位被称为词元（Token）。

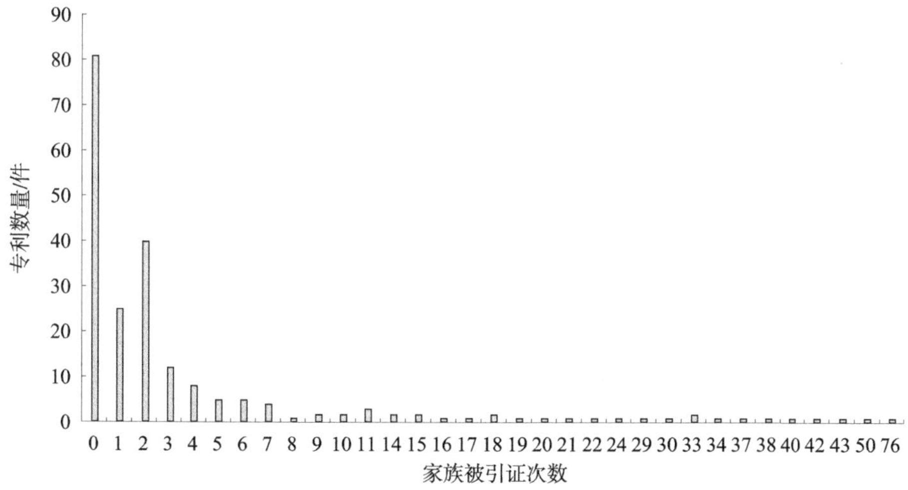

图 4.2.19　Transformer 模型开源专利家族被引证次数分布

Transformer 模型于 2017 年被提出，图 4.2.20 提供了 Transformer 模型专利申请年份的分布情况。可以看出，自 2017 年开始专利申请量呈上升趋势，2022—2023 年呈下降趋势，其原因在于专利尚未到公开时间。综合以上数据可以得出，Transformer 模型的开源专利整体上保持着良好的可持续性。

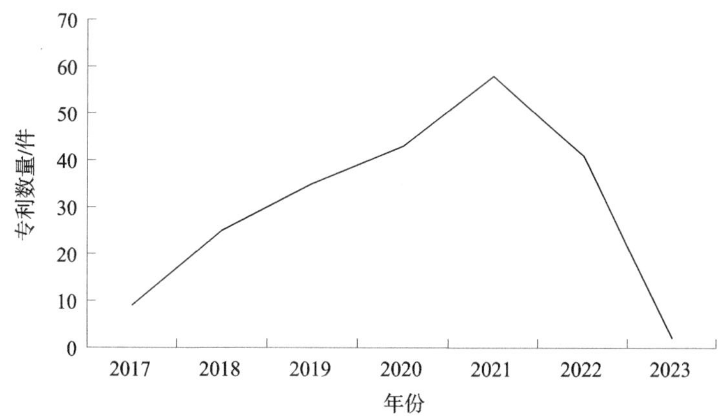

图 4.2.20　Transformer 模型专利申请年份分布

图 4.2.21 展示了 Transformer 模型专利的目标国家/地区分布，Transformer 模型相关基础专利主要面向美国、WIPO、中国、欧洲、韩国、印度、澳大利亚、加拿大、巴西和日本等国家和地区。谷歌在不同国家/地区的开源专利数量存在明显差异，美国、WIPO、中国、欧洲和韩国是开源专利数量最多的五个国家/地区。尽管谷歌在美国的开源专利数量最多（176 件），但与总量（213 件）仍相差 37 件，其中包括 54 件 WIPO，表明部分开源的专利尚未进入目标国家/地区。综合分析表明，Transformer 模型的开源专利涉及的目标国家/地区数量较多，在全世界各个重要国家/地区均进行专利布局，并且采用 PCT 方式进行布局，以保证在技术发展过程中选择合适的目标国家/地区进行专利布局。

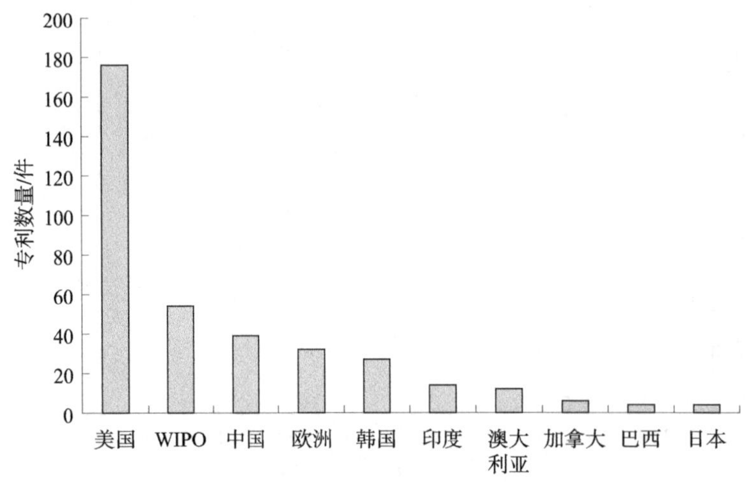

图 4.2.21 Transformer 模型开源专利目标国家/地区分布

图 4.2.22 提供了 Transformer 模型开源专利的价值度分布情况。在 213 件有效专利中，最高价值度得分为 10，最低价值度得分为 5.74，平均价值度得分为 7.025，主要得分集中在 6 ~ 8，得分 5 以上的专利占比为 100%。可见，其开源专利的整体价值度偏高，质量较高。

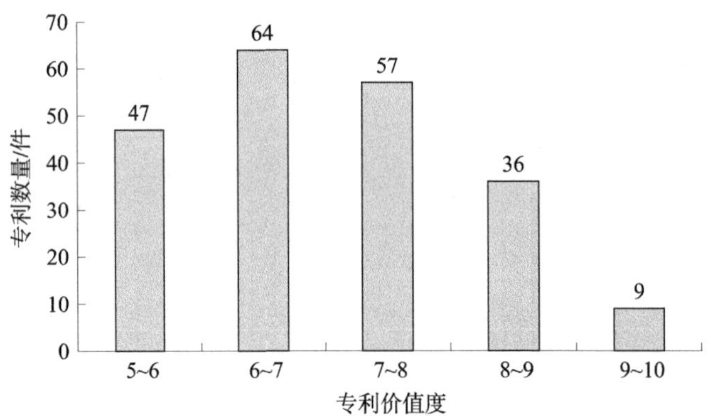

图 4.2.22 Transformer 模型开源专利价值度分布

4.2.2.2 Llama 模型项目

(1) Llama 模型项目分析

Meta 公司发布并开源的 Llama（Large Language Model Meta AI）系列模型包括两个版本，即 2023 年 2 月 23 日首次开源的 Llama 模型，以及 2023 年 7 月 18 日开源的 Llama 2 模型。

Llama 模型，共有 7B、13B、33B、65B 四种版本，基于 Transformer 架构，进行了预归一化、SwiGLU 激活功能、旋转嵌入等多项改进。

Llama 2 是 Meta 公司最新开源的预训练语言模型，包括 7B、13B 和 70B 三种版本，训练数据集为 2 万亿 Token，使用优化的转换器体系结构的自回归语言模型，调整后的版本使用监督微调和带有人类反馈的强化学习，以符合人类对有用性和安全性的偏好。Llama 模型以及 Llama 2 模型均属于 Transformer 的 Decoder - only 技术分支。

Llama 系列模型的出现有两个重大意义：

① **不需要专有数据集，仅仅靠开源数据集就能达到跟之前模型类似的结果**。普通研究者可以更方便地获取相关数据进行模型的本地部署。

② **模型变小了，开源社区和普通研究者也可以部署模型进行相应的研究**。斯坦福大学的 Alpaca 模型就是一个好的例子。因此，Llama 系列模型出现之后，在业内引起了广泛关注。

其中，Llama 模型在 Hugging Face 上的变形数量为 2772（截止到 2023 年 7 月 29 日），在 GitHub 上的点赞数为 33600。在 Web of Science 上检索得到与 Llama 系列模型相关的论文共 303 篇，这些论文的被引用次数较高。经计算，Llama 系列模型论文的被引用次数均值为 110.78 次。综上分析可知，Llama 系列模型在业内的影响力和代表性很强。

同时，Meta 公司于 2023 年 2 月 23 日首次开源 Llama 模型，并于 2023 年 7 月 18 日更新开源了 Llama 2 模型，Llama 系列模型一直在持续更新中，模型本身具有良好的可持续性。下面分别从代码、数据、参数、工具以及算力五个角度来分析 Llama 模型以及 Llama 2 模型的开源现状。

① **代码**。Llama 模型以及 Llama 2 模型的代码均在 GitHub 以及 Hugging Face 上开源。Llama 模型代码使用的是 GPL 3.0 的开源协议，Llama 2 模型使用的是 Meta 公司自定义的 Llama 2 社区许可协议。同时，Llama 模型的模型卡中明确说明了 Llama 模型不可商用，可用于研究使用；Llama 2 模型对于商用的限制为月活 7 亿以上的企业用户无法通过其开源协议直接获取授权，需要申请特殊的商业许可证，因此 Llama 2 模型属于有限制的商用。

② **数据**。Llama 模型的训练集来源都是公开数据集，无任何定制数据集，保证了其工作与开源兼容和可复现。整个训练数据集大约包含 1.4T 的 Token。训练数据集由几个来源混合而成，涵盖了不同的领域。Llama 2 模型的训练数据集在 Llama 模型训练数据集的基础上扩充了 40% 的开源数据，训练语料库包含来自公开来源的新数据组合，其中不包含来自 Meta 公司产品或服务的数据，因此训练数据集也是公开的。微调数据包括公开可用的指令数据集，以及超过 100 万个新的人工注释示例。预训练和微调数据集均不包含 Meta 公司用户数据。

③ **参数**。Llama 模型以及 Llama 2 模型的参数没有在 GitHub 上公开，用户需要访问 Meta 公司的网站，接受“用户可接受使用政策”之后，填写请求表单，获批准后将收到下载参数的链接进行下载。因此，Llama 模型以及 Llama 2 模型的参数并没有开源。

Meta 公司的“用户可接受使用政策”主要分为四个部分：违反法律或侵犯他人权利；参与、煽动、促进或协助规划或开展对个人造成死亡或身体伤害风险的活动；故意欺骗或误导他人；未能适当地向最终用户披露人工智能系统的任何已知危险。

④ **工具**。Llama 模型以及 Llama 2 模型的 Tokenizer 工具与参数相同，均需要访问 Meta 公司的网站，接受“用户可接受使用政策”之后，填写请求表单，获批准后将收到下载参数的链接进行下载。因此，Llama 模型以及 Llama 2 模型的 Tokenizer 工具也没有开源。其他的模型相关工具，如预训练工具、微调工具等，未提供下载途径，因此 Llama 模型以及 Llama 2 模型的工具未开源。

⑤ **算力**。Llama 模型可以在单块 V100 GPU 上运行，预训练在 A3 - 3GB 类型（TDP 为 80 - 100W）的硬件上累计使用了 350.400M GPU 小时的计算时间，不同大小模型需要的功率和运行时间不同。

Llama 模型使用的是 GPL 3.0 开源协议，Llama 2 模型使用的是自定义的开源协议“LLAMA 2 COMMUNITY LICENSE AGREEMENT”，即 Llama 2 社区许可协议，其中自定义的开源协议并不是开源项目组织批准的许可证。

Llama 2 社区许可协议的主要内容如下。

协议相关方的主要权利包括：授予非排他性的、全球性的、不可转让的和免版税的有限许可，以使用、复制、分发、拷贝、创作衍生作品和修改“Llama 材料”。

协议相关方的主要义务包括：

① 基于模型的分发需要提供许可证副本和归属通知；

② 对模型的使用必须符合法律法规，并遵守 Llama 2 的“用户可接受使用政策”，禁止任何违法行为、欺骗行为和未披露风险的使用；

③ 禁止使用 Llama 2 的输出结果去改善其他 AI 大模型；

④ 本协议未授予任何商标许可，在与“Llama 材料”有关的情况下，Meta 公司和被许可人都不得使用对方或其任何附属机构拥有的或与之有关的任何名称或标记，但在描述和重新分发“Llama 材料”时合理和惯常使用的情况除外；

⑤ 月活 7 亿以上的企业用户无法通过本社区许可协议直接获得授权，需要申请特殊的商业许可证；

⑥ 侵权主张会导致许可终止。

（2）Llama 模型专利分析

Meta 公司并没有给出 Llama 系列模型对应的专利列表，由于 Llama 模型最早于 2023 年发布，因此我们将专利检索的时间限定在 2021 年 1 月 1 日之后，按照专利检索思路检索后的基础专利包共 14 个，下面对模型相关专利进行分析。

通过专利检索确定 Meta 公司共申请了 29 件大模型相关专利，其中与 Llama 模型、Llama 2 模型相关的基础专利共 13 件，其余均为与大语言模型应用相关的专利。基于 Llama 模型使用的 GPL 3.0 协议中包含了专利许可，即与 Llama 模型相关的基础专利已开源；Llama 2 模型使用的 Llama 2 社区许可协议包含了知识产权许可，即与 Llama 2 模型相关基础专利开源。因此，与 Llama 系列模型相关的基础专利均开源，其余专利闭源，即 Meta 公司的大语言模型开源专利共 13 件，闭源专利共 16 件。

基于开源协议，Meta 公司申请的 13 件基础专利均开源，即 Llama 系列模型涉及的开源专利在 Meta 公司申请的基础专利总量中的占比为 100%。

检索得到与 Llama 模型相关的基础专利共 13 件，在 Web of Science 上检索得到与模型相关的论文共303篇。由此可见，Meta公司对Llama模型的发展重点并未放在专利布局上，而是放在论文发表以及模型的开源上，这可能与其早期将商业重心放在元宇宙上，导致进入大语言模型赛道的时间较晚有关。当进入大语言模型赛道时，Llama模型已经有了GPT等强大的竞争对手，其对于大语言模型的研究不是很系统，因此开源是其弯道超车、将相关研究主体和研究人员吸引到其模型的重要途径。

由于Llama模型发布时间较晚，开源专利的数量也较少，仅有13件，因此其开源专利的数据并不全面。Meta公司针对Llama模型发表了303篇相关论文，因此其论文的数据更加全面和完整。此部分结合专利家族被引证次数以及模型相关论文的被引用次数来分析模型开源专利的影响力与代表性。

图4.2.23为Llama模型的开源专利家族被引证次数分布，其中家族被引证次数最高为24次，最低为0次，均值为2.3次。

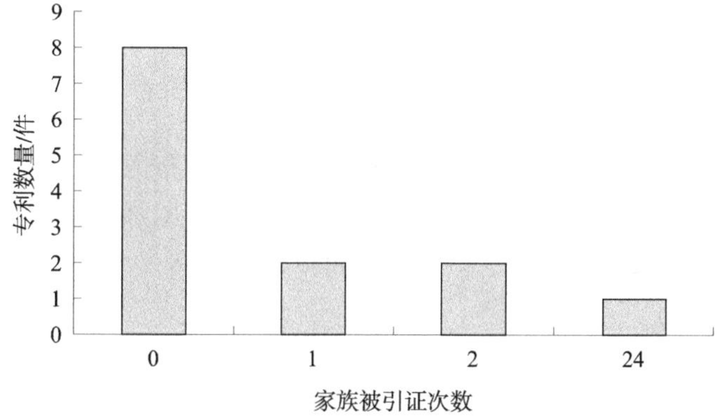

图4.2.23　Llama模型开源专利家族被引证次数分布

图4.2.24为Llama模型的相关论文被引用次数分布，其中论文被引用次数最高为1975次，最低为0次，均值为27.5次，分布在0~10次区间的论文数量最多，为244篇，被引用次数大于100次的论文数量也有10篇。

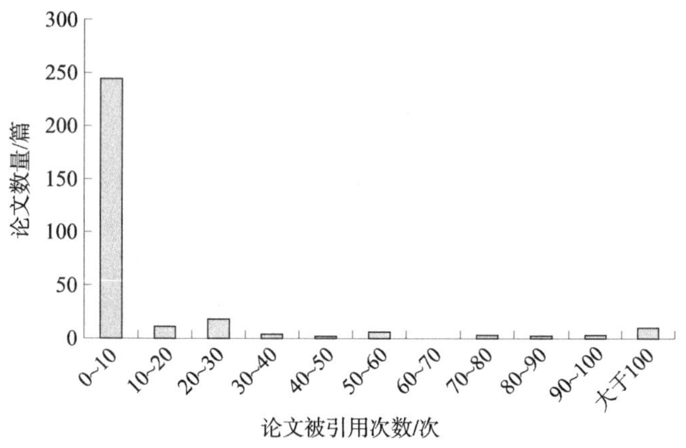

图4.2.24　Llama模型相关论文被引用次数分布

综合以上数据可以得知，Llama模型开源专利的影响力与代表性为一般水平，而

Llama 模型论文的影响力与代表性较高。

Llama 模型于 2023 年开源，其基础专利的检索时间限定在 2021 年 1 月 1 日之后。图 4.2.25 提供了 Llama 模型专利申请年份分布情况，可以看出，Meta 公司于 2021 年申请了 3 件相关专利，2022 年申请了 10 件相关专利。综合以上数据可知，Llama 模型开源专利目前具有良好的可持续性。

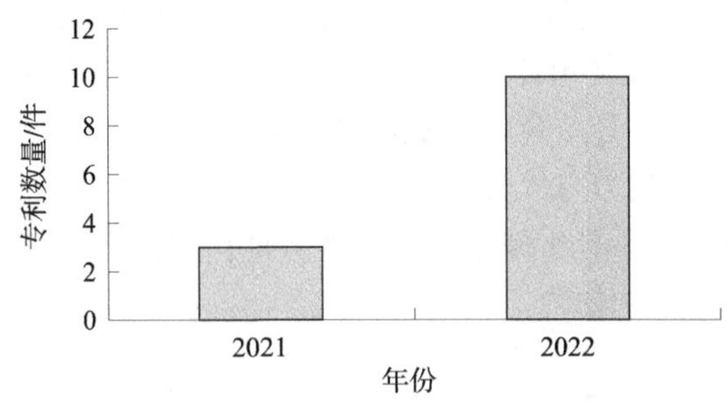

图 4.2.25　Llama 模型专利申请年份分布

图 4.2.26 提供了 Llama 模型专利的目标国家/地区分布情况。Llama 模型相关专利共 13 件，其中美国有 9 件，WIPO 有 2 件，日本有 1 件，欧洲有 1 件。Llama 模型开源专利涉及的目标国家/地区数量较少，主要分布在美国。

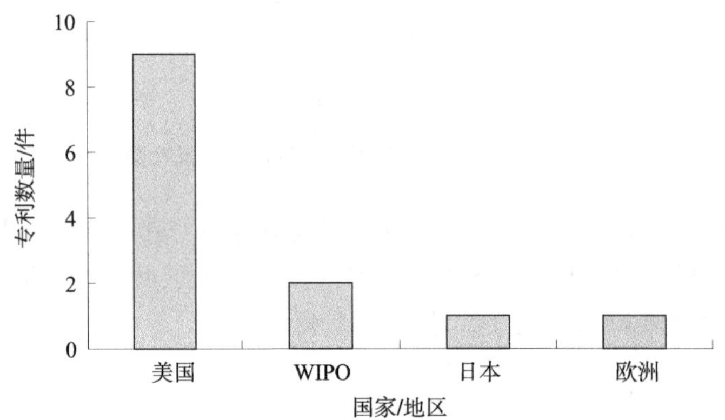

图 4.2.26　Llama 模型专利目标国家/地区分布

综合以上数据可知，Meta 公司对于 Llama 模型的主要专利申请分布在美国本土，其他重要市场如中国等均未进行专利布局，并未在全球进行系统性专利布局。其专利布局情况可能与其 AIGC 技术发展情况及其商业模式相关：一方面，Meta 公司前期并未将技术发展重点放在 AIGC 技术上，而是将资金和团队用于元宇宙研发，因此其对于 AIGC 技术及专利的布局均晚于其他人工智能公司；另一方面，Meta 公司进入 AIGC 赛道较其他人工智能公司时间晚，模型推出的时间也晚，它使用开源方式将大家聚集到它的模型和技术路线上来，因此，Meta 公司也并未注重专利方面布局。

图 4.2.27 提供了 Llama 模型开源专利价值度分布情况，其开源专利价值度最高为 9.85，最低为 6.28，平均价值度为 7.22。从专利价值度分布上来看，专利价值度

处于6～7的中等偏上水平的专利数量最多，为9件，有3件专利的价值度处于8～9的较高水平，有1件专利价值度高达9。由此可见，Llama模型的开源专利价值度均处于偏上水平。

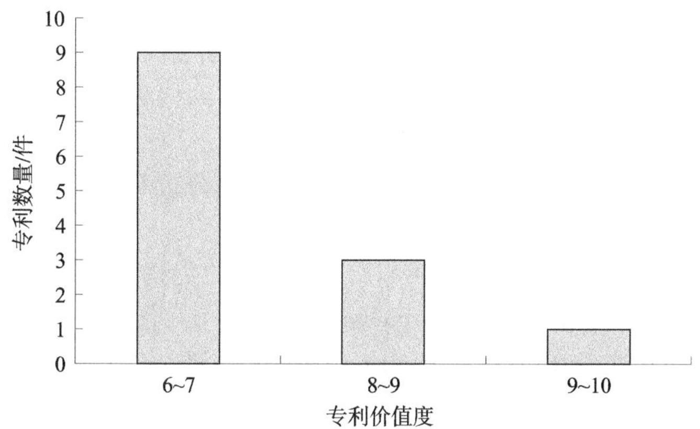

图4.2.27 Llama模型开源专利价值度分布

4.2.2.3 ERNIE模型项目

（1）ERNIE模型项目分析

百度发布并开源的ERNIE系列模型包括三个版本，2019年3月16日首次开源ERNIE 1.0，2019年7月7日发布ERNIE 2.0，在开源平台GitHub和Gitee上均开源，开源许可证为Apache Licence 2.0；2022年5月20日发布ERNIE 3.0通用模型，之后ERNIE 3.0轻量级模型开源，ERNIE 3.0 Base、ERNIE 3.0 Medium、ERNIE 3.0 Mini、ERNIE 3.0 Micro、ERNIE 3.0 Nano五个模型均在GitHub上开源。其中，ERNIE 1.0模型开源项目在Hugging Face共121个模型，其中变形数量94个；ERNIE 2.0模型开源项目在Hugging Face点赞数最高为42，下载量为14.9万，在GitHub点赞数为5900，在Gitee点赞数为58。

专利开源项目根据Encoder－only、Encoder－decoder、Decoder－only三个技术分支，对模型与专利从是否开源及数量上进行对比。其中，ERNIE 1.0和ERNIE 2.0为Encoder－only技术分支，其包含33件专利；ERNIE 3.0为Decoder－only技术分支，包含50件专利；没有Encoder－decoder技术分支的专利，其余20件为基于Transformer的改进技术。

ERNIE 1.0通过建模海量数据中的词、实体及实体关系，学习真实世界的语义知识。相较于BERT学习原始语言信号，ERNIE直接对先验语义知识单元进行建模，增强了模型的语义表示能力。例如，BERT模型通过“哈”与“滨”的局部共现，即可判断出“尔”字，而模型没有学习任何与“哈尔滨”相关的知识；而ERNIE通过学习词与实体的表达，使模型能够建模出“哈尔滨”与“黑龙江”的关系，学到“哈尔滨”是“黑龙江”的省会以及“哈尔滨”是个冰雪城市。

训练数据方面，除百科类、资讯类中文语料外，ERNIE还引入了论坛对话类数据，将对话作为输入，标识对话的角色，学习对话的隐式关系，进一步提升模型的语义表示能力。

ERNIE 2.0 是基于持续学习的语义理解预训练框架，使用多任务学习增量式构建预训练任务。在 ERNIE 2.0 中，新构建的预训练任务可以无缝加入训练框架，持续进行语义理解学习。通过新增的实体预测、句子因果关系判断、文章句子结构重建等语义任务，ERNIE 2.0 语义理解预训练模型从训练数据中学习到词法、句法、语义等多个维度的自然语言信息，极大地增强了通用语义的表示能力。

下面分别从代码、数据、参数、工具、算力等角度来分析 ERNIE 1.0 模型、ERNIE 2.0 模型以及 ERNIE 3.0 模型的开源现状。

① **代码**。ERNIE 1.0 模型以及 ERNIE 2.0 模型的代码均在 GitHub 和 Gitee 以及 Hugging Face 上开源，开源许可证为 Apache Licence 2.0；代码和专利均有相关开源许可条款。ERNIE 3.0 在 GitHub 以及 Hugging Face 上开源，开源许可证为 MIT；只有代码开源相关许可条款。

② **数据**。ERNIE 1.0 模型和 ERNIE 2.0 模型的训练集包括英文数据集和中文数据集。英文数据集为 GLUE datasets，中文数据集包括多种公开数据集，如 XNLI、ChnSentiCorp、MARA - NER、NLPCC 2016 - DBQA、CMRC 2018 等；ERNIE 3.0 模型没有在 GitHub 和 Gitee 上公开数据集。

③ **参数**。ERNIE 1.0 模型和 ERNIE 2.0 模型的参数在 Gitee 上公开了超参数设置，是开源状态。ERNIE 3.0 模型没有在 GitHub 和 Gitee 上公开相关参数设置。

④ **工具**。ERNIE 1.0 模型以及 ERNIE 2.0 模型的模型压缩、加速的蒸馏方法已在 Gitee 上公开；ERNIE 3.0 模型未开源。

⑤ **算力**。ERNIE 1.0 模型、ERNIE 2.0 模型、ERNIE 3.0 模型均未公开算力相关内容。ERNIE 1.0 模型和 ERNIE 2.0 模型使用的是 Apache Licence 2.0 开源协议，ERNIE 3.0 模型使用的是 MIT 开源协议，二者均可以商用。

（2）ERNIE 模型专利分析

百度没有给出 ERNIE 系列模型对应的专利列表，而由上节对 ERNIE 系列模型的开源协议分析可知，ERNIE 系列模型使用的开源协议中，ERNIE 1.0 和 ERNIE 2.0 均涉及专利许可相关内容，可见 ERNIE 1.0 和 ERNIE 2.0 进行了相关专利的开源许可，而 ERNIE 3.0 没有涉及。

检索后的基础专利包共 37 项，我们从开源专利在创新主体总专利数量中的占比、专利与论文数量的对比、影响力与代表性、可持续性、专利目标国家/地区分布、专利价值度分布等角度对模型相关专利进行分析。

① **开源专利在创新主体总专利数量中的占比**。经过检索共获得大语言模型相关专利族 103 项，其中与 ERNIE 1.0 和 ERNIE 2.0 相关的可视为开源的专利族有 37 项，开源专利占基础专利的比例为 36%。

② **专利与论文数量的对比**。针对创新主体，确定与 ERNIE 1.0 和 ERNIE 2.0 相关的基础专利有 37 项，论文有 46 篇；与未开源的 ERNIE 3.0 相关的专利族共 66 项，论文有 129 篇。可见，开源专利和论文数量相当，未开源的专利与论文数量不对等。

③ **影响力与代表性**。本部分基于模型相关专利家族被引证次数来进行影响力与代表性的分析。

图 4.2.28 给出了 ERNIE 系列模型家族被引证次数分布。ERNIE 基础开源专利包共 37 项，其中家族被引证次数最高为 30 次，最低为 0 次，家族被引证次数平均值为 8.3 次。

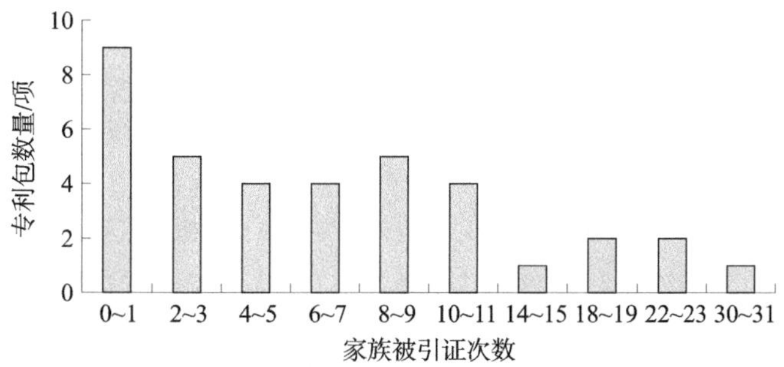

图 4.2.28　ERNIE 系列模型家族被引证次数分布

对 ERNIE 非开源专利的家族被引证次数进行统计，其分布在 0 ~ 15，均值为 3.5。总体而言，专利的申请时间较短，导致整体被引证次数偏低。但整体上，开源被引证次数为 0 次的专利较少，可见此部分专利具备研究价值。

④ **可持续性**。图 4.2.29 给出了 ERNIE 系列模型专利申请年份分布情况。ERNIE 模型于 2019 年开源，但是专利申请从 2018 年开始。

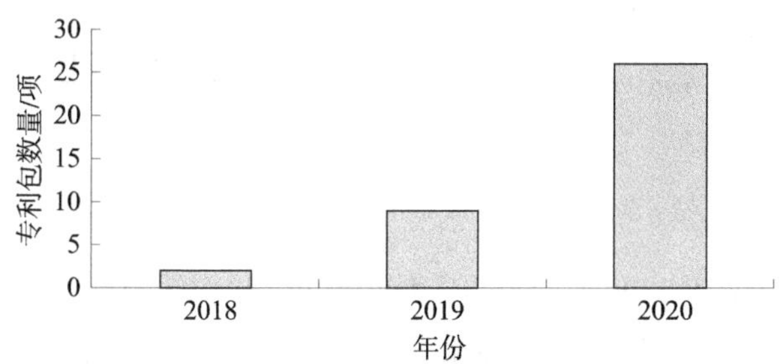

图 4.2.29　ERNIE 系列模型专利申请年份分布

开源 ERNIE 1.0 和 ERNIE 2.0 停止更新，非开源的 ERNIE 3.0 持续更新，由此可以得出结论：对 ERNIE 3.0 Decoder - only 未开源的专利技术的研究逐渐成为重点。

⑤ **专利目标国家/地区分布**。为了有效分析 ERNIE 专利布局情况，对所有 ERNIE 基础专利进行目标国家/地区分布情况分析。开源和非开源专利的技术分支不同，其专利在整体 AIGC 发展环境中所处的优劣地位也不同，导致出现不同的目标国家/地区的布局策略，因此分别对 ERNIE 基础专利中的开源专利和非开源专利进行分析。

图 4.2.30 给出了 ERNIE 系列模型开源专利目标国家/地区的分布情况。对于开源专利，ERNIE 基础专利包共 37 项，包含 56 件专利，其目标国家/地区分布为：中国 44 件，美国 9 件，韩国 3 件。

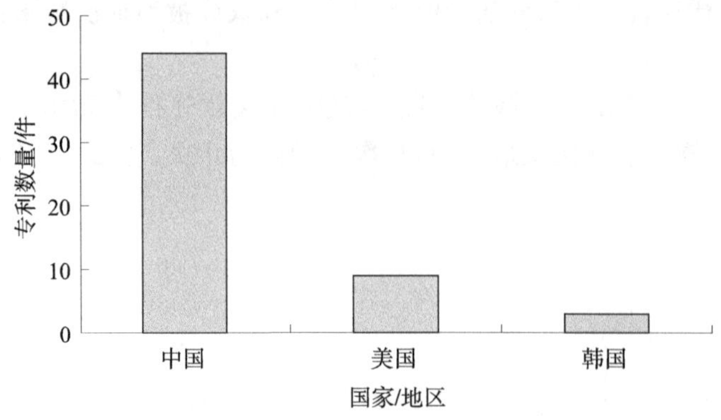

图 4. 2. 30　ERNIE 系列模型开源专利目标国家/地区分布

图 4. 2. 31 给出了 ERNIE 系列模型非开源专利目标国家/地区的分布情况。非开源的 ERNIE 基础专利包共 66 项，包含 92 件专利，其目标国家/地区分布为：中国 76 件，欧洲 6 件，日本 4 件，美国 3 件，韩国 3 件。

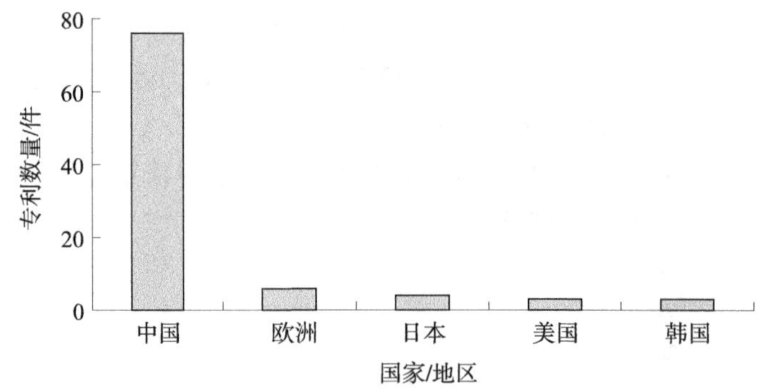

图 4. 2. 31　ERNIE 系列模型非开源专利目标国家/地区分布

可见，无论开源还是非开源，ERNIE 专利的目标国家/地区主要是中国，即技术主要发展和实践集中在中国；同时，开源和非开源的技术发展和竞争目标国家/地区策略不同。ERNIE 1. 0/2. 0 的目标国家/地区较少，除中国外只有美国和韩国，且现阶段 ERNIE 1. 0/2. 0 技术更新频率较低，其对应的未公开专利比例较低。总体而言，ERNIE 1. 0/2. 0 整体向国外布局的意愿不强。相较于开源专利，非开源专利目标国家/地区的扩充表明百度对 ERNIE 的 Decoder - only 技术分支的竞争和维权意识增强，积极向中国以外的其他国家和地区布局，以增强技术竞争力，完善 ERNIE 最新技术的专利布局。

⑥ **专利价值度分布**。针对 ERNIE 开源专利进行价值度计算，其主要参数和计算方法与其他模型一致。专利价值度的整体分布如图 4. 2. 32 所示。

可见，ERNIE 开源专利的价值度分值集中在 4 ~ 7，最高为 8. 3，最低为 3. 4，整体的价值度均值为 5. 8。

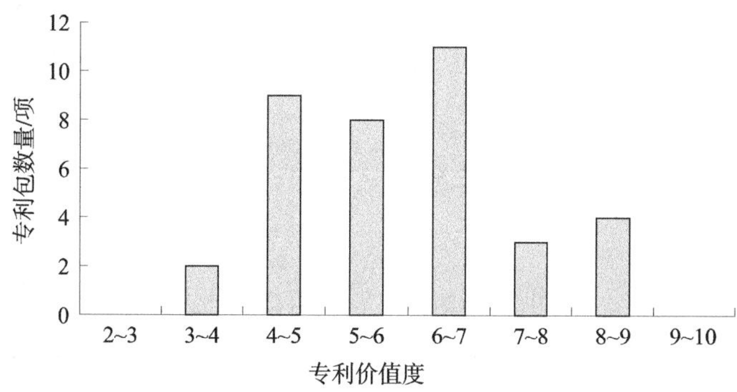

图 4.2.32　ERNIE 系列模型专利价值度分布

4.2.3　案例启示

在掌握核心技术后，为了开拓市场，应当及时构建专利开源项目。大金公司在前期掌握 R32 制冷剂的专利后，将 R32 制冷剂的基础专利先后在全球各个国家和地区开放。由于 R32 制冷剂相对于传统制冷剂，对环境较为友好，使得使用 R32 制冷设备在亚洲、欧洲和澳大利亚等地区的市场份额逐渐攀升，进一步推广了 R32 制冷剂在全球制冷设备中的使用，同时成功地将全球的制冷剂技术聚焦在 R32 制冷剂上，为后期提高大金公司 R32 制冷剂产品在全球的市场份额奠定了基础。

开源专利技术相对于同领域的其他技术应当具有明显的优势。大金公司掌握的 R32 制冷剂在降低空调对全球变暖的影响以及低 GWP 值等方面的明显优势，提高了人们对于 R32 制冷剂的接受程度以及使用意愿，为 R32 制冷剂的广泛应用提供了良好的外部环境。因此，当一个企业选择采用专利开源的方式来实现技术聚集、提高市场份额、扩大影响力时，开源的专利技术应当具有明显的优势，且容易被人们接受。

开源专利主体应当积极制定开源生态管理策略。大金公司在选择通过开源 R32 专利的方式推广 R32 制冷剂技术时获得了国家的支持，日本经济产业省与很多厂商合作，在很多国家推动使用 R32 制冷剂，通过大金公司自身的大力宣传推广，在欧盟，大金空调 R32 已经成为行业标准。因此，一个企业在采用和构建了专利开源项目以后，应当成立相关的工作部门，制定详细的推广策略，积极与政府沟通，借助国家的平台推广相关开源专利技术，同时也要根据不同国家或地域的发展特点，有针对性地在当地开展开源专利技术的推广和宣传工作，为开源专利技术的发展提供良好的生态环境。

开源专利应当做好风险防控工作。对于构建专利开源项目的企业来说，在获取一定收益的同时，还会面临一定的风险。在技术聚集模式的专利开源项目中，一般开源的专利为该领域具有较高水平和价值的专利。上述专利的开源使得竞争对手同样会获得相关的专利技术。在企业没有足够的核心专利或者相关的外围专利作为开源专利保护的情况下，竞争对手通过申请专利的方式可能会设置相应技术壁垒，影响开源技术的进一步推广。同时，专利开源项目涉及的技术不断发展使得不断有新的技术加入专利开源项目中。企业专利中涉及新技术的相关专利可能会在未来被动开源，同时也会影响企业未来可能获得的专利技术，这对于企业来说会存在一定的技术不确定性风险。因此，企业在选择构建专利开源项目时应当制定开源协议，以对专利开源存在的风险进行约束。

4.3 行业战略分析及运营实践

产业技术的持续进步，推动行业不断发展，有的行业会出现百花齐放、百舸争流的现象，这充分体现了行业发展的活力，但这也导致了资本、人才、资源、市场等因素的分散，一定程度上阻碍了行业的发展。技术聚集模式下专利开源运营有利于行业各因素的整合，本节分析总结了技术聚集模式下行业开展专利开源运营实践的判断因素，以及开展专利开源运营的组织管理及实施策略。

4.3.1 行业专利开源运营案例选择

依据传统的专利许可方式，使用彼此的技术时，企业的自身情况以及发展战略，往往会导致彼此的技术之间不能完全整合，增加了该行业的发展成本。此时，建议行业组建专利池或者建立专利开源项目，通过专利开源或者专利池的形式实现技术互补，吸引行业内企业积极参与，有效地将同行业内的互补技术聚集起来，取长补短，推动行业内企业合作，加快行业发展。综上，评价行业是否适合技术聚集模式的专利开源，需要先判断行业内是否存在多条差异较大的技术路线，然后判断行业内是否具有一定量的较高质量的专利储备，是否存在技术聚集的诉求，满足以上条件的行业才适合使用技术聚集模式进行专利开源。具体的判断过程如图 4.3.1 所示。

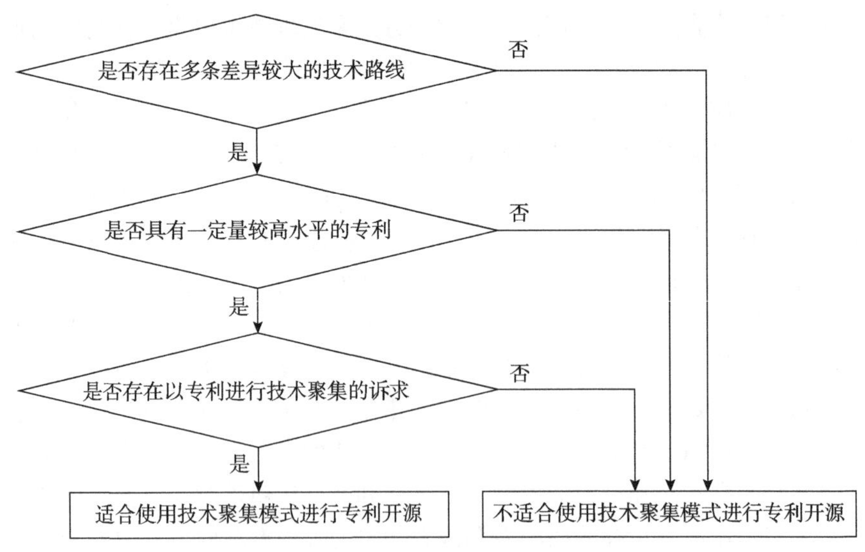

图 4.3.1　技术聚集模式行业开源条件

众所周知，含氢氯氟烃（HCFCs）是消耗臭氧层的主要物质之一，而房间空调器行业是二氟一氯甲烷（HCFC－22，以下简称 R22）的主要消费领域。为了保护臭氧层，早在 1987 年国际社会就缔结了《蒙特利尔议定书》。根据《蒙特利尔议定书》给出的时间表，我国空调行业到 2030 年将完全淘汰 R22 制冷剂。当今世界，全球携手合作应对气候变化的一致行动已成为各国共识，我国制冷空调行业积极推进制冷剂淘汰与环保替代工作，实现绿色可持续发展。在党和国家领导下，我国制冷空调行业积极投入《蒙特利尔议定书》的履约工作，2007 年国际社会在《蒙特利尔议定书》框架下达成加速淘汰 HCFCs 的调整案后，中冷协在国家环境保护主管部门的直接领导下，积极组织开展行业 HCFCs 淘汰管理计划的编制和落实工作。制冷空调行业克服重重困难积极行动，如期完成了行业 2013 年 HCFCs 消费冻结、2015 年削减 10% 及 2020 年削减基线水平 35% 的履约任务，为国家层面履约目标的实现作出了重要贡献，体现了中国在全球环境保护事业中的负责任形象。大金公司率先通过将涉及 R32 制冷剂的专利开源，初步推进 R32 制冷剂替代传统的 R22 制冷剂，以此扩大 R32 制冷剂使用范围，已经达到了一定的技术聚集的效果。[1]

R22，二氟一氯甲烷，又名氯二氟甲烷、一氯二氟甲烷、氟利昂－22，简称为 HCFC－22，化学式为 $CHClF_2$，是一种含氢的氟氯代烃，为无色有轻微发甜气味的气体，主要作为制取四氟乙烯的原料和制冷剂、喷雾剂、农药生产原料等。R22 属于对高空臭氧层有破坏作用及温室效应的气体，根据《蒙特利尔议定书》的规定，R22 在发达国家已停止生产和使用，在发展中国家还可以生产，但其生产和使用截止期限是 2030 年。

R32 是新一代的制冷剂，属于氢氟碳化合物，分子式为 CH_2F_2。相较于传统的制冷剂 R22，R32 具有以下优点：

① **环保性**。R32 的 GWP 值非常低，仅为 675；而 R22 的 GWP 值较高，约为 1760。因此，使用 R32 能够更好地减少对臭氧层和全球气候的负面影响。

② **高效性**。R32 具有更高的制冷效率，它的冷凝温度比 R22 低，因此在相同的工况下，R32 的制冷性能更好。这意味着使用 R32 的设备可以提供更快速、更有效的制冷效果，同时降低能耗。

③ **安全性**。R32 的燃烧性能要比 R22 好。虽然它也是可燃物质，但其燃烧温度较高，相对较安全。当然，在使用和操作时，仍需遵守相应的安全规定，以确保安全。

R290，即丙烷，是一种可以从液化石油气中直接获得的天然碳氢制冷剂。与氟利昂这种人工合成制冷剂相比，天然工质 R290 的分子中不含有氯原子，因而其消耗臭氧潜能值（ODP）为 0，对臭氧层不具有破坏作用。此外，与同样对臭氧层无破坏作用的 HFC 物质相比，R290 的 GWP 值接近 0，对温室效应影响极小。

R410A 是一种混合制冷剂，由二氟甲烷（R32）和五氟乙烷（R125）组成，比例各为 50%。其特点如下：

① **高效性**。R410A 的制冷效率非常高，比 R22 和 R32 的都要高。这意味着使用

---

[1] 对于空调制冷剂行业来说，不仅有 R32 制冷剂，还包括传统的 R22 以及作为替代产品的 R410A 和 R290 制冷剂。

R410A 的空调系统能够更快速、更有效地降低室内温度。

② **环保性**。与 R22 相比，R410A 的 GWP 值较低，大约为 2088，虽然相对于 R32 而言略高，但仍比传统的 R22 要低得多，使用 R410A 可以减少对臭氧层和全球气候的影响。

③ **压力高**。R410A 的工作压力要比 R22 和 R32 高得多，因此在使用 R410A 的设备时，需要更加严格的设计和制造标准，以确保设备的安全性。

2021 年 9 月 15 日，中国正式加入《基加利修正案》，该修正案已于同日生效。根据《基加利修正案》要求，R22 制冷剂含有破坏臭氧层的氟化物，从 2015—2030 年按计划被淘汰。随着淘汰时限日益迫近，我国 R22 替代已经到了必须选择的时刻，R22 作为我国目前应用量最大、应用范围最广的空调制冷剂，其替换路线图近年来已经逐渐清晰。尽管如此，谁来接替却一度悬而未决，R290、R410A、R32 等都是热门选项。

然而，R410A 并非环保制冷剂的终极品，只是一个过渡性的替代品。虽然其不会对臭氧层产生破坏，但仍是温室效应的元凶。R410A 虽然不含氟氯烃，不会对地球的臭氧层造成破坏，却仍含有氟化物，这会引发温室效应。多位空调企业人士也认为，与 R22 相比，R410A 引发的温室效应相当，这一产品并不是环保空调的最终制冷剂，只是过渡性替代品。

随着 R32 和 R290 制冷技术的发展，制冷空调产业围绕下一代环保新冷媒展开了一轮探索和布局。围绕 R32 和 R290 两大新冷媒，出现两大群体：一个是大金公司等相关企业力推的 R32 制冷剂，目前主要覆盖家用、商用空调，背后则是日本、东南亚等国家和地区，已开始规模采用；另一个则是中国家用电器协会携海尔、美的、奥克斯等企业力推的 R290 制冷剂。

从全球范围来看，目前 R290 无论是在中国，还是在海外国家，应用的范围（包括企业数量和产品数量）都不如 R32。R32 已成为全球公认的环保新冷媒，北美以 R410A 为主，但也有 R32/HFO 混合冷媒；印度已禁止 R22，以大金公司为首的企业主导使用 R32；澳大利亚也是以 R32 变频为主，而欧盟分体空调用 R32，移动空调用 R290；东南亚等国的 R32 应用由日本企业主导，而日本 100% 使用 R32，中国则是 R32 和 R290 均有应用。

产业在线公布的数据显示：2019 年，R32 空调在中国市场的销售量占比已经超过 30%，且正在继续扩大。在一个完全开放的市场中竞争，空调企业到底是选择 R290 还是 R32，更多还是要从产品的技术应用、用户使用体验等角度进行综合测算。

不过对于 R290 和 R32 来说，背后还隐藏着一个企业专利的隐性门槛。目前，R32 制冷剂的相关专利掌握在大金公司等外资企业手中，它们正在日本、东南亚等国家和地区，加快推动 R32 的应用步伐；而 R290 冷媒目前则不存在外资企业专利的制约，大多数国内的化工企业都拥有相应的专利配方产品。

前文已经指出，采用技术聚集模式的开源，其目的在于实现技术聚集，而技术聚集的前提条件是该行业中存在多条并行的技术路线，且各技术路线之间的差异较大。为了将行业内部的其他技术路线聚集到其中一个技术路线上来，可以选择采用专利开源的方式。专利开源有利于该模式形成虹吸效应，推动某一特定技术方向的深入发展，特别是有利于掌握相关技术的开源主体成为行业龙头。从上述分析可以看出，对于空调制冷剂行业来说，为了替代传统 R22 制冷剂，存在多条可替代的技术路线，上述技术路线之间存在较大差异，且相关技术的专利分散在不同国家的企业手里，这一特点满足该行业构建技术聚集型专利开源项目的基本条件。另外，从中国针对空调制冷剂的政策上来看，中国自 1991 年加入《蒙特利尔议定书》以来，持续开展消耗臭氧层物质（ODS）的淘汰和替代工作，并在 2004 年、2007 年分别发布了《消耗臭氧层物质替代品推荐目录（第一批）》（环函〔2004〕309 号）及其修订稿（环函〔2007〕185 号），推荐了全氯氟烃、哈龙、甲基溴和甲基氯仿的替代品，对推动这四类 ODS 的如期淘汰起到了重要作用。目前，中国正在开展最后一类 ODS——含氢氯氟烃（HCFCs）的淘汰和替代工作，并已实现 2013 年冻结、2015 年削减 10% 和 2020 年削减 35% 的目标，正在向 2025 年削减 67.5% 的目标加速迈进。随着 HCFCs 的淘汰进入攻坚阶段，各地方、各行业迫切需要替代品方面的指导意见，以引导行业企业顺利开展 HCFCs 的淘汰和替代。

2023 年 6 月 12 日，为加快推动含氢氯氟烃物质的淘汰，生态环境部、工业和信息化部共同制定并印发了《中国消耗臭氧层物质替代品推荐名录》（以下简称《名录》）。其中，针对家用空调和热泵热水器行业，《名录》推荐 R290 为首选替代制冷剂。此次发布的《名录》主要包括以下两个方面的内容。

① **明确被替代物质及替代品的用途类型和主要应用领域**。目前在中国生产和使用的 HCFCs 主要有三种，《名录》推荐了这三种 HCFCs 的 23 个替代品。《名录》同时给出替代品的主要应用领域，为相关行业、企业研发和使用替代品提供指导。

② **突出替代品对臭氧层友好和绿色低碳的双重属性**。在《基加利修正案》正式对中国生效后，作为 HCFCs 主要替代品的超级温室气体 HFCs 被纳入管控范围，将逐步开始削减和替代。《名录》注重推广绿色低碳替代品，标明了替代品的 ODP 值和 GWP 值。其中，所有替代品的 ODP 值均为 0，近 80% 的替代品 GWP 值小于 20，这在保护臭氧层的基础上指导相关行业企业进行绿色低碳替代。此次发布的《名录》中，R290 作为家用空调和热泵热水器的首选替代制冷剂备受瞩目。从替代制冷剂的环保性能来看，R290 属于天然工质，ODP 值为 0，GWP 值小于 1，完全符合履约要求。

通过前述案例选择部分对于空调制冷剂行业的分析可知，对于空调制冷剂行业来讲，存在推广 R290 制冷剂的土壤，R290 制冷剂在中国推广的生态条件是有利的，为了更好地将含有 R290 制冷剂的产品推广至全国乃至全球市场，存在通过将 R290 相关的部分专利进行开源来实现技术聚集的诉求。

下面将通过分析全球 R290 相关专利的情况，进一步指出国内相关企业是否具备空调制冷剂 R290 领域的较高水平专利。如果该条件也满足，则对于中国使用 R290 制冷剂的行业来讲，符合使用技术聚集模式进行专利开源的所有条件。那么相关企业之间可以通过构建涉及 R290 制冷剂的相关专利池并组建专利联盟来实施技术聚集模式的专利开源。在实施该专利开源项目的过程中，具体方法可以从前文指出的行业专利开源运营管理部分给出的五个管理模块出发进行管理和运营。通过在 incoPat 数据库中对 R290 相关专利进行检索，对全球以及中国涉及 R290 的相关专利进行分析。

4.3.1.1 申请人国家/地区排名

图4.3.2给出了涉及R290制冷剂的专利申请中，申请人所在国家/地区的排名情况。美国申请人以2434件专利申请排名第一，中国以1935件专利申请排名第二，日本紧随其后，位列全球第三。美国、中国和日本申请人的专利数量在全球占比分别为32.29%、25.78%、14.85%。可见，中国申请人的专利贡献率与美国申请人差距不大，且明显领先于日本申请人。这表明，在R290制冷剂领域，中国申请人拥有一定数量的专利技术，这是中国的制冷剂行业想要实现针对多种类型制冷剂技术聚集的基本条件。

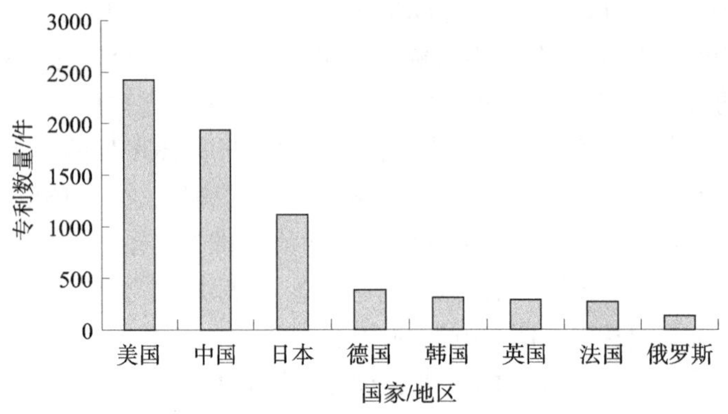

图4.3.2 R290制冷剂专利申请人地域分布

4.3.1.2 全球申请人排名

图4.3.3为R290制冷剂专利全球申请人排名情况。在全球排名前十位的申请人所在国家中，中国申请人就有3位，分别位列第六、第七和第八，以下分别简称A企业、B企业、C企业。其中，A企业、B企业均是从事空调制冷设备制造的企业。从排名中可以看出，在全球R290制冷剂领域，中国申请人的实力较强，在前十名中占据了3个席位，且专利数量均在100件以上。

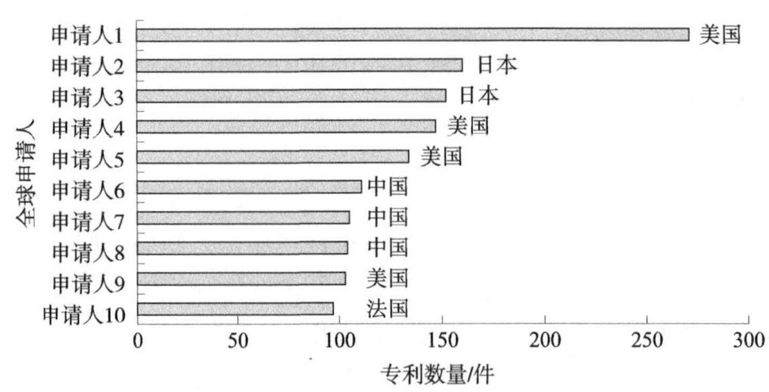

图4.3.3 R290制冷剂专利全球申请人排名

4.3.1.3　中国申请人申请趋势

图 4.3.4 为 R290 制冷剂领域中国申请人申请趋势。通过分析中国申请人在 R290 技术领域的专利申请趋势，可以获得相关产业在中国范围内的技术发展周期，从宏观层面把握分析对象在各时期的专利申请热度变化。一般发明专利在申请后 3～18 个月公开，而实用新型和外观设计专利在申请后 6 个月左右公开。

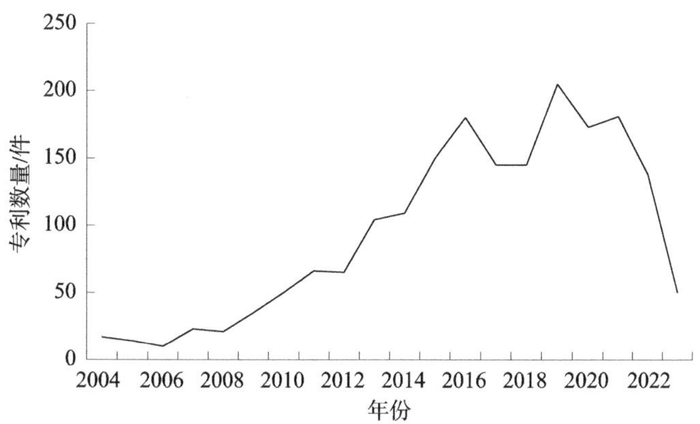

图 4.3.4　R290 制冷剂领域中国申请人申请趋势

从图 4.3.4 可以分析得出，R290 制冷剂的发展大致分为三个阶段。

① 缓慢发展期（2008 年以前）：这一阶段涉及 R290 制冷剂专利申请量缓慢增加，该技术发展较为缓慢；

② 快速增长期（2009—2015 年）：这一阶段涉及 R290 制冷剂的专利申请量快速增加，这主要是基于 R290 制冷剂在空调制冷设备上的使用，为 R290 的快速发展提供了新的动力；

③ 稳定发展期（2016 年至今）：随着越来越多的人关注到 R290 制冷剂的优势，人们投入了更多资源用于 R290 制冷剂以及相关产品的研发，其研发经过前期的沉淀后逐渐稳定，进入了稳定发展期。

4.3.1.4　A 企业 R290 专利有效性、申请类型和价值度分析

图 4.3.5 给出了 A 企业所拥有的 R290 专利的相关技术情况。A 企业的专利申请以发明专利申请为主，相对于实用新型专利申请，发明专利申请的技术要求和专利质量较高。若企业的发明专利申请量高，说明该企业具有较强的发明创造能力，从图 4.3.5 中可以看出，A 企业的发明专利申请量占比达到了 70%，同时该企业还有 6% 的国际专利申请，这表明该企业不仅在国内市场上进行了较高质量的专利布局，也在国际市场上进行了相应的专利布局。此外，有效专利的比例同样能够体现企业所申请专利的质量高低，有效专利占比越高，既说明该企业的授权专利质量比较稳定，也说明该企业对于专利的重视程度较高，表明该专利的技术价值较大。A 企业的有效专利占比达到了 69%，说明该企业的绝大部分专利属于较高质量专利。另外，从专利价值度的角度分析，价值

度为9以上的专利申请达到了95件，占比为65%，其余价值度的专利占比均在10%以下。结合前面的有效专利占比可以得知，对于A企业来说，无论从专利的数量还是专利的质量来说，该企业在R290制冷剂领域拥有较多的核心专利，A企业拥有的这些专利满足技术聚集型专利开源模式的先决条件。

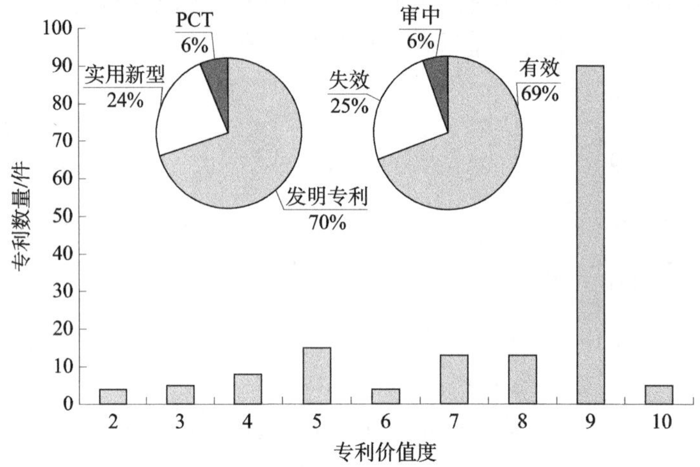

图4.3.5　A企业R290专利价值度分布

4.3.1.5　B企业R290专利有效性、申请类型和价值度分析

图4.3.6给出了B企业所拥有R290专利的相关技术情况。B企业的专利申请以发明专利申请为主，B企业的发明专利申请量占比达到了83%，同时该企业还有4%的国际专利申请，实用新型的占比仅有13%，这表明该企业不仅在国内市场上进行了较高质量的专利布局，而且也在国际市场上进行了相应的专利布局。B企业的有效专利占比达到了72%，说明该企业绝大部分的专利属于高质量专利。另外，从专利价值度的角度分析，价值度为8以上的专利申请达到了115件，占比为71%，专利价值度为5以下

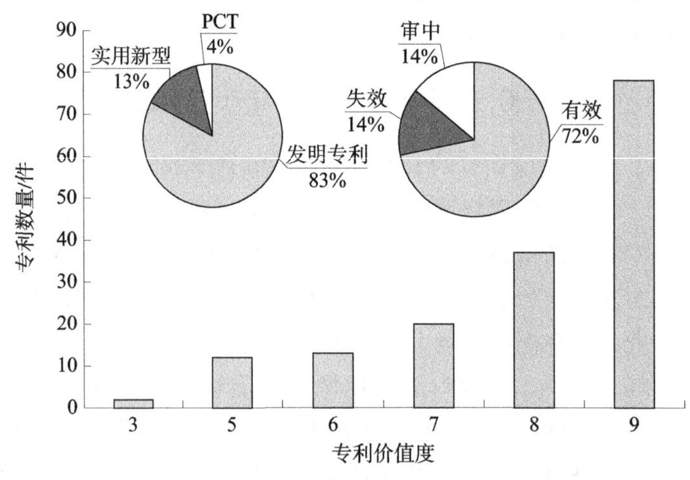

图4.3.6　B企业R290专利价值度分布

的专利占比均在10%以下。结合前面有效专利的占比可以得知，对于B企业来说，无论从专利的数量还是专利的质量来说，该企业在R290制冷剂领域拥有较多的核心专利，这些专利满足技术聚集型专利开源模式的先决条件。

综上分析，对于国内的R290制冷剂行业来说，该行业及该行业中的企业满足前文中指出的行业想要采用技术聚集模式进行专利开源的先决条件，A企业和B企业可以通过选取各自的部分专利组合成一个专利池，将其开源，构建一个专利开源项目，并由A企业和B企业共同组建一个专利联盟，负责管理该专利开源项目。

4.3.2 行业专利开源运营的组织管理

对于某个行业来说，在其发展到一定阶段以后，该行业内针对某一产品存在多种并行的技术路线，这些技术路线具有各自的优缺点。当行业内技术复杂程度高时，在针对某一产品的完整产业链上存在多个关键核心技术，这些技术没有被某一家企业所拥有，短时间内，各个企业根据自身条件也无法独立完成产业链上多个核心技术的研发，该技术是不容易被同行模仿和复制的，企业之间通过简单的合作无法实现整个产品的完整产业链的整合。此时，建议行业组建专利池或者建立专利开源项目，通过专利开源或专利池的形式实现技术互补，吸引行业内企业积极参与，有效地将同行业内的互补技术聚集起来，取长补短，推动行业内企业合作，加快行业发展。对于行业构建技术聚集模式的专利开源项目，其与企业构建专利开源项目所涉及的管理模块基本一致，同样需要从开源主体管理、开源专利管理、法律事务管理、开源风险管理、开源生态管理五个方面，制定技术聚集模式下行业构建开源项目的实施策略。下面针对行业构建技术聚集模式的专利开源项目的特点，分别从上述五个方面对其进行说明。

行业中并行的多条技术路线分别掌握在不同的企业手中，且每条技术路线对应的企业数量相对有限，这是行业开展技术聚集的专利开源项目的客观环境之一。由于此时属于相同技术路线的企业数量不多，虽然企业之间的合作交流愈加频繁，但仍无法满足形成基金会或社区的规模，因而企业之间通常以组建专利池的形式构建专利联盟。同时，技术聚集模式的专利开源项目对于开源专利的把控力要求很高，开源的专利应当完全由构建专利开源项目的一方提供，这样才能使专利开源项目的加入者走向既定的技术路线。当以基金会或开源社区作为开源主体时，任何加入者都能够成为开源专利的贡献者，那么很有可能导致后续的发展偏离原有的技术路线。因此，行业中技术聚集模式的开源主体应当为专利联盟，以负责统筹专利开源活动中的内外关系。

开源专利管理负责确定开源专利的范围和价值评估。技术聚集模式的专利开源项目中，开源专利的范围应当包括专利联盟的专利池，既可以将整个专利池对外部企业进行开源，也可以选择专利池中的部分核心专利进行开源。开源专利管理同时负责与联盟内企业就开源专利的范围进行沟通。对于开源专利管理机构，专利联盟可以由联盟内部的企业发起，在各自企业内部设立一个专门的专利管理机构，各个专利管理机构之间通过协调来实现对专利池中专利的管理，另外也可以由联盟内部的企业组建一个新的公司作为独立的开源专利管理机构。

法律事务管理负责处理专利开源项目相关法律问题，并解决专利联盟和专利开源之间的冲突。专利联盟内的企业之间实施专利交叉许可，这种专利交叉许可既可以是完全免费的，也可以根据专利本身的价值收取一定费用。而当专利联盟对外部企业实施专利开源时，开源专利对外部企业是完全免费的。因此，专利联盟内部的专利合作方式必然也要随着专利的开源而进行调整，如规定全部开源专利在联盟内部实行免费交叉许可或开源。法律事务管理在拟定开源协议的同时，要兼顾联盟内不同企业对于开源专利的贡献度，从而平衡联盟内部各个企业之间的利益。

开源风险管理负责专利联盟在专利开源活动中的风险预警、评估和规避工作。专利联盟的开源风险管理可以参考企业在构建专利开源项目时的开源风险管理来组建。专利联盟的开源风险管理可以同时为联盟内的不同企业提供有针对性的风险管理方案。

开源生态管理的主要任务是对内提高专利联盟企业对专利开源的贡献度，对外提高外部企业对专利开源的参与度。专利联盟的开源生态管理可以参考基金会或开源社区的开源生态管理方式。

4.3.3 专利开源运营的行业实施策略

通过上述分析可以得出，A 企业和 B 企业在空调制冷剂行业满足通过技术聚集模式进行专利开源，实现行业内技术聚集的所有基本条件。在此基础上，该行业在选择构建技术聚集模式的专利开源项目的过程中同样应该从开源主体管理、开源专利管理、法律事务管理、开源风险管理、开源生态管理五个方面来制定技术聚集模式下行业构建专利开源项目的实施策略。

在开源主体管理方面，A 企业和 B 企业之间可以通过形成专利联盟的方式构成开源主体。专利联盟的运营管理工作由专利联盟管理机构承担，发挥沟通联盟内外的桥梁作用。2015 年 4 月，国家知识产权局发布了《产业知识产权联盟建设指南》（以下简称《指南》），以规范知识产权联盟的建设和管理运营工作。该《指南》对专利联盟的构建提出了坚持市场导向、加强资源整合、创新服务内容三个原则。专利联盟管理机构一般应当包括联盟成员代表大会、联盟理事会、秘书处以及专家委员会等机构。联盟的全体成员单位委派代表组成联盟成员代表大会。联盟理事会由理事单位组成，为联盟的决策机构，负责联盟工作报告和年度工作计划的制订工作。联盟秘书处为联盟执行机构，对外代表联盟，负责联盟的日常活动，促进联盟之间的信息沟通。

在开源专利管理方面，A 企业和 B 企业在构建技术聚集模式的专利开源项目时，应当注意对于开源专利的选择，根据技术聚集模式开源的诉求、程度以及开源的技术路线和市场情况，合理地选择开源专利，并通过设置专门的管理机构负责开源专利的选择、专利的日常维护以及专利相关法律状态的维护等工作。

在法律事务管理方面，A 企业和 B 企业应在联盟内部拟定对外的开源协议，提供相应的法律建议，设置开源协议的相关免责或追责条款，以避免或防范相关的法律风险。专利联盟内部的企业之间可以调整相互的专利合作方式，如规定全部开源专利在联盟内部实行免费交叉许可或开源，或者对于未开源的专利，需要彼此使用专利时可以在许可或转让费用方面实施优惠政策。法律事务管理在拟定开源协议的同时，要兼顾联盟内不同企业对开源专利的贡献度，从而平衡联盟内部各企业之间的利益。

在开源风险管理方面，A 企业和 B 企业应预先制定相应的风险应对预案，并在日常运营中形成具有固定成员的风险管理小组，指定专门负责人员对专利开源项目日常运营中的风险进行实时监控和应对，防范专利开源项目发生重大风险事件。

开源生态管理的目的是使专利开源项目更好地稳定运行，为专利开源项目的具体实施提供良好的外部环境和内部环境。对内，联盟可以设置相应的激励措施和宣传政策，鼓励有能力或者优秀的员工积极参与专利开源项目的运营与管理，为专利开源项目集思广益。对外，可以通过定期组织行业内的技术峰会，吸引更多行业内的企业参会，实时了解行业技术发展的最新状况，及时为行业内的其他企业提供专利开源项目开展的最新进度和取得的成果，积极宣传专利开源项目对于行业的促进作用。

4.4　企业战略分析及运营实践

创新主体或组织往往对于专利开源有着不同的目的与诉求，如大金公司开源了制冷剂 R32 相关设备的技术专利，开源专利中数量最多的技术分支为制冷剂泄漏保护，这与 R32 易燃易爆的特性有关。目前，市场存在 R32 与 R410A 两种主流空调制冷剂，相较于 R410A，R32 的安全性要差很多，但同时它也有碳排放少与循环性能好的优势。大金公司开源这部分专利，主要是希望通过专利开源这种方式，将空调技术路线更多地聚集到 R32 这个方向上，形成竞争优势，这是典型的技术聚集模式的专利开源运营。企业在选择技术聚集模式的专利开源时，无论是加入专利开源项目还是构建专利开源项目，都需要考虑自身条件，判断是否适合构建或加入专利开源项目。

技术聚集模式的专利开源通过开源专利将技术聚集到自身的技术路线上来。企业在产品的市场占有率低、产品质量得不到市场信任、没有较高水平的核心专利或者核心专利较少时，会选择专利开源：一方面，由于影响力不够、市场占有率低，该开源专利的使用不会给其他企业带来额外的技术优势或者经济效益，其他企业不会将相关开源专利用于自身的产品；另一方面，开源专利本身的价值度较低、权利不稳定，会导致他人在使用该开源专利时，考虑该专利带来的法律风险及相关责任，从而比较谨慎地使用该开源专利。同时，专利开源会对开源主体本身产生一定的技术威胁和冲击，产生技术风险，竞争对手可以在开源专利的基础上进行二次开发，反过来在技术发展和市场份额上对开源企业产生威胁，压缩开源主体的市场空间，限制开源主体的技术发展方向。

企业所处行业阶段的不同也是进行技术聚集模式的开源决策时需要考虑的重要因素。企业技术从新兴转向多样化并趋于成熟，此时企业综合实力明显提升，专利水平会随着技术水平的提高而不断提高，行业内合作逻辑越发清晰，此时可以考虑参与专利开源活动，通过构建或加入专利开源项目来降低成本。当行业内的互补技术复杂程度高，且技术整合能力低时，技术不容易被模仿和复制，且企业很难单独完成整个产品的生产与商业化，也无法通过简单的企业合作实现整个产品网络的整合。此时可以通过构建或加入专利开源项目，通过专利开源的形式实现技术聚集。另外，在此阶段，企业已经有一定的发展基础，业务模式和盈利模式得到了初步市场验证，主营产品在市场上也具有一定的占有率。虽然已经度过了危机四伏的初创期，但随着企业开始进入快车道，为了加速研发抢占市场，此时企业往往仍面临着较大的资金压力和技术压力。同时，企业参与市场竞争的程度加深，逐渐引起竞争对手的关注，企业也需要时刻关注外部市场风险、政策风险、内部管理机制等方面的问题。

因此，对于技术聚集模式的专利开源，需要考虑以下条件：

① 自身综合实力较强，如既具有较为雄厚的财力、精良的设备、一流的人力资源和先进的技术工艺等硬实力，又具有较强的文化影响力、学习能力、公关能力、社会公信力等软实力；

② 在某一个技术领域拥有一定数量的较高水平的专利；

③ 企业所在行业的发展阶段处于成长期；

④ 企业所在行业存在多种技术路线；

⑤ 法律风险可以承受。

4.4.1 企业专利开源运营案例选择

根据前述在行业运营实践中得出的结论——空调制冷剂行业适合构建技术聚集模式的专利开源项目，在该空调制冷剂行业中的相关企业也同样具有技术聚集的诉求。国内空调制冷剂行业的主要企业有格力、美的、海尔、美芝等，这些企业均是空调领域的龙头企业。为了达到专利开源的条件，还需要开源的企业具有较高质量和较多数量的专利，因此从空调制冷剂行业中的诸多龙头企业中选择 A 企业作为构建技术聚集模式专利开源项目的主体进行研究。

2015 年 4 月 8 日，世界三大制冷暖通空调展会之一的中国制冷展在上海举行。在制冷展现场，A 企业宣布全球首批 R290 低碳环保空调上市。据悉，A 企业首批 R290 空调是当时行业内最低碳、最环保的空调产品。在发布现场，环境保护部环境保护对外合作中心、中国家用电器协会、联合国环境规划署、联合国工业发展组织和德国国际合作机构五大机构联合授予 R290 空调“环保低碳标识”。这意味着 A 企业首批 R290 空调率先成为贴上“环保低碳标识”的空调产品。此次 A 企业不仅发布了 R290 空调，还宣布将实现该产品的批量上市，其在制冷剂创新和节能效果方面也实现了行业引领。R290 空调采用的是自然冷媒 R290，对臭氧层完全没有破坏，温室效应很小，是当时最环保、最低碳的制冷剂。同时，A 企业 R290 空调具有高效制冷制热效果，能效比高达 3.72，达到国家新 I 级能效标准。A 企业成为国内首批获得 R290 空调 3C 认证和“环保低碳标识”的空调企业，并率先获得多项发明专利，其产品已通过欧洲 EN 378 和国际电工委员会 IEC 60335 的标准认证。

作为全球最早研发 R290 空调的企业，A 企业从产品研发、生产工艺到人员技能培训等环节进行创新和完善，并编制了相应的安装、使用、维修说明书和售后规范，实现全流程安全保障。目前，A 企业已拥有多条 R290 生产线，充分具备 R290 智能变频空调的量产能力。A 企业践行绿色事业，不论是创新搭载节能技术，还是推进对 R290 制冷剂的研究和安全应用，都体现出 A 企业作为“中国智能制造”先锋军的影响力。2017年，国际知名第三方检验、检测与认证机构德国莱茵（以下简称莱茵）为 A 企业正式颁发全球首张 R290 智能环保空调生产线安全认证证书，该证书标志着 A 企业的 R290 智能环保空调生产线符合欧洲防爆安全指令和 IEC 国际标准的安全要求。同时，莱茵还为 A 企业 R290 空调生产线生产人员提供了安全技能培训和考核。A 企业由此成为首家获得莱茵 R290 生产线人员资格认证的空调企业。A 企业 R290 智能变频空调在节能、安全、稳定等方面进行了大胆创新。在节能方面，通过智能变频技术以及创新结构的压缩机，R290 空调从变频到定频都能达到节能产品水平，环保又高效；同时，变频空调拥有大量的电气元件，A 企业创新采用行业最安全的设计，实现变频空调的安全高效运行，破解了变频空调在应用 R290 环保冷媒后高温制冷、低温制热、安全高效等行业难题。另外，A 企业“新一代环保工质 R290 及其混合物的关键制冷技术开发与产业化”项目获得山东省科技进步奖三等奖。可见，A 企业已经完成了 R290 等环保冷媒空调的技术开发和储备工作，为 R290 空调的推出夯实了技术基础。

结合前述对空调制冷剂行业的分析，A 企业适合作为构建技术聚集模式的专利开源项目的案例。

4.4.2　专利开源运营的企业组织管理

从上述分析可知，A 企业可以通过构建技术聚集模式的专利开源项目，实现技术聚集的目的。为了能够顺利地开展专利开源项目，A 企业在构建技术聚集模式的专利开源项目时，可以从前述的开源主体管理、开源专利管理、法律事务管理、开源风险管理、开源生态管理五个方面构建专利开源项目的实施策略。

4.4.2.1　开源主体管理

A 企业要把专利开源运营上升到企业战略层面去思考、定位和规划，企业领导作为决策层，是企业专利开源运营的推动者，要设立企业专利开源运营领导小组，出台专利开源运营方面的政策，做出重大事项的决策。同时，A 企业需要完善专利运营管理的组织，下设专门负责专利管理的部门，内部可以通过单独设立专利开源办公室的方式专职负责专利开源运营，并且可以借助成熟的专利开源平台进行专利开源的运营和推广。这时需要注意的是，虽然多数企业设置了专利管理部门，但管理人员大多身兼数职，专职管理专利的人员较少，尤其缺乏既懂知识产权又懂技术的复合型管理人才。他们大多并未接受过系统、科学的知识产权培训，对于专利的理解还停留在表面的成果申报、登记和报酬发放，甚至将一切流程管理事宜委托给服务机构，对本单位的专利详细情况并不了解，更缺乏专利转移转化的实战经验，真正深入企业研发、生产、市场等相关部门沟通交流极少，基本处于专业能力不强、动力不足的状态。因此，A 企业在通过机构设立或者改革实现开源主体管理的同时，还要重视挑选和使用复合型专利运营人才，通过人才引进或者培养的方式，选择复合型人才组成专利开源运营团队。

4.4.2.2 开源专利管理

开源专利管理包括对开源专利的价值进行评估和分析，并为专利开源主体的专利布局、申请和维护等提供帮助和建议。由于不同的开源专利涉及不同的技术，具有不同的价值度以及不同的专利类型，这就需要在专利管理的过程中，对开源专利进行分类分级管理。A企业在将相关专利技术进行开源时，应该根据开源专利的类型是发明、实用新型、外观设计等进行初步的分类管理，同时也要结合开源专利的技术领域、对应的产品等多种属性进行更为精细的分类管理。在对开源专利分类的过程中，需要结合行业、企业特点，既要覆盖企业当前的产品和技术现状，也要从产业链、技术链的上下游关系，技术发展的前瞻性等角度进行一定的拓展。在对开源专利进行分类管理后，需要进一步对专利进行分级管理。这就需要对每一个开源专利进行专利价值分析。专利价值分析主要是从专利的法律属性、技术属性、经济属性等多个维度进行评价，得出的结果是专利价值度，而不是专利的具体价格。通过对专利价值进行科学系统的分析，能够对专利的分级分类管理发挥基础性的支撑作用。在得到专利价值后，再根据专利价值分析的结果划分专利的级别，针对不同级别的专利设置相应的管理方式和处置措施。从专利管理的角度来看，在企业管理人员和资金有限的情况下，实施专利分类分级管理可以极大地提高工作效率，节约企业管理成本，企业能够根据公司的战略快速地选择开源专利的类型、开源专利价值度、开源专利所涉及的技术领域，为企业战略实施提供及时的支持。

开源专利在进行专利管理的过程中，也需要根据技术聚集模式的具体诉求进行开源专利管理。开源专利可以以关键专利技术为主，数量不一定很多，但要统一于同一条技术路线，体现出该路线的技术优势。例如，将核心专利形成开源列表或开源清单，对与核心专利实施相关的其他专利进行许可，同时可以将实现核心专利的部分设备和产品出售；加入专利开源项目的其他企业既可以付费使用与核心专利实施相关的其他专利或设备和产品，也可以利用自身的研发基础重新开发出与核心专利适配的技术。通过这种组合型的专利运营，开源企业可以在利用技术优势吸引业内其他企业加入专利开源项目的同时，仍保持在众多同行竞争对手之中的技术领先地位。

4.4.2.3 法律事务管理

法律事务管理的重点在于制定合理的开源协议。企业构建以技术聚集为目的的专利开源项目时，应该结合技术聚集模式开源的诉求和特点，撰写适合自身的开源许可证，明确许可范围和条款，解释权利归属，处理开源组织形式变动、开源协议变动、开源协议中的条款以及开源专利对外许可等带来的法律问题，构建适合自身开源需求的开源协议。开源协议一般应采用明示获取的方式，有利于明晰双方的权利义务关系，并且优先采用统一版本的通用开源协议，简化加入专利开源项目的流程。开源协议中不宜有过多限制，如此才能吸引更多企业加入专利开源项目，从而进入该行业市场，并在较短时间内推动整个行业的技术迭代更新。法律事务管理，应该注意选用具有专业法律知识以及专利知识的复合型人才，构建法律事务管理团队，通过使用具有专利知识和法律知识的专门人才来对专利开源过程中的法律事务进行管理，制定出更适合企业的开源协议，减少协议中存在的法律风险。这样在涉及可能出现的法律问题（具体包括专利申请权纠纷、专利权属纠纷、侵权纠纷、假冒他人专利纠纷、署名权纠纷等，以及侵权赔偿或纠纷赔偿、证据保全等其他法律问题）时，A企业才能够以更加专业的方式去应对和处理上述法律问题。

4.4.2.4　开源风险管理

开源风险管理，用于构建服务化架构和可配置化应用系统，为专利开源主体防范专利开源中的风险提供支持。开源的组织形式、开源协议的变动、开源协议中的条款以及开源专利对外许可可能导致法律风险，在运用开源专利的过程中可能引发技术风险。因此，A企业在专利开源过程中主要涉及法律风险和技术风险。A企业在构建技术聚集模式的专利开源项目时，其法律风险主要涉及开源协议中的有限不主张条款、转让限制条款、可再专利性条款、违约条款、权利用尽条款等，以及开源的组织形式、协议变动导致的法律风险；技术风险主要涉及无法把竞争对手排除在外、竞争对手在核心专利基础上进行二次开发的风险。具体地，对于技术聚集模式专利开源，为了实现技术聚集的目的，其所开源的专利一般为在本领域中具有较高价值度的关键技术专利。这些专利在前期的申请以及获得授权的过程中，需要企业付出较高的人力成本、财力成本；一旦将其开源，则无法享受传统专利运营带来的优势和价值。这就需要A企业积极构建企业内部专利开源风险防控体系，对构建专利开源项目存在的诸多风险进行事先评估。在构建专利开源风险防控体系的过程中，企业需要在制定开源协议、构建专利开源项目的前期，通过对开源专利进行分析，从专利开源项目实施的前期阶段对开源专利风险进行防范；在风险爆发后，通过对专利风险源的识别、专利损失的估计，制定有针对性的止损方案，并对方案实施的效果进行动态跟踪评估，及时调整应急策略，达到降低损失的目的。

4.4.2.5　开源生态管理

开源生态管理，用于A企业专利开源生态的构建，包括专利开源运营内部生态和外部生态的构建。专利开源运营内部生态的构建需要专利开源运营主体之间的紧密联络，开源生态内各企业之间的技术共享、运用和其他业务交流，以及对专利开源项目进行宣传和推进。专利开源运营内部生态建设需要A企业自身认识到专利开源运营的重要性，同时在合作企业之间积极推广和宣传专利开源能够为企业带来的利益，以及为企业长远发展带来的竞争优势。只有从基层到领导层，到涉及专利的各个职能部门，对专利开源这种新型的专利运营模式形成共识，才能更好地推进企业专利开源项目的实施。专利开源运营外部生态的构建主要包括开源政策生态和开源运营文化生态两部分。专利开源运营受市场和行业影响巨大，有时需要政府颁布相应的专利开源鼓励政策来适度参与宏观调控，实现资源的优化配置，以促进专利开源运营的协调发展和创新驱动发展。A企业在所处技术领域的发展应处于较为领先的地位，且企业所拥有的技术实力、品牌实力以及市场占有率等综合实力应处于行业领先地位。A企业在获得政策支持后应当积极地利用开源政策，从自身产品、技术及市场推广的角度出发，发挥政策对专利开源项目的激励作用，增强政策对于专利开源项目生态的促进作用。在专利开源运营时，企业可以通过开源生态管理来进行创新意识的培养和“开源”概念的普及。例如，大金公司在空调中使用的 R32 制冷剂，在性能上相对于当时的制冷剂具有降低空调对全球变暖影响的特点，如不破坏臭氧层，其 GWP 仅为传统空调制冷剂 R410A 的约三分之一，R32 可提高空调的运行效率。R32 制冷剂本身流通广泛且容易获得、回收和再生，从而可以减少新制冷剂的生产量。同时结合当时全球各国高度关注的全球变暖及气候问题，R32 制冷剂的出现受到了大多数国家的欢迎，这就从开源技术本身出发，为该专利开源项目的推广和使用提供了良好的生态环境，大大促进了该技术在全球各国家和地区的推广和应用。此外，优质的创新成果往往需要通过群体间相互协作共同完成，可通过技术互通宣讲会、研究成果展览或座谈会等形式，维护生态内企业间的紧密联络和信息共享；对于技术聚集模式的专利开源项目，企业可借助技术峰会、产品发布会、行业论坛或年会等多种场合对专利开源项目进行介绍，并通过向社会公众介绍成功的开源案例，让社会公众看到专利开源的作用，普及开源文化，使更多企业和个人加入专利开源项目。

4.4.3 专利开源运营的企业实施策略

本节继续以 A 企业为研究对象，结合前文对技术聚集模式下企业运营的分析，从企业构建专利开源项目和加入专利开源项目两个角度深入探讨企业专利开源运营的实施策略。

4.4.3.1 企业构建专利开源项目的实施策略

专利开源的基础是企业所持有的专利数量以及质量，A 企业在实施专利开源战略时需要考虑的是自身的专利数量以及质量。图 4.4.1 为 A 企业 R290 制冷剂的专利申请趋势，对 A 企业在 R290 制冷领域的专利进行简单分析，以便为后续专利开源的实施奠定基础。

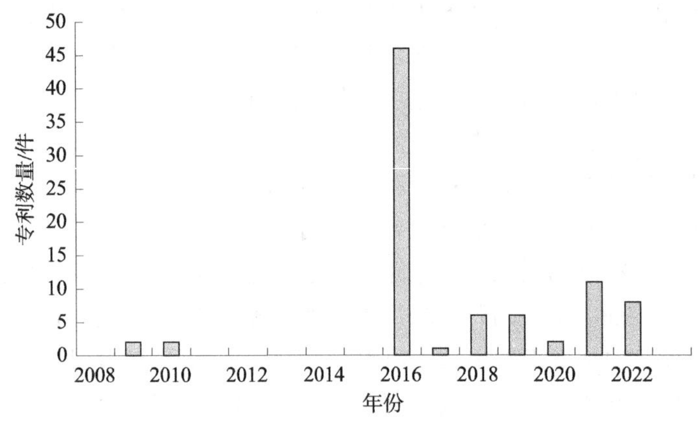

图 4.4.1 A 企业 R290 制冷剂专利申请趋势

在 incoPat 商业数据库中利用申请人和关键词的组合检索策略，对 A 企业的空调

R290 制冷剂相关专利进行检索，共检索到 87 件专利。对上述 87 件专利进行分析，A 企业在 2009—2010 年有少量的专利申请，该专利申请主要保护了 R290 作为制冷剂在空调中的应用技术。在之后的 5 年时间里，A 企业并没有相关的专利申请，但是在 2016 年，专利申请量急剧增加，之后的几年逐渐趋于稳定。从前述 A 企业对含 R290 制冷剂的空调产品的发布情况来看，该企业在 2015 年发布了含 R290 制冷剂的空调产品。这说明在 2009 年掌握 R290 在空调中应用的技术以后，该企业并没有急于申请专利，而是通过不断地技术研发，实现技术积累和突破。在产品尚未上市之前，A 企业没有申请相关专利，一方面可能是基于商业秘密保护的方式实现对技术的保护，另一方面可以避免在产品上市之前，其他企业通过已公开专利对产品进行二次研发的风险。明显地，在产品上市以后，A 企业提交了大量涉及 R290 制冷剂的专利申请，进一步说明 A 企业在 2011—2015 年的 5 年时间内，对于使用 R290 制冷剂空调的技术研发并未停止，而是处于不断积累的过程中。

图 4.4.2 给出了 A 企业所拥有的 R290 制冷剂的专利价值度和专利类型情况。A 企业的专利申请以发明专利申请为主，发明专利申请相对于实用新型专利，其技术要求及专利质量较高。若企业的发明专利申请量高，说明该企业具有较强的发明创造能力。从图 4.4.2 中可以看出，A 企业的发明专利申请量占比达到了 63%，同时该企业还有 7% 的国际专利申请，这表明该企业不仅在国内市场上进行了较高质量的专利布局，在国际市场也进行了相应的专利布局。从专利价值度的角度分析，价值度在 8 及以上的专利申请共有 31 件，占比为 41%。对于 A 企业来说，无论从数量还是质量上来说，该企业在 R290 制冷剂领域拥有较多的核心专利，A 企业拥有的这些专利满足技术聚集模式专利开源的条件。

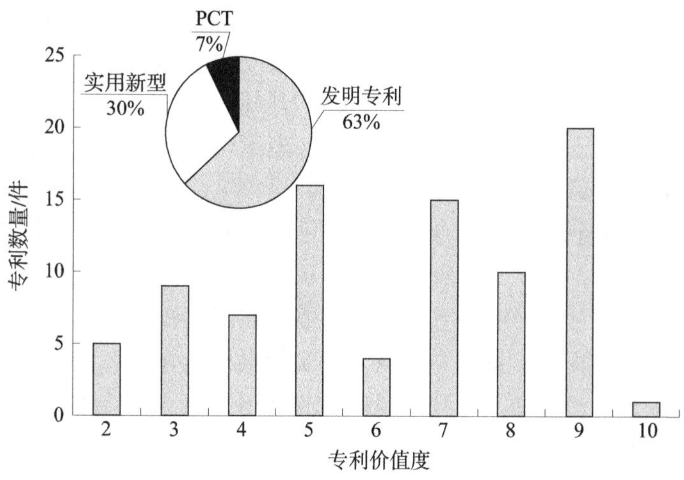

图 4.4.2　A 企业 R290 制冷剂专利价值度概况

图 4.4.3 给出了 A 企业 R290 制冷剂专利的被引证情况。对于 A 企业来说，在所有的 87 件专利申请中，有 61% 的专利有过被其他专利引证的记录，这 61% 的被引证专利的引证次数均在 10 次以内。在这 61% 的被引证专利中，55% 的专利被引证次数为 1 ~ 2 次，有 30% 的专利申请的被引证次数在 5 次以上，这在一定程度上表明该企业的专利申

请具有较高的质量。

通过上述分析可以得知，A企业满足通过技术聚集模式实现专利开源、技术聚集的所有基本条件。在此基础上，A企业在选择构建技术聚集模式专利开源项目的过程中，可以参考前文提到的从构建开源主体管理、开源专利管理、法律事务管理、开源风险管理、开源生态管理五个方面，来制定A企业构建技术聚集模式专利开源项目的实施策略。

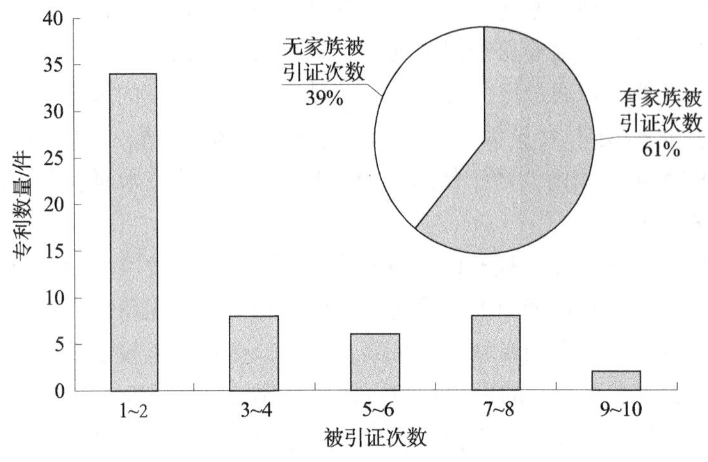

图4.4.3　A企业R290制冷剂专利被引证情况

4.4.3.2　企业加入专利开源项目的实施策略

相对于A企业根据自身的战略需要主动构建一个技术聚集模式的专利开源项目，企业还可以选择加入他人已经构建的技术聚集模式的专利开源项目，在加入专利开源项目的具体实施过程中，同样可以从开源主体管理、开源专利管理、法律事务管理、开源风险管理、开源生态管理五个方面来制定相应的实施策略进行管理，上述五个实施策略的制定大体上与构建技术聚集模式时的策略一致。

需要注意的是，A企业在加入专利开源项目时，要对专利开源项目所涉及专利当事人的主体资格进行审查，要认真审查专利开源项目的发起人是否是真实的开源专利的专利权人，必要时需要查看该专利的登记簿副本或者在国家知识产权局网站进行检索，确定专利开源项目发起方真实信息与专利权人真实信息相吻合。事先把以上基本背景审查工作做好，可从源头上预防加入专利开源项目或使用开源专利后的权属纠纷甚至骗局的发生。另外，在选择加入专利开源项目时应当认真检索和核对被开源专利的法律状态，如果专利权期限已届满、被宣告无效或权利人已放弃专利权，则该专利技术已经进入公有领域，不受法律保护，任何人都可以无偿使用。以我国发明专利为例，其保护期限为自申请之日起20年，专利有效期限内不同阶段带来的利润回报是不同的。当所开源专利有效期还剩几年甚至几个月时，就需要重新考虑加入该专利开源项目所带来的优势是否合适。对于开源专利，通过专利检索、分析等信息利用手段对其价值进行预先评估，做到心中有数。目前，国家正在持续实施专利质量提升工程，获得高价值专利已经成为各类市场主体和创新主体的共识，如果专利开源项目所涉及的专利价值度不高，或者专利所涉及的技术并不是该领域内较为通用的技术，或者该技术已经被新的技术取代，则需要重新考量加入该专利开源项目的意义。

加入技术聚集模式的专利开源项目时，该企业所属行业发展已经经过了一定阶段，不大可能出现行业快速消退的情况，但不同的技术路线会导致业内企业出现分化。因此，A 企业在选择加入技术聚集模式的专利开源项目时，最为重要的是需要通过开源风险管理，从技术路线使用年限、普及程度、成本、被替代性、可演进方向等角度分析对比当前行业内多条技术路线的优劣势，结合自身条件和行业地位分析失败后可能出现的后果，选择是否参与该专利开源项目，谨慎"押注"某一条技术路线。因此，A 企业在选择加入技术聚集模式的专利开源项目时，一定要仔细分析加入专利开源项目后对自身企业带来的风险，梳理开源协议的内容。因为一旦加入专利开源项目或使用了开源专利所涉及的技术，这种免费使用会对专利权人的专利使用形成依赖，而之后专利的免费开放又终止了，此时免费使用者将面临成本提高或利润减少的问题。例如，微软将针对原来可以免费使用的 FAT 文件系统收取每件 0.25 美元的授权费用，还要对厂商收取 25 万美元的许可费用。这意味着国内 IT 厂商要在新增利润中拿出一部分交给微软。

另外，与 A 企业体量一致的大型企业或区域龙头企业一般具有较强的研发实力，其产品均有自身的核心技术以及相应的配套专利，其产品技术的发展均有一套适合自身企业发展的技术路线，这些企业在选择开源专利的方式来达到商业目的时，一般会通过自身构建专利开源项目。但是中小微企业的科研人才、科研设备以及科研资金不足，尤其是专门负责知识产权管理的人才明显缺乏。许多中小微企业虽然对知识产权有一定保护，但管理不全面、应用不当仍然会给自身带来财务和信誉等方面的严重损失，甚至直接导致企业破产。企业在整个经营过程中都可能面临知识产权风险，知识产权风险防范不严，任何小失误都会严重影响中小微企业的发展和生存。相对于具有雄厚实力的企业，中小微企业自身的特征和专利运营法律风险的特性决定了其必须改变防控策略才能有效应对诸多的法律风险。中小微企业在选择加入技术聚集模式专利开源项目时更应注意防范其中存在的风险，由于中小微企业自身抗风险能力不足，因此在选取防控专利运营法律风险的策略时必须谨小慎微，既要从源头上降低风险的产生，又要在风险产生时降低处理成本。在此种情境下，积极向外寻求帮助，利用外部力量做好企业专利运营的辅助性工作或为一条有效途径。具有创新能力和自主知识产权的中小企业应积极"走出去"，借助外部机构在开源专利的分析、评估等方面为自己的知识产权找到出路，破解在加入专利开源项目中遇到的一系列难题，在加入专利开源项目获得相应技术的同时，获得更强的发展推动力。

4.5 小结

本章主要介绍了在行业内部存在多条技术路线时，可以选择通过技术聚集模式的专利开源运营实现企业或者行业技术聚集的目的，通过技术聚集模式的专利开源运营为企业或者企业所处的行业提供了一种崭新的专利运用思路，有助于相关企业提高知名度、扩大市场份额以及获得更大的商业利益。

本章围绕技术聚集模式的专利开源运营实践，首先从技术聚集模式的概念出发，介绍了技术聚集模式专利运营的特点，并针对现有技术聚集模式的经典开源案例，如大金公司涉及 R32 制冷剂专利的开源以及涉及生成式人工智能的谷歌 Transformer 模型、Meta 公司的 Llama 系列模型以及百度发布并开源的 ERNIE 系列模型等案例进行了分析。

基于技术聚集模式经典案例分析，对专利开源的行业运营和企业运营实践提出建议。在行业运营实践层面，本章选择了空调制冷剂作为行业案例，从开源主体管理、开源专利管理、法律事务管理、开源风险管理和开源生态管理五个方面对行业专利开源运营的组织管理和实施策略进行介绍。在企业运营实践层面，本章以空调制冷剂行业内一家企业作为专利开源主体，同样从开源主体管理、开源专利管理、法律事务管理、开源风险管理和开源生态管理五个方面给出企业专利开源实施策略的建议。

第五章　专利开源战略分析及运营实践：产品防御模式

本章首先从理论上分析产品防御模式下的专利开源运营战略，再从实践出发，分析该模式下专利开源项目的经典案例，并以此为基础，深入挖掘产品防御模式下专利开源运营的行业运营实践和企业运营实践的具体策略。

5.1　产品防御模式分析

以产品防御为目的的专利开源行为，可以满足企业或行业内组织免受专利侵权侵扰、维持良好合作环境的诉求。本节简要介绍产品防御模式的含义，并从开源范围、获取方式、协议类型、目的限制、时间限制以及协议条款等方面分析产品防御模式的特点。

5.1.1　产品防御模式含义

随着科技的进步，高新技术领域，尤其是生物和电子技术领域的专利数量逐年增长，专利权人数量庞大，专利技术重叠，相关联的专利技术由多个专利权人所有，形成了“专利丛林”。激烈的“丛林竞争”迫使相关专利权人采用防御性专利战略保护其关键技术，该行为又加剧了“专利丛林”现象，专利侵权纠纷层出不穷，令相关技术研发者和使用者如履薄冰，也给专利权人和利益相关方造成巨大损失。

当下，“专利蟑螂”和“垃圾专利”对知识产权秩序的扰乱最为严重。[1]“专利蟑螂”又称“专利流氓”，是指那些没有实体业务，本身并不制造专利产品或者提供专利服务的专业公司或团体，从其他公司、研究机构或个人发明者手上购买专利的所有权或使用权后，专门通过专利诉讼赚取巨额利润。此处的“垃圾专利”特指用于构建壁垒的一系列“专利墙”，如CPU的设计需要8000件专利才能进行。“专利蟑螂”和“垃圾专利”不仅会导致大量的专利侵权纠纷，而且会阻碍技术创新，破坏市场经济秩序，影响企业乃至整个行业的发展。为应对专利侵权的侵扰，仅凭一己之力构建专利保护的“护城河”并不现实，有效的方法是吸引其他专利权人加入，构建联合防御体系。专利

[1] 刘澎．2021中国开源蓝皮书以及开源知识产权［J］．软件和集成电路，2021（9）：55－56．

开源中的产品防御模式，就是通过专利开源吸引更多参与者共同构建专利防御圈，形成完整的专利防御体系，使之免受专利诉讼侵扰，打造良好的合作环境。

5.1.2 产品防御模式特点

产品防御模式下的专利开源主要以组织的形式创建，并以社区的形式传播。产品防御模式适用于平台类产品，社区成员都能从该平台获利，这也是其他专利权人加入组织的动力。例如，OIN 专利开源项目的任务是预防和消除 Linux 发展中的潜在问题，该项目属于典型的产品防御模式。OIN 收购与 Linux 有关的技术专利，凡是与 OIN 签订专利使用协议的企业都可以免费使用 OIN 收购的各项技术专利，作为交换条件，签约企业将不能再主张其与 Linux 相关的原有专利。

5.1.2.1 开源范围

一般情况下，要构建针对特定产品的专利防御生态，需要通过构建专利池的方式来开源相应专利。此外，也可以采用类似于 OIN 的策略，将所需开源的专利锚定在特定产品上，不形成明确的专利池，但是通过对特定产品的专利开源承诺，同样可以达到相同的效果，也能免除维护专利列表的工作。上述两种方式都是优选的方案，开源全部专利不是一个必需的选择。

5.1.2.2 获取方式

如果构建专利开源组织，采用无限制的会员制是较优方案，通过这种方式既可以明确双方的权利与义务，又可以基于社区来进行专利开源的传播，形成更大的影响力，构建更为广泛的防御生态。此外，通过明示确认的方式声明使用开源专利，同样能够明确双方权利与义务；相应地，未明示确认则会使得双方的权利与义务不清晰，导致社区缺乏必要的专利贡献者，不利于专利生态的构建。

5.1.2.3 协议类型

产品防御模式采用通用的协议格式，因为通用的协议格式可以明显降低双方的许可成本，并且可以消除潜在的歧视性条款，更符合 FRAND 原则。

5.1.2.4 目的限制

防御诉求往往局限于特定的产品，因而其目的具有天然的有限性，在此加入目的性条款属于比较正常的限制。

5.1.2.5 时间限制

时间限制对于产品防御模式来说并不是十分关键，通常专利开源项目会允许贡献者加入时间限制声明。

5.1.2.6　协议条款

如果采用组织形式构建产品防御模式的专利开源项目，不主张条款无论从行权的主体还是客体来看都是有限制的，即不主张条款的主体仅限于会员，客体仅限于特定的产品，这是最优的选择。防御诉求的目的具有有限性，因而没有必要对可再专利性条款与权利用尽条款进行限制。另外，对于违约责任的划分在任何时候都是必要的。此外，反向许可条款与病毒条款要慎用，对于有限的目的没有必要采用过于激进的专利许可条款。

5.2　经典开源案例分析

相较其他模式的专利开源运营，产品防御模式的专利开源运营起源于软件开源，历史发展较长，成功的开源项目众多，运营方积累了丰富的运营经验。本节选取具有代表性的 OIN 专利开源项目作为分析对象，从开源主体管理、开源专利管理、法律事务管理、开源风险管理和开源生态管理五个方面进行介绍，并对项目中的开源专利进行分析，以获取运营实践的启示。

5.2.1　产品防御模式经典案例分析

OIN 成立于 2005 年，是一个共享的、防御性的专利池，该社区以保护 Linux 为使命，通过对 Linux 系统涉及的专利实行防御性交叉许可，为 OIN 社区成员和基于 Linux 开源操作系统技术的用户提供行动自由。

OIN 在组织管理上是一个涉及机构、技术、人员、信息、市场等多要素的复杂系统，涵盖了开源主体管理、开源专利管理、法律事务管理、开源风险管理和开源生态管理五个方面。

5.2.1.1　开源主体管理

OIN 专利开源项目的专利开源主体是社区，OIN 社区由谷歌、IBM、日本电气股份有限公司（NEC）、飞利浦、索尼、SUSE 和丰田资助，目前拥有来自 150 多个国家/地区的 3800 多名成员，是全球最大的专利保护社区。

（1）*发展历程*

创立 OIN 的想法，源于 21 世纪初。OIN 是同类型组织中首个创造新专利共享模式的组织，它在协作式环境中公开共享专利，以促进 Linux 及相关开源技术的创新。OIN 很快成为史上规模最大的专利保护社区。

2005 年，OIN 有限责任公司成立；同年 10 月，包括 IBM、红帽（Red Hat）、NEC、SUSE、飞利浦、索尼在内的创始成员加入 OIN；同年 11 月，杰里·罗森塔尔（Jerry

Rosenthal）担任第一任首席执行官，第一商务公司（Commerce One）将7件专利和21件专利申请出售并转让给OIN，这些专利和专利申请成为OIN早期专利组合的重要组成部分。

2009年9月，OIN从AST收购了22件防御型专利，以避免专利侵权者使用专利开源技术。

2010年6月，OIN推出新的准成员计划，招募Canonical公司成为首位准成员，随后谷歌和TomTom公司相继加入成为准成员。

2013年2月，OIN成员达到500名；同年11月，谷歌成为OIN的创始成员；同年12月，OIN扩大Linux保护网络，覆盖OpenStack技术。

2014年，OIN、欧洲自由软件基金会和Linux基金会推出并举办第一届亚洲法律联谊会议；同年9月，OIN成员超过1000名。

2016年5月，丰田成为OIN的创始成员；同年7月，OIN成员增加至2000名。

2018年8月，OIN创始成员一致支持通用公共许可证（GPL）协议；同年10月，微软宣布加入OIN，为社区贡献了6万件专利；同年12月，阿里巴巴和蚂蚁金服加入OIN，在金融科技行业推动开源技术的发展。

2019年6月，OIN成员超过3000名，实现两年内50%的增长。

2020年2月，OIN宣布将赞助并支持软件遗产基金会，已有超过60亿份开源文件在该基金会存档；同年11月，被授权商的年均复合增长率超过50%，OIN成员来自195个国家中的100个国家，涉及以全球行业分类标准为基准划分的20个行业和11个部门。

2021年1月，OIN全球成员超过3800家。

（2）管理架构

OIN社区的管理架构是一个开放和合作的模型。作为一个专注于保护和推动Linux和其他开源软件的组织，OIN的管理架构旨在促进知识共享和创新，具体包括以下几个部分。

① **董事会**：OIN由董事会管理，董事会成员来自不同的公司和组织，均为OIN创始成员公司的高管，代表OIN社区的利益。董事会负责制定战略方向和政策决策，其领导团队由四名管理者组成，分别为首席执行官、全球许可总监、首席财务官兼通讯总监和亚太地区许可总监。

② **管理团队**：由一群经验丰富的专业人士组成，由首席执行官协同OIN董事会进行领导，负责执行董事会的决策，并管理OIN的日常运营。

③ **专家委员会**：由技术领域的专家组成，提供专业知识和建议，帮助OIN评估与技术相关的问题和挑战。

④ **社区成员**：包括各类成员，如公司、开源社区和个人开发者等。社区成员通过加入OIN，共享OIN的专利保护和其他资源，并从中受益。

（3）社区成员

OIN社区现有3800余家成员企业，这些企业涉及多种行业，包括汽车，消费电子产品及商品，医疗设备、生物技术和生命科学，银行与金融服务，能源，零售和电子商务，资本品及材料，信息技术与服务，半导体，计算机网络与安全，互联网，技术硬件和设备，计算机软件，媒体和娱乐，电信等十余种行业。

从 OIN 项目的管理架构和社区成员可以发现，OIN 作为由社区管理的专利开源项目，在主体管理上拥有专业的管理团队和庞大的成员体系。因此，OIN 作为迄今为止最大的专利保护社区，能够支持 Linux 系统中的行动自由，具有以下优势：

① **避免不必要的专利诉讼**。OIN 社区成员在遵守开源协议的前提下，可以制作、使用或分发包含在 OIN 范围内的专利技术产品，而不存在专利诉讼的风险。

② **改变资金服务方式**。OIN 社区由基金会和多家大型企业共同提供财务方面的支持，且成员不需要缴纳任何许可费用，这意味着社区借由基金会和大型公司为成员提供了资产增长的方式。OIN 社区帮助成员将专利从传统的不动产形式中解锁，发挥专利资产的价值。

③ **确保创新的延续**。OIN 社区为专利运营创建了一个协作环境，成员通过相互许可减少了针对同一技术的重复研发，加入 OIN 社区并不会因为可以坐享他人的专利而失去创新动力，反而会因为技术的加速发展而保持创新的激情。

OIN 社区通过上述优势吸引和支持社区成员的参与和贡献，推动社区成员的创新和合作。

5.2.1.2　开源专利管理

截至 2023 年，OIN 社区拥有超过 280 万件专利和专利申请，以及超过 3700 项 Linux 和核心开源技术包的专利交叉许可。其中，OIN 社区自身拥有的专利主要包括两部分：一部分是通过专利转让获得的专利，另一部分是通过自身技术开发获得的专利。OIN 社区通过上述方式不断更新专利数据库，并加强对相关技术的保护。

（1）OIN 自身拥有专利

① **通过专利转让获得专利**。OIN 成立之初，主要通过专利转让获得有效专利。2005 年 11 月，第一商务公司将 7 件专利和 21 件专利申请出售并转让给 OIN，这成为 OIN 早期专利组合的重要组成部分；2009 年 9 月，OIN 从 AST 收购了 22 件专利；2018 年 10 月，微软宣布加入 OIN，并为 OIN 社区贡献了 6 万件专利。在转让的专利中，内核技术占比 42.6%，其次为通信技术和应用，分别占比 27.9% 和 23.5%。

② **通过自身技术申请专利**。自 2012 年开始，OIN 通过自身技术开发完善开源战略，OIN 的专利申请量逐年增加，2016—2019 年平均每年有 30 余件专利申请，专利开源具有一定的可持续性。OIN 共提交专利申请 904 件，其中有效专利 699 件，这 699 件有效专利中开源专利有 198 件，未开源专利有 501 件。历年的开源专利占比较为均匀。开源专利均在美国申请，未开源专利申请国家/地区主要分布在美国、欧洲和澳大利亚，其中美国占比 97%，也是最多的申请国家/地区。OIN 还通过购买和开发的战略组合，公布了 74 件全球专利和专利申请的专利组合作为开源专利，这些专利和专利申请涉及不同的地区和技术领域，主要涉及内核、人工智能、通信和应用等技术领域。其中，涉及内核技术的专利为 34 件，占比最高，为 46%；其次为应用领域，占比为 28%。OIN 除

作为受让人购买技术专利之外，也通过转让专利实现技术转让，699 件有效专利中，440 件专利权仍属于 OIN，259 件转让给 IBM、飞利浦、谷歌、红帽等 15 家企业。转让数量最多的 3 家企业均为 OIN 社区的资助方，反映出 OIN 与这些企业在技术上的相关性。

（2）OIN 社区成员贡献专利

在专利保护方面，为了紧跟创新步伐，OIN 会定期修订和扩大其 Linux 系统的覆盖范围。截至 2023 年，OIN 已经进行了九次扩大 OIN 交叉许可的软件包和库保护范围的行动。最近一次扩展包括 337 个新的软件组件，使受保护的软件包总数达到 3730 个。OIN 首席执行官表示，Linux 和开源合作还在继续蓬勃发展，它们加快了众多行业的转型步伐。通过此次更新，OIN 解决了关键软件平台和项目的扩展问题。OIN 增加了对支持硬件设计和嵌入式应用的战略软件包的保护。此次 Linux 系统定义更新有助于 OIN 保持开源创新，加强核心系统的专利保护；随着开源的发展，OIN 将通过 Linux 系统增加的软件包继续为 Linux 系统提供保护；此次更新继续秉承 OIN 的完善政策，即通过稳妥、共识驱动和社区知情的方式向 Linux 系统定义添加核心开源功能。开放的 OIN 社区以免费形式进行 Linux 系统专利交叉许可授权，从而对核心 Linux 技术和相关的开源技术实施专利保护。

5.2.1.3 法律事务管理

OIN 能够在支持企业行动自由和操作自由的同时，保证开源不受干扰。即专利权人不会在 OIN 项目中争论专利权的归属问题，专利被许可人能够随时自由制造、使用、销售 OIN 项目中的开源产品与服务。可以说，OIN 消除了核心开源技术中的专利冲突，并帮助社区成员降低了专利风险，提高了专利权的稳定性，推动了更高水平的创新。OIN 领导团队中有专门负责全球许可事务的部门及对应的许可总监，该部门管理着 OIN 内部的相关法律事务。OIN 法律防御援助对成员是免费的，成员必须承诺不对 OIN 名单上的软件发起专利诉讼，并同意提供自己的专利。

每个成员必须签署“OIN 许可协议”才能加入 OIN 社区，该协议规定了各方的权利和义务，包括每个 OIN 社区成员和 OIN 本身，还规定了协议的所有权利条款。

OIN 协议相关方的主要权利包括：

① 获得 OIN 专利免费许可（协议生效后）；

② 免于 OIN 专利侵权诉讼（协议生效前）；

③ 协议同样适用于被许可方的渠道商及用户。

OIN 协议相关方的主要义务包括：

① 将自身专利免费许可；

② 不起诉其他 Linux 合法使用者（不一定是会员）；

③ 承诺不可撤销；

④ 许可可带有时间限制；

⑤ 特殊情况下，许可可终止；

⑥ 许可持续至专利权期限届满；

⑦ 子公司独立后许可终止；

⑧ 侵权主张将导致许可终止。

OIN 可不定期修改该协议，包括 OIN 网站上的定义，并在修订生效前至少 60 天以书面形式通知成员。

基于 OIN 项目的防御诉求，其目的具有天然的有限性，在协议中加入产品防御的目的条款属于正常限制。

① **许可对象范围**。OIN 获取并开发跨不同技术的战略专利和专利申请，这些专利和专利申请免费许可给所有社区成员，无须支付任何费用即可使用，使用是没有期限的。由于 OIN 是非营利机构，成员可以自愿退出，且该成员在退出 OIN 之后发明的专利，该成员仍可收取其专利费，但该成员退出前的专利禁止收取专利费。

② **技术领域限制**。OIN 没有技术领域限制，OIN 总共拥有 280 多万件专利和专利申请，其中除了 Linux 系统社区的交叉许可外，OIN 还收购和开发了自己的战略专利组合。目前，OIN 的技术领域已涵盖人工智能、商业、数据库、生物识别、电信、网络、虚拟化等领域。

③ **协议类型**。OIN 对所有社区成员采用统一协议，无差别对待。

④ **许可承诺**。需明示同意。

⑤ **许可期限**。OIN 社区成员间的专利许可无期限限制。

⑥ **协议条款**。OIN 项目的标准条款包括不主张条款、违约条款、权利用尽条款和可再专利性条款。表 5.2.1 展示了 OIN 的法律事务管理内容。

表 5.2.1　OIN 法律事务管理内容

管理项	分项	是否包含
目的	社会公益	
	专利转化	
	技术聚集	
	产品防御	√
	市场开拓	
组成形式	组织	√
	国家	
	个体	
许可对象范围	社区	√
	完全开放	
	国家限制	
技术领域限制	有限制	
	无限制	√

管理项	分项	是否包含
协议类型	统一协议	√
	原则性规范	
	单独协议	
许可承诺	单方允诺	
	明示同意	√
许可期限	无期限	√
	有期限	
协议条款	不主张条款	√
	违约条款	√
	权利用尽条款	√
	转让限制条款	
	可再专利性条款	√
	反向许可条款	
	病毒条款	

OIN 成员可以共享和互相许可使用彼此的专利，这有助于打破“专利围栏”，降低不确定性带来的风险，并减少专利诉讼的可能性，同时 OIN 还会为其成员提供 Linux 专利保护伞。在专利纠纷方面，OIN 不会主动起诉某家公司，而是当出现针对社区成员的专利诉讼时，OIN 才会出面保护其签约成员。当 Linux 的竞争对手起诉 OIN 某个签约成员时，OIN 会用专利交换来应对挑战。所谓专利交换是指未与 OIN 签约的 B 公司起诉了已经与 OIN 签约的 A 公司，指控“A 公司使用了 B 公司的专利”，而 B 公司也使用了 OIN 收购的某项专利，OIN 就会起诉 B 公司使用了 OIN 的专利，最终双方可以通过专利交换的方式撤诉。因此，OIN 的目的是提前保护 Linux 的发展，预防和消除 Linux 在发展中的潜在问题，特别是避免让 Linux 走进专利纠纷的“泥潭”。OIN 通过专利开源建立一个专利防御共同体，保护 Linux 和其他开源软件免受专利侵权的威胁。

5.2.1.4 开源风险管理

专利开源项目一般需要设置开源组织形式、开源协议、开源专利列表等开源约束信息。其中，开源的组织形式、开源协议的变动、开源协议中的条款以及开源专利对外许可可能会导致法律风险，在运用开源专利的过程中可能会导致技术风险，因此可以从法律风险和技术风险两个角度对专利开源风险进行分析。

（1）法律风险

OIN 专利开源项目存在的法律风险主要包括开源协议风险、组织形式风险、协议变动风险和对外许可风险等。

1）开源协议风险

开源协议中一般会设置多种限定条款，其中较为重要的条款会对协议可能涉及的法律事务进行明确规定，而这些重要条款的设置也会导致一定的法律风险。基于对已有专利开源项目的开源协议的分析总结，一般专利开源项目包含的重要条款主要为不主张条款、转让限制条款、可再专利性条款、违约条款、权利用尽条款、反向许可条款以及病毒条款。基于 OIN 项目具有产品防御性质这一特点，其主要涉及不主张条款、违约条款、权利用尽条款和可再专利性条款。

① **不主张条款**。OIN 开源协议中的不主张条款为有限不主张条款，条款作用的对象仅限于加入 OIN 会员的被许可人，并且涉及的专利限于 Linux 系统相关专利，因此不主张条款可能带来事实上的反向许可的法律风险。

② **违约条款**。OIN 开源协议中限定了被许可人的违约行为。开源协议的效力与合同相同，一般会设置包含违约行为和违约后果的违约条款，违约行为一般包括提起侵权诉讼、存在违法行为等。一旦违反违约条款，许可的专利权即终止，就会影响被许可人后续专利权的使用以及产业发展，并带来侵权的法律风险。

③ **权利用尽条款**。在正常的专利许可情况下，权利用尽法律关系较为清楚，然而在专利开源情况下，由于专利开源含义中的“免费”，被许可方在使用专利的过程中并未支付对价，而是许可方与被许可方依据开源协议进行授权。如果专利开源项目的开源协议未对权利用尽条款进行明确的限定，或者在开源协议中明确仅将专利许可给特定的

被许可人，如产品的制造商，那么被许可人使用专利或制造产品是没有风险的，但是对于后续的集成商和销售商存在侵权的法律风险。然而，OIN 设置了权利用尽条款，开源专利的免费许可顺延至集成商、销售商等产业链的各个环节，整个产业链均可从专利开源项目中获益，因此，OIN 社区中的企业在参与使用 OIN 协议的专利开源项目时就不存在权利用尽的风险。

④ **可再专利性条款**。OIN 的开源协议中包含了可再专利性条款，即被许可人可以在其开源专利基础上再申请专利，但是 OIN 的可再专利性条款存在一定的限制，被许可人仅可在 Linux 相关产品的专利基础上进行二次开发再申请专利，即便存在一定的限制，OIN 此条款的设置依然存在相应的风险。

2）组织形式风险

创建专利开源时，通常要确定开源组织的注册地，开源组织确立的行为规范必然要符合所在国的法律规定，包括组织规范、开源协议条款、会员的权利义务等。当出现纠纷时，组织所在地法院通常具有司法管辖权。对于 OIN 专利开源项目，我国司法管辖权可能无法覆盖，在专利开源项目涉及纠纷问题时，确定司法管辖权是通过司法途径解决纠纷时要回答的首要问题。OIN 专利开源参与方来自不同国家，这增加了司法管辖的确定难度，开源组织所在地法院在某些情况下也可能享有司法管辖权。专利开源组织多在国外注册，我国在此方面不具有优势，一旦涉及司法纠纷，我国法院并不必然享有司法管辖权。因此，潜在的风险是：若专利开源项目指定司法管辖权归属于美国某法院，则所有围绕使用条款产生的纠纷，均以该美国法院的判决为准。

3）协议变动风险

专利开源纠纷在国内司法实践中尚无判例可循。开源协议一般被视为认定许可方与被许可方权利义务的法律文件。如何理解开源协议的效力，对于专利开源的有序运行就显得尤为重要。然而，在国内实践中，既没有相关法律法规的规定，也没有相关司法案例可以遵循，因此对于开源协议中涉及的权利义务难以形成明确预期，一旦产生纠纷，就会存在较大不确定性，这不利于相关主体维权。

4）对外许可风险

专利开源往往是全球性的，使用开源专利必然面临出口管制的问题。《中国禁止出口限制出口技术目录》规定了具体禁止出口和限制出口的技术目录清单，其中明确规定计算机通用软件编制技术属于受管制技术。OIN 主要涉及软件技术，就有可能落入该目录中，根据规定应当受到约束。在专利开源中，专利实施许可是自动发生的，不再需要双方进行磋商，且被许可人可能来自不同的国家，企业很难对每个专利许可进行有效控制。可见，专利权转让、专利申请权转让、专利实施许可、技术秘密转让、技术服务和其他方式的技术转移，是受到《中华人民共和国技术进出口管理条例》的约束的。对于参与 OIN 专利开源项目的中国企业，根据专利开源项目的协议，企业是可以实施专利开源项目中的专利的，这本质上构成一种事实上的专利实施许可。然而这种事实上的专利实施许可并不需要签订书面的实施许可合同，一些企业可能疏于管理而未办理出口管制的相关手续，国家也可能因为缺乏相应监管，导致一些技术违反进出口管理规定。因此，专利开源中形成的专利技术进出口管理存在制度上的空白。

(2) 技术风险

企业加入专利开源项目或发起专利开源项目的过程中会使用专利或贡献专利，无论作为许可人还是被许可人，由于专利自身的特点，实施这些开源专利都可能会面临一定的技术风险。下面对 OIN 项目中可能存在的技术风险进行分析。

1) 被动开源的风险

OIN 社区的所有会员都是被许可人，作为被许可人享有的权益是一致的，但他们的会员分为三个等级，权力最大的是创始会员。只有创始会员有重新定义 Linux 系统的决策权，其他会员则没有参与决策改变定义的权力。因此，OIN 对于 Linux 系统所涉及组件的决策在会员之间并不透明，除了创始会员，其他会员对未来哪个组件会加入 Linux 系统并无选择权，对于 OIN 的决策只能被动接受，从而存在自身其他专利被意外开源的风险。随着 Linux 系统的不断更新迭代，新技术不断被应用到 Linux 系统中。根据 OIN 的开源协议，企业加入 OIN 之后需要将自身涉及 Linux 系统的专利免费许可给所有 OIN 会员。因此，Linux 系统更新可能使 OIN 的开源协议作用于企业未来可能获得的授权专利，给企业带来不确定的风险；由于 OIN 开源协议基于 Linux 系统，这意味着未来相关软件技术的演变发展会对企业的专利产生影响，可能存在超出专利权人预期的风险。

2) 无法把竞争对手排除在外的风险

作为 OIN 会员，企业需要将自身的部分专利技术对外进行免费许可，而由于不特定人的限制，企业作为开源主体无法选择开源专利的被许可人，无法将其竞争对手排除在开源对象之外，因此竞争对手参与 OIN 发起的专利开源项目就可以获取开源专利中的技术并免费使用，这会对开源主体本身产生一定的技术威胁和冲击，导致一定程度的技术风险。

3) 竞争对手在核心专利基础上二次开发的风险

企业成为 OIN 会员，贡献自身专利，就会顺势成为许可人。由于 OIN 的开源协议中包含了可再专利性条款，即被许可人可以在其开源专利基础上再申请专利，虽然 OIN 的可再专利性条款存在一定的限制，即被许可人仅可在 Linux 相关产品的专利基础上进行二次开发再申请专利，但是如果他人基于企业贡献的开源专利进行二次开发再申请专利，并提出权益主张，那么就会给企业带来一定的技术风险。

4) 被动接受开源项目技术路线的风险

虽然 OIN 开源专利涉及众多领域，但大多集中在 Linux 操作系统方面。基于不同的开源诉求，企业加入的专利开源项目并不一定与其发展路线完全相同。当企业加入的专利开源项目与其技术发展路线相同时，企业加入专利开源项目并使用开源专利，就相当于接受了专利开源项目的技术路线。然而专利开源项目的技术路线不一定正确，也未必适配企业自身的发展，这就会造成技术路线规划、实施和后续发展上的风险；同时，专利开源项目中开源的专利不一定是其最先进、最核心的技术，单纯地按照开源专利的技术路线发展，可能会给企业带来潜在风险。

5) Linux 开源组件的安全风险

Linux 开源组件在更新迭代过程中，不同时期参与的开发群体，其自身技术能力和安全意识参差不齐，因此开源软件源代码更容易存在漏洞。美国网络安全公司 Snyk 发布的《2019年开源安全现状调查报告》显示，78%的漏洞存在于间接依赖关系中；37%的开源开发者在持续集成期间没有实施任何类型的安全测试，54%的开发者没有对Docker[1]镜像进行任何安全测试；两年内应用程序的漏洞数量增长了88%。据新思科技《2021开源安全与风险分析报告》显示，84%的代码库至少含有一个漏洞，近三年漏洞比例逐年增高，60%的已审核代码库包含高风险漏洞。据开源Source Check工具对热门开源项目的扫描结果看，53.8%的项目存在高危风险。OIN社区中的企业如果直接使用Linux开源组件，就会存在安全风险。因此，对于开源软件，企业可以借力，但不可以依赖，更不能滥用，必须加强企业自主开源生态建设和开源软件安全生态建设。只有通过自主研发，掌握核心技术，才能避免相应风险。

6）企业依赖开源技术而疏于发展技术的风险

OIN社区内的企业如果一直依赖OIN组织开源，而疏于自身技术创新，就会出现自身技术发展受限的风险。因此，企业应积极应对该风险，减少对OIN开源技术的依赖，不断挖掘和发展自身技术。

以华为为例，作为OIN社区成员，华为并未完全对OIN开源技术产生依赖，而是在开源技术的基础上，对Linux系统代码重新进行了编写，创造了鸿蒙系统，提高了系统的安全性。自2012年起，华为一直致力于鸿蒙系统的开发与升级工作。

2012年，华为开始规划自有操作系统"鸿蒙"。

2019年5月17日，由任正非领导的华为操作系统团队开发了具有自主知识产权的操作系统——"鸿蒙"。

2019年5月24日，国家知识产权局商标局网站显示，华为已申请"华为鸿蒙"商标。

2019年8月9日，华为正式发布鸿蒙系统，鸿蒙系统实行开源。

2020年8月，在中国信息化百人会2020年峰会上，华为消费者业务首席执行官余承东表示，鸿蒙截至2020年8月已经应用到华为智慧屏、华为手表上，未来有信心应用到1+8+N全场景终端设备上。

2020年9月10日，华为鸿蒙系统升级至2.0版本，并面向128KB-128MB的终端设备开源。

2020年12月16日，华为正式发布鸿蒙系统2.0手机开发者Beta版本，同年已有美的、九阳、老板电器、海雀科技搭载鸿蒙系统。

2021年2月22日晚，华为正式宣布鸿蒙系统将于4月上线，华为Mate X2将首批升级。

2021年6月2日晚，华为正式发布鸿蒙系统2及多款搭载鸿蒙系统2的新产品，这意味着搭载鸿蒙系统的手机已经变成面向市场的正式产品；

2021年9月23日晚，华为官宣鸿蒙系统升级用户已经突破1.2亿，平均每天超过100万用户升级鸿蒙，鸿蒙已经成为迄今为止全球用户增长速度最快的移动操作系统；

2022年，鸿蒙系统登陆欧洲；

---

[1] Docker：一个用于开发、发布和运行应用程序的开源平台。

2023 年 8 月 4 日，华为终端业务集团首席执行官余承东在华为终端开发者大会上正式宣布，华为鸿蒙 4 操作系统正式发布。

5.2.1.5 开源生态管理

OIN 成立的目的是保护 Linux 系统免受专利诉讼的侵扰，它之所以能够吸引三千余家企业会员，其中不乏 IBM、微软、华为等软件行业巨头，原因就在于它充分利用了 Linux 系统的平台属性，通过会员贡献 Linux 系统专利用以构建基于 Linux 应用产品的专利生态，从而使会员获益。OIN 专利开源的生态管理，用于专利开源生态的构建，包括专利开源运营内部生态和外部生态的构建，其生态运营模式如图 5.2.1 所示。

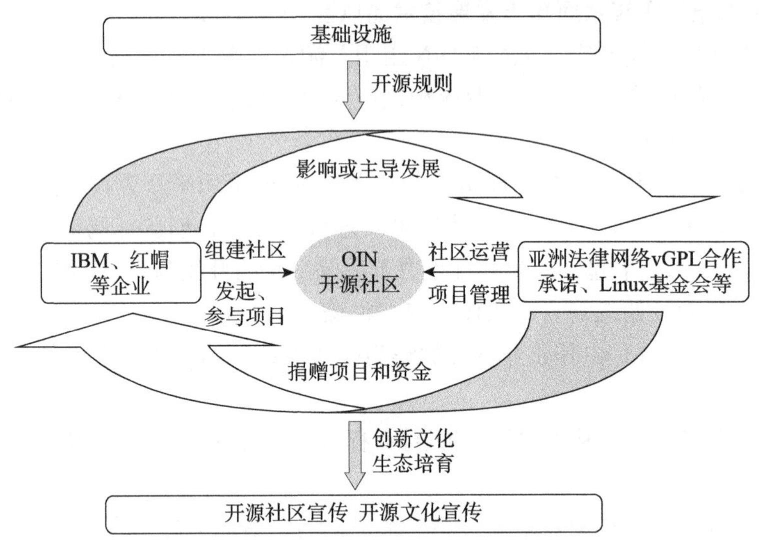

图 5.2.1 OIN 专利开源生态运营模式

（1）内部生态管理

OIN 通过开源运营内部生态汇聚了不同层次的服务机构，以提供技术支持、开源项目宣传推广等服务。OIN 下设一些自己支持的组织和计划，鼓励企业以开放源代码软件社区成员的身份参与其中，确保企业的利益免受侵害。

① **亚洲法律网络**。2014 年，OIN 与欧洲自由软件基金会和 Linux 基金会合作，发起成立了亚洲法律网络（ALN）。该网络提供了一个分享有关自由软件法律事务（尤其是与亚洲有关的法律事务）的知识和最佳实践的领先论坛，自成立以来，OIN 通常每年在亚洲各城市轮流举办几次 ALN 会议。

② **GPL 合作承诺**。OIN 的七个资助成员（谷歌、IBM、SUSE、索尼、NEC、飞利浦和丰田）通过采用 GPL 合作承诺来拒绝执行开源软件许可证的滥用策略。OIN 的资助成员对这一承诺的一致支持反映了他们坚信开源软件许可中负责任的合规性很重要，并且开源软件生态系统中的许可证执行带有一种文化期望，即各方都应表现合理。

③ **Linux Defenders**。Linux Defenders 致力于在危险的雷区中支持开放源代码软件社区，该雷区包括含有劣质专利的现代软件专利领域。Linux Defenders 提供有关防御性知

识产权策略的信息，以帮助对抗专利侵权者，限制对社区构成威胁的专利和申请，并尽可能提供相关的改变游戏规则的现有技术。

④ **Linux 基金会**。Linux 基金会是一个非营利性组织，致力于促进 Linux 和协作软件开发的发展。该组织成立于 2000 年，通过整合其成员和开放源代码社区的资源来保护和促进 Linux 操作系统和协作软件的开发。Linux 基金会为协作和教育提供了一个中立的论坛，它主持协作项目、Linux 会议，并产生原创性研究和内容，以增进对 Linux 和协作软件开发的理解。OIN 是 Linux 基金会的拥护者，支持其项目和会议，并与该组织合作以积极保护 Linux 和其他关键开放源代码软件项目免受专利侵害。

⑤ **转让许可网络**。转让许可（Licence on Transfer，LOT）网络是 2014 年由与专利主张实体（PAEs）作斗争的公司组成的非营利性组织。作为防御性专利管理整体方法的一部分，OIN 建议所有开放源代码社区成员都加入 LOT。LOT 成员不受数百万项专利潜在诉讼的影响，并可直接起诉对方的专利，将其专利出售给其他运营公司或参与专利池。如果 LOT 成员将其资产出售给 PAEs，则会触发 LOT 协议中的有条件许可，并且 LOT 成员在专利期内享有豁免权。这些专利可能会被用于针对非 LOT 成员的组织。小公司可以免费加入 LOT，而大公司则需支付一定的年费。

⑥ **OpenChain 项目**。OpenChain 是 Linux 基金会的重要项目，它允许各个领域各个规模的公司实施高质量的开源合规性计划的关键要求。截至 2020 年 12 月，OpenChain 项目维护着定义开放源代码合规性和流程管理的国际标准，即 OpenChain 2. 1，ISO / IEC 5230：2020。作为 OIN 的赞助成员之一，丰田汽车是第一家采用该标准的公司。

⑦ **软件遗产库**。软件遗产库是一个非营利性的多方利益相关者项目，于 2016 年启动，其任务是收集、保存和共享以源代码形式公开提供的所有软件，以构建一个共同的、共享的基础设施，为工业、研究、文化和社会服务。OIN 赞助、支持和提供软件遗产库的软件保护的战略指导，这是法国国家数字科学技术研究所与联合国教科文组织合作开展的一个项目。

⑧ **Unified Patents**。Unified Patents 是一个行业联盟，由 200 多家企业组成，这些企业共同采取积极姿态，以阻止在特定技术领域滥用专利的行为。它的行动主要针对标准必要专利持有人或非执业实体，具体措施可能包括专利分析、先验技术、无效性竞赛、可专利性分析、行政专利审查、经济调查和研究。OIN 与 IBM、Linux 基金会和微软合作，共同支持 Unified Patents 的开放源区，每年获得大量订阅，阻止 PAEs 瞄准开发人员、分销商和用户所依赖的 Linux 及相关的开源软件技术，支持 Unified Patents 针对非执业实体的工作，阻止开源技术中的“专利巨魔”[1]，同时扩展各合作伙伴的专利互不侵犯活动。Unified Patents 独立运作，以实现其目标。小会员可免费加入 Unified Patents，而大公司则需支付年费。

（2）外部生态管理

OIN 通过专利开源外部生态的构建，更加注重创新文化的生态培育，加大开源的

[1] “专利巨魔”：指持有大量专利，但既不做其他业务，也不将这些专利用于技术用途的公司。

宣传力度，让社会公众看到专利开源的作用，提高社会整体的精神层面与文明水平。

在开源社区宣传方面，OIN 建立了一系列包括社区目的、理念、使命、愿景等在内的社区文化。

① **目的**：维护关键开源软件项目参与者的专利自由。

② **理念**：更加多样化的思维、视角和人才有助于实现更高级的创新，这是 OIN 坚信并弘扬的理念，这样的集体智慧源于全球开源社区，并得到专利保护理念的支持。

③ **使命**：OIN 可实现开源技术方面的行动自由，并帮助社区成员降低专利风险。开源和专利保护有利于各种平台的快速发展，重塑人类体验，改变各行各业并创造此前难以想象的机会。

④ **愿景**：为了履行使命，OIN 将扩大专利保护社区，并与各行各业、各种类型的公司合作，包括初创企业和财富 100 强企业。

在开源文化宣传方面，OIN 正在制作一系列节目，该系列节目将采访各位 OIN 成员，请他们分享自己加入 OIN 的原因、促使他们加入社区的情况、相应的解决方案，以及加入 OIN 对他们业务产生的积极影响。这些成员故事的分享有助于 OIN 社会形象的建设和社会声誉的提高，目前已经分享的成员有索尼、丰田和阿里巴巴。以索尼的故事分享为例，索尼表示，OIN 的最初构想给索尼带来的第一大好处就是索尼在开源方面没有遭遇过专利侵权，而且加入 OIN 也让索尼在开源领域建立了一定的声誉。索尼成立了消费电子 Linux 论坛，其曾经是 Linux 基金会旗下学院软件基金会的基层会员，现在却成为他们的理事会成员，还获得了 OpenChain 认证的白金会员，OIN 成员资格大大促进了所有这些围绕开源开展的活动。

5.2.2 产品防御模式专利分析

OIN 作为产品防御模式的代表性专利开源项目，其开源专利的来源包括两个方面：①社区交叉许可；②通过转让和申请获得的战略专利组合。

目前，其官方网站上公布了 74 件专利和专利申请的专利组合作为开源专利列表，这些专利和专利申请涉及不同的技术领域。

5.2.2.1 开源列表对比分析

OIN 的官方网站上公布了该社区的开源专利列表，OIN 社区成员可以免费使用覆盖各技术领域的专利和专利申请，并且无任何应用领域限制，也不要求其在 Linux 系统中拥有专利。2022 年，OIN 开源专利列表包括 283 件专利和专利申请；2023 年，OIN 开源专利列表发生了较大的变化，官方网站公布的开源专利列表仅包括 74 件专利。通过对这两份开源专利列表进行对比发现，其中重叠的专利有 30 件，253 件专利从开源专利列表中移除，新增了 44 件，形成了 2023 年的开源专利列表。图 5.2.2 为 OIN 开源专利列表的数量变化情况。

由图 5.2.2 可以发现，开源专利列表在数量上发生了较大的变化，2023 年较 2022

年减少了209件开源专利，下面我们将对2022—2023年的开源专利列表进行对比分析，之后分别对移除的253件、新增的44件专利进行分析。

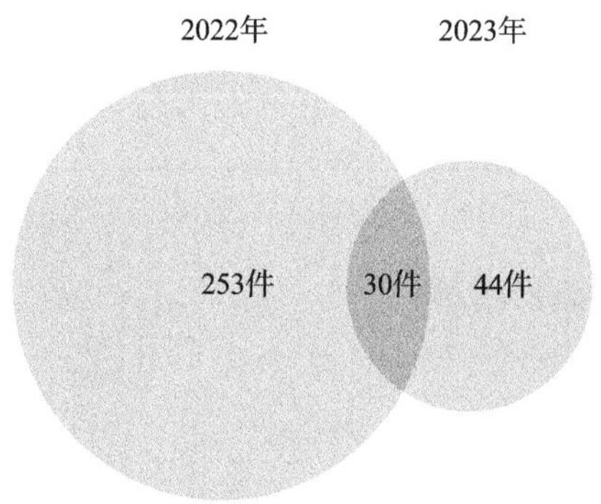

图5.2.2　OIN开源专利列表数量变化

（1）2022—2023年开源列表对比

① **申请人国家/地区分布情况**。我们对2022—2023年开源专利列表的申请人国家/地区进行统计发现，2022年的开源专利列表中，其申请人国家/地区包括美国、欧洲、中国，其中申请人国家/地区为美国的专利有279件，占比高达98.6%，欧洲、中国占比分别为0.4%、1.1%。而在2023年的开源专利列表中，其申请人国家/地区均为美国。从开源专利列表中申请人的国家/地区分布来看，美国在相关技术领域掌握了一定的话语权。图5.2.3所示为OIN开源专利申请人国家/地区分布情况。

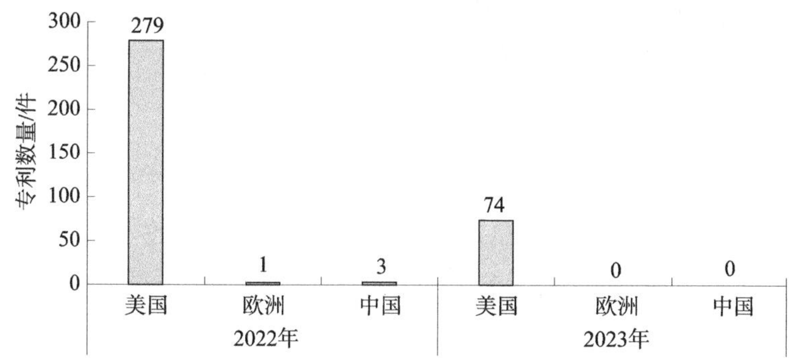

图5.2.3　OIN开源专利申请人国家/地区分布情况

② **技术领域分布**。对2022—2023年OIN开源专利列表进行技术分析发现，其主要涉及内核、人工智能、通信和应用等技术领域。虽然这两个年份的开源专利列表在数量上发生了较大的变化，但是开源专利列表中的技术领域分布情况是相近的，涉及内核技术的专利占比较高，均达到了50%左右，其次是通信和应用领域，占比为25%左右。图5.2.4所示为2022—2023年开源专利列表技术领域分布情况。

对全部有效专利进行两级技术分解后发现，内核领域涉及的二级技术分支是相同的，均包括存储管理、进程管理、设备驱动、文件管理以及应用管理；人工智能领域涉及的二级分支中，2023年新增了生物识别；通信领域涉及的二级分支中，2023年的开源专利列表中不包括设备定位分支相关的开源专利；应用领域涉及的二级分支中，2023年新增了软件应用，具体如表 5.2.2 所示。

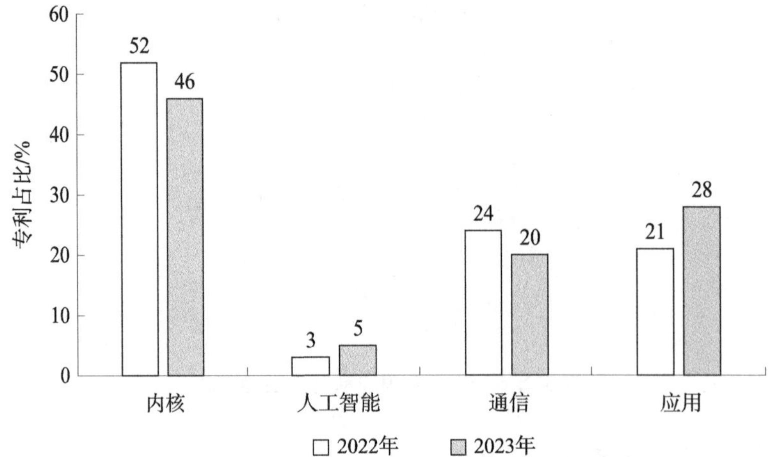

图 5.2.4　2022—2023 年开源专利列表技术领域分布情况

表 5.2.2　OIN 开源专利技术领域分解

一级分支	二级分支	2022 年	2023 年
内核	存储管理	√	√
	进程管理	√	√
	设备驱动	√	√
	文件管理	√	√
	应用管理	√	√
人工智能	跟踪检测	√	
	图像处理	√	√
	自然语言处理	√	
	生物识别		√
通信	设备定位	√	
	通信控制	√	√
	移动通信	√	√
应用	区块链	√	
	视频游戏	√	
	云计算	√	
	软件应用		√
	虚拟化	√	√

③ **技术领域价值度分布**。在 OIN 的四个一级技术领域中，专利价值度均为 5 以上，

可见 OIN 开源专利的整体价值度较高，内核领域、人工智能领域、应用领域的平均价值度相差不大，而通信领域 2023 年的专利价值度有了大幅提升。图 5.2.5 所示为技术领域价值度的分布情况。

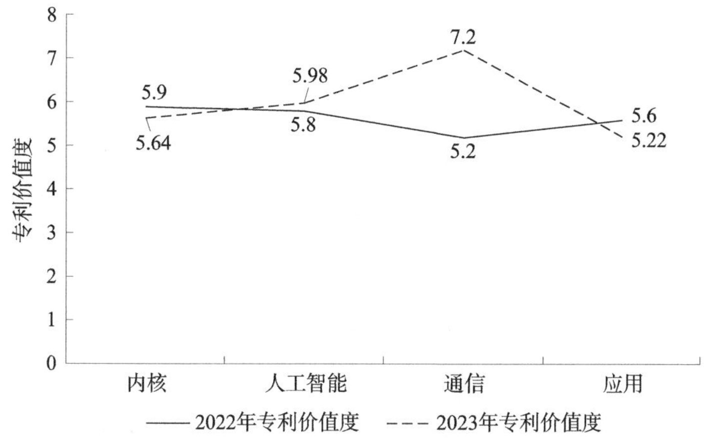

图 5.2.5　技术领域专利价值度分布情况

④ **申请与转让分布情况**。OIN 开源专利列表中的专利会随时间发生动态变化。对比 2022—2023 年的专利获取方式，发现 2022 年开源专利列表中的专利主要通过技术开发获得，而 2023 年的专利则主要通过转让的方式获取。可见 OIN 的开源专利列表由自身申请和转让两种方式构成，且两种方式互为补充。对 2023 年开源专利列表的转让、申请情况进行分析，其中通过转让方式获得的专利有 55 件，占比为 74.3%；通过申请获得的专利有 19 件，占比为 25.7%。图 5.2.6 所示为 2022—2023 年专利获取情况的对比。

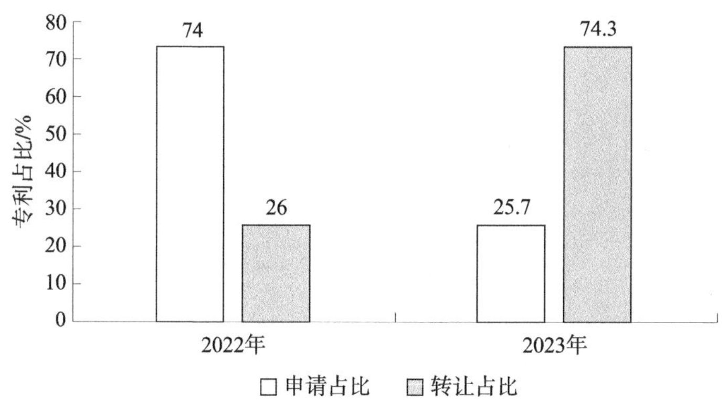

图 5.2.6　2022—2023 年专利获取对比情况

从申请与转让的年份分布可以看出，在成立之初，OIN 主要通过专利转让获得有效专利，之后通过自身技术开发完善开源战略，反映出 OIN 专利开源具有一定的可持续性。图 5.2.7 所示为 OIN 开源专利的年份分布情况。

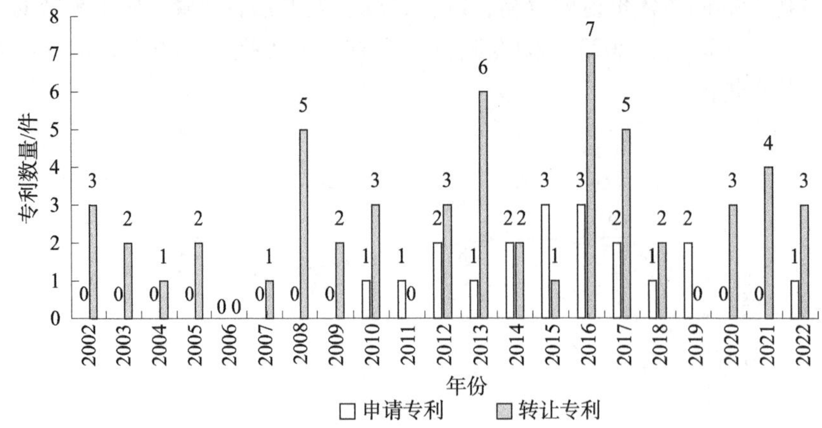

图 5.2.7 OIN 开源专利年份分布

（2）列表中被移除的 253 件专利分析

对于 2023 年移除的 253 件专利，我们将从法律有效性、法律运营情况、技术领域分布三个角度进行分析。

① **法律有效性**。图 5.2.8 所示为被移除的 253 件专利的法律有效性情况。对 253 件被移除的专利进行分析发现，其中 34 件专利处于失效状态。这 34 件失效专利中，1 件因专利权人主动放弃而失效，10 件因保护期限届满而失效，23 件因未按规定缴纳年费而失效。在失效案件中，未缴年费而导致的失效占比高达 67.6%。未缴年费导致专利失效的原因有很多，其中专利维护不足及专利价值度偏低是常见原因，因此开源组织应及时关注相关通知函，定期对专利价值度进行评估，确保开源专利符合实际情况和社区需求。

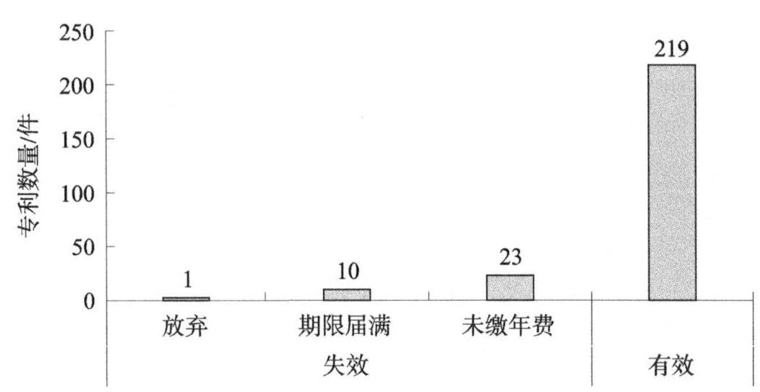

图 5.2.8 被移除的 253 件专利的法律有效性

从开源专利列表中被移除的还有处于专利有效状态的 219 件专利，为了探究移除原因，进一步分析开源专利列表的变化趋势，我们将对这 219 件专利从法律运营情况、技术领域分布的角度进行分析。

② **法律运营情况**。对这 219 件专利进行分析发现，其中仅有 3 件专利未发生转让，剩余的 216 件专利均发生了转让，且大多数专利已转让至飞利浦、谷歌、IBM 等行业巨头，这些公司均为 OIN 社区的资助方，如图 5.2.9 所示。

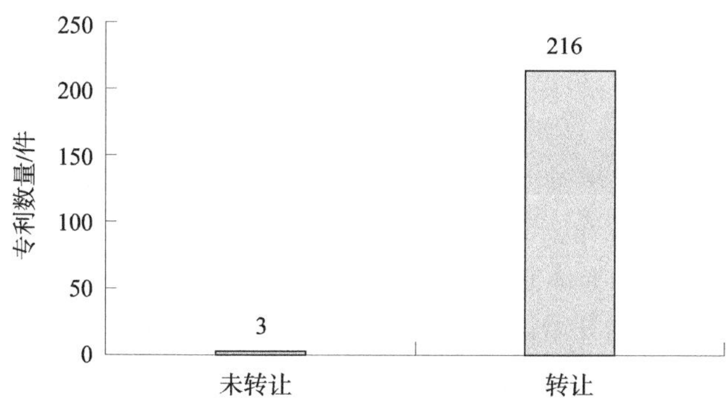

图 5.2.9　219 件有效专利的法律运营情况分布

③ **技术领域分布**。从技术领域的角度进行分析发现，被移除的 253 件专利主要集中在数据处理（G06F）、信息传输（H04L）、无线通信网络（H04W）和电话通信（H04M）领域，如图 5.2.10 所示。

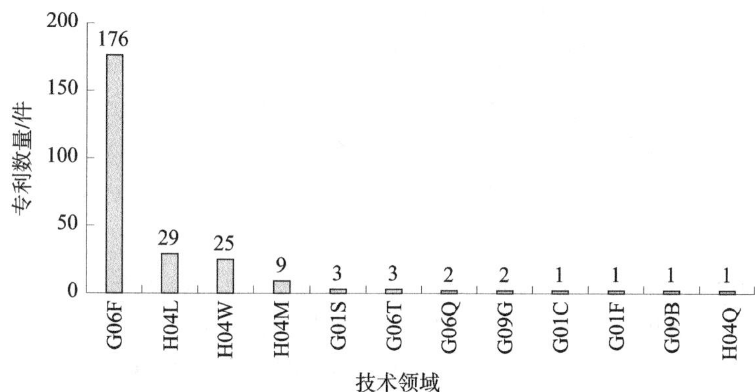

图 5.2.10　被移除的 253 件专利的技术领域分布情况

（3）列表新增的 44 件专利分析

为了进一步对 OIN 开源专利列表进行分析，我们对 2023 年开源专利列表中新增的 44 件专利的领域分布情况进行了分析。如图 5.2.11 所示，新增的专利主要集中在数据处理（G06F）、通信传输（G04B）和无线通信网络（H04W）领域。

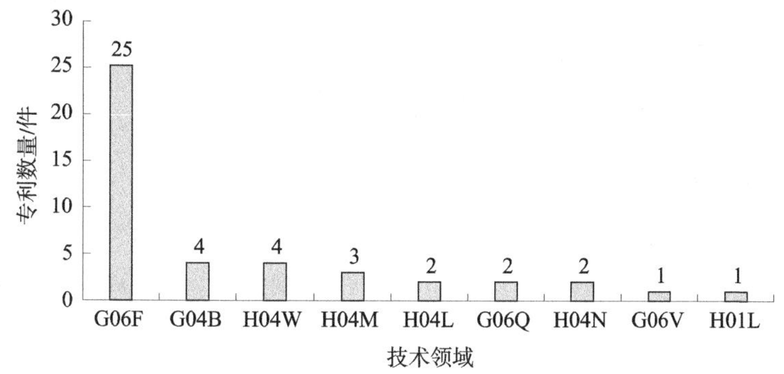

图 5.2.11　新增 44 件专利的领域分布情况

通过对移除和新增专利的领域进行分析可见，数据处理（G06F）领域移除以及新增的专利数量占比均较高，可见该领域的技术迭代较快，具有较高的发展活力和潜力。

OIN 成立时获得了谷歌、IBM、NEC、飞利浦、索尼、SUSE 和丰田等企业的大力支持。2022 年，OIN 拥有 3676 个会员，经过一年的发展，截止到 2023 年 10 月，OIN 的会员数量已经增长到 3828 个。2023 年，全球最大、资本质量最佳的西敏寺银行集团（NatWest）、日本最大的半导体制造设备提供商东京电子有限公司（TEL）等企业加入 OIN，表明越来越多的公司开始认识到开源软件和专利的价值，愿意加入 OIN 社区来保护自己的权益，这也反映了开源的重要性。随着新成员的不断加入，OIN 社区的规模也在不断扩大，这不仅有助于提高整个社区的影响力，也有助于推动社区的发展和创新。

综上分析，OIN 开源专利列表会随着时间的推移而动态变化，以下是一些可能导致开源专利列表发生变化的因素：

① **专利法律状态的变化**。一方面，当专利由于期限届满、未缴年费或者放弃等原因状态变为无效时，该部分专利将从 OIN 的开源专利列表中移除。这是为了确保 OIN 的开源专利列表只包含有效专利，以保护开源软件社区的利益和权益。另一方面，当专利发生转让时，也会引起开源专利列表的变化。OIN 需要足够资金支持其运营和发展，从而为社区成员提供高质量的开源软件和技术解决方案。专利转让能够使 OIN 获得可观的转让费，获得更多资金支持，从而更好地服务社区成员。

② **社区成员的变化**。当有新的社区成员加入时，可能会带来新的专利，使得开源专利列表更加丰富和多元化。

③ **技术的发展**。一方面，随着技术的不断创新和进步，某些新技术会引起社区成员的兴趣和关注，这可能会导致新项目的创建和发展，从而增加开源专利列表的数量和多样性。另一方面，技术的更新迭代也会使一些过时的专利变得不再重要，因此需要将它们从 OIN 的开源专利列表中移除。例如上文提及的数据处理领域，由于该领域的技术更新速度非常快，一些较早的专利可能已经被新的技术所取代，因此 OIN 社区会及时更新开源专利列表。

对于社区成员而言，加入 OIN 社区之后，需要时刻关注开源专利列表的变化，以便了解哪些专利已经无效、转让或捐赠给了 OIN 社区，哪些专利已经由 OIN 社区转让给其他社区成员。通过对开源专利列表变化的关注，一方面可以确保自身的权益得到保护；另一方面可以通过开源专利列表的变化了解技术的发展方向，确定哪些技术正在受到关注，为自身的发展提供指导。

5.2.2.2 开源专利的技术领域分布和价值度分布

（1）开源专利的技术领域分布

通过对 OIN 拥有的 74 件专利进行技术分析后发现，其主要涉及内核、人工智能、通信和应用等技术领域，涉及内核技术的专利占比为 29%，应用领域占比为 30%，如图 5.2.12 所示。

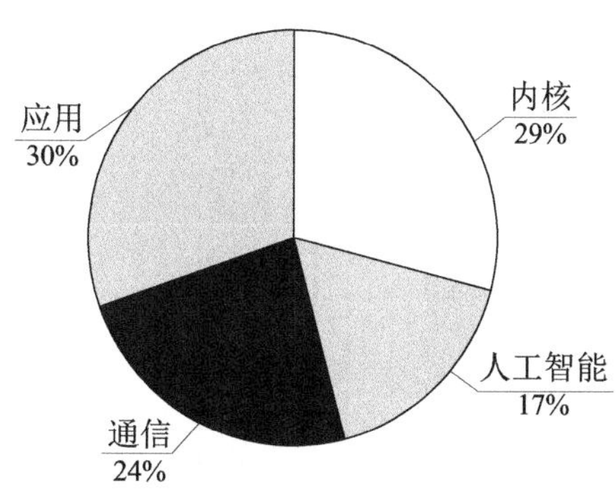

图 5.2.12　OIN 开源专利技术领域分布情况

对全部专利进行两级技术分解，内核技术领域主要包含存储管理、进程管理、设备驱动、文件管理和应用管理五个二级技术分支；人工智能技术领域主要包含图像处理和生物识别两个二级技术分支；通信技术领域主要包含通信控制和移动通信两个二级技术分支；应用技术领域主要包含软件应用和虚拟化两个二级技术分支，如表 5.2.3 所示。

表 5.2.3　OIN 开源专利技术领域分解

一级分支	二级分支
内核	存储管理
	进程管理
	设备驱动
	文件管理
	应用管理
人工智能	图像处理
	生物识别
通信	通信控制
	移动通信
应用	软件应用
	虚拟化

（2）开源专利的总体价值度分布

本书围绕转让次数、同族被引用次数、扩展同族数量、维持年限和是否为新兴产业分类五个维度对 OIN 开源专利进行价值度分析，其分布情况如图 5.2.13 所示。74 件有效专利中，最高价值度为 8.78，最低价值度为 3.19，平均价值度为 5.84，价值度主要集中在 4 ~7，5 以上的专利占比为 85.1%。可见，OIN 开源专利的整体价值度中等偏上，质量较高。

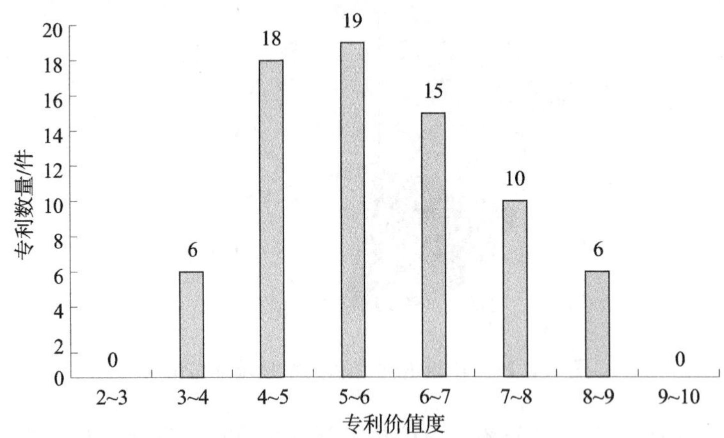

图 5.2.13　OIN 开源专利价值度分布

（3）开源专利的技术领域价值度分布

在内核领域中，开源专利主要集中在存储管理和文件管理两个技术分支中，开源专利的数量分别是 14 件和 9 件。在应用领域中，开源专利主要集中在虚拟化技术分支中，开源专利的数量是 19 件。在通信领域中，开源专利主要集中在通信控制技术分支中，开源专利的数量是 14 件。人工智能领域开源专利的数量最少，仅有 4 件，可见人工智能领域并非 OIN 侧重的领域，如图 5.2.14 所示。

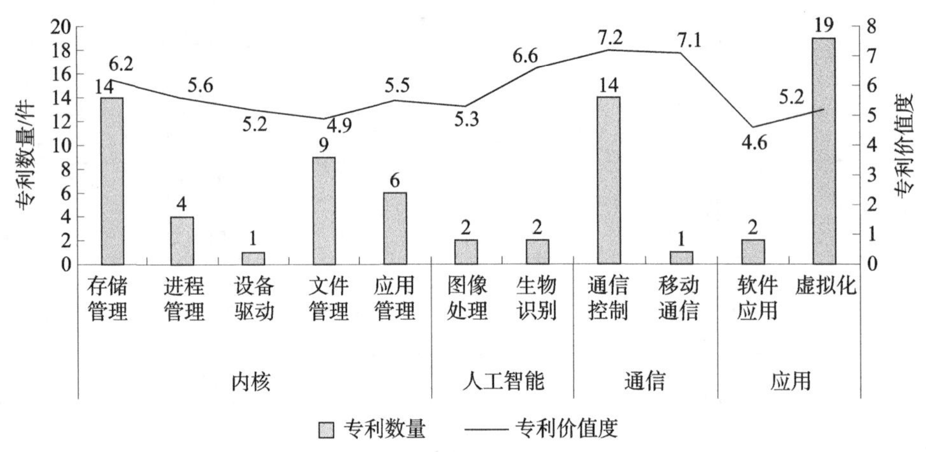

图 5.2.14　OIN 开源专利各技术领域专利价值度分布

5.2.2.3　OIN 的会员分布

2023 年，OIN 的 3828 名会员主要分布在计算机软件、信息技术与服务、商业与专业服务、硬件技术和设备、计算机网络与安全、消费服务、银行与金融服务、消费电子产品及商品等行业领域，其会员的占比高达 86.8%，如图 5.2.15 所示。

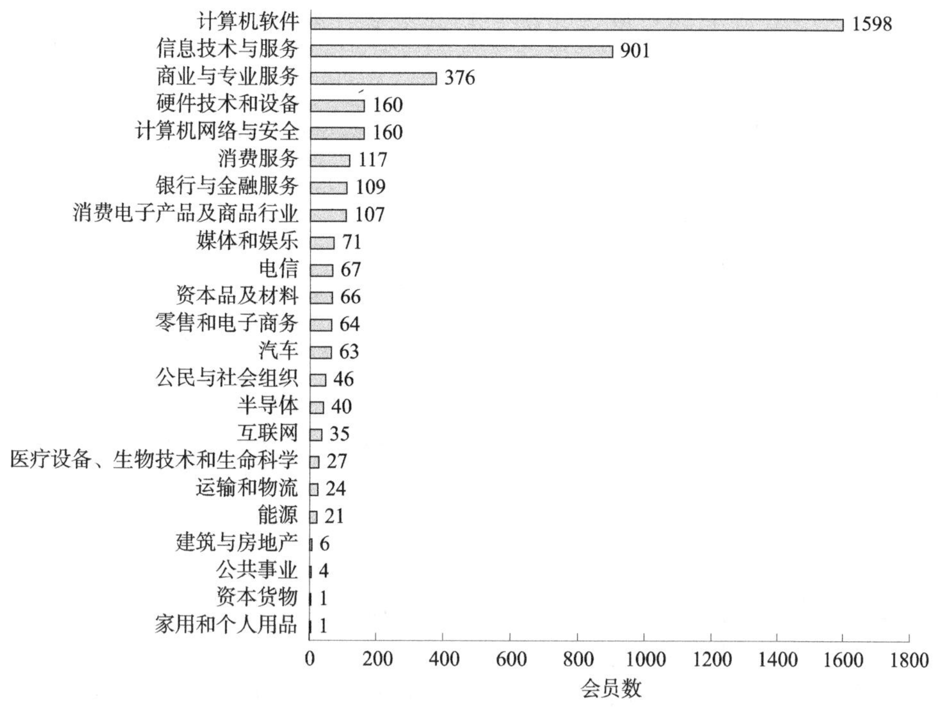

图 5.2.15　OIN 会员所属领域分布

5.2.3　案例启示

OIN 作为产品防御模式的代表性专利开源项目，对于构建产品防御模式专利开源项目具有一定的借鉴意义。

5.2.3.1　开源专利主体应当保证开源的可持续性

① 开源专利主体需要有清晰、高效的管理架构，包括负责制定战略方向和政策决策的主体、实施决策以及管理日常运营的团队以及提供专业意见、解决相关问题和挑战的专家等，以保证开源专利主体的可持续运营；建立有效的福利、激励机制，吸引具有影响力的公司、社区和个人加入开源组织，提升社区的凝聚力，集中力量解决问题，从而促进开源生态的发展。

② 开源专利主体需要对开源专利进行有效管理，包括对开源专利的价值进行评估和分析，通过对相关法律和市场的深入理解，为开源专利的选择、布局和维护提供建议，对开源专利年费是否续缴、低价值度专利是否放弃、专利是否转让等进行多方面维护，促进开源专利列表的可持续性。

③ 开源专利主体需要完善的法律事务管理，撰写适合自身的开源许可协议，对可能出现的权利纠纷、侵权纠纷等法律问题进行处理，帮助社区成员降低专利风险，鼓励社区成员更深入、更广泛地参与到开源活动中。

5.2.3.2 开源专利主体应当做好风险防控工作

开源专利主体应当加强组织内部开源管理，制定专利开源管理规范，加强风险防范工作。开源专利主体应当建立风险防控体系，更好地应对可能涉及的法律风险。开源专利主体应当建立风险预警和应急机制，建立开源风险防控的全流程管理机制，做到前期评估、持续跟踪，及早发现并降低风险。

5.2.3.3 开源专利主体应当制定开源生态管理策略

开源专利主体需要根据具体情况制定适合自身发展的开源生态管理策略。对于内部生态管理，一个优秀的开源生态需要关注社区文化的培养和发展，通过多元的思想、观点和人才，推动更高水平的创新；通过建立徽标、成员故事等增强社区的凝聚力和活跃度，推动社区成员之间的交流和合作，构建健康、活跃的内部开源生态环境。对于外部生态管理，开源专利主体需要重视并积极参与开源社区的运营和管理，建立共享知识平台，推动开源社区在法律事务上的发展和进步；建立开源合规项目，简化开源合规流程，帮助社区成员解决开源许可合规问题，为开源流程和解决方案奠定基础；通过采用GPL合作承诺保证许可证的公平性和一致性，有效防止许可证的滥用；成立基金会，提供财务和战略支持，集中资源应对专利威胁，保护开源社区的利益。

5.3 行业战略分析及运营实践

本节基于前述产品防御模式下专利开源运营的两个关键因素，经深入分析，构建出行业是否适合产品防御模式下专利开源运营的判断流程，逻辑简洁清晰；并结合行业实例，探讨了产品防御模式下行业专利开源运营的组织管理和实施策略。

5.3.1 产品防御模式下行业运营战略分析

由前述分析可知，要评价行业是否适合进行专利开源，应考虑行业所处的阶段以及互补技术复杂程度和技术整合能力两个因素。

同时，当行业技术整合能力较弱、互补技术复杂程度较高时，该行业一般处于技术发展的成熟期或成长期的后期，因为在行业技术发展的初创期以及成长期的初期，技术发展的复杂程度一般不会较高。

而专利开源中的产品防御模式主要针对平台型技术，通过专利开源吸引更多的参与者共同构建完整的专利防御体系，遏制日益增加的专利侵权诉讼。因此，适合使用产品防御模式进行专利开源的行业应具备个体间的技术及专利之间交叉程度较高、个体之间交流合作的需要较为迫切的特点，而处在成熟期的行业才会具备以上特点。可见，技术整合能力较弱、互补技术复杂程度较高并且处于成熟期的行业适合采用产品防御模式的专利开源策略。

基于产品防御模式的内涵，要实现其产品防御的目的，需要行业内开源主体具有一定数量的专利储备，通过专利开源吸引更多主体贡献更多的专利来共同构建专利池，对内实现个体之间的专利交叉许可，消除各个体技术发展的限制，推动行业内部的技术创新发展，对外通过大量的行业专利组建专利防火墙，使组织外的个体无法绕开专利防火墙，对组织内的个体提出有效的专利诉讼，达到专利防御的目的。

然而，具有大量专利储备的行业并不一定具有专利防御的诉求。如果行业内的专利都掌握在特定的个体手中，个体之间的竞争不太激烈，行业内的专利许可较为稳定，专利侵权纠纷较少，使用专利进行恶意竞争的情况也较少，那么行业就不会出现专利防御的诉求，也就不会产生使用产品防御模式进行专利开源来搭建专利防御平台的需要。

综合以上分析可知，评价行业是否适合进行产品防御模式的专利开源需要先判断其是否具有技术整合能力较弱、互补技术复杂程度较高的特点，符合上述特点之后，再判断行业是否处于技术发展的成熟期，然后判断行业内是否具有一定数量的专利储备，是否存在产品防御的诉求，以上判断条件均满足的行业就适合使用产品防御模式进行专利开源。具体的判断过程如图 5.3.1 所示。

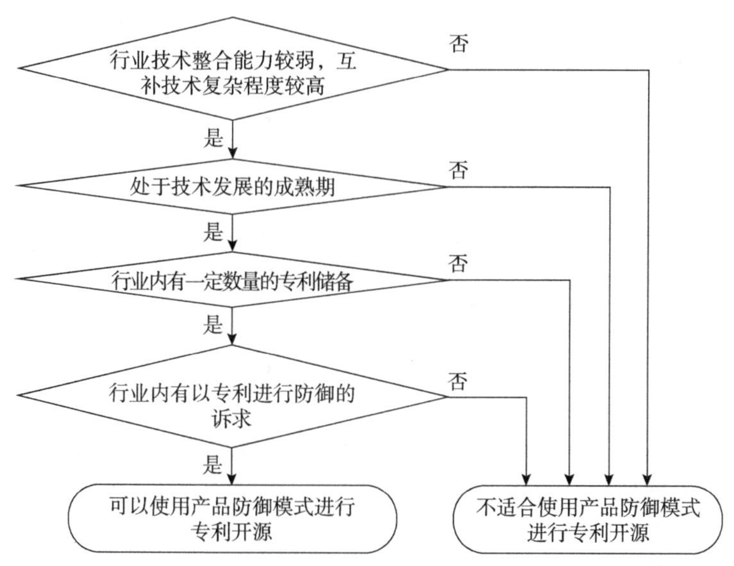

图 5.3.1 行业是否适合产品防御模式专利开源的判断流程

5.3.2 实例选择

5.3.2.1 芯片指令集架构行业

研究芯片设计，需要考虑到指令集、电子设计自动化软件（EDA）、半导体知识产权核（以下简称 IP 核）等关键技术。指令集指的是芯片所支持的指令集体系，它对于芯片的性能和功能有着非常重要的影响。EDA 是芯片设计的核心工具，主要用于芯片的逻辑设计、版图设计和仿真验证等工作。IP 核是一种可重用的芯片设计单元，如中央处理器（CPU）核、图像处理器核、通信接口核等。

而在半导体领域，指令集是芯片设计的基础，也是决定芯片性能和兼容性的关键因素。目前，国内外的主流指令集主要包括 X86、ARM 和 RISC - V 等。在 PC 领域，X86 指令集是英特尔的专利，基于该指令集的芯片产品占据了 90% 的市场份额，具有较高的市场垄断地位。然而，在移动通信领域，ARM 指令集已成为主流，由英国安谋（Advanced RISC Machines，ARM）公司持有，基于该指令集的芯片垄断了 95% 以上的移动市场。

由于指令集架构对芯片的设计起着重要的作用，本节将基于产品防御模式的先决条件对芯片指令集架构行业是否适合构建产品防御模式的专利开源项目进行验证。

（1）行业是否呈现技术整合能力弱和互补技术复杂程度高的特点

从定义角度而言，指令集架构是一组指令的集合，指令是指处理器操作的最小单元（譬如加减乘除操作或者读/写存储器数据）。指令集架构有时简称为“架构”，或者称为“处理器架构”。有了指令集架构，便可以使用不同的处理器硬件实现方案来设计不同性能的处理器。处理器的具体硬件实现方案称为微架构。虽然不同的微架构实现可能造成性能与成本的差异，但是软件无须做任何修改便可以完全运行在任何一款遵循同一指令集架构的处理器上，因此指令集架构可以理解为一个抽象层，该抽象层构成处理器底层硬件与运行于其上的软件之间的桥梁和接口，也是现代计算机处理器中的一个重要抽象层。

从分类角度而言，指令集架构主要分为复杂指令集（Complex Instruction Set Computer，CISC）和精简指令集（Reduced Instruction Set Computer，RISC）。CISC 不仅包含了处理器常用的指令，还包含了许多不常用的特殊指令，其指令数目比较多，所以被称为复杂指令集。RISC 只包含处理器常用的指令，而对于不常用的操作，则通过执行多条常用指令的方式来达到同样的效果，由于其指令数目比较精简，所以被称为精简指令集。

指令集架构涉及处理器底层的处理逻辑。指令集架构不仅是一组指令的集合，它还定义了软件程序员需要了解的硬件信息，包括支持的数据类型、存储器、寄存器状态、寻址模式和存储器模型等。指令集架构才是区分不同 CPU 的主要标准，这也是英特尔公司和 AMD 公司多年来分别推出几十款不同 CPU 芯片产品的原因。虽然来自两个不同的公司，但是它们仍被统称为 X86 架构的 CPU。

① **指令集与人工智能方向的结合**。处理器指令集在发展过程中不断增加新的指令，越来越庞大。随着人工智能技术的发展，业内越来越倾向于只为特定应用增加特定指令和加速器。基于这种思路，大量领域特定芯片诞生了，它们在 AI 监控、自动驾驶、物联网等领域取得了比通用处理器更好的效果。另一个更激进的架构演进方向是存内计算，它让存储和计算能够在同一个器件内完成，这打破了冯·诺依曼架构的固定模式，在很多机器学习应用上都能带来与工艺发展无关的效率提升。

② **指令集与并行计算的结合**。在多核、多计算单元、多芯粒并行的复杂芯片中，系统级芯片（SoC）的体系结构优化还存在很大的空间。举例来说，在某些 ARM 架构服务器芯片，或者在某国产 X86 CPU 芯片上，都可以观察到单核频率和特定计算性能

高于同档次 Intel Xeon 处理器的情况，这说明单纯从处理器核的设计和生产工艺上，后来者们都已经达到一定的水准。然而，在运行多核、多插座（socket）的数据库等复杂系统软件时，前者性能还是有一定差距的，这也反向证明了在一个复杂的多核、多芯片、多级存储体系里，架构优化的重要性。

综上，芯片指令集架构行业存在技术整合能力弱和互补技术复杂程度高的特点。

（2）行业技术发展是否处于成熟期

目前，ARM 和 RISC－V 架构占据绝大多数市场份额。下面主要对 ARM 和 RISC－V 的发展历程进行分析。

1）ARM 架构

ARM 公司总部位于英国剑桥，成立于 1990 年 11 月。ARM 公司不制造芯片，也不销售实际的芯片给终端客户，而是通过授权其 RISC 指令集架构（ISA）和处理器设计方案，由合作伙伴生产出各具特色的芯片。ARM 公司利用架构授权模式与伙伴达成双赢，迅速成为全球精简指令集微处理器标准的缔造者。

ARM 公司为各种应用场景提供多样化的系列处理器 IP 解决方案，覆盖高性能计算、高性能实时处理、低功耗嵌入式、云计算、硬件安全和高性能机器学习等领域。ARM 公司的处理器 IP 授权模式在为合作伙伴提供可靠处理器的同时降低芯片开发成本，推动了应用创新。广泛的合作伙伴丰富了 ARM 公司的生态，奠定了 ARM 公司在智能时代智能手机、物联网等领域的处理器主导地位。

ARM Cortex 系列处理器内核是 ARM 家族中占据处理器 IP 市场核心系列。自 2004 年推出 ARM V7 内核架构时，ARM 公司便摒弃了以往“ARM＋数字”这种处理器命名方法，启用 Cortex 来命名，并将 Cortex 系列细分为三大类，即 Cortex－A 系列、Cortex－M 系列以及 Cortex－R 系列。

Cortex－A 系列面向高性能计算需求、运行丰富操作系统和程序任务的应用领域，如智能手机、平板电脑、机顶盒、数字电视、路由器和监控 SoC 芯片等。Cortex－A 目前有以 A7x 系列为代表的高性能大核产品线和以 A5x 系列为代表的低功耗小核产品线。现代多核 SoC 为了兼顾性能峰值表现和低功耗，经常同时集成一定数量的大核和小核，其中大核运行短时间的高性能需求任务，小核运行低性能需求的任务或者在待机状态下支持背景任务运行。目前，除了苹果自研处理器内核以外，以高通、海思、联发科为首的安卓智能机 SoC 芯片设计企业都采用 Cortex－A7x 和 Cortex－A5x 搭配作为内核集群（cluster）配置。此外，高通和华为也会在架构上做不同程度的优化。

相比 Cortex－A 处理器内核，Cortex－M 处理器内核面积更小、能效比更高。通常情况下，这些处理器的流水线很短，设计简单，最高时钟频率很低，功耗表现优异。Cortex－M 系列在目前智能互联时代应用前景非常广阔，覆盖智能测量、人机接口设备、汽车和工业控制系统、大型家用电器、消费类产品和医疗器械等应用领域。目前，Cortex－M 在全球 32 位微控制器芯片市场中占据主导地位。

Cortex－R 处理器是面向实时应用的高性能处理器系列，运行在比较高的时钟频率下，其响应延迟非常低，主要应用于硬盘控制器、汽车传动系统和无线通信的基带控制等领域。

2020 年推出的 Cortex X 系列是目前 ARM 移动端定位最高的产品线，代表着 ARM 公版的最强性能。Cortex X 系列并不是一个新产品线，而是从 Cortex - A 系列分化出来的。

2）**RISC - V**

RISC - V 架构主要由美国加州大学伯克利分校（以下简称伯克利）的开发人员于 2010 年发明，并且得到了计算机体系结构领域的泰斗大卫·帕特森（David Patterson）的大力支持。伯克利的开发人员之所以发明一套新的指令集架构，而不是使用成熟的 X86 或者 ARM 架构，是因为这些架构经过多年的发展变得极为复杂和冗繁，并且存在高昂的专利和架构授权费用问题。此外，修改 ARM 处理器的寄存器传输级（RTL）代码是不被支持的，且 X86 处理器的源代码根本不可能获得，其他的开源架构（譬如 SPARC、Open RISC）也均存在或多或少的问题。因此，伯克利的教授与开发人员决定发明一种全新的、简单且开放免费的指令集架构，于是 RISC - V 架构诞生了。

经过几年的开发，伯克利为 RISC - V 架构开发出了完整的软件工具链以及若干开源的处理器实例，得到越来越多人的关注。2016 年，RISC - V 基金会正式成立并开始运作。RISC - V 基金会是一个非营利性组织，负责维护标准的 RISC - V 指令集手册与架构文档，并推动 RISC - V 架构的发展。

RISC - V 的模块化架构是 X86 与 ARM 架构所不具备的。以 ARM 架构为例，ARM 架构分为 Cortex - A、Cortex - R 和 Cortex - M 三个系列，分别针对应用操作系统（Application）、实时（Real - Time）和嵌入式（Embedded）三个领域，彼此之间并不兼容。但是模块化的 RISC - V 架构能够使用户灵活地选择不同的模块进行组合，以满足不同的应用场景，算得上“老少咸宜”。例如，针对小面积、低功耗的嵌入式场景，用户可以选择 RV32IC 组合的指令集，仅使用机器模式（Machine Mode）；而针对高性能应用场景，则可以选择 RV32IMFDC 指令集，使用机器模式与用户模式（User Mode）。

RISC - V 正被用于一系列汽车系统：人工智能加速器、基于氮化镓功率半导体的先进电动汽车电池充电器控制器，甚至用于轻型电动汽车的高压单片电机驱动控制器等。

2020 年 4 月，半导体解决方案的主要供应商瑞萨电子公司和芯伍科技（SiFive）达成合作，共同开发面向汽车应用的下一代高端 RISC - V 解决方案。随之在 2020 年末，瑞萨借助日本半导体公司 NSITEXE 推出了集成 RISC - V 协处理器的汽车 MCURH850/U2B，主要用于混合动力 ICE 和 xEV 牵引逆变器、高端区域控制、连接网关和车辆运动等相关应用。

英特尔在 2022 年全球消费电子展上推出了专为自动驾驶打造的 EyeQ Ultra 系统集成芯片，Mobileye EyeQ Ultra 不包含任何 X86 内核，而是具有 12 个 RISC - V 内核、ARM GPU 和数字信号处理芯片（DSP）。

业界对于 RISC - V 进军汽车产业也表现出相当信心，RISC - V 最重要的优势在于它的适应性非常强，可以使用任何算法并加以改进，使其成为定制解决方案。自动驾驶的软件生态刚刚起步，还未形成生态壁垒，这也给 RISC - V 架构提供了切入自动驾驶的窗口期。

由上述分析可知，指令集架构行业（以下简称指令集行业）属于技术发展成熟期的行业。

（3）行业是否有一定数量的专利储备

芯片设计涉及指令集、EDA、IP 核等关键技术。因此，本节从指令集、EDA、IP 核三个关键技术角度分析对比指令集行业的专利储备量。通过专利分析，如图 5.3.2 所示，涉及指令集的专利申请为 221537 件，涉及 EDA 的专利申请为 58124 件，涉及 IP 核的专利申请为 88508 件。

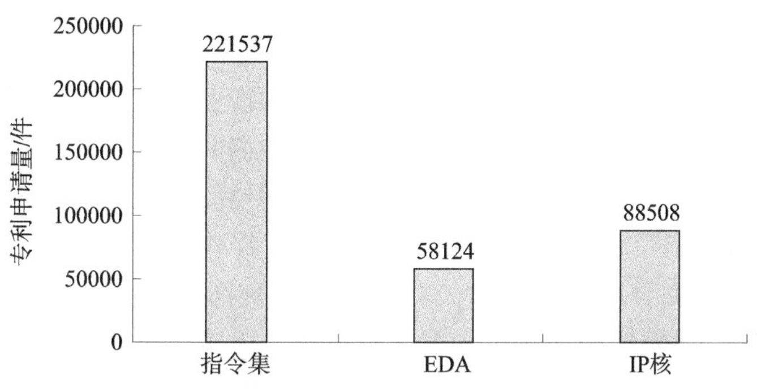

图 5.3.2　指令集行业专利储备量

从专利申请量占比来看，指令集、EDA、IP 核专利申请量分别占芯片设计行业的 60%、16%、24%，其中指令集方向在芯片设计领域中占比最高，如图 5.3.3 所示。

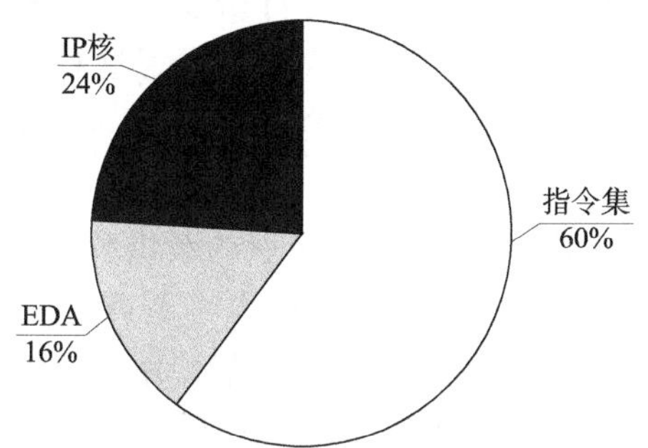

图 5.3.3　指令集行业专利申请量占比

由上述分析可知，指令集行业具有一定数量的专利储备。

（4）行业是否有专利防御的诉求

对于专利防御的诉求，首先从诉讼、转让和许可数量的角度进行表述。如图 5.3.4 所示，指令集行业专利申请量为 221537 件，其中诉讼、转让和许可数量分别为 2662 件、41639 件、486 件。而诉讼、转让和许可数量之和占指令集行业专利申请总量的 20%。

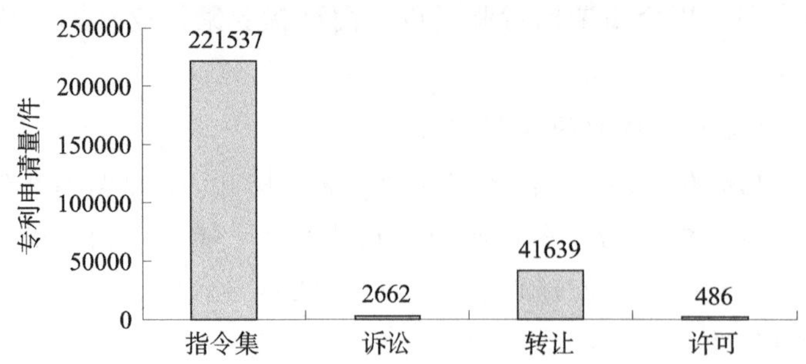

图 5.3.4　指令集行业专利诉讼、转让、许可情况

由上述分析可知，由于指令集行业诉讼、转让和许可的专利数之和较多，即专利纠纷以及专利共享的需求较高，因此该行业具备专利防御的诉求。

其次，从行业被垄断的角度来说，指令集行业同样有着专利防御的需求。

ARM 架构在移动芯片领域居主导地位。移动芯片作为智能手机的核心组成部分，扮演着关键角色，而在移动芯片领域，ARM 架构一直都是主流。目前，全球 99% 以上的智能手机都采用 ARM 架构。无论是苹果、高通、三星、华为海思、联发科，还是紫光展锐，都选择使用 ARM 架构来设计自己的芯片。虽然各个厂商对 ARM 架构的依赖程度有所不同，但不可否认 ARM 架构在移动芯片领域的王者地位。

在 ARM 架构下，不同厂商有不同的做法。苹果仅使用 ARM 指令集，而 CPU、图形处理器（GPU）、神经网络处理器（NPU）等均为自行研发。高通则使用 ARM 的指令集和 CPU，而 GPU、NPU 等组件也为其自行研发。联发科、华为、紫光展锐、三星等厂商则完全采用 ARM 的指令集、CPU 和 GPU。这种情况在过去并没有引起太大的注意，但从 2022 年开始，情况已完全改变，因为 ARM 公司决定对中国企业断供。

随着 2022 年的到来，ARM 公司对中国企业的断供政策给行业带来了巨大的冲击。根据 ARM 公司的决定，最新的 ARM V9 架构版本将不再授权给中国企业，同时先进的 IP 核也将不再授权。这就意味着，中国企业将只能使用旧版的 V8 架构和 IP 核来设计芯片，与最新版本相比，劣势明显。因此，基于该行业的专利开源防御策略亟须构建，以应对该行业的垄断状态。

综上，指令集行业技术整合能力弱和互补技术复杂度高，目前处于成熟期，拥有一定数量的专利储备，有以专利实施防御策略的需求，因此适合构建产品防御模式的专利开源项目。

5.3.2.2　自动驾驶行业

自动驾驶系统采用先进的通信、计算机、网络和控制技术，对列车实现实时、连续控制。采用现代通信手段，直接面对列车，可实现车地间的双向数据通信，传输速率快、信息量大，使得控制中心和后续追踪列车可以及时获知前行列车的确切位置，运行管理更加灵活，控制更为有效，更加适应列车自动驾驶的需求。

毋庸置疑，自动驾驶已成为人类自发明汽车以来的一大颠覆性创新，其影响不仅体现在汽车工业上，而且对社会发展和出行体系都产生巨大影响。在自动驾驶领域，不管是提供解决方案的华为、百度，还是自主造车的特斯拉，都在趋势到来之前寻找到自己的一席之地，布局可预见的未来。

本节将基于产品防御模式的先决条件对自动驾驶行业是否适合构建产品防御模式的专利开源项目进行验证。

（1）行业是否呈现技术整合能力弱和互补技术复杂程度高的特点

自动驾驶系统相关的关键技术，包括环境感知、逻辑推理和决策、运动控制、处理器性能等。一方面，随着机器视觉（如3D摄像头技术）、模式识别软件（如光学字符识别程序）和光达系统（已结合全球定位技术和空间数据）的进步，车载计算机可以通过将机器视觉、感应器数据和空间数据相结合来控制汽车的行驶。可以说，技术的进步为各家汽车厂商自动驾驶技术的发展奠定了基础。另一方面，自动驾驶汽车的普及还存在一些关键技术问题需要解决，包括车辆间的通信协议规范、有人驾驶与无人驾驶车辆共享车道的问题、通用的软件开发平台建立、多种传感器之间信息融合以及视觉算法对环境的适应性等问题。自动驾驶技术是指不需要人为操作即能感测其环境及导航，实现车辆自动驾驶的技术。与自动驾驶相关的技术主要有车辆定位、图像识别、信息共享和深度识别等。

① **车辆定位**。车辆定位是实现环境感知、路径规划与控制等后续功能的基础。汽车在驾驶过程中，通过激光导航、视觉导航等能识别到车辆所处的地理位置，并主动向驾驶系统发送道路信息，以帮助中央导航做出正确的驾驶选择。目前，汽车定位采用的传感器主要有激光雷达、毫米波雷达和摄像头等。

② **图像识别**。借助于人工智能和大数据，自动驾驶车辆在行驶过程中会通过视觉传感器持续地采集车辆周边环境的图像数据，然后反馈给自动驾驶系统。自动驾驶系统对接收到的图像进行多层次的信息加工，且随着类似图像数据的多次采集和处理，系统将逐渐熟悉图像特征，当有相似的图像出现后，系统将准确地识别出图像中的信息。

③ **信息共享**。由于人工智能的应用，不同汽车之间可以实现对实时路况和车辆位置信息的共享。在专用通道中，汽车能够将自身位置、车速等信息与其他汽车共享，使其他汽车的自动驾驶系统实时接收到信息并及时调整车辆的行驶状态，保证车辆行驶的安全性。另外，车辆的自动驾驶系统还能监控共享信息的时效性，自动删除无效信息，从而保证自动驾驶汽车获得最新的共享信息。

④ **深度识别**。深度识别不仅可以及时获取环境信息并进行精准分析处理，而且能够在计算机的帮助下获得更成熟的感知能力和分析能力。通过将人工智能技术和云服务相结合，汽车自动驾驶系统迅速获得实时数据，通过复杂的算法将结果直接发送到驾驶决策系统，实现真正的智能化驾驶。另外，深度识别能够大幅度提升汽车自动驾驶的水平和质量，如通过监控和分析驾驶员的驾驶偏好，将信息反馈给中央控制系统，可以帮助车辆实现自动调节车内温度和座椅位置等功能。

自动驾驶领域市场参与者众多，包括传统车企、造车新势力、互联网/科技公司等，各类玩家结合自身定位和能力优势，呈现出不同的发展思路。

目前，在自动驾驶技术方面主要有两条发展路线：第一种是渐进演化的路线，也就是在今天的汽车上逐渐新增一些自动驾驶功能，如特斯拉、宝马、奥迪、福特等车企均采用此种方式，这种方式主要利用传感器，通过车车通信（V2V）、车云通信实现路况的分析；第二种是完全革命性的路线，即从一开始就是彻彻底底的自动驾驶汽车，如谷歌和福特公司正在一些结构化的环境里测试自动驾驶汽车，这种路线主要依靠车载激光雷达、计算机和控制系统实现自动驾驶。从应用场景来看，第一种方式更加适合在结构化道路上测试，第二种方式除结构化道路外，还可用于军事或特殊领域。由此可以看出，自动驾驶行业目前技术整合能力弱和互补技术复杂程度高。

（2）行业技术发展是否处于成熟期

自动驾驶发展最初由高校实验室推动，2009 年谷歌入局，加速其商用进程。2013 年百度成立自动驾驶研发团队，福特、宝马、日产、沃尔沃等传统整车厂及特斯拉、“蔚小理”等造车新势力相继布局，2015—2017 年魔门塔（Momenta）、图森未来、智行者、小马智行、安途（AutoX）、文远知行等自动驾驶科技初创企业成立，互联网企业、整车厂、一级制造供应商及初创企业纷纷涌入自动驾驶赛道。2009—2019 年，各自动驾驶公司在全球多地拿到路测牌照，积累测试里程，L3/L4 技术开始商业化落地，自动驾驶技术积累速度较快。

2020 年以来，特斯拉 Model 3、小鹏 P7 等具备 L2/L2 + 功能的车型成功上市并扩大量产，特定场景的高阶自动驾驶功能开始落地；谷歌 Waymo、通用 Cruise、百度 Apollo、小马智行等公司开启无人驾驶出租车商业化试点，进行规模化收费运营。自动驾驶进入商业化应用新阶段，不同背景的参与者各有优势，寻求多种算法优化与商业化落地路径。

得益于硬件平台和软件算法的逐步成熟，新车搭载 L2 级功能正在逐渐成为前装标配。据统计，2022 年我国在售新车 L2 级和 L3 级的渗透率分别为 35% 和 9%，部分科技公司直接研发 L4 级自动驾驶，并在部分城市路段或特定场景下进行测试，但目前高级别自动驾驶仍然面临着政策法规、安全性、技术成熟度等众多挑战，亟待突破。

当前，自动驾驶技术正朝着商业化和实际应用迈进。越来越多的汽车制造商和科技公司投入自动驾驶领域，推出了商业化的自动驾驶解决方案。一些城市也开始试点自动驾驶出租车、公交车等公共交通工具，初步实现了自动驾驶技术在现实生活中的应用。

由此可以看出，自动驾驶行业的商业应用才刚刚落地，技术发展还处于成长期，因此不适合在该行业构建产品防御模式的专利开源项目。

5.3.3 产品防御模式下行业运营的组织管理

产品防御模式的专利开源项目，适用于构建特定产品的专利保护生态，特别适用于平台类产品，可针对特定产品构建开源专利池，通过专利开源吸引更多的参与者共同构建专利防御圈，并以社区的形式对相关产品的制造与使用方进行开放，使得相关产品免受专利诉讼的侵扰。在行业运营中，其组织管理主要包括开源主体管理、开源专利管理、法律事务管理、开源风险管理、开源生态管理。❶

5.3.3.1 开源主体管理

行业在构建专利开源项目时，可以根据行业所处的发展阶段和诉求选择专利开源模式。适用产品防御模式的行业在进行专利开源时通常选择以基金会、社区或专利联盟等形式来构建以产品防御为目的的专利开源项目，以共同防御专利侵权纠纷的侵扰。因此，产品防御模式的开源主体通常为基金会、社区或专利联盟，这些主体在构建专利开源项目时，需要明确总体目标、组织架构、平台建设以及管理制度。

（1）总体目标

开源社区建设的目的是招募新的贡献者和改进项目本身，吸引大量的开源社区项目开发者是项目成功的主要原因，而提高社区用户和开发者的满意度是主要途径之一。要使开源社区得到有效扩展，需要拓展开源社区的市场营利模式，制定多种形式的开源营利模式。

① 多种产品线相结合，充分利用开放源代码，加大对商业版产品的营销力度。在这个过程中，用户可以根据自身偏好进行资源选择，而不是以往的强制性购买。

② 鼓励用户使用开源社区的免费产品。这需要企业提高自身的产品质量，开发出更符合市场需求的免费产品，提高在开源社区中维护版本的能力和服务水平。在开源软件产品方面，不断提高开源软件的代码质量，具体包括代码的可读性、完整性、简洁性、可移植性、一致性、可维护性、可测试性、可用性、稳定性、结构性等性能。

（2）组织架构

开源主体的组织架构一般包括董事会、管理团队、专家委员会、主体成员等。其中，董事会成员通常来自不同的公司或组织，负责制定开源主体的战略方向和政策决策，代表开源主体的利益。管理团队通常由一群经验丰富的专业人士组成，负责实施董事会的决策，支撑开源主体的日常运营。专家委员会通常由技术领域的专家组成，提供专业知识和建议，帮助开源主体评估与该技术相关的问题和挑战。主体成员包括各种组织，如公司、开源社区和个人开发者等，通过加入开源主体共享并受益于开源主体的专利保护和其他资源。

（3）平台建设

开源社区的平台建设是为了构建开源社区参与者的沟通和协作环境，可利用实时交流工具、邮件列表、论坛或维基❷、博客、Sprint 例行会议、版本管理系统、开发运维自动化等方式进行平台建设。

- 实时交流工具可以促进聊天室的群组通信以及一对一的私人会谈通信。

---

❶ 杜忠福. 开源软件的专利风险及其法律应对［D］. 长沙：中南大学，2013.

❷ 维基（wiki）：一种超文本系统，支持面向社群的协作式写作。

- 邮件列表是感兴趣的人的电子邮件地址集合，以方便讨论同一个话题。
- 维基是每个人都可以查看、添加和修改其内容的网站，系统使用简单的语法来格式化在浏览器中编写的文本。为防止数据丢失，维基中的所有更改都会被记录下来，并且可以随时恢复。
- 博客用于管理频繁发布的网络应用新闻消息，大多数博客提供了添加公众评论的可能性，因此它们可作为发布者和读者之间的交互媒介。开源主体用来公布开源社区的版本发布信息。
- Sprint 是开源开发人员的会议，为期两三天，目标是高强度的极限编程，包括配对编程等。核心开发人员通过简短的功能演示来介绍即将举行的一些开源社区活动。
- 版本管理系统用于记录所有源代码的变化，要确保控制软件及其质量的写入权限，只授予有经验的开发人员。
- 开发运维自动化应用开发运维组合体（DevOps），其是一组过程、方法与系统的统称，以快速交付可用产品作为目标，促进产品开发、产品测试、产品部署、产品运营和质量检测部门之间的沟通、协作与整合。[1]

（4）管理制度

开源主体可通过开源软件许可证制度来约束组织成员的行为。开源软件许可证制度是开源软件能够健康和稳步发展的基础，它解决了多人共同生产产品的产权问题。开源软件许可证，即软件许可协议，是包含在软件中、约定许可人和被许可人权利义务的文件。软件许可协议是一种契约和授权方式，是用户合法使用软件作品的凭证。软件许可协议通常会规定以下内容：

- 许可授予的对象；
- 可使用软件的设备及地点；
- 能够使用的软件范围；
- 是否提供源代码或目标代码；
- 许可是否独占；
- 被许可方是否可以转让许可证；
- 许可期限；
- 保密条款；
- 责任免除条款。

5.3.3.2 开源专利管理

适合产品防御模式的行业包括半导体行业、软件行业等，该模式下的开源主体的专利一般包括两个来源：一是通过专利转让获得的专利；二是通过自身技术开发获得的专利。开源产品的专利保护需要从以下三个方面分析开源产品的专利风险，以帮助开源主体对开源专利进行保护与管理。

---

[1] 王昊．Z 公司开源软件社区扩展策略研究［D］．上海：华东理工大学，2017.

（1）侵犯不受开源许可证约束的第三方在先产品专利

开源产品通常采用共享和贡献的开发模式，相对于传统的商业产品开发，其开放性更强，参与人员存在不确定性。在这种开发模式下得到的程序代码，无论对于程序作者还是后续使用者，都难以确定有多少人甚至具体是哪些人参与了该程序的编写，因此就无法知道该产品开发时所写入的代码是否存在侵犯第三方产品专利权的部分。开源产品的开放开发模式决定了其开发过程中的参与者具有不确定性，而且大多数参与者都是根据自己的兴趣通过开源社区参与开发的。因此，参与者水平参差不齐导致大多数人在代码编写时不会注意侵犯他人专利权这一问题，即使有人意识到专利风险的存在，但由于他们不是专业从事知识产权或专利工作的人员，也很难判断哪些代码落入了现有专利的保护范围而导致侵权，因此不能有效地规避上述风险。

（2）开源产品被他人申请专利的风险

开源产品的特点决定了其代码必须要向所有用户公开，其后续的开发者和使用者均具有修改和再发布的自由。同时，专利权具有独占性保护的天然优势，在开源产品的传播过程中难免会有人禁不住利益的诱惑将其作为一种技术方案来申请专利。

① 一般开源产品的再修改来自开源社区的成员，他们也是专利开源项目的参与者，他们做出了创造性劳动，应该享有开源产品的某些权利。因此，这些参与者往往会将其修改的开源产品申请专利，使其成为自己的私有财产。

② 开源产品的用户在使用开源产品的过程中，受专利独占性保护的利益驱使，将开源产品申请专利。在这种情况下，用户有可能将开源产品与自己的产品进行结合，形成与原开源产品不同的技术方案，解决不同的技术问题，达到更好的技术效果，从而成为符合专利保护条件的发明创造。

③ 由于开源产品的开发和使用的开放性，其设计思想和表达内容都很容易被竞争对手获取，这些获得开源产品的企业可能会修改或者加入自己的部分程序代码去申请专利，然后反过来控诉开源产品侵权。

（3）开源产品对自有产品专利的威胁

由于开源产品的特殊性，其开发和使用都是相对开放的，其要求后续开发者或者使用者不论作出怎样的修改，都必须在原有的许可证下再次发布该产品，这样就会导致如果后续修改者将自己的专利代码植入开源产品，或者将开源产品的部分代码写入自己的专利产品中，那么就会使其拥有专利权的产品变为开源产品的一部分，向社会公众公开，而且这种公开是不可撤销的。

综上，开源主体在对开源专利的管理上，可以建立产品现有技术数据库，完善产品备案制度。开源社区可以将现有的产品技术及设计思想加以规范化，形成一个系统化的数据库。例如，Linux 最大的发行商红帽公司就建立了防御性专利数据库，以应对可能遇到的专利诉讼，甚至在必要时发起专利反诉讼，并为用户提供专利侵权纠纷的法律、技术及资金支持，防止用户因担忧专利被侵权而放弃使用 Linux 软件。另外，开源主体还可以在公布自己的代码时根据所建立的专利库剔除可能造成侵权的部分，这样可以在一定程度上减少或避免专利侵权风险。

5.3.3.3 法律事务管理

适用于产品防御模式的行业在构建专利开源项目时，为了鼓励发明和防范风险并举，开源主体应在充分考虑开源产品特点的同时，构建完善的法律管理制度与流程。对于开源产品的法律事务来说，开源软件许可证的管理十分重要。

软件许可证伴随着软件产业、计算机产业和互联网的发展而出现。软件许可证是约定软件许可人和被许可人权利和义务的一种许可协议，一旦生效，各方当事人都必须遵守和履行。开源软件是通过以互联网为基础的开源社区发布和传播的，因此开源软件的许可证也是通过网络达成和被接受的，并随着开源软件在互联网上的传播为其保驾护航。

开源软件许可证决定了开源社区如何发展和分发软件，并影响了专利开源项目的发展。从开源软件许可证的内容来说，其不仅是一种民事法律行为，而且是一种由双方或双方以上当事人真实意思表示的民事法律行为。开源软件许可证通过许可证中的具体条款将许可人合法享有的对软件的使用权、复制权、修改权和发行权授予被许可人，被许可人可以设立、变更、终止民事权利义务关系，在许可人和被许可人之间形成权利义务的变动，因此符合合同的目的。开源软件通过许可证授权发行和流通，但由于开源软件许可证自动且可传递的特性，也带来了许多问题。随着开源软件的发展，为了适应不同开发者发布的需要，产生了种类繁多的许可证供其选择。不同类型的许可证根据不同的条款对使用者的限制也不同，具有的法律约束程度也不同，甚至互相矛盾，这样就很容易造成彼此之间适用上的冲突。

为了解决上述问题，可以在产品开发早期对所需程序进行必要筛选。如果只是将开源产品作为工具来生产与其分离的产品，那么绝大多数许可证都是可以接受的；如果想将后续修改的产品用于商业目的发行，则可以选择无开源约束类并能使修改保持专有的许可证；如果希望公开修改后的源代码但不希望公开派生作品的源代码，可以选择弱开源约束类许可证；如果希望原始源代码、修改后的源代码以及其后的派生作品都是公开和自由的，则可以选择最为典型的 GPL 许可证。

5.3.3.4 开源风险管理

在半导体、软件等适用产品防御模式的行业中，企业通常会以开源社区的形式构建专利开源项目。开源社区一般需要设置开源组织形式、开源协议、开源专利列表等约束信息。其中，开源组织形式、开源协议的变更、开源协议中的条款以及开源专利的对外许可可能引发法律风险，在运用开源专利的过程中可能会导致技术风险，因此可以从法律风险和技术风险两个方面对专利开源项目的风险进行分析。

（1）法律风险

开源协议中一般会设置多种限定条款，其中较为重要的条款会对协议可能涉及的法律事务进行明确规定，而这些重要条款的设置也会导致一定的法律风险。基于对已有专利开源项目的开源协议的分析总结，一般专利开源项目包含的重要条款主要为不主张条款、转让限制条款、可再专利性条款、违约条款、权利用尽条款、反向许可条款以及病毒条款。基于开源社区项目一般具有产品防御性质这一特点，其主要涉及不主张条款、违约条款、权利用尽条款和可再专利性条款。

创建专利开源组织时，通常会有开源组织的注册地，那么组织确立的行为规范必然要符合开源组织所在国相关的法律规定，包括组织规范、开源协议条款、会员权利义务等。当出现纠纷时，开源组织所在地通常享有司法管辖权。专利开源组织在国外注册较多，我国不具有优势，一旦涉及司法纠纷，我国法院并不必然享有司法管辖权。如果专利开源项目指定司法管辖权归属于国外某法院，那么所有围绕使用条款展开的纠纷都将以该国的法院判决为准。

专利开源纠纷在国内司法实践中尚无判例可循。开源协议一般被视为认定许可方与被许可方权利义务的法律文件。如何理解开源协议的效力，对于专利开源有序运行尤为重要。然而在国内实践中，既没有相关法律法规，也没有相关司法案例可循，所以对于开源协议中涉及的权利义务，人们难以形成明确的预期。一旦产生纠纷，就会存在较大的不确定性，不利于相关主体维权。

专利开源往往是全球性的，使用开源的专利是否受到出口管制是必须要面对的问题。《中国禁止出口限制出口技术目录》规定了具体的禁止出口和限制出口的目录清单。例如，其中明确规定了计算机通用软件编制技术属于受管制技术。软件行业的开源社区项目就有可能落入管制目录中，根据规定应当受到约束，而在专利开源中，专利实施许可是自动发生的，不再需要双方进行磋商，且被许可人可能来自不同的国家，企业很难对每个专利许可进行有效控制。可见，专利权转让、专利申请权转让、专利实施许可、技术秘密转让、技术服务和其他方式的技术转移，是受到《中华人民共和国技术进出口管理条例》约束的。因此，专利开源中形成的专利技术进出口管理存在制度上的空白。

（2）技术风险

开源社区项目在发起时会收到企业贡献的专利，基于这些贡献的专利可能会产生相应技术风险，并且由于专利自身的特点，实施这些开源专利同样可能会导致一定的技术风险。下面对开源社区项目中可能存在的技术风险进行分析。

开源社区的所有会员都是被许可人，作为被许可人享有的权益是一致的。对于成为社区会员的企业，根据社区的开源协议，加入社区之后需要将与自身相关的专利免费许可给所有社区会员。因此，开源协议将作用于企业未来可能获得的授权专利，给企业带来不确定的风险。由于软件行业的开源协议是基于产品的，这意味着未来相关软件技术的演变发展会对企业的专利产生影响，可能存在超出专利权人预期的风险。

当企业加入开源社区时，需要将自身的部分专利技术对外进行免费许可，而由于不特定对象的限制，企业作为开源主体无法选择开源专利的被许可人，即无法将其竞争对手排除在开源对象之外，那么竞争对手参与企业发起的专利开源项目就可以获取开源专利技术并免费使用，这会对开源主体本身产生一定的技术威胁和冲击，导致一定程度的技术风险。

当企业加入开源社区，成为其会员并贡献了相应的专利，成为许可人之后，由于开源社区的开源协议中一般包含了可再专利性条款，即被许可人可以在其开源专利基础上再申请专利，如果他人基于企业参与专利开源项目后贡献的开源专利再申请专利以及进行后续的知识产权主张，那么就会给企业带来一定的技术风险。

开源社区的开源专利一般集中在特定领域。基于不同的开源诉求，企业加入的专利开源项目并不一定与其发展路线完全一致。当企业加入的专利开源项目与其技术发展路线一致时，使用开源专利就意味着接受专利开源项目的技术路线。然而，专利开源项目的技术路线未必正确且不一定适用于企业自身发展，这可能导致技术路线在规划、实施及后续发展上的风险。此外，专利开源项目中开源的专利技术未必是最先进或最核心的技术，单纯依据其技术路线推进发展可能存在一定的问题，从而给企业带来不确定性风险。

存在于开源社区中的企业如果一直依赖于社区组织开源，而疏于发展自己的新技术，则会出现自身技术发展受限的风险。因此，企业应积极应对该风险，减少对社区开源技术的依赖，不断挖掘和发展自身技术。

5.3.3.5 开源生态管理

开源已成为创新的重要模式，开源生态体系的建设为开源提供了更强的竞争力和生命力。在选择产品防御模式构建专利开源项目的行业中，主要以开源社区和开源基金会为主体进行项目构建。

开源社区是专利开源项目的主要开发组织，一般是指以专利开源项目为核心，由地理位置分散但拥有共同兴趣爱好的开发者根据相应的开源软件许可协议，以民主、合作的形式，共同开发、维护、增强知识创造与传播的网络平台。目前，国外知名的开源社区主要通过网络平台以及自发组织的线下活动吸引来自全球各地的开发者和使用者交流互动、协作开发，来构建自己的开源生态体系，不仅在官方网站上提供用于自然语言处理任务的模型、工具包等资源，还设有项目任务开发专栏，吸引更多开发者参与其中，这种模式推动了项目的应用和研发创新。开源基金会是专门为支持专利开源项目而组建的非营利性组织，旨在为专利开源项目提供资金、技术、市场等全方位支持，为社区的建设和运营提供指导。成功的开源基金会一般都有一套较为完整的服务体系，以满足项目或社区在生命周期中的需求。在项目初期，主流基金会均有非常成熟的项目孵化流程，为新项目提供技术研发、知识产权管理、社区建设等方面的指导。在项目运营过程中，基金会一方面会提供技术开发必需的基础设施支撑，包括源代码管理、代码审查、问题跟踪以及通信工具；另一方面会借助大型会议、媒体、社交网络等途径宣传项目，吸引更多开发者和用户参与项目维护。

可见，产品防御模式中的开源社区和开源基金会均需要开源生态的建设来推动其创新发展。开源社区和开源基金会作为开源主体进行专利开源项目的构建时，可以通过增强政策引导性、促进产业联盟和开源基金会并行发展、发挥领军企业的引领作用、建设代码托管平台和开源许可证等方面来开启开源生态的运营模式，促进开源生态的可持续发展。[1]

---

[1] 何婷，徐峰．国外人工智能开源生态运营模式剖析［J］．全球科技经济瞭望，2022（1）：55－63．

① **增强政策引导性**。为带动各界对行业专利开源项目的研发热情，建议增强政府的主动性，一方面加大现有科技计划对专利开源项目的支持力度，并推动在政府资助下形成的研发成果开源，扩大特定行业的开源供给；另一方面在政务、医疗、安防、教育等社会民生应用场景中率先使用开源产品，从需求侧激励特定行业中的企业加大自主研发力度。

② **促进产业联盟和开源基金会并行发展**。与开源基金会相比，产业联盟组织较为松散，更侧重于为创新主体之间的信息交流和项目合作提供平台。而开源基金会基于法人地位，能为开源社区提供法律保障；利用稳定的会费收入，能为专利开源项目提供更专业化、规范化的服务；通过与企业之间形成的互利共赢模式，能推动开源生态的良性循环。要在行业开源参与者之间建立起更为牢固的合作纽带，既需要开源基金会这类第三方服务机构提供有效的机制保障和程序化的服务，也需要产业联盟作为产学研沟通与合作的桥梁，开展开源技术推广、开源许可证制定、开源产品标准研制、开源人才培养等基础性、公益性的服务。因此，在继续发挥产业联盟作用的同时，需要强化基金会制度，进一步发展特定行业的开源基金会。

③ **发挥领军企业的引领作用**。领军企业出于构建自身商业生态的需求，对底层技术进行开源的意愿较强。同时，凭借较强的研发能力、资金保障和行业影响力，领军企业能够主导专利开源项目的产生、成长和商业化。可以借鉴开源社区以特定项目为核心的发展模式，支持领军企业围绕某一项目建立相应的开源社区，利用自身的行业号召力吸引更多开发者加入。

④ **建设代码托管平台和开源许可证**。代码托管平台是专利开源项目协作开发的基础工作环境，开源许可证是项目开源的核心规则。为保障行业开源环境的安全性与自主性，需要发展壮大行业内自身的代码托管平台，并推动国家科技计划下产生的创新成果适时在代码托管平台上开源。同时发挥产业联盟的作用，制定并推广符合行业开源发展特点的许可证。

5.3.4　产品防御模式下行业实施策略

RISC－V 行业在发起产品防御模式下的专利开源项目时，需要基于产品防御模式下行业运营组织管理进行实际操作。为了系统地对其发起专利开源项目的全流程进行管理，需要设置包括开源主体管理、开源专利管理、法律事务管理、开源风险管理以及开源生态管理在内的多个管理模块，并依据各个管理模块的执行方式管理专利开源项目。

前文中的行业运营组织管理部分主要侧重于管理的理论分析，并且分析了 RISC－V 行业适合发起产品防御模式下的专利开源项目，下面我们结合 RISC－V 行业的实际运行情况将组织管理落地，为其他行业具体进行产品防御模式下专利开源运营提供示例。前面章节已经对 OIN 项目的组织管理进行了详细分析，RISC－V 要发起类似的产品防御模式专利开源项目时，可以参考其组织管理模式进行组织架构的构建和管理。

5.3.4.1 开源主体管理

OIN 项目主要依托于 OIN 开源社区实现专利开源，通过开源社区实现对社区成员、开源协议、开源专利、开源生态等专利开源项目相关内容的管理。OIN 的管理架构由董事会、管理团队、专家委员会以及社区成员组成。董事会主要负责制定战略方向和决策，管理团队主要负责 OIN 项目的日常运营，专家委员会主要负责 OIN 相关技术的评估，社区成员主要在成员之间共享 Linux 系统相关专利以及其他技术资源。因此，OIN 项目作为一个成熟的专利开源项目，具备稳定的管理架构、专业的管理团队，且社区成员数量庞大，涵盖了国内外大部分大中型企业，这些也促使 OIN 成为目前为止全球规模最大的专利保护社区。

RISC－V 开源主体包括 RISC－V 基金会以及 RISC－V 开源社区。RISC－V 基金会组建了 RISC－V 开源社区，负责管理 RISC－V 所有相关的开源事宜。RISC－V 开源社区是一个非营利性组织，支持免费和开放的 RISC 指令集体系结构和扩展，允许社区将时间和资源用于创新而无须重复，通过开放式技术协作和对许多 RISC－V 程序的支持，推动 RISC－V 的发展。目前，社区已经发展到拥有 3800 多名会员，包括多元化的个人、学术界、研究机构和行业组织。

通过 RISC－V 社区的官网可以看出，RISC－V 开源社区的管理架构由董事会、技术指导委员会、资源协调组织人员以及社区成员组成。其中，董事会在为整个社区提供方向和领导方面发挥着核心作用。随着越来越多的组织对 RISC－V 作出战略决策和投资，董事会也不断壮大，董事们对 RISC－V 的全球利益相关者进行了深入投资，并寻求将他们在技术采用、商业化和协作方面的经验贡献给整个社区。RISC－V 董事会由主席团成员和会议董事会组成，主席团成员包括主席、副主席和秘书，目前的主席为高通公司高级技术标准主任，华为科技有限公司研发总监和阿里巴巴集团副总裁均在主席团中。董事会成员的变更须由董事会投票决定。董事会可修改会员条约，须经过三分之二赞成票通过。董事会可决定建立委员会来处理关于 RISC－V 的具体事务，并任命下属委员会主席。

RISC－V 社区的技术指导委员会主要由领域内的专家组成，技术指导委员会下还设立了多个技术小组。技术小组是技术指导委员会的核心，负责创建并维护硬件管理系统和相关的其他项目，包括测试和调试框架、软件规格等。技术指导委员会是技术治理机构，由委员会主席和主要成员组成，每家公司有一名代表，每月向董事会报告。技术指导委员会通过组织技术组的技术工作，指导工作组和技术特殊利益集团的工作。成员可以查阅所有技术档案，有权参加除技术工作组主席特有的技术工作组以外的任何技术小组，也可以参与技术指导委员会成员特有的相关活动。

RISC－V 社区的资源协调组织机构由资源协调执行小组和资源协调队伍组成，负责社区内部的资源管理和协调工作。

RISC－V 社区的成员目前有 3800 多名，分为总理成员、战略成员和社区成员。总理成员中包括多家中国企业和院所，如阿里巴巴、华为、北京开源芯片研究院、海河实验室及腾讯等，中国企事业单位占比较高。总理成员和战略成员有一定的要求限制，需要缴纳会费，同时可以享受一些福利待遇，并有加入董事会和技术指导委员会的资格。社区成员无明确限制，不强制缴纳会费，在申请成为会员时，需要阅读并同意相关协定、条例后方可申请。

通过对比 RISC - V 社区的管理架构与 OIN 项目的组织管理架构可以看出，RISC - V 已经拥有了较为成熟的管理架构，且管理架构与 OIN 项目存在很多相似之处，这是因为 RISC - V 社区也由 Linux 基金会指导，所以两者的运营模式较为类似，RISC - V 基于其成熟且系统的管理架构可以较为顺利地发起产品防御模式专利开源项目，并基于已有管理架构对专利开源项目进行组织和管理。

5.3.4.2 开源专利管理

RISC - V 社区官网上包括很多可以学习的技术知识，其相关代码、指令集等也均已开源。但是 RISC - V 与 OIN 比较不同的一点是 RISC - V 社区并没有与专利相关的内容，OIN 要求加入的成员贡献出与 Linux 系统相关的专利，同时 OIN 还将自身拥有的专利开源，基于两部分专利组建了庞大的专利池，通过交叉许可可以实现产品防御的目的，而 RISC - V 社区目前并没有与开源专利相关的内容。

开源 RISC - V 指令集使用的是伯克利软件发行（BSD）开源协议。伯克利研究团队认为，指令集架构作为软硬件接口的一种说明和描述规范，不应该像 ARM、PowerPC、X86 等指令集那样需要付费授权才能使用，而应该是开放和免费的。他们选择的 BSD 开源协议给予使用者很大自由，允许使用者修改和重新发布开源代码，也允许基于开源代码开发、发布和销售商业软件。然而，BSD 开源协议并未包含明确的专利许可条款用以许可用户使用软件所包含的相关专利，因此 RISC - V 社区并未对开源内容的相关专利进行规定和限制。

RISC - V 开源社区缺少专利支撑就会出现一定的问题，尽管 RISC - V 指令集是免费开放的，但使用 RISC - V 指令集制造芯片时，仍可能面临专利诉讼的问题。X86 架构和 ARM 架构作为行业领先的架构，拥有大量专利，并在芯片市场具有较高的市场份额。这些厂商可能通过专利诉讼的方式阻碍 RISC - V 芯片的发展。此外，来自国外的 RISC - V 芯片厂商也可能对国内的 RISC - V 芯片企业进行诉讼，给国内 RISC - V 芯片企业带来一定的风险和不确定性。

虽然目前 RISC - V 开源社区没有像 OIN 一样组建起专利防火墙，但是为防止 RISC - V 领域未来的知识产权纠纷，在 2023 年 8 月 28 日召开的第三届滴水湖中国 RISC - V 产业论坛上，RISC - V 专利联盟正式启动。该联盟的目的是融合产业知识产权，促进知识产权的高效应用，推动 RISC - V 架构在国内的推广和普及。

中国 RISC - V 产业联盟理事长，芯原股份创始人、董事长兼总裁戴伟民表示：RISC - V 虽然是开源的、免费的，但是在商用产品上难免有专利风险。他举例说，2005 年 Linux 起步之时，微软有 4500 件专利，为避免被微软封杀，当时就成立了 Linux 专利联盟，联盟内的公司分享专利；十几年后，微软也加入了这个专利联盟，并贡献了 6 万多件专利。“我们可以引以为鉴，这次专利联盟的成立是很有历史意义的事件，我们是开放的，希望更多公司加入。”[1] 他指出，“目前有 9 家创始公司，他们都有自己的专利，希望未来加入的企业也有自己的专利”。

RISC – V 专利联盟的成立旨在打造一个 RISC – V 专利互不诉讼的生态系统，以保护国内 RISC – V 芯片企业。通过联盟的协作，成员企业可以共享专利、交流技术，避免内部专利纠纷带来的诉讼风险。此外，联盟还可以加强合作，共同推动 RISC – V 芯片的技术创新和市场发展。RISC – V 专利联盟的目标是吸引更多的中国 RISC – V 芯片企业加入，并共同抵御外部的诉讼风险。通过加入联盟，企业可以利用联盟平台的资源和网络，共同应对来自 X86 架构和 ARM 架构的专利诉讼威胁，保护自身的合法权益。

同时，欧洲和美国也在成立类似的 RISC – V 专利联盟，希望通过合作共同推动 RISC – V 芯片的发展。这种合作模式有助于各个国家和地区的 RISC – V 芯片企业互利共赢，推动全球 RISC – V 芯片产业的发展。

可以看出，RISC – V 行业内部对于 RISC – V 专利联盟存在迫切需求，因此 RISC – V 社区可以参考 OIN 项目的运行模式，通过 RISC – V 社区将社区成员的专利聚集起来，将 RISC – V 相关专利与代码等进行开源，允许社区内成员免费使用，进而实现社区内部 RISC – V 专利的交叉许可，来帮助社区成员共同抵御 X86 架构和 ARM 架构相关厂商对 RISC – V 的专利围堵。

RISC – V 社区成员数量较多，依托 RISC – V 社区发起专利开源项目可能会存在一定的困难，那么我们国内的 RISC – V 相关企业可以以 2023 年 8 月建立的 RISC – V 专利联盟为基础，参考 OIN 的专利开源模式，建立国内 RISC – V 专利开源社区。将国内 RISC – V 社区成员以及相关企事业单位联合起来发起 RISC – V 相关专利开源项目，成员捐献专利，成员之间交叉许可，并制定相关的开源协议对开源专利进行约束，在官网上定期更新 RISC – V 相关技术列表，以明确开源专利的适用范围，这样就可以形成国内较大规模的 RISC – V 专利开源项目，以实现专利防御的目的。

同时，国内还包括以下 RISC – V 相关组织：

① 中国 RISC – V 产业联盟（简称 CRVIC 联盟），致力于集聚和整合国内 RISC – V 创新力量，助推 RISC – V 产业生态的建设，提升中国企业在 RISC – V 指令集创新、标准制定中的影响力；

② 中国开放指令生态（RISC – V）联盟（简称 CRVA 联盟），旨在召集从事 RISC – V 指令集、架构、芯片、软件和整机应用等产业链各环节的企事业单位及相关社会团体，自愿组成一个全国性、综合性、联合性和非营利性的社团组织。此联盟将围绕 RISC – V 指令集，整合各方资源，通过产、学、研、用深度融合，力图推进 RISC – V 生态在国内的快速发展；

③ RISC – V 基金会中国顾问委员会等。RISC – V 专利联盟可以与上述组织进行合作来推进国内的 RISC – V 专利开源项目。

---

[1] 芯时空．RISC – V 专利联盟成立，为中国 RISC – V 应用保驾护航！［EB/OL］．（2023 – 08 – 28）［2024 – 01 – 10］．https：//baijiahao. baidu. com/s？ id = 1775438065251823536&wfr = spider&for = pc.

5.3.4.3 法律事务管理

OIN 专利开源项目的法律事务管理主要负责专利开源过程中的相关法律事宜，其管理团队中有专门负责全球许可事务的部门，管理 OIN 内部的相关法律事务以及外部的法律纠纷事宜。一般产品防御模式下的专利开源项目主要涉及的法律事务包括内部法律事务和外部法律事务。内部法律事务包括成员之间的专利许可、专利纠纷、成员权益等；外部法律事务包括 OIN 社区成员与非社区成员之间，以及 OIN 组织与非社区成员之间的专利许可、侵权纠纷等。

目前并未找到 RISC - V 社区相关法律事务的信息，但是 RISC - V 社区有着系统的组织管理框架，并且在相关法律事务工作方面进行了较为成熟的处理，如制定了开源协议、行为准则，明确了成员义务，并且在其行为准则中明确说明，如果遇到不能接受的行为，可以立即联系 RISC - V 社区，社区会对相关事务进行处理。因此可以看出，RISC - V 社区拥有处理相关法律事务的人员，RISC - V 社区可以在发起专利开源项目时参考 OIN 的法律事务管理，依托法律事务人员对专利开源过程中社区内部和社区外部的相关法律事务进行处理。

5.3.4.4 开源风险管理

OIN 项目属于产品防御模式下的专利开源项目，它在专利开源过程中主要面临法律风险以及技术风险。前面的章节已经对 OIN 项目所涉及的风险进行了详细分析，OIN 项目所涉及的风险也是产品防御模式下专利开源项目可能会面临的风险。RISC - V 社区在发起专利开源项目时也可能面临以下风险。

（1）法律风险

首先是开源协议导致的风险。OIN 项目采用的是自己制定的开源协议，主要涉及不主张条款、违约条款、权利用尽条款以及可再专利性条款。RISC - V 社区目前采用 BSD 开源协议，该协议给予使用者很大自由，使用者可以自由使用、修改源代码，也可将修改后的代码作为开源或专有软件再发布。当作者发布 BSD 开源协议的代码，或以 BSD 开源协议代码为基础二次开发产品时，需满足三个条件：

① 如果再发布产品包含源代码，则源代码中必须保留原 BSD 开源协议；

② 如果再发布的只是二进制类库/软件，则需在文档和版权声明中包含原 BSD 开源协议；

③ 不得使用开源代码的作者/机构名称和原产品名称进行市场推广。

可以看出，BSD 开源协议较为宽松，限制事项较少，风险较小。建议 RISC - V 社区在发起专利开源项目并制定开源协议时，为更好地保护成员利益，可不使用已有开源协议，针对性地在开源协议中增加条款，从而降低风险。

其次是组织形式和协议变动导致的风险，RISC - V 社区由于其开源性质，给中国的芯片厂商带来了另一种技术发展路径，从而遭到了美国相关人士的质疑，要求其改为闭源，然而 RISC - V 社区为了保持中立，将总部设在了瑞士。目前看来，RISC - V 社区的组织形式变动的可能性较低，协议变动导致的风险仍会存在。

(2) 技术风险

技术风险主要涉及 RISC－V 开源的安全风险，RISC－V 基金会遵循的原则包括：

① RISC－V 指令集及相关标准必须对所有人开放且无须授权；

② RISC－V 指令集规范必须能够在线下载；

③ RISC－V 的兼容性测试套件必须提供源代码下载。

因此，RISC－V 涉及的相关技术、标准、指令集都是开源的，成员可以在此基础上加工修改。如果有居心不良的人员搞破坏，故意在开源的代码中加入漏洞，就会导致使用人员出现安全隐患。因此，RISC－V 社区应针对可能发生的安全风险对 RISC－V 技术相关内容进行有效管理。

5.3.4.5 开源生态管理

OIN 项目的开源生态管理包括内部生态管理和外部生态管理两个部分。RISC－V 目前已经建立了其生态环境，包括内部生态和外部生态。

① **内部生态**：即 RISC－V 社区的整个生态，包括 RISC－V 社区中的董事会、委员会、成员以及 RISC－V 联盟等主要组成部分。生态结构主要分为组织架构和技术社区两部分。

② **外部生态**：包括国际和国内两个部分。在国际产业方面，多个 RISC－V 开源版本及商用 IP 诞生，科技巨头和初创公司纷纷布局和落地。在国内产业方面，华为、中兴等大企业及部分中小型企业加入 RISC－V 基金会；国内首个开源 RISC－V 处理器诞生，同时 RISC－V 已经广泛应用于多种产业。

为了实现 RISC－V 的生态建设，国内外均在努力。例如，2023 年 RISC－V 中国峰会的主题是“RISC－V 生态共建”。卡莉斯塔·雷德蒙特（Calista Redmond）表示：“RISC－V 非常看重生态的建设，有硬件没有软件、有软件没有硬件都是不可以的，它们的相互匹配非常重要。RISC－V 生态系统中最重要的是利益相关方，包括工程师、学生、中小企业、跨国企业、硬件生产厂商、软件生产厂商，以及各种工具和资源。”[1]会议主题不是“生态建设”而是“生态共建”，也凸显了 RISC－V 这一开源指令集架构生态建设的关键，即开放、合作。

2023 年，由谷歌、英特尔、平头哥等 13 家企业发起的全球 RISC－V 软件生态计划（RISE），在比利时布鲁塞尔正式启动。RISE 旨在加速 RISC－V 新架构的软件生态建设及应用商业化进程，成员将联合推动 RISC－V 处理器在移动通信、数据中心、边缘计算及自动驾驶等领域的市场化落地。

为了促进 RISC－V 的生态建设，国内成立了中国开放指令生态联盟，旨在召集从事 RISC－V 指令集架构、芯片等产业链各环节的企事业单位及相关社会团体，自愿组成一个全国性、综合性、联合性、非营利性社团组织。联盟围绕 RISC－V 指令集，以服务人类命运共同体为使命，以促进开源开放生态发展为目标，推进 RISC－V 生态在

---

[1] 电子技术应用. RISC－V 生态建设已有长足发展，并已迈向高性能［EB/OL］.（2023－09－06）［2024－01－10］. http：//www. chinaaet. com/article/3000161619.

国内的快速发展，从而使我国尽快摆脱核心芯片设计、知识产权等受制于人的不利局面。❶

如若 RISC – V 发起类似 OIN 的专利开源项目，在开源生态管理方面可以基于目前的生态进行生态构建和管理。相对于 OIN 的内部生态和外部生态来说，RISC – V 在外部生态方面还有所欠缺，OIN 的外部生态包括亚洲法律网络、LOT 网络、OpenChain 项目、软件遗产库等，RISC – V 在发起产品防御模式专利开源项目时可以以现有的生态为基础，以 OIN 的生态为参考进行整个生态体系的构建。

5.4 企业战略分析及运营实践

本节根据企业开源决策需要考虑的重要因素，构建了企业是否适合加入产品防御模式专利开源项目的判断流程；并结合企业实例，探讨了产品防御模式企业运营的组织管理和实施策略。

5.4.1 产品防御模式下企业运营的先决条件

由前述分析可知，企业制定开源战略时需要考虑自身的条件，根据企业综合实力、持有的专利、所处行业特点等方面判断自身是否适合构建或加入专利开源项目。企业层面的专利开源运营主要分为两个方面：

① 根据自身的需求参与构建专利开源项目；

② 根据自身的需求加入已有的专利开源项目。

而产品防御模式下的专利开源项目需要通过大量的专利构建专利池，才能实现对内进行成员企业之间的专利交叉许可，满足个体的需求；对外基于包含大量基础专利的专利池构建完整的专利防御体系，实现其产品防御的目的。对于企业而言，首先，企业自身的专利无法实现与自己的交叉许可；其次，一般企业拥有的专利数量不足以支撑其实现产品防御的目的。也就是说，对于企业而言，不建议其构建一个产品防御模式专利开源项目，可以根据自身的需求加入一个已有的产品防御模式专利开源项目。

前面章节中介绍了企业所处行业技术发展阶段的不同以及行业的技术特点是行业进行开源决策时需要考虑的重要因素。同样地，对于企业来说，如果企业所在的行业不适合进行专利开源的话，那么行业内就很难形成一定规模的专利开源项目。而产品防御模式专利开源项目对于项目的规模有一定要求，当行业不适合进行专利开源时，行业内的企业同样也不适合参与专利开源。因此，判断企业是否适合参与产品防御模式专利开源项目的首要条件是判断企业所在的行业是否适合使用产品防御模式进行专利开源。判断行业是否适合使用产品防御模式进行专利开源的办法可以参考第 5.3.1 节产品防御模式

❶ 中国开放指令生态（RISC – V）联盟．中国开放指令生态（RISC – V）联盟 China RISC – V Alliance［EB/OL］.（2023 – 09 – 06）［2024 – 02 – 05］. https：/ / zhuanlan. zhihu. com/ p/59273896.

下行业运营的先决条件。

如果企业所在的行业适合使用产品防御模式进行专利开源，行业内会出现一些专利开源项目，这些专利开源项目所包含的专利、涉及的技术可能都不相同。企业加入一个产品防御模式专利开源项目的目的主要包括两个：

① 在某项技术上实现与其他企业之间的免费交叉许可，实现技术的可持续发展；

② 在某项技术上寻求保护，以拥有抵抗专利侵权诉讼的能力。

如果企业不涉及该专利开源项目中的专利和技术，那么企业加入产品防御模式专利开源项目就不能达到这两个目的，反而会受到专利开源项目的限制。因此，只有在企业涉及产品防御模式专利开源项目中的技术时，企业加入专利开源项目才能有所获益。

上面也提到了，企业加入一个产品防御模式专利开源项目的目的之一是在技术上寻求保护，获得抵抗专利侵权诉讼的能力。在判断企业是否涉及专利开源项目的技术之后，还需要判断企业是否有专利防御的诉求。在一些情况下，企业虽然涉及了专利开源项目中的技术，但是它可能只涉及技术的应用，而不涉及底层技术。例如，对于 OIN 项目来说，很多企业不涉及 Linux 底层技术的研发，而只涉及上层应用的开发，其专利技术也不涉及 Linux 底层相关的内容，在正常的商业运营过程中也不会涉及 Linux 系统方面的专利诉讼。对于这类企业来说，它在 Linux 系统技术方面可能不存在产品防御的诉求，那么它就不会有加入 OIN 的需要，除非后续企业的技术发展路线可能会涉及相关的内容，否则有需要的时候再加入即可。通过上面的例子可以看出，要判断是否适合加入一个产品防御模式专利开源项目，在判断是否涉及产品防御模式专利开源项目中的技术之后，还需要判断企业是否有专利防御的诉求。

专利开源项目一般需要设置开源的组织形式、开源协议、开源专利列表等开源约束信息，各种开源约束信息会给加入专利开源项目的企业带来风险。例如，开源组织形式、开源协议等可能引发法律风险，企业使用开源专利的过程中可能产生技术风险。产品防御模式的专利开源项目一般基于社区或组织平台，相比其他模式的专利开源项目，其涉及的企业范围更广、专利数量更多。企业加入产品防御模式的专利开源项目之后须将专利免费许可给所有成员，许可范围较广；为更好地实现其防御目的并有效管理企业成员，产品防御模式专利开源项目的开源协议条款往往更专业、更复杂。因此，企业在加入产品防御模式的专利开源项目时面临的风险情况也会更加复杂，需进行详尽的分析和评估。

企业加入专利开源项目一般还是以获利为目的，因此，企业在判断是否要加入一个产品防御模式的专利开源项目时，需要仔细评估和计算加入专利开源项目之后可以获得的收益以及可能存在的风险。当获得的收益大于可能存在的风险时，企业就可以加入产品防御模式专利开源项目。

综合以上分析可知，评价企业是否适合加入产品防御模式的专利开源项目，需要先判断企业所在行业是否适合使用产品防御模式进行专利开源，符合条件之后，再判断企业是否涉及专利开源项目中的技术，再判断企业是否有专利防御的诉求，最后判断企业加入专利开源项目后收益是否大于风险，满足以上条件的企业才适合加入产品防御模式的专利开源项目。具体的判断过程如图 5. 4. 1 所示。

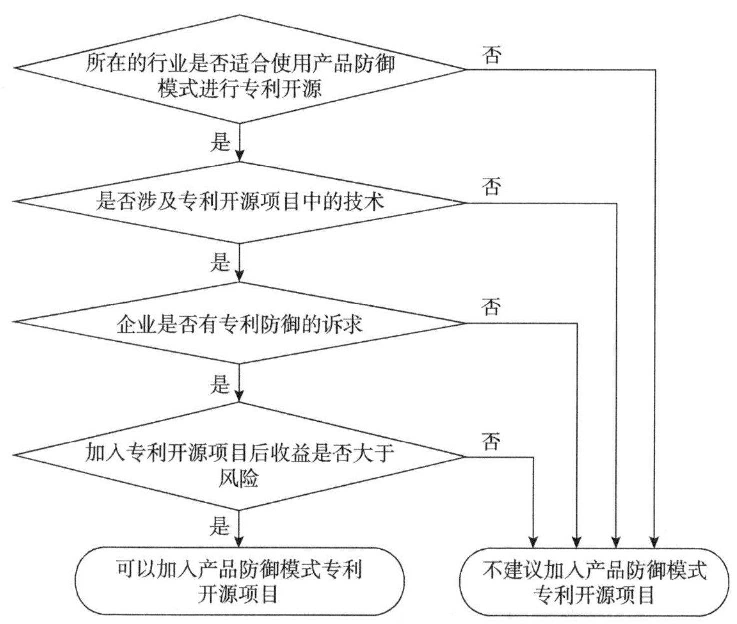

图 5.4.1　企业是否适合加入产品防御模式专利开源项目的判断流程

5.4.2　实例选择

由前述分析可知，产品防御模式下企业进行专利开源运营的先决条件需要按顺序判断企业所在行业是否适合产品防御模式下的专利开源、企业是否涉及专利开源项目中的技术、企业是否有专利防御的诉求、企业加入专利开源项目后收益是否大于风险。根据产品防御模式下企业运营的先决条件，判断企业是否适合加入产品防御模式的专利开源项目，下面分别以 A 企业、B 企业和 C 企业为例进行说明。

5.4.2.1　适合加入产品防御模式专利开源项目：以 A 企业和 B 企业为例

（1）判断 A 企业所在行业是否适合使用产品防御模式进行专利开源

A 企业为国内软件行业企业，软件行业具有行业技术整合能力较弱、互补技术复杂程度较高的特点，并且处于技术发展成熟期，行业内具有一定数量的专利储备，有以专利进行防御的诉求，因此 A 企业所在的行业适合采用产品防御模式进行专利开源，符合先决条件中的第一个判断条件。

（2）考虑 A 企业是否涉及专利开源项目中的技术：以加入 OIN 专利开源项目为例

OIN 专利开源项目通过专利交叉许可网络促进自由保护开源技术，其交叉许可的覆盖范围由一系列软件包定义，统称为 Linux 系统，包括核心 Linux 及相邻的开源技术。具体涉及的 Linux 组件列表可在 OIN 官方网站查看。

而 A 企业无论是在技术上、产品上还是专利上均涉及了 Linux 相关技术，具体如下：

① **技术**。Linux 操作系统的开源、灵活以及可定制性使得其成为世界上应用最为广

泛的操作系统之一。其涉及的主要领域包括但不限于服务器、计算机、嵌入式系统、移动设备等。A 企业主要涉及的业务和技术包括信息与通信技术基础设施业务、终端业务、云计算、数字能源、智能汽车以及芯片等，其中涉及的核心技术包括信息与通信技术、人工智能、云计算、物联网以及半导体芯片等，因此 A 企业涉及的技术与 Linux 有所重叠，其制造的产品中会使用 Linux 系统相关技术。同时，A 企业也一直是 Linux 核心和其他关键开源项目的顶级贡献者。

② **产品**。A 企业主要涉及的产品包括云计算与数据中心等信息与通信技术基础设施产品、企业网络和无线等信息与通信技术管道产品、统一通信与协作等信息与通信技术服务产品、手机终端产品以及其他终端产品（如计算机等），而这些产品会涉及 Linux 系统。

③ **专利**。为了更加准确地分析和判断 A 企业是否涉及 OIN 专利开源项目中的技术，即是否涉及 Linux 系统相关专利技术，我们对 A 企业的专利进行了初步的检索和分析，主要分析结果如下：

A 企业共有 231 件、102 项涉及 Linux 系统的相关专利，其中包含有效专利 162 件，占比为 70%。图 5.4.2 为 A 企业 Linux 系统相关专利的申请公开趋势图。可以看出，A 企业于 2004 年开始申请 Linux 系统相关的专利，并且直到 2023 年为止每年都保持着若干件的专利申请量，可见 A 企业一直对 Linux 相关技术有持续性研究和技术研发。

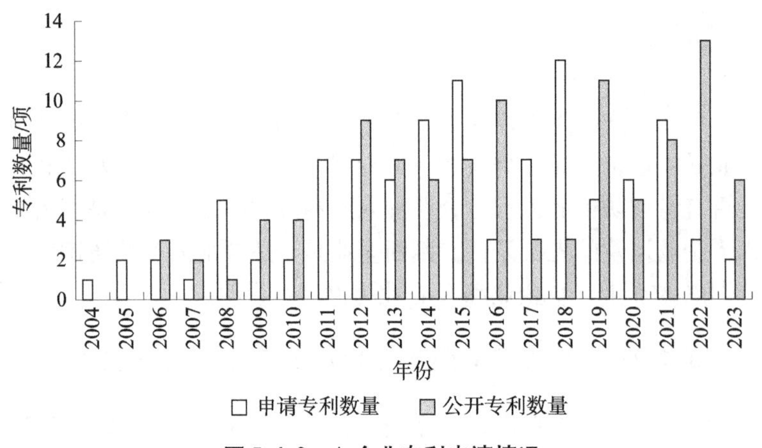

图 5.4.2　A 企业专利申请情况

A 企业涉及 Linux 的专利申请量最高为 12 项（2018 年申请），最低为 1 项（2004 年和 2007 年申请），2018 年申请量最多可能与其在 2018 年发布手机终端操作系统相关。2011—2021 年申请量较多，均在 3 项以上，这主要是因为 A 企业是从 2012 年开始自主研发自有操作系统。因此，A 企业有关 Linux 专利的申请趋势与企业自身技术发展路线相符合。

综合以上分析可知，A 企业在技术、产品以及专利层面均涉及 OIN 专利开源项目中的技术，因此满足专利开源运营先决条件中的第二个条件。

（3）考虑 A 企业是否具有专利防御的诉求

基于对 A 企业的专利分析可知，A 企业 Linux 系统相关专利所涉及的国家/地区包括中国、WIPO、美国以及EPO，其中中国专利数量最多，共78项，占比为76.4%，WIPO为14项，美国为7项，EPO为3项，可见A企业在Linux系统技术方面主要把中国作为其目标市场，没有系统地在全球范围内进行相关专利布局，而仅在几个主要国家/地区申请了相关专利。图5.4.3为A企业专利分布情况图。

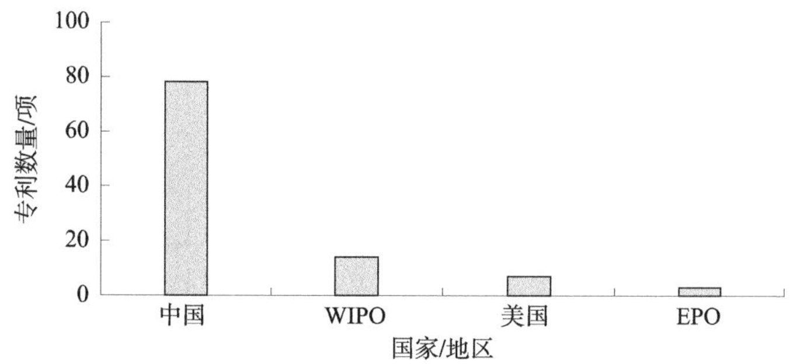

图5.4.3 A企业专利分布情况

然而OIN是国外的开源组织，其涉及的Linux系统相关技术也发源和发展于国外，同时A企业是一个全球化企业，其产品在国外的销量也处于世界领先水平。由前面的分析可知，A企业的技术、产品、专利均对Linux系统有所涉及，涉及Linux系统相关技术的产品包括但不限于信息与通信技术服务产品、终端产品等，而这些涉及Linux系统相关专利的产品在国外进行销售时必然会涉及国外Linux系统相关的专利，需要获得国外企业的Linux系统相关专利的授权许可才可以进行合法销售，否则就会面临侵权的风险。而对于A企业这种大型企业而言，其产品的销量大、盈利也多，一般企业要求的专利授权许可费用会非常高，侵权诉讼中被判定的赔偿费用也会非常高。因此，为了减少高额的专利许可费用支出，同时避免A企业在国外销售产品时可能会发生的侵权纠纷，A企业就会在Linux系统相关技术部分产生与国内外其他企业交叉许可的需求。而基于前面的专利分析，A企业的Linux系统相关专利并未在全球范围内进行系统布局，在国外的申请量较少，一旦在国外发生侵权纠纷，A企业可以拿来进行专利谈判的筹码就很少，不能占据有利的地位。

此外，A企业的专利布局策略也会影响其是否加入专利开源项目的选择。如果企业对相关专利在全球范围内进行了系统的专利布局，那么代表企业对相关专利的保护较为重视，因此在选择加入对应的专利开源项目时会更加谨慎。如果企业未对相关专利在全球范围内进行系统的专利布局，那么代表企业并不打算将专利作为在相应领域内获利的主要手段，则更有可能加入一个专利开源项目，A企业的专利策略属于后者。

因此，基于A企业的技术和专利现状，A企业针对Linux系统相关专利就会产生较强的产品防御诉求，满足先决条件中的第三个条件。

（4）考虑A企业加入专利开源项目的收益和风险

表5.4.1为A企业涉及Linux系统的专利技术分支的分布情况。对A企业涉及Linux系统的专利技术构成进行分析，发现A企业与Linux相关的专利主要涉及Linux系统、负载均衡器、虚拟机管理以及打印数据四个一级技术分支。其中，Linux系统一级

分支包括 Linux 系统本身、多用户并发、屏幕共享、文件传输以及文件系统五个二级分支；负载均衡器一级分支包括负载均衡器、虚拟机、共享内存、负载均衡服务器以及数据备份五个二级分支；虚拟机管理一级分支包括测试命令、权限控制、设备证书、虚拟机管理以及运行环境五个二级分支。

表 5.4.1　A 企业涉及 Linux 系统专利技术分支的分布情况

一级技术分支	二级技术分支	专利数量/项
Linux 系统	Linux 系统本身	44
	多用户并发	6
	屏幕共享	9
	文件传输	9
	文件系统	5
负载均衡器	负载均衡器	11
	虚拟机	4
	共享内存	2
	负载均衡服务器	1
	数据备份	2
虚拟机管理	测试命令	1
	权限控制	1
	设备证书	2
	虚拟机管理	3
	运行环境	1
打印数据		1

Linux 系统一级分支专利数量最多，为 73 项，占所有专利数量的 71.5%，而在此分支中 Linux 系统本身二级分支专利数量最多，为 44 项，占比为 60.3%；负载均衡器一级分支的专利数量为 20 项；虚拟机管理一级分支的专利数量为 8 项；打印数据一级分支的专利数量为 1 项。

由此可见，A 企业对于 Linux 系统本身的技术研究涉及系统底层技术，申请了较多专利，而不是仅仅简单使用 Linux 系统去完成一些功能。

因此，A 企业如果加入 OIN 项目，则需要将与 Linux 系统底层相关的技术贡献出去。虽然 A 企业涉及的 Linux 系统相关专利较为底层，但是对于 A 企业的主要营收和产品而言，Linux 系统以及 Linux 系统相关的处理器等并不是 A 企业的主要营收业务。A 企业的主要营收业务包括：

① **运营商服务**：主要为电信运营商提供网络设备、解决方案和服务等；

② **企业业务**：为企业用户提供各种信息和通信技术解决方案，包括云计算、物联

网、企业网络、数字化转型等；

③ **消费者业务：**为消费者提供智能手机、平板电脑、智能穿戴设备、新能源汽车等产品以及相关服务。

因此，A 企业对于 Linux 系统更多是使用，而不是研发。

图 5.4.4 为 A 企业涉及 Linux 系统相关专利的转让情况，可以用来评价 A 企业涉及 Linux 系统相关专利的商业价值。A 企业自 2011 年开始出现了 Linux 系统相关专利的转让，至 2023 年共转让了 39 次，平均每年 3 次，可以看出其 Linux 系统相关专利的转让次数不多。

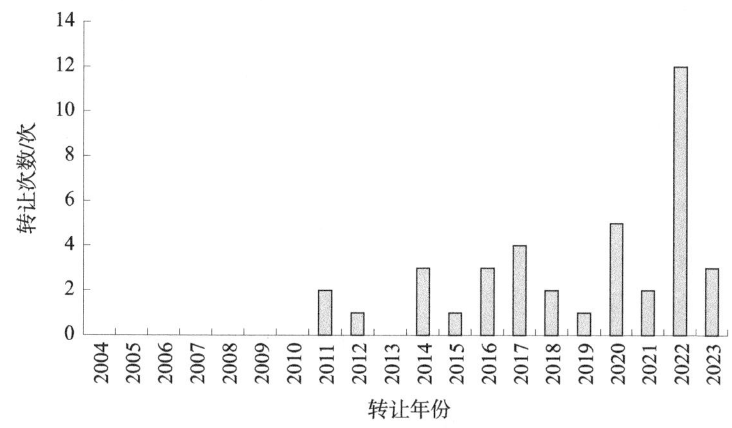

图 5.4.4　A 企业涉及 Linux 系统相关专利的转让情况

对其转让数据进行分析后发现，A 企业 Linux 系统相关专利的转让大部分发生在企业内部，而企业子公司之间的专利转让并不能带来经济效益，因此，A 企业 Linux 系统相关专利带来的商业收益并不高，这也验证了 Linux 系统并不是 A 企业的主要营收业务。

同时，专利的商业价值也会影响企业在加入专利开源项目时的考量，如果专利转让次数多，商业价值高，能带来较高的商业收益，那么企业可能就会将重心放在专利申请上以进行获利，而对加入专利开源项目的积极性会下降；相反，如果企业与外部企业之间的专利转让次数少，带来的商业收益少，那么企业不能主要依靠专利获利，就更有可能加入专利开源项目，将并不能带来高收益的专利贡献出去。

综上，A 企业加入 OIN 专利开源项目之后，能得到的收益是 OIN 项目中多达 270 万项专利许可，这会大大减少其产品在国外销售时产生专利纠纷的可能性，面临的风险除了加入专利开源项目可能会产生的技术风险和法律风险外，还包括需要将自己的 Linux 系统相关专利进行共享。从目前分析来看，A 企业加入 OIN 的商业收益会大于风险，因此 A 企业满足了先决条件中的第四个条件。

综合上述分析可知，A 企业满足了四个先决条件，可以选择加入产品防御模式下的专利开源项目 OIN。

下面再以 B 企业作为目标企业，根据产品防御模式下专利运营的先决条件，判断 B 企业是否适合加入产品防御模式的专利开源项目。

(1) 判断B企业所在行业是否适合使用产品防御模式进行专利开源

B企业为中国电子商务的领军企业之一，其核心业务为电子商务。在数字经济飞速发展的背景下，B企业所在的电子商务行业市场规模逐年扩大，行业结构多样，涉及大数据、区块链、人工智能、云计算、移动互联网等多种技术，并且市场对于各项技术的发展都有着极高的要求，各项技术的发展具有专业性强、复杂度高的特点，但整个电子商务行业所涉及的技术整合程度较低，互补技术复杂程度较高。

随着市场竞争的日益加剧，该行业所涉及的各项技术快速发展，已趋于成熟，行业内专利储备已达到15万件，专利申请量呈现逐年递增的趋势，该行业内有以专利进行防御的诉求。所以，B企业所在的电子商务行业适合使用产品防御模式进行专利开源。

(2) 考虑B企业是否涉及专利开源项目中的技术：以OIN专利开源项目为例

B企业的业务范围广泛，除了电子商务业务外，还涉足云计算、物流、数字娱乐和金融科技等领域。企业在发展过程中高度重视技术创新和产品质量，自主研发能力不断提升，具有独特的技术优势。B企业对大数据、区块链、人工智能、云计算、移动互联网等多种技术均有深入研究，推出了众多具有竞争力的产品和解决方案。B企业推出了一系列软件平台，包括在线购物平台、移动支付平台、企业通信协作平台和物流平台等。近年来，B企业还加速布局智能硬件、芯片研发和操作系统领域，推出了自主研发的芯片和RISC-V操作系统。

B企业在技术开发中使用多种开源软件，包括Linux、Ubuntu、Kubernetes和Docker等，来实现云服务高效可靠的运行环境。例如，在人工智能领域，基于Linux操作系统开发人工智能应用程序时，不同的操作系统和GPU型号可能需要不同的驱动程序，Linux操作系统的不同版本之间可能存在不兼容问题，软硬件协同的性能优化需要高超的技术水平和专业知识。为解决以上可能遇到的挑战，B企业基于Linux内核打造了一款商业版操作系统Alinux 3，对Linux kernel 5.10内核、GCC 10.2/Glibc 2.32版本工具链，以及大量其他核心系统组件做了垂直优化，为开发人员提供强大的商业智能开发平台。B企业还与其他企业共同发起了Anolis OS开源项目，以开放的社区协作来构建一个开源、中立的Linux发行版，提供企业级的稳定、高性能、安全、可靠、免费的操作系统。

此外，B企业还为Linux社区贡献了数千行代码，为Linux内核提交了290多个补丁程序，以提高Linux的性能，如支持多GPU、改进内存管理、优化文件系统、改进多核架构等。B企业是Linux的活跃开发者。

通过对B企业的技术范围分析可知，B企业的技术内容涉及OIN项目中Linux底层技术的研发。

(3) 考虑B企业是否具有专利防御的诉求

首先，从B企业所处行业的角度来看，电子商务行业以互联网为依托，而互联网无地域限制性、传播广泛迅速的特点，使得电商领域知识产权侵权行为尤为普遍。电商领域专利侵权具有行为形式多样、传播广泛迅速的特点，并且侵权纠纷投诉具有门槛较低、数量大、频次高的特点。其次，电子商务行业内同行之间的同质化竞争激烈，当一个产品或应用流行起来，就会迅速出现诸多企业推出类似的产品或应用；对于某项热门技术，各企业均会投入人力、财力进行研发竞争，技术发展水平差异不大。这导致同行企业之间的产品和技术趋同，甚至出现模仿和抄袭行为，专利侵权纠纷层出不穷。

近年来，一方面，我国跨境电商特别是出口电商发展迅猛，专利的强地域性与跨境电商的弱地域性二者碰撞引发的专利产品出口侵权争议逐渐凸显。B 企业的业务涉及跨境电商，拥有全球领先的跨境贸易 B2B 平台，累计服务 200 余个国家和地区的超过 4000 万活跃企业买家以及超过 20 万卖家。在北大法宝网司法案例库进行检索，共检索到 B 企业涉及侵害发明专利纠纷、侵害实用新型专利纠纷和侵害外观设计专利纠纷的有效裁判文书 96 份。对这 96 份裁判文书按被侵权人来源地进行统计，发现 84% 左右的被侵权人是境内专利权人，16% 左右的被侵权人是境外专利权人。[1] 另一方面，在海外还存在对在美上市且存在知识产权保护问题的中国互联网企业进行制裁的问题，而在发达国家（特别是美国），专利主张成本和诉讼成本高昂，B 企业在跨境电商领域面临的潜在专利诉讼风险越来越高。

此外，纯粹利用专利侵权诉讼作为威胁手段牟利的商业行为日益活跃。在美国，专利主张实体发起诉讼的数量逐年增长，占专利侵权诉讼案件的比重急剧增加。例如，2016 年 11 月，某国际知名专利主张实体的子公司在中国针对索尼提起专利诉讼。因此，B 企业同时还面临着专利主张实体诉讼的潜在风险。

通过对 B 企业的专利进行分析，发现 B 企业已具有大量的专利储备，截至 2023 年 10 月拥有专利 44264 件，其中涉及专利转让数量为 16537 件，涉及专利诉讼案件达 1133 起。B 企业 Linux 相关专利的数量为 88 件，主要涉及 Linux、硬件特性、打印信息、进程标识和微内核这五个一级技术分支。其中，Linux 一级分支包括 Linux 本身、数据访问、数据传输参数、发布系统以及移动通信方法五个二级分支；硬件特性一级分支包括硬件特性本身、温度控制策略以及不通过三个二级分支；打印信息一级分支包括打印信息本身和禁止写两个二级分支；进程标识一级分支包括日志数据、故障定位、行为分析方法、进程标识本身以及截图文件五个二级分支；微内核一级分支包括任务调度、视频转码、Linux 内核、应用程序实例、微内核本身五个二级分支。

Linux 技术一级分支专利数量最多，为 57 件，占所有专利数量的 64.8%，在此分支中 Linux 技术本身的专利数量最多，为 32 件，占比为 36.4%；微内核一级分支专利为 10 件，占所有专利数量的 11.4%。

可见 B 企业对于 Linux 本身的技术研究涉及系统底层技术，并申请了较多数量的专利，B 企业专利共享程度较高，专利纠纷数量也较多。此外，B 企业将开源作为企业核心科技战略之一，一直积极参与开源社区创建，开源项目数量每年都有所增长，已累计对外开源 3000 多个项目，涵盖前端、操作系统、云原生、数据库、大数据和人工智能等多个领域，拥有超过 3 万个贡献者。

综合上述分析可知，B 企业在国内同行竞争和跨境交易中均有减少专利侵权纠纷的需求，在企业专利开源项目的发展中，也需要注意对自身权益的保护。因此，B 企业具

[1] 郑金涛. 论跨境电商时代专利权人的出口权 [J]. 中国流通经济，2023（10）：103－115.

有产品防御的诉求，有加入 OIN 项目的需要。

（4）考虑 B 企业加入专利开源项目的收益和风险

1）收益分析

① **为 B 企业提供专利保护**。通过专利交叉许可，B 企业可以向其他成员授予开源 Linux 领域的专利许可，也可以从其他成员那里获得专利许可。OIN 总共拥有 250 多万项专利和专利申请，还收购和开发了自己的战略专利组合，B 企业可以使用 OIN 名下的所有专利和应用。加入 OIN 项目可以帮助 B 企业避免未来来自 OIN 成员的专利侵权诉讼，确保创新技术不会被专利侵略者扼杀，降低 B 企业在全球范围内的专利侵权风险。此外，OIN 还能为 B 企业在面临专利侵权诉讼时提供一定程度的法律保护。

② **与 OIN 成员共享彼此的技术**。B 企业作为一家大型云计算和电子商务公司，其业务离不开开源技术，尤其是 Linux 系统软件及开源技术是推动其业务发展的重要软件基础设施，Linux 相关技术也是 B 企业的重点发展项目。目前已经有众多公司加入 OIN 并带来了大量的专利，B 企业可以免费获得专利许可，使用世界领先企业为开源 Linux 社区贡献的成千上万的专利，突破“专利围栏”，与行业领导者共享前沿创新技术，从其他成员的技术和经验中受益，利用开源软件作为创新引擎，加速产品和服务的开发，助推其战略性核心业务的发展。

③ **孵化新技术，推动技术演进**。B 企业通过与其他 OIN 成员共享与合作，不仅有助于自身技术的进步，而且能促使开源软件不断发展壮大，有利于共同保护 Linux 生态系统，促进开源软件领域更高水平的创新。

④ **有助于提高公司的知名度和声誉**。加入 OIN 可以使 B 企业成为开放源代码社区的一部分，通过积极参与相关活动，推进社区中的开源代码共享。B 企业也因此将企业的形象、实力和愿景传递给更多的人，既有助于提高公司的知名度和声誉，也会吸引更多有志于该领域发展的尖端人才加入，为企业带来更多的商业机会。

2）风险分析

① B 企业加入 OIN 项目需要签署开源协议，而开源协议中的不主张条款、违约条款、权利用尽条款和可再专利性条款等，会给 B 企业带来一定的法律风险。

② OIN 开源协议基于 Linux 系统，那么未来相关软件技术的演变发展会对 B 企业的专利产生影响，可能存在超出预期的风险。专利开源项目的技术路线不一定正确且不一定适配 B 企业自身的发展，那么就会造成技术路线规划、实施和后续发展上的风险。

③ B 企业在加入 OIN 后也需要贡献出自己的专利，而 B 企业在 Linux 底层技术研发方面具有自身的创新性和先进性，相关专利的开源会导致自身失去竞争优势；但 OIN 的交叉许可不适用于 Linux 系统定义范围以外的技术，对于非 Linux 系统技术，B 企业仍然可以自由声明其相关专利，甚至可以针对其他 OIN 成员。

经过上述分析可以看出，对于 B 企业来说，加入 OIN 项目获得的收益大于面临的风险。

B 企业满足了四个先决条件，因此适合加入产品防御模式下的 OIN 专利开源项目。

5.4.2.2　不适合加入产品防御模式专利开源项目：以C企业为例

（1）判断C企业所在行业是否适合使用产品防御模式进行专利开源

C企业为电子商务行业的企业，其业务范围涉及零售、物流、生活服务等。根据对A企业的行业分析可知，C企业所在的行业适合使用产品防御模式进行专利开源。

（2）考虑C企业是否涉及专利开源项目中的技术：以加入OIN专利开源项目为例

C企业的核心技术包括大数据、云计算、人工智能等前沿技术，已经开发了一系列创新系统和产品，例如，软件平台为用户提供商品零售、送餐等服务；打造针对商家的云计算ERP系统，系统包括硬件及软件，将订位、电子菜单、下单、排队管理、即时配送、多种支付方式、库存、工资单及客户关系管理整合到一个具有云连接的系统中；通过科技创新为消费者提供便利，支持商家提高服务质量和运营效率。在专有和创新技术方面，C企业也在拓展一系列领先技术应用，包括智能配送设备、图像及语音识别、物联网等。

通过对C企业的技术范围进行分析可知，其核心技术主要涉及运行环境、辅助工具和业务接口，在技术架构中应用了大量开源产品，包括MySQL、Apache；在搜索方面，用到Lucene、Solr❶；在云主机、云平台方面，会用到OpenStack的一些组件，如Swift等。这些开源产品会应用到产品开发中，有时也需要在开源的基础上做大量的优化，但这种优化是针对开源产品与系统的适配和集成。C企业的技术涉及Linux系统应用，但并不涉及Linux底层技术的研发。C企业对Linux相关技术的研发需求和专利申请量也较少，并没有Linux相关专利的防御诉求。

可以预见的是，C企业若加入OIN项目，由于自身业务不涉及Linux底层技术，所以并不能利用社区内的开源专利为自身创造收益，反而要承担加入专利开源项目所带来的风险。那么，对于C企业来说，加入OIN专利开源项目后的风险是大于收益的。

综上分析可以得知，C企业不适合加入产品防御模式下的OIN专利开源项目。

5.4.3　产品防御模式下企业运营的组织管理

本节从开源主体管理、开源专利管理、法律事务管理、开源风险管理和开源生态管理五大方面，对产品防御模式下企业运营的组织管理进行了详细阐述。

5.4.3.1　开源主体管理

对于加入产品防御模式专利开源项目的企业来说，其主要目的是减少行业中的侵权纠纷。基于此目的，企业应该通过明确加入专利开源项目总体目标、建立开源治理组织架构、配套专利开源项目的管理制度等措施来明确主体管理责任和总体思路。

---

❶ Lucene是一个开放源代码全文检索引擎工具包；Solr是一个开源的全文搜索服务器。

（1）总体目标

企业加入产品防御模式专利开源项目总体目标主要包括三个方面：

① **构建防御体系**：通过加入专利开源项目为自身构建庞大的免费专利池，以及通过获取专利许可消除专利诉讼，进而基于企业自身情况构建完整的专利防御体系，遏制日益增加的专利侵权诉讼，维持良好的合作氛围；

② **提升自主可控能力**：加大研发投入，将开源技术应用作为提高技术自主可控能力的重要手段，通过加强开源技术研究储备，掌握开源技术核心代码，依托业务场景，促进开源技术迭代升级，加强人才队伍建设，构建核心开源产品的自主掌控能力；

③ **加强沟通交流**：通过加入专利开源项目，加强企业之间的沟通交流，在维护企业间良好关系的同时，加强学术、技术、业务之间的交流，为满足各种业务需求储备能力，提高自身抗风险能力。

（2）架构管理

企业可以针对上述防御目标建立开源治理组织架构。该架构中往往包括开源委员会、法务部门、知识产权部门、研发部门、运营部门、市场部门、财务部门等。企业应向各部门明确开源专利防御职责，制定配套的开源治理组织架构分工，规划开源防御策略，统筹推动企业开源治理工作。确立各相关部门对开源专利的管理职责分工，建立各团队间的沟通、协作机制，针对企业开源管理组织架构、管理制度及相关专业知识等内容开展定期培训，帮助相关人员树立开源专利风险管控意识，确保分管领导了解企业开源组织架构和管理制度。

具体地，企业需要专门设立开源委员会来统一协调总体事务，作为采用产品防御模式的企业，应当专门设立防御工作组或防御部门具体负责统筹企业被许可专利池的构建、专利诉讼的消除等工作；设立自主可控工作组或部门具体负责将开源技术转化为自主可控技术，以免有朝一日在核心领域被“卡脖子”；设立业务学术交流工作组或部门具体负责专利开源项目成员之间的学习交流，为各种业务需求储备能力。

（3）制度管理

企业应建立配套的开源专利管理制度，对开源专利的引入、使用、更新、退出全流程管理提出明确规定，在制度中明确要求对开源专利进行统一管理，并规范开源专利的风险管控机制。企业在开源专利治理过程中应建立统一的开源专利风险管理机制，统一开源专利信息记录和风险管控，及时识别可能存在的风险点并做相应处置和记录。

特别地，对于产品防御模式专利开源项目，企业内部应重点关注合规风险。如触碰合规底线，企业获取的专利许可可能就要随时终止。因此，企业应能够对正在使用的开源专利进行合规风险识别，对于已识别的开源专利风险需进行处置，可由专业人员与专利使用人员共同对风险识别中发现的问题进行分析、商议并确定处置方案。处置后需对开源专利的风险识别和处置结果进行记录与反馈；对于已识别、记录但未处置的风险应持续跟踪，当风险出现时可实时响应处理。

5.4.3.2　开源专利管理

产品防御模式开源专利管理的重点包括建立开源专利信息数据库、构建开源专利评估体系、实施开源专利价值维护、开展开源专利风险预警。

（1）建立开源专利信息数据库

开源专利信息数据库，既包括企业自身专利，也包括加入专利开源项目后被许可的专利。设置专门人员对所有开源专利的引入、更新、使用、退出进行全流程登记管理。对开源专利变更、许可、放弃、转让等进行有效的维护，以保护公司的利益，实现知识产权价值转化最大化。

（2）构建开源专利评估体系

要建立开源专利评估体系。在评价体系中，应当动态地、科学地评估开源专利的价值，合理设置评价指标，将评价指标作为专利开源工作的指南和考核标准，以提升企业获取开源专利的质量。对于开源专利，做好登记工作以建立核心高价值专利池、普通中价值专利池、外围低价值专利池，多层次、全方位对开源专利进行评估，实时构建专利防御网络，提高自身抵御风险的能力；基于专利评估体系，以自身发展需求为准则，对开源专利进行分类统计，对当前或未来企业发展有重大意义的专利做好登记管理；同时，对企业在生产经营活动中各个环节所产生的知识成果及时进行产权化，加大研发投入，以专利评估体系为导向，在开源专利基础上重点攻关关键技术，增强技术专利化获取能力，提高企业自身竞争力。

（3）实施开源专利价值维护

公司设置专员进行专利分析，固定时间对所有开源专利发展趋势进行分析，获取开源专利分布领域、技术路线、价值维度等，并形成年度报告，企业基于该报告可以了解项目的国内外技术发展状况、发展水平以及解决问题的各种方案，从而减少重复研发，规避侵权风险。同时，企业可以从开源专利文献中采集大量的专利信息，通过科学的方法对专利信息进行加工、整理、组合和分析，形成具有总揽全局及预测作用的发展报告，为公司的知识产权发展战略和企业研发的发展方向提供依据，以更好地起到防御作用。

（4）开展开源专利风险预警

首先，企业要针对每个开源专利创建开源专利风险档案，并定期监督开源专利的期限、许可条件、合规制度以及外界公司对专利的侵权行为，及时保护企业正当权益。

其次，针对技术研发过程中可能出现的知识产权纠纷，做好相应的专利风险规避、风险转移、损失控制工作，编制风险预防及应急预案，将企业的风险损失降到最低。知识产权管理部门定期完善知识产权风险调查评估报告或监控记录，评估潜在风险及其对公司的损害程度，并向决策层发布相关警示信息，同时附上防范预案文件。

5.4.3.3　法律事务管理

作为产品防御模式下的企业成员，企业应当从对外法律事务和对内法律事务两部分共同构建法律风险防范体系，优化完善各项法律管理制度与流程，为企业的安全运营和持续发展提供有力的法律支持和保障。

（1）对外法律事务

① **建立相对独立的法律事务机构**。产品防御模式下的企业应建立相对独立的法律事务机构，具体实施企业法律事务管理、法律风险机制设计和监督执行、侵权纠纷发生后的处理等工作。设置专职企业法律顾问，从事企业各项法律事务管理工作。

② **贯彻全行业法律法规**。法务部门除了要遵守专利开源项目合规要求外，还要重点组织贯彻落实保守国家秘密法、侵权责任法、安全生产法、商标法、专利法、劳动合同法等法律法规。同时，法律事务机构可采用对研发人员进行培训等多种形式开展上述法务知识工作，提升企业知识产权创造、保护和管理水平。

③ **定期监督外部法律风险**。产品防御模式下的企业还要定期关注竞争对手、合作方、上下游等相关企业的专利使用、侵权、诉讼等情况，为企业具体经营决策提供支撑。企业应严格按照合规要求，在重大决策作出后，由相关负责人按照分工组织实施，并明确落实部门和责任人。

（2）对内法律事务

通常，对内法律事务管理，用于帮助专利开源主体进行已有开源许可证的改进，或者处理由开源目的、组成形式、专利开源范围、许可对象范围、协议类型、许可承诺、许可期限、协议条款等不同维度带来的法律问题。而对于加入产品防御模式专利开源项目的企业来说，其需要重点关注专利开源范围、许可对象范围、协议类型、许可期限、协议条款等带来的法律问题。

① **专利开源范围**。常见的是通过构建专利池来开源相应专利，以及选择将拥有的全部专利进行开源。在特定模式下，还可以将开源专利锚定在特定产品上。对于加入产品防御模式专利开源项目的企业来说，最好选择开源范围为全部专利的专利开源项目加入，因为这样可以帮助企业尽快构建较为全面的专利防御网络。

② **许可对象范围**。主要分为对开源社区成员许可和完全开放两种类型。对于加入产品防御模式专利开源项目的企业来说，最好选择只加入开源社区成员许可的专利开源项目，因为作为防御策略，这样可以防止社区之外的企业获取开源专利。

③ **协议类型**。专利开源项目的开源协议既可以采用通用的协议格式，也可以针对特定的专利开源项目定制特有的协议。对于加入产品防御模式专利开源项目的企业来说，最好选择加入采用通用协议格式的专利开源项目，这样可以明显降低双方的许可成本，并且也可以消除潜在的歧视性条款。

④ **许可期限**。根据专利开源是否具有一定的期限性，开源许可期限可以分为有时间限制和无时间限制两种。对于加入产品防御模式专利开源项目的企业来说，选择有时间限制和无时间限制的专利开源项目并无太大差别。值得企业注意的是，对于有时间限制的专利开源项目，要实时监督好时间期限，以免因专利许可期限到期造成不必要的侵权纠纷。

⑤ **协议条款**。专利开源项目包含的重要条款主要有不主张条款、可再专利性条款、

违约条款、权利用尽条款、反向许可条款以及病毒条款。企业应专门配备法务人员对各个开源协议条款进行监督管理，明确各条款的含义、实施条件、实施范围、实施期限等，以便更好维护企业利益。

- 不主张条款。加入产品防御模式专利开源项目的企业应当选择包含不主张条款的专利开源项目。

- 可再专利性条款。被许可人可以在开源专利的基础上进行二次开发并且申请和主张相应的知识产权，这对于加入产品防御模式专利开源项目的企业来说，可以在一定程度上提高企业自身的防御能力。

- 违约条款。任何专利开源项目都会包括违约条款，对于加入产品防御模式专利开源项目的企业来说，更应当注意违约条款带来的风险。

- 权利用尽条款。对于加入产品防御模式专利开源项目的企业来说，最好选择包含权利用尽条款的专利开源项目，以方便自己在生产、制造、销售等各个环节无侵权使用。

- 反向许可条款。对于加入产品防御模式专利开源项目的企业来说，为了能够保留自身专利的有效性，最好选择不包含反向许可条款的专利开源项目，以方便自己在特殊时刻利用自身研发的专利提起诉讼。而现实中，专利开源项目往往包括反向许可条款，因此如果选择了包含反向许可的专利开源项目，相关法务人员应当注意自身企业向开源社区许可专利的情况，并会同专利管理人员做好专利登记管理工作。

- 病毒条款。对于加入产品防御模式专利开源项目的企业来说，为了能够对专利进行二次开发，最好选择不包含病毒条款的专利开源项目，以便自己可以在开源专利的基础上进行再开发以形成自身竞争力。在现实情况中，专利开源项目往往会包括病毒条款，因此如果选择了包含病毒条款的专利开源项目，相关法务人员应当多注意企业内部二次开发专利的开源情况。

5.4.3.4　开源风险管理

开源专利的引入成为企业数字化转型的重要方式，开源专利的应用逐渐成为趋势。开源专利在应用过程中会面临诸多风险（主要分为法律风险和技术风险），企业面对开源风险需要建立完善的开源治理体系。

（1）法律风险

开源协议中一般会设置多种限定条款，其中较为重要的条款会对协议可能涉及的法律事务进行明确的规定，而这些重要条款的设置也会导致一定的法律风险。基于对已有专利开源项目的开源协议的分析总结，一般专利开源项目包含的重要条款主要为不主张条款、转让限制条款、可再专利性条款、违约条款、权利用尽条款、反向许可条款以及病毒条款。而对加入产品防御模式专利开源项目的企业来说，其需要重点关注不主张条款、可再专利性条款、违约条款、反向许可条款带来的法律问题。

① **不主张条款**。不主张条款可分为两种：有限不主张条款以及无限不主张条款。有限不主张条款与无限不主张条款的主要区别在于：有限不主张条款的主体和对象都是有限的，即仅涉及部分专利，涉及的被许可人需要满足一定的条件，而无限不主张条款

的主体和对象都是无限的，即涉及所有专利产品，且涉及的被许可人是所有人。因此，无限不主张条款要求被许可人不能对许可人所有的专利产品提起诉讼，这就会产生事实上的反向许可。因此，不主张条款可能带来事实上的反向许可的法律风险。

② **可再专利性条款**。当企业发起一个专利开源项目并作为开源专利的许可人时，如果企业无法将其竞争对手排除在开源对象之外，那么竞争对手可以获取开源专利中的核心技术专利进行二次开发，而竞争对手二次开发出来的技术和产品反过来会在市场上对企业产生威胁，就可能造成企业自己的技术被别人利用而抢占自己原有市场的情况。同时，如果竞争对手在开源专利的基础上进行研发并申请专利以及后续主张知识产权，就可能会阻碍企业之后的技术发展，对开源主体本身产生相应技术风险。

③ **违约条款**。开源协议的效力与合同相同，一般均会设置包含违约行为和违约后果的违约条款，违约行为一般包括提起侵权诉讼、存在违法行为等。一旦违反了违约条款，许可的专利权即终止，就会影响被许可人后续专利权的使用以及产业发展，并带来侵权的法律风险。

④ **反向许可条款**。企业在参与某个开源组织或专利开源项目后，在使用专利开源项目的开源专利的同时可能也需要贡献专利技术，即成为被许可人的同时也可能成为许可人。针对其许可人的身份，企业参与专利开源项目后由于专利开源项目或协议的影响，可能被动贡献意料之外的专利技术。此外，专利开源项目涉及技术的不断发展，使得不断有新技术加入其中，企业涉及新技术的相关专利可能会在未来被动开源，同时也会影响企业未来可能获得的专利技术，这对企业来说会存在一定的技术风险。

（2）技术风险

当企业加入专利开源项目之后，作为被许可人，在满足开源协议的条件下就可以免费使用专利开源项目中的开源专利，然而由于专利本身自带的特性，使用这些开源专利也会存在一定的技术风险，主要包括以下两个方面：

① **技术方案实施上的风险**。专利申请包含的技术方案与落地实施之间都会存在一定的距离，如缺少具体的参数以及实施细节等内容，被许可人在实施专利时还会存在一定资金、人员、产业上的技术风险。如果专利的技术方案存在问题，那么被许可人为实施该方案所花费的资金、人员、场地等资源均会被浪费。

② **技术路线上的风险**。基于不同的开源诉求，企业加入的专利开源项目并不一定与其发展路线完全相同。当企业加入的专利开源项目与其技术发展路线相同时，企业加入专利开源项目并使用开源专利，就相当于接受了专利开源项目的技术路线，然而专利开源项目的技术路线不一定正确且不一定适配于企业自身的发展，就会造成技术路线规划、实施和后续发展上的风险；同时，专利开源项目中开源的专利不一定是其最先进、最核心的技术，单纯按照其开源专利的技术路线进行发展可能会存在一定的问题，给企业带来风险。

5.4.3.5 开源生态管理

开源生态是一个汇聚多方资源的技术创新生态圈，是以专利开源项目为中心，由开源贡献者、开源使用者、开源运营者、开源服务者等参与主体组成的彼此依存、相互影响、共同发展的技术创新生态圈。

① 开源贡献者：指最初贡献于专利开源项目的企业或个人；

② 开源使用者：指专利开源项目的最终用户；

③ 开源运营者：指促进开源贡献者相互协作的主体；

④ 开源服务者：指负责为专利开源项目开发提供相关辅助服务以及为规范开源生态发展而制定相关政策或规则的主体。

开源生态的运营模式就是上述开源参与者之间、开源参与者与专利开源项目之间产生联系的路径，这种路径决定了人力、资金、基础设施等要素的投入方式、投入质量、投入规模和投入周期，从而显著影响专利开源项目的成长和商业价值的传递。而作为产品防御模式专利开源项目的成员，企业应当主要从构建企业内部开源文化以及积极融入专利开源项目生态的角度进行管理。

（1）构建企业内部开源文化

① **开源理念**：企业内部构建开源防御理念，将开源防御理念作为企业文化的一部分，在企业内部的各项事务及活动中培养员工共享、公开、透明的企业价值观。

② **开源社区建设**：在开源社区建设方面，企业应在物质和精神方面鼓励工程师积极参与开源社区建设。对于企业和工程师而言，参与开源既是一种贡献，也是一种成长。

③ **培养核心工程师**：在核心领域培养一批在开源社区有影响力的工程师，以他们为带头人，在企业内部形成示范效应，带动更多企业成员认同开源理念。

④ **培训交流**：聘请开源行业的专家、行业同仁进行沟通交流，通过分享、交流合作，推动开源文化在公司内部落地，推动开源社区生态的进步和完善。

（2）积极融入开源项目生态

提高自身实力，发挥领军企业的引领作用。领军企业出于构建自身商业生态的需求，对底层技术进行开源的意愿较强。同时，基于强大的研发能力、资金保障和行业影响力，其能够主导专利开源项目的产生、成长和商业化，在一定程度上提高自身的防御能力。

加强企业之间的沟通交流，加强学术、技术、业务之间的交流，为各种业务需求储备能力，提高自身防御能力。除了专利开源项目外，还应积极参与与专利开源项目相关的论坛，如法律论坛、教育论坛、公益论坛等，以提高自身知名度，扩大自身影响力。

积极参与开源许可证制定、开源软件标准制定、开源人才培养等基础性、公益性服务。开展开源技术行业推广，积极吸引更多成员加入开源社区，以壮大自身队伍。

5.4.4　产品防御模式下企业实施策略

A 企业如果加入产品防御模式专利开源项目，需要基于产品防御模式下企业专利运营的组织管理进行实际操作，为了系统地对其加入专利开源项目的全流程进行管理，需要设置包括开源主体管理、开源专利管理、法律事务管理、开源风险管理以及开源生态管理在内的多个管理模块，并依据各管理模块的执行方式对加入的专利开源项目进行管理。前述企业专利运营的组织管理部分主要侧重于管理的理论分析，并且分析了A企业适合加入产品防御模式专利开源项目，下面我们结合A企业的实际运营情况将组织管理落地，为企业具体进行产品防御模式下专利开源运营提供示例。

5.4.4.1 开源主体管理

① **主要目标**。基于前面的分析可知，A企业加入产品防御模式专利开源项目OIN的主要目标为实现与国内外其他企业之间Linux系统相关专利的交叉许可，为自身获取庞大的免费专利池，进而减少产品在国外进行销售过程中可能会面临的专利纠纷，构建完整的专利防御体系。

② **架构管理**。为了对加入OIN项目进行管理，A企业需要针对OIN项目建立包括开源委员会等各个部门在内的开源治理组织架构，或者可以基于企业内部已有的开源治理组织架构对OIN项目进行执行和全流程管理。A企业应依托于开源治理组织成立专门针对OIN项目的开源工作组，负责处理加入OIN项目过程中以及加入OIN项目之后的相关开源事务。

③ **制度管理**。A企业需要基于OIN项目的开源工作组制定相关的开源管理制度。如果A企业内部已有相关开源管理制度，可以针对OIN项目对已有的开源管理制度进行针对性的更新和补充，并将针对OIN项目的管理制度传达至开源治理组织架构各个部门的负责人员，实现开源管理制度的统一。

5.4.4.2 开源专利管理

A企业加入OIN项目需要对两部分专利进行管理，一部分是A企业自身拥有的也是需要贡献出去的Linux系统相关专利，另一部分是OIN项目拥有的开源专利。

对于A企业自身拥有的Linux系统相关专利，A企业开源治理组织架构中的知识产权部门需要基于OIN项目开源协议中知识产权部分条款规定的专利范围，以及OIN官方网站上每年公布更新的Linux系统组件范围，梳理确定加入OIN项目后必须许可给OIN项目的专利列表，在加入项目前对专利列表中的专利进行评估，可以提前进行转让、许可等处理；加入项目后需要每年定期对专利列表进行更新和维护。A企业在技术发展的过程中，也需要基于OIN的相关要求对Linux系统相关专利的申请策略进行制定和调整，以免出现核心专利被许可的情况。同时，A企业还应该对相关专利的有效性、转让、许可等情况进行备案管理，以免因相关专利出现经济损失和专利纠纷。

对于OIN项目拥有的开源专利，A企业开源治理组织架构中的知识产权部门需要基于OIN项目相关要求对OIN开源专利进行梳理。OIN项目中的开源专利包括两大部分，一部分是各企业加入OIN后贡献的专利，另一部分是OIN自身的专利。这两部分专利在加入OIN项目后都可以免费使用，因此A企业需要掌握上述两部分专利的情况及其列表。其中，OIN自身的专利有详细列表且每年更新，而各企业加入OIN后贡献的专利数量庞大，但没有具体列表。OIN网站上有加入OIN的会员名单及OIN涉及的Linux系统组件列表，A企业可根据以上信息对其开源专利进行基本了解，以应对可能出现的风险。

以上对A企业的Linux系统相关专利进行了简单的分析，包括申请情况、技术分支、转让情况等，A企业同样可以通过专利分析的方式对其自身的专利进行统筹管理，并有针对性地调整专利申请策略，以实现加入专利开源项目的利益最大化。

5.4.4.3　法律事务管理

A企业加入OIN项目可能面临的法律事务主要包括与其他企业或者OIN之间的专利纠纷，以及加入OIN项目时需要对项目涉及的相关法律事务进行分析和预判。

对于加入项目后可能发生的专利纠纷，A企业在加入项目前和加入后都需要做好开源合规处理，对专利的处理、加入项目的流程以及加入项目后的工作都需要符合相关法律法规的规定。这就需要A企业组建专业且具有开源事务处理经验的法务团队，或依托已有的法务团队统筹管理加入OIN专利开源项目的整体法律事务，制定法务管理制度，并对参与OIN项目的人员进行相关法律培训，便于开发人员在使用OIN项目的专利或技术过程中进行备案和监管，以避免出现违规操作的现象。加入OIN项目前需要与OIN进行沟通，明确加入后的权利和义务。当与其他企业产生法律纠纷时，可以与OIN项目的法务团队沟通合作，对纠纷进行及时处理。

加入OIN项目时涉及的法律事务主要包括开源协议、开源项目的组织形式以及地理位置等所带来的法律事务。因此，加入OIN项目之前，法务团队需要对OIN项目的基本情况、开源协议等相关法律信息进行分析，明确权利和义务，做好时限管理，对协议的相关条款进行详细分析，关注协议和开源项目组织所在地的变化情况，做好预判和突发事务的管理。

5.4.4.4　开源风险管理

A企业加入OIN项目之后不但会有收益，还会面临诸多风险。基于前面的分析，A企业面临的风险主要包括法律风险和技术风险，而对于上述两种风险，A企业需要提前做好风险管理，以实现开源治理。

① **法律风险**：主要包括开源协议条款带来的风险、组织所在地和协议变更带来的风险，以及技术出口的风险。OIN开源协议主要涉及的条款包括不主张条款、违约条款、权利用尽条款以及可再专利性条款。以其中的不主张条款和可再专利性条款为例，OIN的不主张条款为有限不主张条款，条款作用的对象仅限于加入OIN会员的被许可人，涉及的专利限定于Linux系统相关专利。同时，OIN包含了可再专利性条款，即被许可人可以在其开源专利基础上再申请专利。但是OIN的可再专利性条款存在一定的限制，被许可人仅可在Linux相关产品的专利基础上进行二次开发并申请专利。即便存在一定的限制，OIN此条款的设置依然存在相应的风险，其余条款的风险不再赘述。A企业属于国内的龙头企业，因此其掌握着国内很多核心技术，而加入专利开源项目之后，需要将自身的专利对外许可。OIN项目的成员很多，国内外皆有，且国外的企业数量众多，也多为国外的龙头企业。因此，A企业加入OIN之后就会将自身的专利许可给国外

企业，如果不注意将核心技术对外许可，就可能威胁到国家安全。因此，A 企业加入 OIN 项目之前需要对 OIN 项目的上述法律风险进行分析和识别，需要随时跟踪 OIN 项目的协议以及组织所在地情况，对自身需要开源的专利进行细致梳理，以应对可能突发的风险。

② **技术风险**：A 企业加入 OIN 项目之后产生的技术风险主要包括专利技术可能被动开源、无法把竞争对手排除在外、竞争对手可以在核心专利基础上二次开发、需被动接受 OIN 开源项目的技术路线、Linux 开源组件的安全风险以及企业因对开源技术依赖而疏于技术发展等风险。对于上述风险，A 企业在加入 OIN 之前应知晓，并针对具体的风险提前制定相应的风险防范措施，以避免加入 OIN 之后出现处理不了的风险情况，影响企业自身的发展。

5.4.4.5 开源生态管理

对于 OIN 项目而言，其通过基金会、企业以及开源项目平台等多个主体已经构建了较为稳定的开源生态，包括内部生态和外部生态两大部分。A 企业在加入 OIN 项目之后，其实是以开源贡献者以及开源使用者两种身份参与到 OIN 项目的开源生态中：一方面，A 企业加入 OIN 项目之后会贡献自己与 Linux 系统相关的专利，A 企业是开源贡献者；另一方面，企业加入 OIN 项目之后可以免费使用 OIN 数量庞大的专利池中的专利，成为开源使用者。A 企业作为 OIN 开源生态的组成部分，不但需要实现与企业外部生态圈之间的传递和沟通，也需要构建企业内部的开源生态，以对外部生态进行管理。

① **外部的生态管理**。生态圈中各个个体的重要性不同，对于生态的影响程度不同，话语权也不同，影响力越大的个体话语权必然越大，对生态的利用也更加充分，对自身发展也更有利。因此，A 企业加入生态圈之后，可以充分利用生态圈中的资源，通过技术学习和与其他个体之间的交流，实现自身 Linux 系统技术和产业的快速发展，积极参与到 OIN 专利开源项目的建设中去，从而提高自己的影响力和话语权，进而参与 OIN 项目 Linux 组件的选择、专利的选择、开源协议的制定等重要事务，实现加入 OIN 项目的利益最大化。A 企业具备较为雄厚的资金实力，也可以通过捐赠等方式成为其核心成员，以提高自己在生态圈中的地位，为国内企业的发展和利益献策献力。

② **内部的生态管理**。A 企业可以构建内部开源生态。A 企业可以作为开源的贡献者，企业内部员工、子公司等可以作为开源的使用者，通过开源组织架构、论坛、社区等企业内部小型开源平台实现企业内部生态的构建，不仅可以实现企业内开源的有效管理，还可以促进企业内部开源文化的传播，将开源相关事务共享给涉及的所有人员，使企业内部的开源组织管理更加完善。

5.5 小结

本章主要介绍了企业在制定开源战略时，可以根据自身综合实力、持有的专利类型和数量、所处行业特点等因素选择构建或加入产品防御模式专利开源项目，以通过专利开源吸引更多的参与者共同构建专利防御圈，形成完整的专利防御体系，使得相关产品免受专利诉讼的侵扰，打造良好的合作环境。

首先，本章从产品防御模式的定义和特点出发对产品防御模式进行了进一步的概述与分析，介绍了什么是产品防御模式以及产品防御模式的使用目的、协议类型、协议特点、使用限制等内容。

其次，本章选取了 OIN 专利开源项目作为产品防御模式分析案例，从开源主体管理、开源专利管理、法律事务管理、开源风险管理和开源生态管理五个方面分析 OIN 项目的组织管理模式，并从持续性、技术以及会员分布和开源组件包等角度，对 OIN 拥有的专利开源列表进行了专利分析。

最后，基于上述案例分析，本章总结了产品防御模式的行业运营实践和企业运营实践，主要包括行业运营或企业运营的先决条件、行业运营或企业运营的组织管理和实施策略。同时，在行业运营实践方面，本章结合 RISC－V 行业的实际运行情况将组织管理落地，为其他行业具体进行产品防御模式专利开源项目的运营提供示例；在企业运营实践方面，结合企业的实际运行情况将组织管理落地，为企业具体进行产品防御模式专利开源项目的运营提供示例。

第六章　专利开源战略分析及运营实践：社会公益模式

本章首先从理论上分析社会公益模式的开源战略，再从实践出发分析社会公益模式的三个代表性项目，并在此基础上，给出该模式下以行业和企业为主体的专利开源运营实例，总结社会公益模式下具体的专利开源运营策略。

6.1　社会公益模式分析

以社会公益为目的的专利开源是带有奉献属性的专利运营模式，对解决公益领域的共性问题具有重要作用。本节从社会公益模式的产生背景出发，介绍社会公益模式的定义和特点。

6.1.1　社会公益模式的定义

社会在快速发展的过程中，会出现如气候变化、艾滋病等影响全人类和谐生存发展的共性问题。若仅依赖单个组织或个体解决这类问题，无论从技术能力还是资金实力上都难以完成，且研究进度也将十分缓慢。近年来，为了解决此类问题，一些在特定领域内作出技术突破的企业联合起来，建立社会公益性质的专利开源组织，每个成员按照开源协议的要求向开源组织贡献能够解决相关问题的独占专利技术，以加速技术创新突破，达成共同努力解决危机的最终目标。这种专利开源的模式就属于社会公益模式。

社会公益模式专利开源组织的运营是贯穿整个社会发展的重要活动，无论是企业还是行业，均可以在保证自身发展的前提下构建或加入社会公益模式的专利开源项目，通过开源某些绿色环保、公共卫生等相关专利技术，实现绿色环保、公共卫生等领域专利技术公益目的的推广和利用。

综上，社会公益模式可被定义为：为了解决环境、疾病等方面人类共同面对、影响人类命运和社会长远发展的共性问题，达到人类生态环境保护、健康生活等公益目的，由企业、机构等组织发起，对已投入人力、时间和研发成本获得的专利权放弃利益交换机会而免费供他人使用，且不针对特定对象设立加入限制条件、许可要求，建立专利开源组织的模式。

6.1.2　社会公益模式的特点

从公益角度来看，社会公益模式主要有以下特点：

① **组织性**。它不是个人的公益行为，而是由具有专业技术能力和管理能力的主体自发成立的社会组织；

② **自愿性**。专利开源组织的成员通常不是依据法律要求组成的，不由政府委派，也非为营利而来，而是自发组织；

③ **非营利性**。社会公益模式专利开源组织是民间非营利组织，由民间力量自觉承担社会责任，免费无条件贡献自身专利技术，开展社会动员、倡导和服务活动，协调社会资源，合力解决社会问题。

从开源项目要素来看，社会公益模式的开源主体主要以组织的形式创建，由行业内具有一定技术能力的技术主体联合组建并运营，开源主体贡献自身的独占专利以解决社会公益问题。此外，开源主体也可以是处于行业龙头地位的个体，由国家作为开源主体亦无不可。加入社会公益模式专利开源组织的主体可以采用单独允诺的方式获得许可。为了更好地管理和约束社会公益模式的开源主体履行自身义务，明示同意的许可承诺方式是值得推荐的。一般情况下，开源主体将部分专利贡献给专利开源组织。专利开源组织通常对其许可对象的范围不作限制，任何能够接受其免费开源协议的非特定个体或群体均可免费使用，且不设使用许可的附加条件，以促进公益领域某些问题更好、更快地解决。在特定条件下，许可对象的范围可以限定在符合一定条件的社区或地域范围内，专利开源项目通常设置为不附带期限的方式。鉴于社会公益模式的非营利性和面向社会开放的特性，专利开源组织通常采用通用的协议格式。

6.2　经典开源案例分析

本节首先对社会公益模式三个经典专利开源项目的背景和开源诉求进行简要介绍，然后对专利开源项目的构建和实施进行分析，最后总结从这三个经典案例中得到的启示。

6.2.1　社会公益模式经典案例分析

在社会公益模式的专利开源项目中，Low - carbon 专利开源项目最具代表性，下面对该项目进行全方位分析。

6.2.1.1　专利开源的背景

Low - carbon 专利开源项目于 2021 年 4 月 22 日提出。2021 年 4 月 22 日是第 52 个世界地球日，惠普、脸书（Facebook）和微软三大科技公司签订“低碳专利承诺”

（Low Carbon Patent Pledge，LCPP），为开发低碳技术的创新者提供免费的专利使用权，旨在帮助应对气候变化。❶ 三家企业将数百件涉及太阳能、风能、海洋能、水电或地热源等低碳能源的生成、储存或分配等关键专利（尤其是那些能够足够快地减少排放以避免气候灾难的至关重要的突破性技术）向任何单位或个人免费许可，以加速低碳技术的采用。

专利承诺（Patent Pledge）列表和使用条款可在低碳专利承诺网站（lowcarbonpatentpledge. org）上获得。根据低碳专利承诺条款，在每件承诺专利的整个期限内，该免费许可不可转让、不可再许可，具有非排他性和全球性。但如果被许可人对承诺人提出专利侵权索赔、威胁，或者其他对承诺人的非善意行为，则该许可将自动终止，并恢复到未经授权许可时的初始状态。

根据低碳专利承诺网站所公开的专利列表，目前，Low－carbon 专利开源项目已有涉及 13 个国家、14 个组织的共 597 件专利在册。其中，惠普承诺 117 件，脸书承诺 206 件，微软承诺 120 件。所列专利涵盖了广泛的可帮助应对气候变化的预防性或适应性技术，包括电源容量管理、零碳能源技术、高效数据中心架构、热管理、浸入式冷却机柜，以及微软的潜水数据中心专利等。从承诺的专利地域来看，主要还是美国专利，共有 379 件；除此之外，欧洲专利有 24 件，亚洲专利有 39 件。联盟的合作伙伴制定了良好的企业可持续发展计划，希望通过向公众提供免费专利，激励研究人员和科学家开发低碳经济和可持续发展所需的技术解决方案，并鼓励更多的组织参与到此次“低碳专利承诺”中。

由于项目发起人为三家美国公司，在项目运行前期，主要是美国公司加入项目，后续陆续有其他国家的公司加入。我国企业自 2022 年开始加入 Low－carbon 专利开源项目。2022 年 4 月 21 日，蚂蚁集团正式加入“低碳专利承诺”，并首次承诺将 7 件“绿色计算”相关专利无偿开放。全球任何个人、企业、机构都可以根据该承诺免费使用这些专利来促进节能减排。2022 年 4 月 22 日，阿里巴巴对外公布其正式加入“低碳专利承诺”，向全球共享 9 件低碳发明专利。目前，联想集团也已加入“低碳专利承诺”，并免费开放了 ESG❷ 领域的数十件专利供行业使用。

6.2.1.2 专利开源项目的组织和运营

Low－carbon 专利开源项目将有关碳减排技术的专利在世界范围内提供免费许可，组织成员将通过提供关键知识产权，公开专利、协同创新，用于生产、储存和分配低碳能源，帮助加速采用低碳技术、促进合作创新和可持续的突破，通过共同努力解决气候危机。

Low－carbon 专利开源项目的发起目的是帮助应对气候变化，加入项目形式要件包括表达意愿并作出承诺，即承诺专利技术被用于低碳能源的生产、使用和存储，然后选择特

---

❶ 王活涛．因应气候变化的清洁技术专利许可研究［D］．武汉：华中科技大学，2022.

❷ ESG：是环境（Environmental）、社会（Social）和公司治理（Governance）三个英文单词的首字母缩写。它代表着一种全新的发展理念和价值取向。它要求企业在追求经济效益的同时，更加注重环境保护、社会责任和公司治理的完善，实现可持续发展。

定许可。被许可人不必签署协议，但该协议具有法律效力，这也是加入项目的实质条件。

协议的主要内容包括：许可人根据其许可专利向任何希望接受它的个人或实体（被许可人）授予免版税许可，以实践使用、产生、储存或分配太阳能低碳能源、风能、海洋能、水电能或地热资源的专利技术。

协议的其他限制包括：

① 许可带有时限；

② 许可是不可转让的、不可再许可的、非排他的、全球性的、全额支付的，并且在每个许可专利的整个期限内都是如此。

拥有知识产权的个人、机构、公司等均可作出许可。对于企业类组织而言，许可人必须具有承诺低碳专利的法定权利。这一过程中，当作出公开承诺时，许可人是在告知其他人其有权实施承诺中描述的行为。即使没有签订书面合同，该承诺仍具有法律效力，尤其是当其他人依赖它并基于许可人的知识产权制造和销售自己的产品时。

协议相关方的主要权利是获得 LCPP 专利的免费许可。

6.2.2　社会公益模式专利分析

本节以 Low - carbon 专利开源项目为例，从专利总体分析和重要开源主体专利分析两个方面，对社会公益模式进行进一步研究。

6.2.2.1　Low - carbon 专利总体分析

（1）开源项目可持续性

Low - carbon 专利开源项目发起于 2021 年，图 6.2.1 显示的是该领域的专利分布情况。可以看出自 2004 年起，专利数量呈现波动增长态势，表明该领域的研究热度在逐渐提升，而开源专利数量的高峰集中在 2016 年前后。

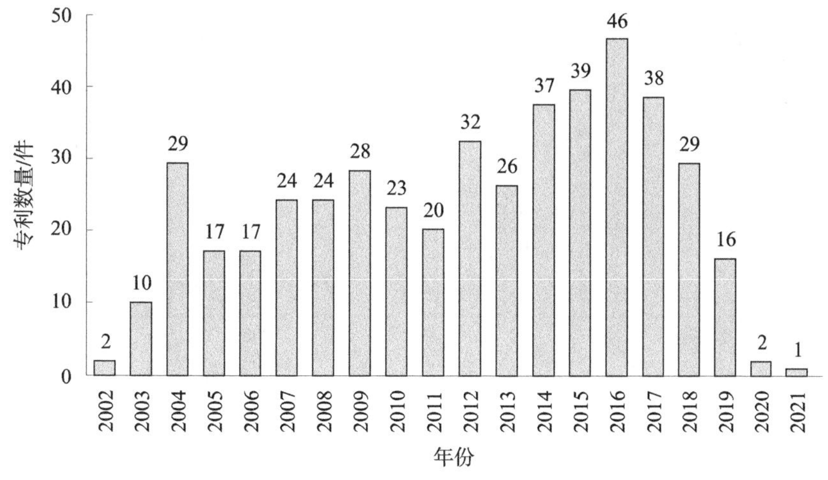

图 6.2.1　Low - carbon 开源专利申请年份分布

（2）开源专利的价值度分布

① **总体价值度分布**。Low - carbon 开源专利的价值度主要集中在 6 ~ 8，平均价值度为 6.43。该项目的发起人以及后续贡献者主要是高科技公司，其贡献的专利价值也较高，可见为了促进项目的有效实施，贡献者确实提供了有价值的专利，如图 6.2.2所示。

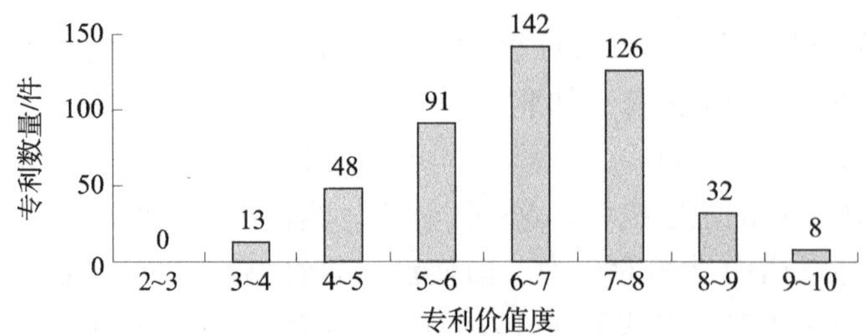

图 6.2.2　Low - carbon 开源专利价值度分布

② **不同技术领域价值度分布**。Low - carbon 开源专利大致分布在七个技术领域，分别为安全管理、电源管理、电子设备与装置、环境管理、能耗管理、热管理以及数据运算与处理。图 6.2.3 反映了各个分支领域的专利数量及专利价值度。可以看出，各技术分支的专利数量存在较大差异，其中涉及电子设备与装置技术领域的专利以 112 件位居首位，但专利价值度仅为 6.26，说明该技术领域涉及大量价值度较低的专利，这些专利拉低了该技术领域整体的专利价值度。且该技术领域内涉及的专利集中于终端设备类专利，其他如集成电路及元器件的专利较少，这从侧面反映加入 Low - carbon 专利开源项目的企业在选择开源专利时在技术层面有所侧重；数据运算与处理技术领域的大部分专利涉及新兴产业，包括多项印刷电路板类专利，虽然专利数量仅有 72 件，但专利价值度较高，体现了其较高的技术含量和附加值。

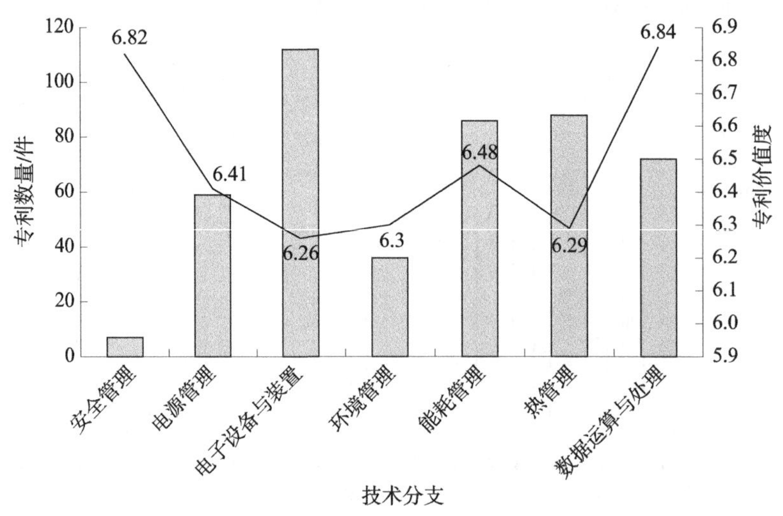

图 6.2.3　Low - carbon 开源专利各技术分支专利数量及其价值度分布

（3）从申请趋势看分支价值

图 6.2.4 反映了 Low-carbon 开源专利在各技术领域的专利申请趋势，气泡大小反映该年申请数量。2002—2023 年，各领域专利申请数量呈现的趋势并不相同，2022—2023 年无新增开源专利。其中，电子设备与装置技术领域在 2004—2009 年的申请量较大，后续几年申请量减少，然后在 2014 年左右又有所增加，体现了技术发展的连续性；数据运算与处理、热管理以及能耗管理技术领域的申请量基本保持持续稳定增长，技术发展势头良好；电源管理技术领域的专利申请在 2015 年之前数量较少，2015 年之后出现爆发式增长，技术发展侧重储能装置和备用电源。

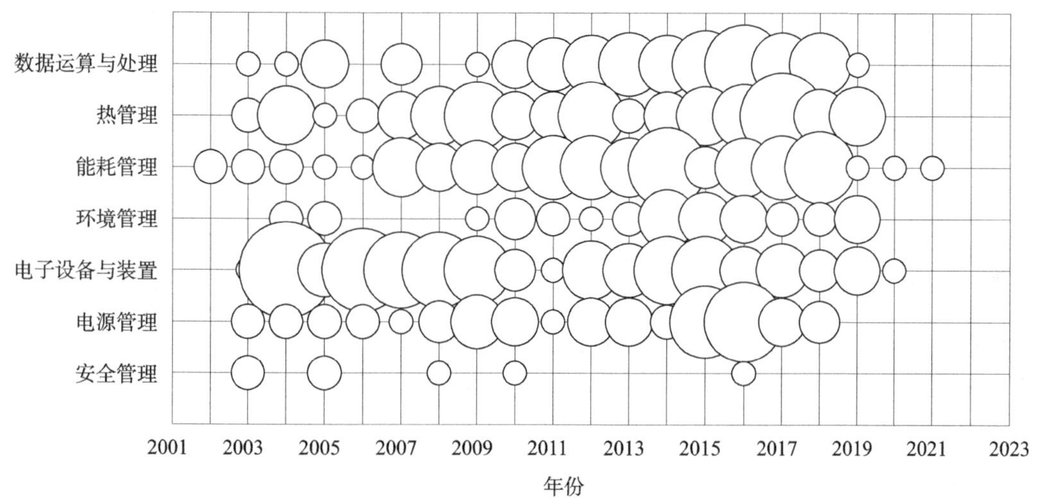

图 6.2.4 Low-carbon 开源专利各技术领域申请年份分布

注：图中气泡大小反映该年专利申请数量的多少。

6.2.2.2 Low-carbon 重要开源主体专利分析

脸书于 2008 年率先进入全球知识产权大聚合时代，通过开放应用程序编程接口（API）吸纳全球数十万开发人员在脸书发布和经营其自主知识产权产品，使脸书变成了一个转化实施全球知识产权的巨型平台。

从 2009 年开始，脸书进入第二阶段的知识产权战略发展阶段，先后斥巨资收购了数千项专利；同时，脸书通过加入巨型专利组合的国际收购、许可联盟，获得了另外数万项专利的授权。与此同时，脸书开始大规模收购高科技公司，将更多的自主知识产权直接整合到脸书的产业集群中。

截至 2022 年年底，脸书专利申请量共计万余件。如图 6.2.5 所示，脸书从 1992 年开始基本上保持年专利申请量的稳定增长。年专利申请量的明显增长出现在 2010 年之后，每年保持百余件的增长。2017 年专利申请量高达 1905 件，分析其原因，可能是在研发方面加大了投入，找到了新的技术发展方向。

2020 年，脸书追随竞争对手苹果和微软的脚步，宣布将成为碳中和企业，致力于不向大气中排放过多的碳。2021 年 4 月，惠普、脸书和微软三大科技公司签订“低碳专利承诺”，将为开发低碳技术的创新者提供免费的专利使用权，旨在帮助应对气候变化。

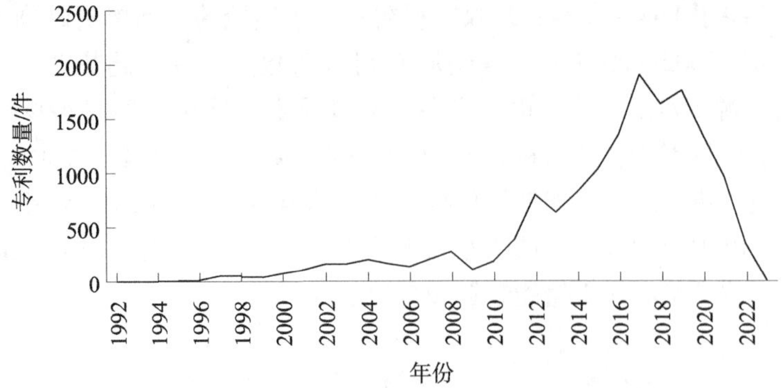

图 6.2.5　脸书专利年申请量情况

（1）低碳领域/Low - carbon 开源专利情况对比

自 2001 年起，脸书涉及低碳技术的专利申请总量达到 5000 余件，年专利申请量的爆发期出现在 2009—2020 年。其中，2011—2020 年每年涉及低碳技术的专利申请均超过 200 件，2017 年申请量达到 648 件；而 Low - carbon 专利开源项目中涉及的专利数量不足百件，时间跨度为 2012—2019 年，其中 2016 年的专利申请量为 19 件，达到最大值。由此可见，该开源主体在 Low - carbon 专利开源项目中开源的专利数量与其在低碳领域的专利申请趋势大致相同。

虽然 Low - carbon 专利开源项目成立时间尚短，但脸书在其中开源的专利数量已近百件，时间跨度从 2012—2019 年，其中 2016 年的专利申请量为 19 件，达到最大值。由此可见，该开源主体在 Low - carbon 专利开源项目中开源的专利数量与其在低碳领域的专利申请趋势大致相同且数量较大，体现出该开源主体对加入 Low - carbon 专利开源项目的重视。

该开源主体涉及的低碳技术相关专利的年申请量情况与该开源主体在 Low - carbon 专利开源项目中的开源专利数量对比，分别如图 6.2.6、图 6.2.7 所示。

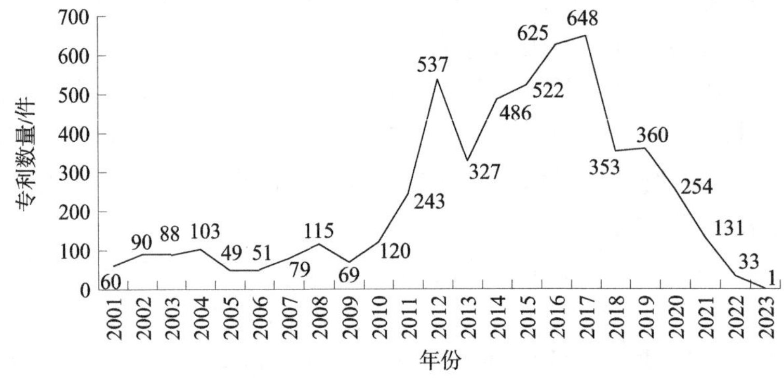

图 6.2.6　脸书低碳领域相关专利申请量情况

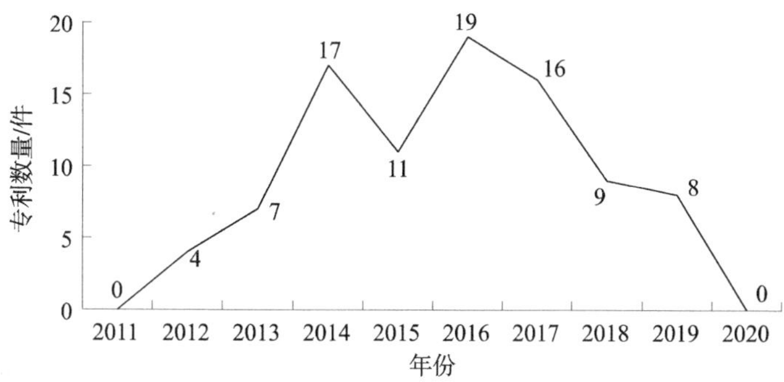

图 6.2.7 脸书在 Low - carbon 专利开源项目中开源的专利数量

（2）技术分支分析

① **技术分支分布情况**。对脸书在低碳领域专利进行分析研究发现，其在 Low - carbon 组织中开源的专利相关度较高的技术分支涉及安全管理、电源管理、电子设备与装置、环境管理、能耗管理、热管理、数据运算与处理，共七个技术分支。其中，电子设备与装置（13.39%）、环境管理（38.76%）、数据运算与处理（39.47%）三个分支的专利申请量较大，而电源管理（0.63%）、能耗管理（1.74%）、热管理（1.13%）三个分支的专利申请量较少，申请量之和不足低碳领域总量的 4%，如图 6.2.8 所示。

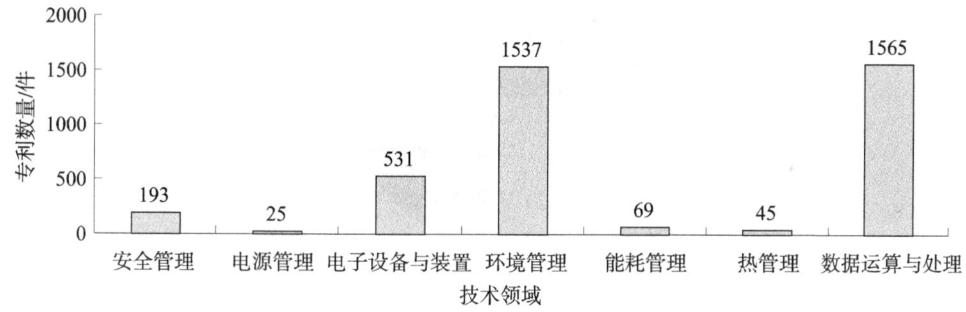

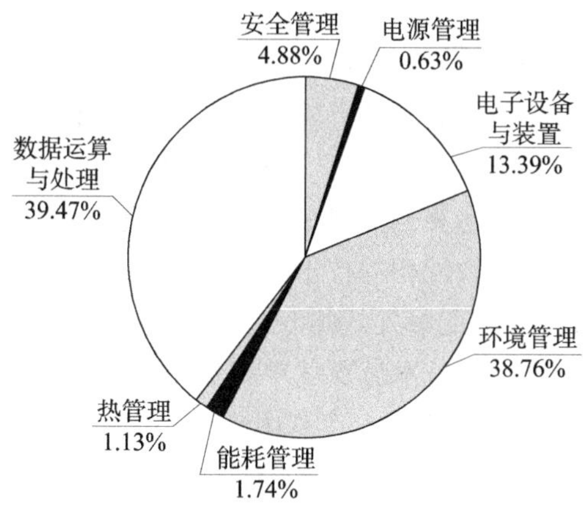

图 6.2.8 脸书低碳领域专利技术分布

在 Low - carbon 开源组织中，脸书的专利涉及电源管理、电子设备与装置、环境管理、能耗管理、热管理、数据运算与处理六个分支，主要集中于电子设备与装置（18件）、环境管理（16件）、能耗管理（16件）、数据运算与处理（23件）四个分支，且数量相对均衡。由此可见，脸书在 Low - carbon 专利开源项目中开源专利的数量并非与其拥有的相应技术分支的专利数量比例相关，但涉及领域全面，表明该开源主体具有健康稳健的开源策略，如图 6. 2. 9 所示。

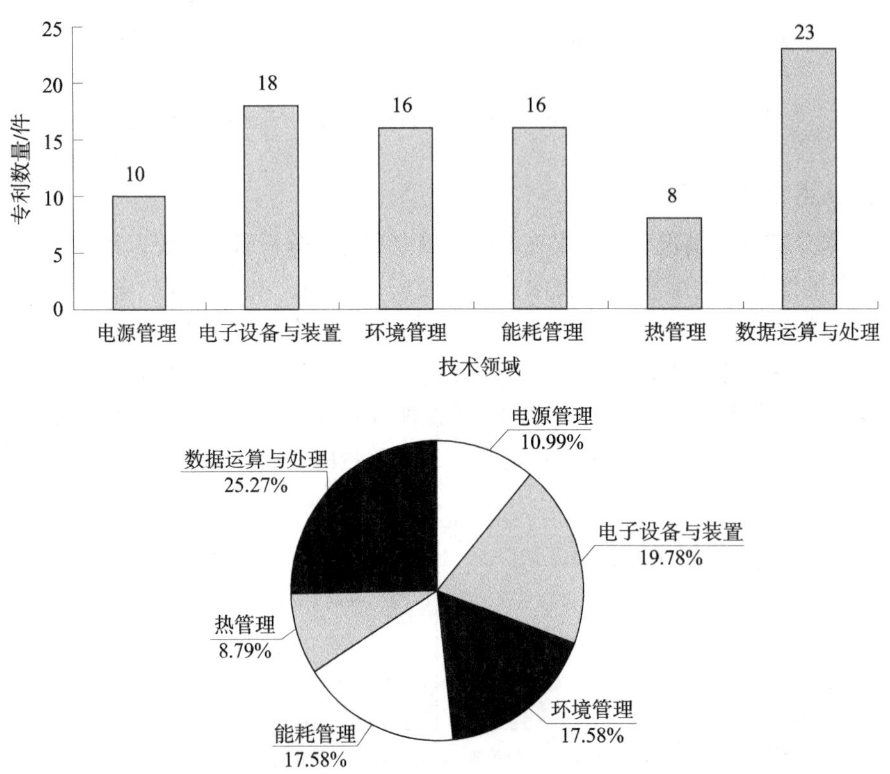

图 6. 2. 9　脸书在 Low - carbon 组织开源专利技术分布

② **各技术分支按年份的申请趋势**。图 6. 2. 10 反映了脸书与在 Low - carbon 专利开源项目中开源专利相关度较高的低碳领域有效专利在各个技术分支的专利申请趋势，气泡大小可以反映该年专利申请数量的多少。2001—2023 年，各技术分支的专利数量呈现的趋势并不相同。其中，数据运算与处理领域每年均具有较大申请量，并在 2011 年之后出现爆发式增长，这表明该领域相关技术在持续突破；环境管理技术分支的专利申请主要集中在 2012 年之后，并出现爆发式增长，可能与脸书加大投入或关键技术获得突破有关；而能耗管理和安全管理技术分支的申请量基本保持持续稳定增长，但总体申请量较少；热管理和电源管理技术分支的专利申请在 2012 年之后有所增多，但总体申请量较少，这表明脸书在该分支的技术发展上仍需突破。

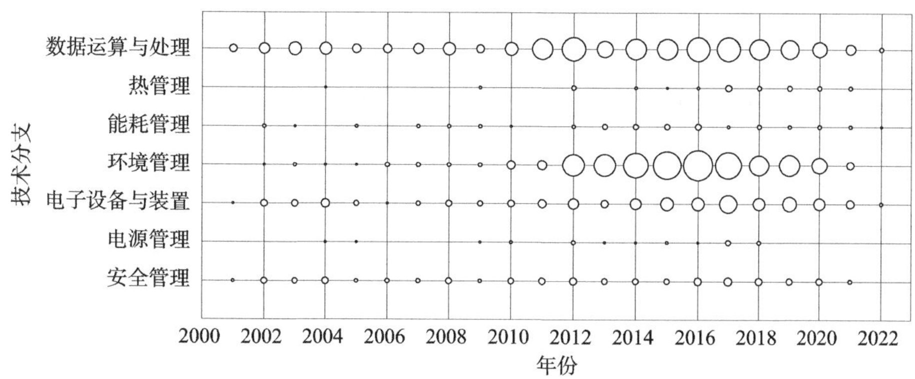

图 6.2.10　脸书在低碳领域专利技术分支专利申请年份分布

注：图中气泡大小反映该年专利申请数量的多少。

（3）小结

脸书以技术共享为发展理念，自 2011 年开始不断主动开源其软件、硬件技术，以开源为手段吸引客户。其在将技术推广到现实世界的同时也能让更多用户使用脸书的服务，实现双赢，诠释了创造市场的关键是来自知识产权开源的力量。脸书作为社交网络头部企业，其业务范围涉及多个行业，其开源的专利技术能够帮助落后国家或地区的小微企业获得技术准入，同时借助其开源专利技术，推广低碳发展理念，逐步带动多行业、多地区实现节能减排。此外，对于脸书来说，加入 Low - carbon 专利开源项目进行专利开源，虽然目前直接效益不明显，但一定程度上能够提升企业品牌价值和社会认可度，更重要的是脸书开源的专利技术确实为世界节能减排作出了一定贡献，使科技公司看到了知识产权共享能够对世界产生的巨大影响。

6.3　行业战略分析及运营实践

社会公益是社会发展必不可少的组成部分。无论是企业还是行业，均可以在保证自身发展的前提下，构建或加入社会公益模式的专利开源项目，以实现绿色环保等领域专利技术的推广和利用。

6.3.1　社会公益模式下行业专利开源运营的先决条件

社会公益模式的专利开源项目在制定开源战略时，要：

① 明确构建专利开源项目的目的是否符合社会公益性质，比如是为了实现绿色环保、生物医药等领域专利技术的推广和利用等公益性目的。

② 明确专利开源项目管理主体，评估开源主体支持下的专利开源组织是否有经济能力、管理能力来保持组织的可持续运营。社会公益模式的专利开源项目的管理主体可以是基金会、社区或专利联盟。

③ 结合专利开源项目的构建目的，分析解决专利开源项目所属领域问题的技术发展阶段以及参与专利开源项目构建的开源主体对专利技术贡献情况。当所处行业处于成长期，并且各开源主体贡献的专利技术聚合起来可以支撑领域加快发展，以便更好、更快解决领域问题时，构建社会公益模式的专利开源项目才有必要。

④ 构建一个可持续运营的社会公益模式专利开源项目，需要建立全面可靠的运营组织架构，包括开源主体管理、开源专利管理、法律事务管理、开源风险管理和开源生态管理。

6.3.2 社会公益模式下行业专利开源运营的组织管理

前文已对社会公益模式专利开源运营的先决条件进行了详细介绍，为了给适合开展专利开源运营的行业提供指导性意见和建议，下面从开源主体管理、开源专利管理、法律事务管理、开源风险管理以及开源生态管理五个方面介绍社会公益模式下行业专利开源运营的组织管理。

6.3.2.1 开源主体管理

有能力构建社会公益模式的企业通常规模较大，具有一定的经济实力和管理能力，且自身已有专门的知识产权管理部门。当基金会、社区或者专利联盟作为开源管理主体时，可以利用原有的知识产权管理架构来进行专利开源项目的管理和运营。为了提高专利开源项目的影响力，吸引更多的专利主体贡献专利，促进专利开源项目良性、健康发展，在社会公益模式下，通过构建专门的专利开源平台实现行业运营的组织管理是必要的。

6.3.2.2 开源专利管理

开源专利管理需对专利开源项目成员贡献的开源专利进行内容的筛选。社会公益模式的专利开源项目，对于贡献给专利开源项目的专利数量并不作强制要求，但对于专利开源项目成员贡献专利的技术方案需要进行筛选，保障专利的可实施性和解决问题的针对性，以确保专利池中的专利均为可切实解决环保、疾病治疗等现实问题的有价值专利。开源专利管理还可以利用现有专利价值评估模型对专利进行价值评估，进而对开源主体和专利开源项目的专利布局、申请、维权、研发方向、行业发展状况及趋势等方面提供有针对性的分析和建议，以提高专利开源项目的专利运营能力。

6.3.2.3 法律事务管理

法律事务管理需要制定合理的开源许可协议。一般应采用明示获取的方式，有利于明晰双方的权利义务关系，并且优选统一版本的通用开源协议，以简化加入专利开源项目的流程。在开源协议中不宜有过多限制，以便吸引更多企业加入专利开源项目，进而在较短时间内推动整个行业的技术迭代更新。同时，应当明确将开源专利的使用目的限制为社会公益目的，以保障专利许可方和被许可方的权益。

6.3.2.4　开源风险管理

开源风险管理需对开源过程中的法律风险和技术风险进行预判和防范。对于社会公益模式的专利开源项目，其法律风险主要涉及开源协议中的有限不主张条款、转让限制条款、可再专利性条款、违约终止条款、权利用尽条款、反向许可条款、病毒条款等，以及开源的组织形式以及协议变动导致的法律风险，需保护项目成员贡献专利的公益使用目的，避免权利被滥用，并需要保障专利许可方和被许可方的权益。

6.3.2.5　开源生态管理

针对社会公益模式的专利开源项目，其专利开源生态管理需通过制定高效实施策略实现对项目的宣传推广。对加入专利开源项目的成员进行公示，对专利开源项目解决社会问题的情况及时宣传，提升专利开源项目的社会公益形象和社会影响力，也能吸引更多成员加入专利开源项目，形成良性循环。由于社会公益模式具有非营利性和服务社会的目的，获得更多的社会关注度和参与度才有利于项目的长远发展，因此社会公益模式专利开源项目的重点应集中在专利开源生态建设上。

6.3.3　社会公益模式下行业运营实例

对于一个社会公益模式专利开源项目而言，当其涉及的相关技术处于成熟发展阶段时，各个研发主体的专利技术成果存在相互交叉的情况。如果各个研发主体之间能够齐心协力一同解决领域问题，那么对于专利开源项目的运营以及达成解决社会共性问题的目标将是十分有利的，该阶段进行专利开源项目的构建有助于技术的突破。

信息技术的发展不断便利人们的生活，使得“网上冲浪”逐渐成为一种生活常态。例如，人们日益习惯出门不带零钱，在付款时亮出付款码。然而科技的巨浪所掀起的波澜并不是平等的，在二维码等信息技术广泛使用的各种生活场景中，部分使用非智能手机的老人、无法正常使用手机的残障人士常常手足无措。对于老人来说，随着近年来科技的飞速发展和其自身学习能力的下降，数字技术和人工智能仿佛一道鸿沟，让他们的晚年生活与外界沟通困难，过着犹如“与世隔绝”的生活。残障人士获取信息、学习知识的难度远远大于常人，甚至可能都没有能够阅读的书籍。由于残障人士无法像健全人一样顺畅地使用互联网，正如对物理生活空间进行的各种无障碍改造一样，网络空间同样需要无障碍改造，即信息无障碍。而我国也在为改善这些问题而不断努力。

信息无障碍是指在信息社会中，所有人（无论是健全人还是残疾人，无论是年轻人还是老年人）都能够平等地获取和使用信息资源和服务，不受年龄、性别、地域、文化、语言、教育、经济、身体或心理状况等因素的限制。信息无障碍包括以下几个方面：

① **信息获取无障碍**。所有人都能够通过各种渠道和方式，获取所需的信息和数据，不受技术或设备的限制。

② **信息交流无障碍**。所有人都能够通过各种形式和媒介，与他人进行有效的信息

交流和互动，不受语言或表达方式的限制。

③ **信息服务无障碍**。所有人都能够在政策和规范的指导下享受到各种类型和层次的信息服务。

④ **信息参与无障碍**。所有人都能够参与到信息社会的建设和发展中，不受知识或能力的限制。❶

随着人工智能技术、移动智能终端技术等的快速发展，信息无障碍的相关技术处于快速发展阶段，各大互联网公司均有一定数量的相关专利获得授权。由于各大公司间的技术交叉较多，为了更好地解决信息无障碍这一社会亟待解决的问题，2021 年 11 月 9 日，中国信息通信研究院联合阿里巴巴集团、蚂蚁集团、快手集团、饿了么、腾讯、哔哩哔哩、360 集团共同组建了“信息无障碍技术和知识产权开放工作组”。发起单位的代表签署了《信息无障碍技术与知识产权开放联合声明》，将 28 件涉及“适老、助残”的专利免费开放给社会。适老化方面主要涉及远程协助、声纹注册、网络直播交互等；无障碍化方面主要涉及视障、听障用户的在线行为识别及优化、在线操作过程中的隐私保护等。工作组承诺将联合推动信息无障碍相关专利开放，定期举办信息无障碍技术和知识产权交流会，促进技术分享、创新和知识产权应用，后续将积极吸纳新成员，推动信息无障碍改造经验与实践向更多企业推广。以腾讯为代表的科技企业，将专利开放与社会价值领域相结合，也会对该领域的科技创新起到示范作用。通过专利开放，以更低的使用门槛和更可靠的知识产权保障，带动普惠技术专利链、人才链、产业链等深度融合，促进社会价值领域创新资源高效配置，实现普惠技术应用共创，科技向善成果共享。然而，该工作组成员贡献的相关专利由各个专利权人向社会免费开放后，并没有一个统一的机构负责运营，不能对这些专利进行很好的专利运营以促进公益组织更快、更好地发展。❷

综合以上分析，信息无障碍技术要得到更好的发展和进步，基于社会公益模式的专利开源组织对相关专利进行有效管理和运营是十分必要的。本节我们将深入探讨行业中信息无障碍技术专利开源运营的组织管理和实施策略。

6.3.4 社会公益模式下专利开源运营的行业实施策略

通过分析信息无障碍情况可知，世界各国普遍存在信息无障碍需求，这是全人类面临的共性问题。能够解决该问题的主体是各国从事互联网技术研发的科研团体，相应技术成果通过专利形式进行权利保护，各个科研团队如果能够将已有成果无偿共享，既可以加速专利技术的推广和利用，也能够进一步加快科技企业、互联网企业的信息无障碍进程，让每个人都能享受科技和互联网带来的便利。构建一个社会公益模式的专利开源

---

❶ 中国人权网. 聚焦《无障碍环境建设法》实施之二：信息无障碍建设：帮助不同群体跨越“数字鸿沟”[EB/OL]. [2023-08-31]. https://baijiahao.baidu.com/s?id=1775715347724662891&wfr=spider&for=pc.

❷ 蚂蚁集团. 蚂蚁集团参与国家级无障碍专利开放工作组，免费开放 9 件专利 [EB/OL]. [2021-11-09]. https://mp.weixin.qq.com/s/XziMM5RYNN_nd3asJJzRpg.

项目则是达到这一目标的最佳选择。❶

信息无障碍联席会议是一个由阿里巴巴、腾讯、字节跳动、微软（中国）、华为、中国软件开发者网络（CSDN）等来自互联网、科技、媒体等行业的企事业单位和公益组织共同发起的沟通机制，旨在积极推动信息无障碍事业的可持续、高质量发展。信息无障碍联席会议的建立是为了更好地将无障碍工作连点成线、连线成面，不断普及无障碍理念，持续深化内涵、拓展外延，引导越来越多的企业关注和投入信息无障碍工作，积极投入自身产品的无障碍优化，提升对各类型障碍群体的服务能力，为他们提供多元化发展可能。信息无障碍联席会议将致力于促进在数字化发展背景下信息无障碍的发展和“数字鸿沟”的消除，推动残健融合。

无障碍研究会及信息无障碍联席会议沟通机制并不对各大互联网已免费捐赠的专利进行运营，而只是对相关信息及时公开、宣传。该组织进一步构建专利开源项目对于专利运营及信息无障碍技术的发展有很好的促进作用，可以由捐赠专利的互联网企业联合起来，在无障碍研究会管理机构的基础上，增加相应的专利运营机构。如果发起者的知识产权管理体系中已经有专门的知识产权部门或开源办公室，则可以基于其已经成熟的知识产权管理平台进行专利开源项目的管理运营，如以基金会、社区或专利联盟作为开源管理主体。

开源专利管理需要对专利开源项目成员贡献的开源专利进行内容筛选。截至2023年10月，信息无障碍相关专利中处于已授权且有效状态的总量为350件，而各大互联网公司陆续免费对外开放使用的专利数量仅占该总量的1/10，信息无障碍相关专利申请年度分布如图6.3.1所示。通过对信息无障碍相关专利进行分析，可以发现信息无障碍相关专利在2019年时申请量明显增加：一方面，信息无障碍的社会需求逐渐得到重视；另一方面，该时期互联网技术已发展得比较成熟，相应地信息无障碍技术的实现更为容易。2020—2022年，针对信息无障碍的政府政策相继出台，促使信息无障碍技术得到进一步发展，相应授权专利明显增多。信息无障碍相关专利重点申请人专利权有效数量如图6.3.2所示，多个本领域重点申请人并未将这些专利对社会免费开放或进行信息无障碍技术专利开源。社会公益模式的专利开源组织可以与专利权人沟通协调，将其纳入专利开源项目中，促进信息无障碍技术的发展进步。专利开源项目成员间可以避免重复研究，在更高的技术起点上开展技术研发，并且通过对信息无障碍技术相关已授权有效专利进行分析挖掘，确定下一步研发方向，供开源主体参考并进行有针对性的专利布局，避免专利权纠纷影响开源主体的研发和专利开源项目的运营。

法律事务管理须针对共享无障碍信息专利技术的开源主体，制定合理的开源许可协议。开源主体应当贡献信息无障碍领域的有价值已确权专利，并积极参加开源组织的活动，基于自身技术优势对其他成员进行产品信息无障碍化相关的技术指导、咨询、建议等，及时分享无障碍工作中取得的成果。开源主体加入开源组织并非出于自身利益考量，在加入开源组织后的一定期限内应当有新的专利技术贡献。开源主体只要遵从公益

---

❶ 信息无障碍联席会议［EB/OL］.（2022-06-15）.［2024-02-18］. https：//www.capa.run/。

原则开源其专利技术，在开源协议中不对开源主体做过多限制，保障专利许可方和被许可方的权益。

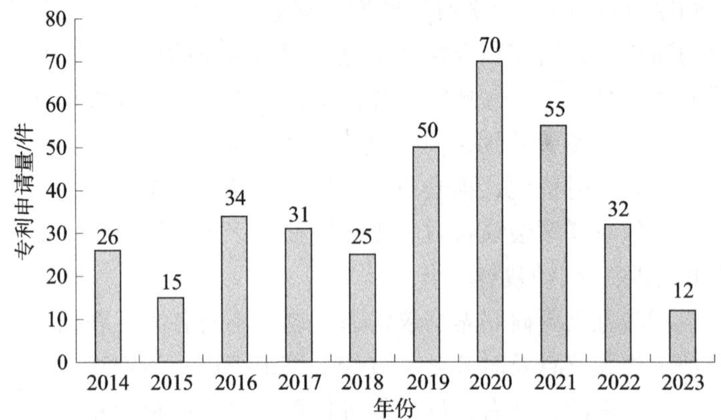

图 6.3.1 信息无障碍相关专利申请年度分布

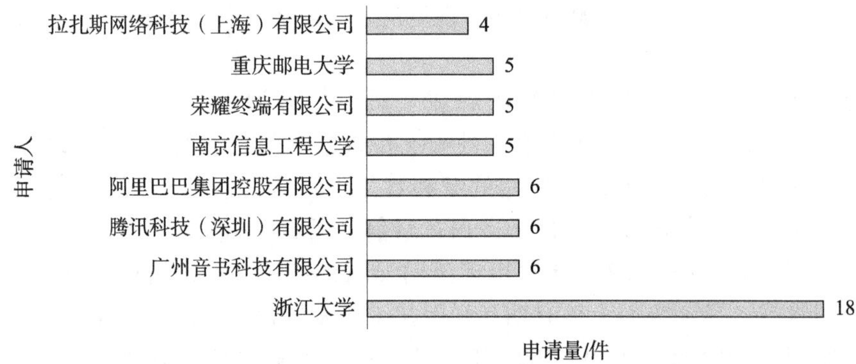

图 6.3.2 信息无障碍相关专利重点申请人专利权有效量

对于专利风险管理，2014 年初无障碍研究会组建专业信息无障碍工程师团队，为包括联盟成员单位在内的互联网企业提供产品信息无障碍测试、咨询、培训等完整的优化服务。目前团队共有 9 位视障工程师，同时还组建了一支由视障者组成的视障信息无障碍测试志愿者团队，该志愿者团队的全部成员均从全国视障群体中综合选拔而出，作为视障信息无障碍工程师团队的有效补充，让测试产出更加客观、全面。该团队面向全国视障群体启动了信息无障碍意见反馈渠道，通过论坛、邮箱等线上渠道和视障客服的人工渠道相结合，收集视障群体对互联网产品的意见、建议、“吐槽”，经过专业过滤及整理后，适当反馈给相应产品的公司。

① 充当视障群体与互联网公司之间矛盾冲突的调解者；

② 进一步客观、全面地发现具体产品的信息无障碍缺陷；

③ 将收集到的内容作为客观事实，推动某些产品或互联网公司开展信息无障碍工作。

可以基于现有工程师团队，对信息无障碍技术相关专利进行综合分析，结合整理的反馈意见，综合考虑专利挖掘和专利布局，保障社会公益模式专利开源项目的正常运营，并且避免未来可能出现的专利侵权风险。

开源风险管理需针对共享无障碍信息专利技术的开源主体，对开源过程中的法律风险和技术风险进行预判和防范，许可对象范围是完全开放的，在不同国家不作限制；开源协议中对有限不主张条款、转让限制条款、可再专利性条款、违约终止条款、权利用尽条款、反向许可条款以及病毒条款等，以及开源的组织形式和协议变动导致的法律风险进行明确约定；协议内容应以保护项目成员贡献专利的公益使用为目的，避免权利被滥用，保障专利许可方和被许可方的权益。同时推动各大互联网公司加快互联网产品信息无障碍优化进程，使得残障用户也能及时并顺畅地使用最新的相关产品。

开源生态管理需针对信息无障碍专利技术的专利开源项目，制定高效实施策略，实现对项目的宣传推广目标。

① 及时公示加入专利开源项目的成员，公示开源主体开源的具体专利技术，并公开这些专利技术对于解决领域问题的贡献。

② 及时公开解决领域问题的进展以及带来的社会效益，既能提升项目的公益形象，也能吸引更多专利权人向专利开源项目开源其专利。

③ 主动与掌握解决领域问题专利技术的专利权人沟通，鼓励其开源相关专利，并与政府沟通，考虑其贡献情况，给予一定的政策、资金支持。

④ 实时掌握随着社会发展而产生的新需求，社会公益模式专利开源项目的成员利用自身影响力，积极在国家层面、省市级和地方层面建言献策，推动有利于信息无障碍技术发展的政策出台，推动建立有助于行业发展的行业标准，针对领域阶段性的技术难题，组织项目成员开展技术研讨会或者申报相关课题，集中力量共同克服技术难题，推动专利开源项目技术发展。

⑤ 形成一套实际可行的、专业的信息无障碍行业解决方案，辅助开源主体的产品进行信息无障碍测试，视障信息无障碍工程师团队协助开源主体从获取障碍用户需求、设计相关功能、技术开发支持、系统无障碍测试、收集障碍用户反馈等一系列流程中持续对产品的无障碍情况进行优化，保证相应产品的无障碍水平；通过与开源主体建立常态化无障碍测试合作，推动开源主体对难度较高的无障碍问题持续投入并解决，将无障碍优化工作融入日常研发流程中。

⑥ 定期发布或更新《中国互联网视障用户基本情况报告》《网络无障碍建设指南》，便于开源主体及时更新技术研发流程。

⑦ 与成员单位 CSDN 合作，共同构建信息无障碍知识库，分享、发布专业技术资料及文档，举办信息无障碍大赛，使得更多技术研发人员了解信息无障碍领域，调动开发者研究信息无障碍技术的积极性。

⑧ 在领域内其他形式的公益活动中，如行业科技无障碍发展大会、知识产权年会、行业论坛、科技无障碍宣传周、国际盲人节等社会活动中对专利开源项目进行宣传，扩大专利开源项目的影响力，同时不做有损开源组织声誉的活动及宣传。

6.4 企业战略分析及运营实践

考虑到公益组织的非营利性和服务社会的目的，运营者需要具有一定的经济和管理能力，因此多数企业受限于自身发展需求和管理能力，并不适合构建社会公益模式的专利开源项目，而更适合以加入者的身份参与社会公益模式专利开源项目。对于有经济和管理能力的企业主体，其构建社会公益模式专利开源项目的形式与行业构建专利开源项目的形式是相同的。

6.4.1 社会公益模式企业专利开源运营的先决条件

对于社会公益模式专利开源运营，公益性是其最终价值追求，不涉及商业利润、商业价值或竞争优势的获取，类似于慈善捐赠。因此相较于其他模式而言，该模式下的专利开源门槛相对较低，并不会受企业或所属行业发展阶段的限制。因此，该模式企业专利运营的先决条件至少应当包括以下两个方面。

6.4.1.1 强烈的社会责任感

企业参与社会公益模式专利开源运营，是一种慈善公益行为，其牺牲专利技术研发或改进所付出的时间、财力和人力，放弃上述专利技术带来的收益，以专利技术的开源实现慈善贡献，这需要企业积极主动且自愿地承担社会责任，以无私奉献精神，服务社会公共利益。这是社会公益模式企业专利开源运营的行为基础，也是企业专利开源运营的内生驱动力。

上述专利开源运营虽然不会产生直接的商业利润，但对外能够为企业树立良好的形象和社会声誉；同时，由于该公益行为在一定程度上协助了政府的社会治理，企业可向政府寻求政策或资源倾斜，如税收、融资等财税优惠，并以此建立良性政企关系。

6.4.1.2 不损害企业核心竞争力

企业专利开源运营的基础是有效专利，而专利也是企业的生存之本。社会公益模式的专利开源运营，其前提是企业自身能够很好地立足市场，确保生存，专利开源行为不能损害自己的核心竞争力或核心价值。进行开源决策前，企业应结合企业发展规划、所属行业发展方向等因素，对持有的专利技术进行评估；根据公益诉求，确定可开源的目标专利，相关专利能够直接或间接产生公益效益。

6.4.2 社会公益模式企业专利开源运营的组织管理

作为社会经济活动的参与主体，企业相较于个人，因掌握丰富的资源、拥有雄厚的财力，在维护人类公共利益、提升社会治理能力方面应该承担更大的责任。对于科技型企业，构建或加入社会公益模式专利开源运营，不失为一种良策。企业通过专利开源运营，能够充分发挥无形资产的价值，承担相应的社会责任。下面选择 M 企业作为社会公益模式专利开源项目的参与主体进行研究。

6.4.2.1　企业参与社会公益模式专利开源运营的基础

近年来，国内对企业承担社会责任的关注度不断提升：2005 年，《中华人民共和国公司法》首次将企业社会责任写入法律；2014 年，党的十八届四中全会提出加强企业社会责任立法；2022 年，国资委成立社会责任局，强调企业履行社会责任的重要性。这些举措奠定了企业参与社会公益模式专利开源运营的行为基础，是其内生驱动力。

目前，石油天然气开发、炼化带来的环境污染是不容忽视的生态问题，也是社会广泛关注的公共安全问题。M 企业是一家上中下游一体化、石油石化主业突出、拥有比较完备的销售网络、境内外上市的股份制国有企业，其炼油能力排名中国第一。该公司有责任和义务积极主动参与石油污染土壤的修复，造福全人类。当下的石油污染现状以及治理需求，是 M 企业参与社会公益模式专利开源运营的环境基础，也是其外在驱动力。

面对自身的社会责任，M 企业不回避、不推脱，“十三五”期间，M 企业与国内多家合作伙伴签订协议，布局固废处置、土壤修复等新兴产业，在上述产业的投入高达 300 亿元。截至 2023 年 10 月底，在土壤修复领域共申请专利 111 件；目前，仍有 41 件处于专利权维持状态。M 企业在生物修复、物理修复、化学修复以及联合修复全部四类修复技术上全面发力。

据报道，M 企业自主研发的“新型淋洗—生物耦合修复技术”首次实现油田油污土壤规模化修复，处理成本较现有技术降低六成，修复周期缩短 40%，修复后的土壤质量满足国家二类建设用地标准，可用于城市建设、绿地、道路建设等。[1] M 企业利用高效降解菌剂，创新引入生物炭和黏土矿物材料，在石油污染土壤修复方面形成了装备化、智能化的自主知识产权修复装备，有效提升了降解菌剂的稳定性、高效性和广谱性，解决了现有技术设备可重复性差、运转不便、无法实时自动监测的工艺缺陷。[2] M 企业在石油污染土壤修复领域的技术积累奠定了社会公益模式专利开源运营的技术基础。

M 企业是国有独资央企的下属公司，是石化行业的龙头企业，资金雄厚，拥有大批优秀专业技术人员和管理人员，在行业内具有较强的影响力和号召力，这为 M 企业参与社会公益模式专利开源运营提供了有力保障。

6.4.2.2　企业参与社会公益模式专利开源运营的组织管理

专利开源运营离不开组织建设、制度建设、技术和人员管理等方面的支持与保障，否则专利开源运营难以扎实推进、有效执行。构建有效的专利开源运营组织管理体系，将有助于提升企业参与社会公益的效率，更加充分地发挥企业专利技术的价值。下面就

---

❶ 任黎明. 中国石化首次实现油田油污土壤规模化修复 [EB/OL]. [2023-10-01]. https://fripp.sinopec.com/ripp/news/reded/20220307/news_20220307_389063770251.shtml.

❷ 顾磊. 中国石化研发经济可行的土壤修复技术 [EB/OL]. [2023-10-01]. https://pepris.sinopec.com/pepris/news/medias_focus/20221130/news_20221130_577270487536.shtml.

从开源主体管理、开源专利管理、法律事务管理、开源风险管理以及开源生态管理五个方面介绍企业参与社会公益模式专利开源运营的组织管理。

(1) 开源主体管理

专利开源运营是技术、法律、人才、资金、市场等多因素交织的企业经营行为。开源主体管理是专利开源运营的基础，企业无论是构建还是加入专利开源运营项目，设立专职组织机构都是必要的。该专职组织机构应当设立专利开源运营统筹部门，主要负责专利开源战略规划、建章立制，协调专利开源运营不同职能之间以及企业与外部的沟通交流，是专利开源运营管理的第一责任主体；企业可在内部管理架构中设立专利开源办公室，直接对主管企业运营管理的公司高层负责。除开源运营统筹部门之外，专职组织机构至少还应设置：

① **知识产权部门**：收集目标行业领域技术信息，探索建立知识产权评价体系，对专利开源项目参与主体以及自身技术发展开展分析研究，给出初步开源建议。

② **法务部门**：基于法律法规，拟定或解读开源协议，为专利开源项目运营行为提供法律咨询和建议。

③ **风险防控部门**：主动监测专利开源项目存在的法律和技术风险，制定避险策略。

④ **生态管理部门**：对内协调专利开源项目参与主体之间的交流合作，对外扩大专利开源项目的影响力。

由专利开源办公室对上述部门进行直接管理，提升管理效率。上述部门可依托企业内部已有的研发或知识产权部门、法务部或者市场部等机构组建。

(2) 开源专利管理

开源专利管理主要负责企业开源专利的运营管理。对于设有知识产权部门的企业，该模块可由企业的知识产权部门直接负责；没有设立知识产权部门的企业，可由技术研发部门负责知识产权工作。专利是企业的战略性资源、重要的无形资产，但受专利技术生命周期的限制，以及企业发展方向和战略等因素的影响。随着企业发展目标、专利战略和市场战略的调整，企业需进行专利维持决策，尤其是成本核算。开源专利管理应根据已授权专利对企业和社会的贡献，重新进行评估，决定是否维持其专利权。企业应每年对拥有的专利进行审核和价值评估，考察其市场价值和战略价值，权衡专利实施能够为企业带来的收益和所需的成本，确定社会公益模式的目标开源专利，为开源主体管理的开源决策提供信息支持；对于已加入社会公益模式专利开源项目的被许可人、实施过程、公益效果，以及开源项目管理平台进行监督和评估，形成监督和评估报告。

(3) 法律事务管理

法律事务管理主要对企业专利开源运营过程中的所有法律事务进行管理。开源协议是保障专利开源项目规范实施的法律框架，为开源专利的许可人和被许可人明确了权利和义务。法律事务管理的主要职责之一就是要准确解读开源协议，为企业开源运营行为提供法律保障，避免产生法律风险。法律事务管理的另一个主要职责就是处置开源专利涉及的一切法律问题，既包括专利申请权纠纷、专利权属纠纷、侵权纠纷、假冒他人专利纠纷、署名权纠纷等，也包括侵权或纠纷赔偿、证据保全等其他法律问题。

（4）开源风险管理

社会公益模式的专利开源运营，不同于其他性质的公益活动，开源过程存在各种风险，尤其是专利无形性等特点引发的专利自身风险，主要体现为：

① **真实性风险**：即对专利权拥有者、专利权真实性的确认；

② **接受性风险**：即对影响受让方切实完成专利运营流程因素的确认；

③ **稳定性风险**：如专利保护期是否届满、权利要求是否明确、价值如何评估等；

④ **诉讼性风险等**：做好专利开源运营前、运营中的法律和技术风险评估，为企业专利开源运营提供风险预估，提供风险规避策略。

（5）开源生态管理

社会公益模式专利开源生态的构建，与其他模式大致相同，而社会公益模式专利开源的公益性质，相悖于企业的逐利特点，使得该模式开源生态的构建更加重要。其中，开源运营内部生态的构建，重点应加强社会责任意识的塑造，企业难以脱离社会独善其身，其利益与社会公益紧密相关。开源运营外部生态的构建，应重点解决激励机制建立的问题。例如，制定一个行之有效的开源协议，保障原始许可人的合法权益；积极寻求政府在法律法规以及财政方面的支持，使专利开源项目参与主体和运营平台能够得到实质性的保障和支持。

6.4.3　社会公益模式企业专利开源运营实施策略

下面以M企业为例，探讨社会公益模式下企业加入和构建专利开源运营的实施策略。

6.4.3.1　M企业加入社会公益模式专利开源项目的实施策略

M企业选择加入社会公益模式专利开源项目时，需要考虑以下三点。

（1）确定目标开源专利和公益诉求

M企业的知识产权部门针对企业自身知识产权可建立定期评价机制，结合污染土壤修复领域技术发展动态以及政策法规环境，对持有的专利技术进行梳理、评估，从技术价值、市场价值等层面对专利进行分级分类，构建专利信息库。

企业投身公益的前提是自身的生存，专利开源行为不能损害自己的核心竞争力或核心价值。从图6.4.1中可以看出，2005年是M企业开始发力污染土壤修复领域技术研发的起点，研发之初，主要从生物修复和联合修复入手。其中，联合修复虽间隔年限较长，但最近几年却持续发力，同时发力的还有物理修复和化学修复技术，而且专利持有量较高。与之相反的则是生物修复，研发延续年限较长，但专利持有量未有明显增加，说明在技术研发过程中，生物修复技术存在的微生物遗传稳定性差、吸附和累积效率有限、受环境影响显著等问题的技术攻关不够顺利。因此，可将生物修复技术的专利列为目标开源专利，既能够减轻企业持有专利的经济负担，将更多资源集中于其他研发方向，也能通过专利的开源，为专利开源项目参与主体提供创新基础或思路。

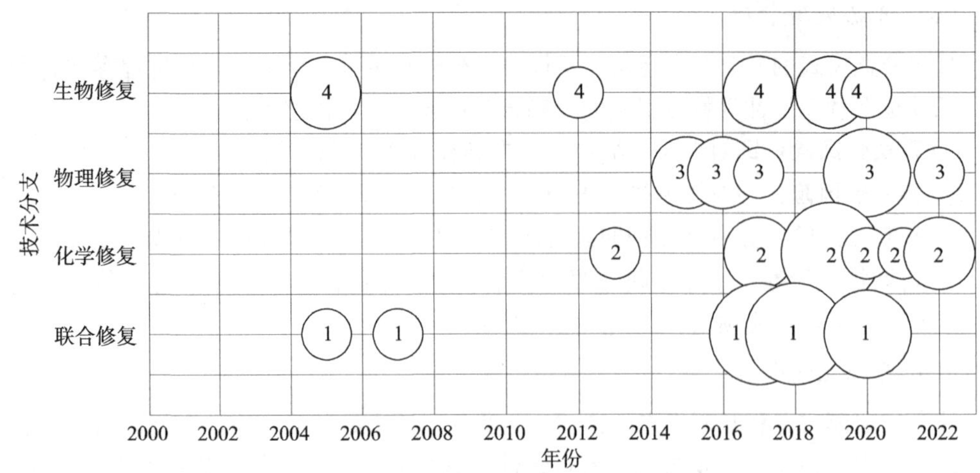

图 6.4.1　M 企业污染土壤修复领域有效专利的年度分布情况

注：气泡中数字表示专利数量，单位为件。

另外，M 企业是一体化能源化工类龙头企业，其营收主要来自石油天然气开发、炼化等业务。污染土壤修复领域的技术创新并不是 M 企业的核心盈利来源。M 企业也可以选择将持有的污染土壤修复领域的所有专利列为企业开源运营的目标专利。

确定目标开源专利，相当于确定社会公益诉求，即以免费方式助力污染土壤修复。

（2）开展专利开源项目分析筛选

由 M 企业开源办公室主导，从开源专利管理、法律事务管理、开源风险管理以及开源生态管理方面，对待加入的专利开源项目进行深入分析、挖掘，主要从以下三个方面进行评估：

① 专利开源项目的公益性输出与自身诉求是否一致；

② 专利开源项目的管理、组织架构能否持续推动专利开源项目发展；

③ 专利开源项目的开源协议相关条款对自身带来的法律或技术风险。

企业选择加入社会公益模式专利开源运营时首要关注的应该是法律风险和技术风险，这需要在专利开源运营前对开源协议进行准确评估，确定潜在技术风险和法律风险，并制定应对策略。污染土壤修复技术研发门槛并不高，技术路径也较为简单，研发主体多且分散，存在的技术风险和法律风险主要包括权属纠纷、侵权纠纷。这需要 M 企业在开展专利开源运营前明确目标开源专利的申请权、专利权等权属，检索确定目标开源专利的权利稳定性等内容，做到风险防控前置。

（3）强化企业宣传

社会公益模式专利开源运营缺少技术或市场等因素的商业动力，参与主体更多依赖的是社会责任衍生的道德力量。该模式下专利开源运营生态管理普遍不能尽如人意，企业作为参与主体，应当积极宣传，以广而告之的社会效应或企业的影响力、号召力，提升专利开源项目的知名度，吸引更多的开源专利和参与主体加入专利开源项目，扩大专利开源项目的规模。M 企业作为行业龙头，加入专利开源项目本身就是一种积极的开源生态管理，在污染土壤修复领域能够起到正向示范作用，可以带动一批同领域企业加入专利开源项目，提高专利开源项目的影响力。

6.4.3.2 M企业构建社会公益模式专利开源项目的实施策略

石油化工生产是土壤污染的主要来源，作为石化行业的龙头企业，M企业利用持有的专利权，构建社会公益模式专利开源项目，致力于污染土壤修复的公益事业，同样可以作为一种专利运营决策。社会公益模式专利开源项目的构建与其他模式并无实质性区别，企业选择构建社会公益模式专利开源项目，应当着重关注开源生态管理。

(1) 自身开源专利的吸引力

M企业自2005年在污染土壤修复领域开始投入创新研发，共计申请专利111件，当下，专利权处于维持状态的有41件。在污染土壤修复技术中，联合修复技术有13件，占比为32%；化学修复技术有11件，占比为27%；物理修复有9件，占比为22%；生物修复有8件，占比为19%。年均专利申请量为6件，可见M企业并不是污染土壤修复领域技术研发的主力军，如图6.4.2～图6.4.3所示。

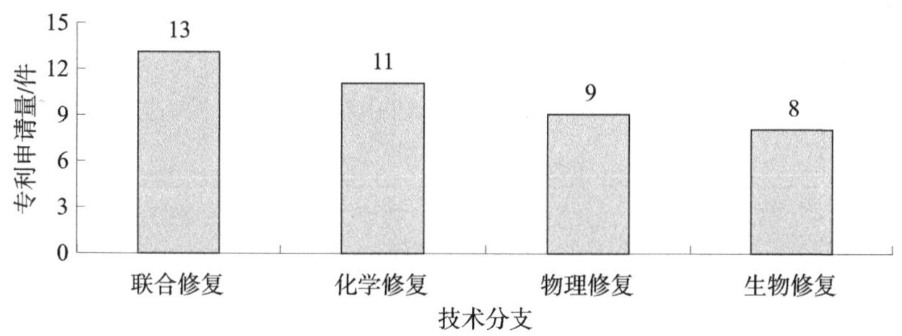

图6.4.2 M企业在污染土壤各类修复技术中的专利持有量

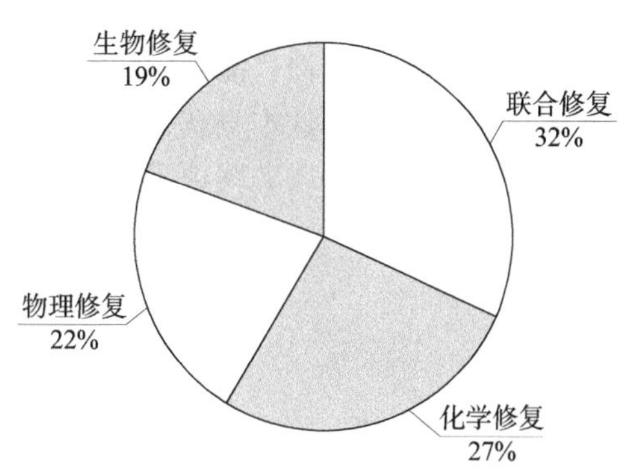

图6.4.3 M企业在污染土壤各类修复技术中的专利占比

企业专利价值度分布以及污染土壤各修复技术专利价值度分布，分别如图6.4.4～图6.4.5所示。专利价值度均在5以下，最高也仅徘徊在6～7，M企业的专利整体具有一定价值，但对污染土壤修复领域的技术吸引力不大。M企业联合污染土壤修复领域的领军单位共同构建社会公益模式的专利开源项目，以提升专利开源项目的知名度和影响力。

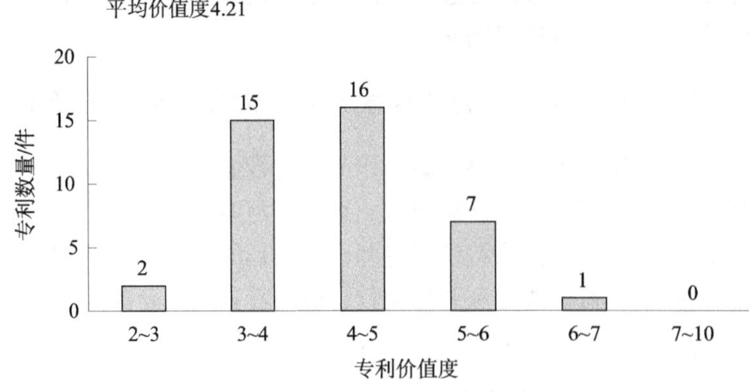

图 6.4.4 M 企业专利价值度分布

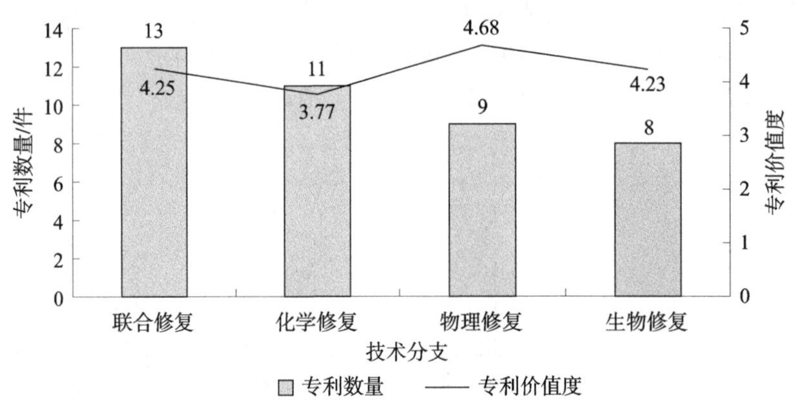

图 6.4.5 M 企业污染土壤各修复技术专利价值度

（2）提升专利开源项目的影响力

专利开源项目的影响力和知名度是决定项目能否持续长久的关键因素。M 企业属国有性质，有着鲜明的行政属性和国家属性，这本身就是一种影响力，企业可以积极寻求国家在政策法规、财政支持等方面的支持，以实现项目公益属性的最大化。

6.5 小结

社会公益模式下专利开源运营就是利用私有专利维护社会公共利益的一种有益尝试。本章对社会公益模式专利开源运营的概念、特点以及经典案例等进行了介绍，以信息无障碍、石化企业为例，探讨了社会公益模式下行业、企业专利开源项目的实施。无论是行业开源运营还是企业开源运营，公益性永远都是首位的，专利开源项目的发展壮大离不开领军企业（或企业联合体）的“星星之火”，更离不开开源专利贡献者和使用者加入专利开源项目形成的“燎原之势”。政府应加强社会公益模式下专利开源项目的引导和支持，鼓励其参与社会治理，共同维护社会公共利益。

第七章　专利开源战略分析及运营实践：专利转化模式

本章对专利开源运营实践中专利转化模式的开源战略进行分析，并通过介绍 KIPO 专利开源项目，给出以高校及科研机构为主体的专利开源运营实例，最后总结出具体专利转化模式下的专利开源运营策略。

7.1　专利转化模式分析

以专利转化为目的的专利开源能够有效解决高校及科研机构的大量“沉睡”专利问题。本节通过介绍专利转化模式的定义和特点，对该模式进行分析。

7.1.1　专利转化模式定义

目前，专利转化模式的专利开源在业内还没有统一的定义，相关的运营实践也相对较少。基于前文对专利开源的定义，以及 KIPO 专利转化模式专利开源案例的简要介绍，专利开源中的专利转化模式可以描述为：针对转化率偏低的专利或闲置专利，通过专利开源的方式，促进专利成果的转化和利用。具体而言，专利转化模式可以通过政府或其他组织的形式创建，使用亟待转化的专利构建开源专利池，采用附带基本条款的通用协议，对本国企业进行开放，可附带使用目的限制或期限限制。

7.1.2　专利转化模式特点

根据专利转化模式的定义，其主要具备以下特征：

① 转化的对象为转化率偏低的专利或闲置专利；

② 转化的手段是通过专利开源的方式畅通上述专利的推广和应用渠道；

③ 转化的目的是促进专利成果的转化和利用，将科技创新成果尽快转化为现实生产力，进而提升技术创新主体的积极性。

从专利开源组织管理的角度出发，专利转化模式展现以下特点：

① **具有专业化的技术转化机构**。拟进行专利开源的权利主体，可以通过构建或加入专利技术转化机构，畅通专利技术转化平台和公共服务空间，为自身闲置专利技术转

化提供机制保障。

② **具有科学的专利管理与经营能力**。科学的专利管理能够对闲置专利的价值进行合理评估，是促进专利技术成功转化的基础和前提。科学的专利管理机制可以保证专利转化过程中各个环节紧密相连，从而明确、有序且高效地推进整个转化过程。

③ **合理的开源协议**。专利转化模式下的专利开源并非针对全部闲置专利，开源运作之初，应当通过技术转化机构对拟实施专利开源的权利主体进行调研，了解闲置专利的特点，如专利价值度、专利市场需求等，同时结合专利应用领域的行业实际需求，确定适合开源的闲置专利，预判开源风险并制定合理的开源协议。

④ **有利于形成可持续发展的专利生态系统**。使专利转化、产业发展、经济效益、投资研发形成“产学研用”闭环，构建优良的专利可持续发展生态环境。

7.2 经典开源案例分析

高校及科研机构在专利开源方面具有巨大的发展空间。高校及科研机构在知识产权强国建设中具有举足轻重的作用。作为人才培养的重要基地、科技创新的重要主体和专利产出的重要源头，高校及科研机构同样面临知识产权大而不强、多而不优、转化不多、保护不力的局面。[1] 虽然在公布的专利侵权案例中，高校及科研机构并不多见，但实际上它们恰恰是专利权被侵犯的重灾区。加强高校及科研机构专利运营是创新驱动发展战略赋予高校的使命，是培育经济增长新动力的关键。在经济发展进入新常态的形势下，高校及科研机构通过开展专利运营，能够加速专利转移转化，加快创新步伐，间接推动企业技术更新，促进产业转型升级，从而培育创新型经济。高校及科研机构的知识产权创造、运用、保护和管理能力，不仅是衡量其自身发展水平的重要标准，而且对推动地区产学研合作、促进地区经济增长具有极其重要的意义。

当前，高校及科研机构产出的绝大多数专利处于“沉睡”状态，专利产业化的比例很低，专利技术普遍未转化为现实生产力，究其原因在于多个方面：

① 在专利运营环节，缺乏管理、代理、财务、营销等专业运营人员，高校及科研机构研究人员往往懂技术不懂市场，与产业链下游企业互通有无不足，除少数商业实验室、校企联合单位以外，多数高校及科研机构不具备专利自主实施转化能力；

② 在技术研发环节，缺乏行之有效的市场调研手段，研究重点与当前市场需求或市场主流产品存在方向差异，且研究过程本身更关注技术实施的可行性与有益效果，对实施成本、普及难度等市场准入因素考虑不周。在当前形势下，专利开源有望成为盘活高校及科研机构专利运营困境、推动地区产学研合作的“金钥匙”，海量的“沉睡”专利为专利开源提供了天然的实施基础，可为下游企业提供技术海选机会和免费的试用期。

本节针对专利转化案例进行分析，旨在为专利转化模式下的开源运营管理体系提供指导意见和建议。

---

[1] 滕诣迪．高校专利运营管理体系研究［D］．南京：南京理工大学，2017.

7.2.1 专利转化模式经典案例分析

专利转化模式的专利开源项目中，现有的经典案例为 KIPO 专利开源项目。本小节从开源主体管理、开源专利管理、法律事务管理、开源风险管理和开源生态管理五个方面来介绍韩国知识产权局专利开源运营的具体实施策略。

7.2.1.1 开源主体管理

为了促进国有专利的利用，为产业发展作出贡献，KIPO 于 2009 年 9 月 29 日宣布允许社会各界免费使用国有专利，工业产权振兴科作为国有专利开源的负责部门。KIPO 官网颁布了 2010—4 号令——免费使用国有专利的协议，对免费使用的对象、期限、申请、人数限制、最初免费使用期限届满后的限制、转让限制、对发明者的补偿、实施业绩的提交、中小企业优待以及复核期限做了明确的规定。同时，KIPO 还提供了专利开源项目实施合同、免费实施申请书和免费实施结算书等模板，通过专利开源项目协议的制定和相关材料模板的提供，使国有专利开源项目的管理运营更加科学化和规范化。

7.2.1.2 开源专利管理

据 KIPO 统计，截至 2008 年 9 月，共有 1879 件专利注册为国家专利（1433 件发明专利、289 件实用新型、118 件外观设计等），还有 39 件在海外注册的专利。这些国有专利的列表和详细资料登载在 KIPO 专利交易市场网站（www. ipmart. or. kr）和 KIPO 主页（www. kipo. go. kr）上，供技术需求者免费或廉价获取。在 KIPO 官网上公开的开源专利列表最新更新时间为 2009 年，列表中对于专利的基本信息以及是否可以免费使用进行了明确说明。除以上信息外，未找到更多有关 KIPO 对于开源专利管理的报道。

7.2.1.3 法律事务管理

开源项目面向韩国国民，对于国有专利权登记后三年以上未实施的专利进行开源，其目的是促进国有专利的利用，为产业发展作出贡献。加入专利开源项目的形式条件是在 KIPO 填写无偿实施申请书，提交韩国特许厅厅长。具体步骤包括：想要申请免费使用国有专利的申请人可以在韩国知识产权局网站上填写申请表，申请免费使用国有专利，并在申请书上附上所要求提交的文件，经批准后方可使用；加入该项目的必要条件是同意许可协议。

协议相关方的主要权利包括：

① 授权后闲置三年的国有专利，任何人可免费使用三年，第一次免费使用期限到期后可以无偿延长一年，且仅限一次；

② 申请人可以根据专利权的实施对产品进行专利标示。

协议相关方的主要义务包括：

① 未经 KIPO 同意，不得进行专利权质押、企业主体变更和期满后继续使用；

② KIPO 可以要求申请人就实施情况等进行报告，或 KIPO 派遣员工对相关账簿、

文件进行调查；

③ 根据特定标准限制每项专利的被许可人数；

④ 未经特许厅厅长批准，国有专利的非独占许可不得转让或用于其他目的。

协议的其他限制包括：

① 在合同期满时，申请人应在 15 日内附上《国有专利权无偿实施要领》第 9 条规定的销售业绩副本，向甲方提交国有专利权无偿通商实施权结算书；

② 根据以下标准限制每项专利的实施人数：申请人的财务状况及国有专利权产业化计划；申请人在当前技术领域的工作经验及技术积累程度；无偿实施后转为有偿实施的可能性；申请按先后顺序受理。

7.2.1.4 开源风险管理

为避免专利开源项目中的构建者和加入者可能面临的各种不确定法律风险，KIPO 通过与加入者签订合同的方式进行开源风险管理。合同中通常对实施权的许可、实施权的范围、实施费用、实施权的登记、专利权的存续、专利权无效、专利权的转移、专利的标示、实施情况调查、专利权的侵害、合同的解除、重新实施、合同期满后的实施以及相关法令的适用等方面作出明确规定。KIPO 通过建立明确的应对机制，加强法律约束力，使得专利开源项目中的构建者和加入者都能够有所保障地参与专利开源项目。

7.2.1.5 开源生态管理

据统计，自 KIPO 实施国有专利免费许可制度以来，国有专利的使用件数逐年增加，近 5 年年均增长 17%，2011 年共有 477 项技术转让，销售额超过 500 亿韩元。截至 2012 年 9 月，2939 件国有专利中，有 543 项技术转让给民间企业，已超过 2011 年全部技术转让项数（477 项）。其中，以制造家畜用疫苗的 A 研究所为例，利用农林水产检疫检验本部开发的 5 件国有专利，11 年内销售额超过 12 亿韩元，家畜用诊断套件制造商 B 公司也利用 3 件国有专利技术，实现了 10 亿韩元规模的销售额。此外，农村振兴厅开发的“不凝固的年糕”制造技术仅在国内就实现超过 150 项技术转移，后续在美国还签订了 2000 万韩元的技术转移合同，提高了国有专利海外应用的可能性。

7.2.2 专利转化模式专利分析

下面从专利开源项目持续性、开源专利的技术领域分布和价值度分布、韩国优势领域与开源专利涉及领域对比分析三个方面，对 KIPO 的专利进行分析。

7.2.2.1 专利开源项目持续性

KIPO 开源专利申请时间较早，KIPO 官网上获取的开源专利列表最新更新时间为 2009 年，之后的开源专利列表中并未公开相关数据（目前获得的列表共有开源专利 1493 件）。KIPO 开源专利仅限于连续三年未使用的闲置专利。从图 7.2.1 可以看出，1992—2008 年，KIPO 开源专利数量整体上呈现上升趋势，于 2006 年达到顶峰，闲置专利的不断累积，引发了日益旺盛的专利转化运用需求。

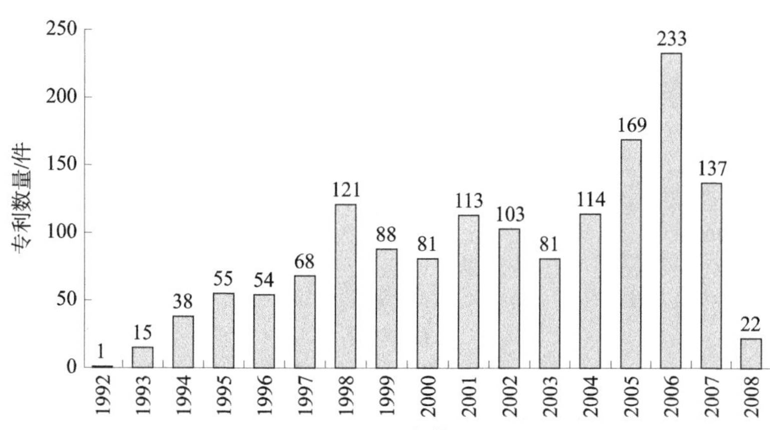

图 7.2.1　KIPO 开源专利申请年份分布

7.2.2.2　开源专利的技术领域分布和价值度分布

（1）开源专利的总体价值分布

如图 7.2.2 所示，KIPO 开源专利的平均价值度为 4.99，且大部分集中在 4 ~ 6，属中等偏下水平。专利本身的价值不高，也是其归于闲置的重要原因，继而导致专利转化运用主体对其兴趣不高，这也是 KIPO 推进闲置专利开源运用要解决的核心问题。

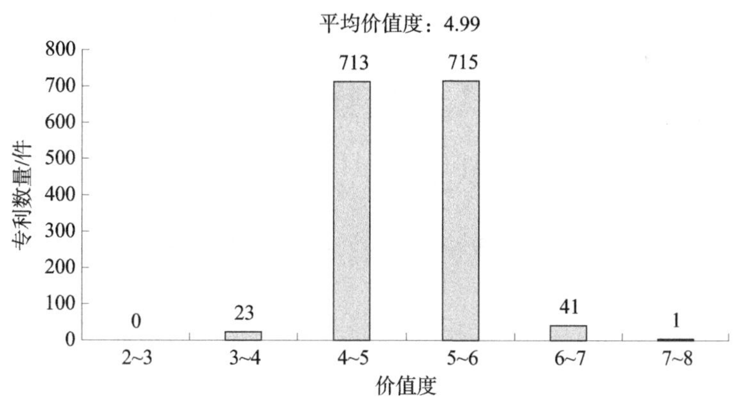

图 7.2.2　KIPO 开源专利价值度分布

（2）技术领域价值

图 7.2.3 反映了 KIPO 开源专利在各个分支领域的专利数量以及专利价值度，其中信息技术领域由于主要涉及通信、信息处理等高科技产业，专利价值度较高，专利运用较为充分，因此闲置专利仅 160 件，相对数量较少。而在运输、造纸等工业制造技术领域，技术相对传统，涉及的专利数量较多，专利价值度较低，产业主体在该领域的专利技术选择意愿不强，运用不充分。此外，农业技术和生命健康领域的专利价值度处于平

均水平，且闲置专利数量最多，因此该领域专利转化运用的需求最为迫切。

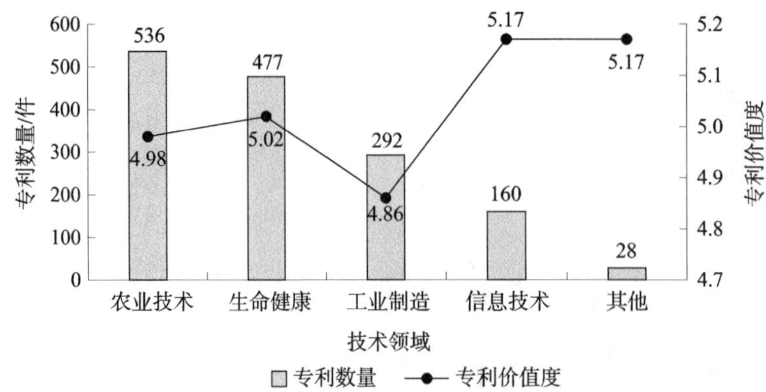

图 7.2.3　KIPO 开源专利各技术领域专利数量和专利价值度分布

（3）从申请趋势看分支价值

图 7.2.4 反映了 KIPO 开源的专利在各个分支领域的专利申请趋势分布，气泡大小可以反映该年申请数量的多少。1995—2006 年，各领域的专利数量整体上呈增长趋势。在 2006 年，各领域申请量均较大，使得该年闲置专利数量最多。此外，农业技术领域在各年的申请量均较大，技术积累虽较为丰厚，但专利运用不够充分，闲置专利累积较多。

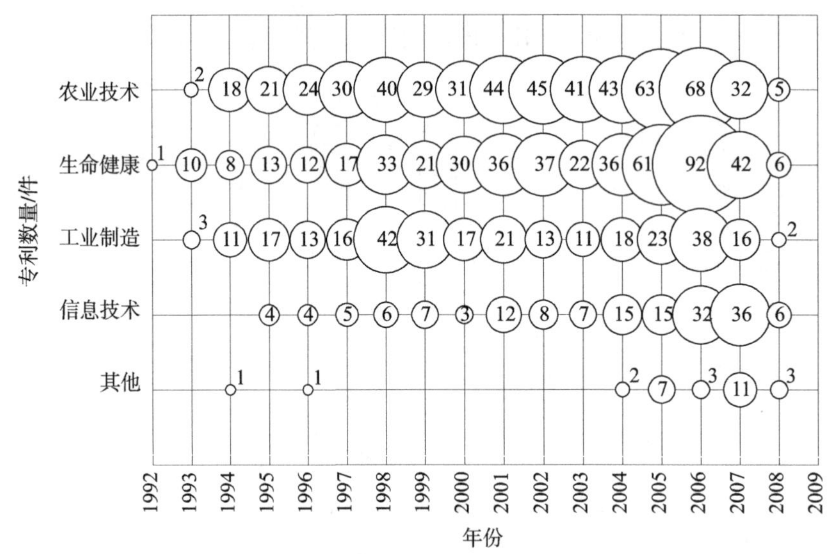

图 7.2.4　KIPO 开源专利各技术领域专利申请年份分布

注：气泡中数字代表该年专利申请数量，单位为件。

7.2.2.3　韩国优势领域与开源专利涉及领域对比分析

2008 年韩国的优势产业主要包括电子（半导体、显示器、手机）、钢铁、造船、汽车、机械、石油、文化产业等。图 7.2.5 表明了 KIPO 开源专利领域分布情况，开源专利主要分布在微生物、种植、农产品加工、畜牧业、化学、医学等领域，然而上述领域均不属于韩国的优势产业，这也是上述领域的专利在授权后成为闲置专利的重要原因之一。为进一步提高整体专利运用成效，应在微生物、种植、农产品加工、畜牧业、化学、医学等非优势产业领域寻找更好的促进方式。

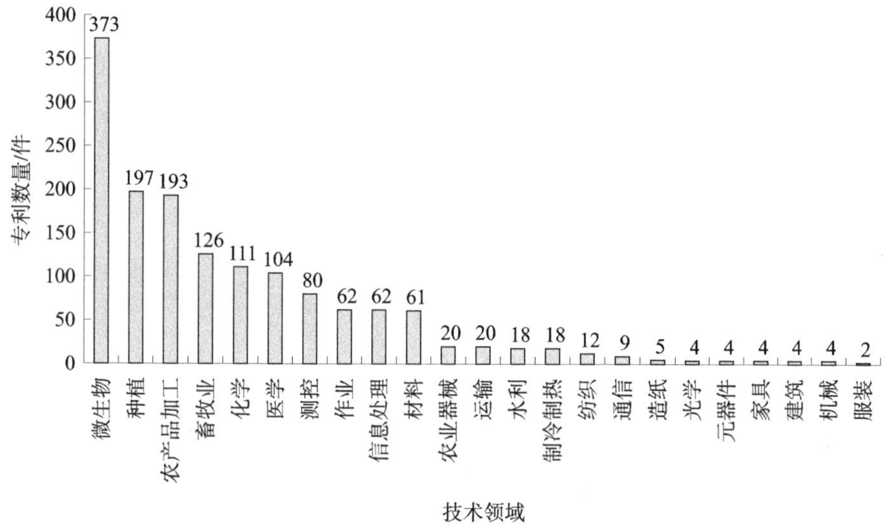

图 7.2.5　KIPO 开源专利各产业分布

（1）重要主体分布情况

结合图 7.2.6，从专利权主体来看，韩国农村发展管理局涉及的开源专利数量最多，该管理局是韩国农业、食品和农村事务部下属机构，负责有关土地改良的实验研究、培训和技术推广工作。此外，农业和林业部国家兽医研究管理局的职责范围同样主要涉及农业技术领域，其与农村发展管理局共同贡献了较大数量的农业技术领域的开源专利。

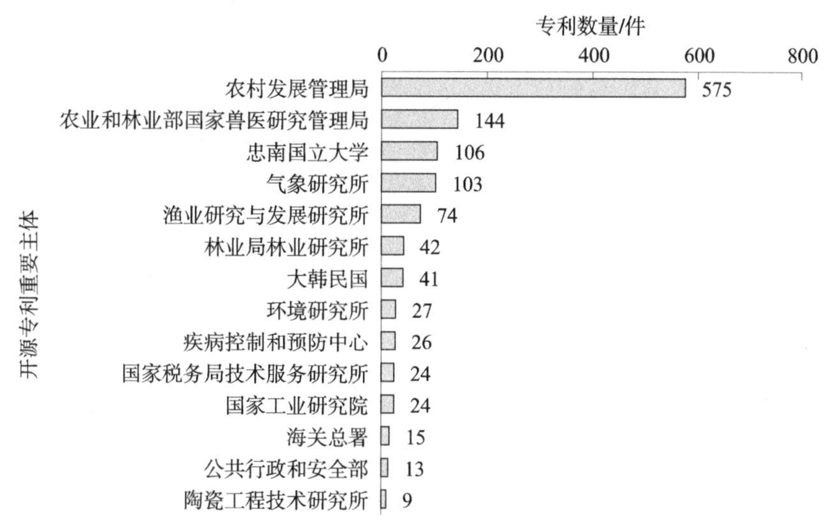

图 7.2.6　KIPO 开源专利重要主体分布

（2）重要开源主体专利占比

针对图 7.2.6 中数量排名前十的申请人，本节统计了其 1992—2008 年申请的专利总量，统计了其开源专利占申请专利总量的比例，结果如图 7.2.7 所示。由图 7.2.7 可以看出，不同申请人的开源专利比例差距较大，部分申请人如农业和林业部国家兽医研究管理局、气象研究所等开源专利在其申请专利中的占比较高，而如大韩民国、忠南国立大学等开源专利在其申请专利中占比较低。农业和林业部国家兽医研究管理局以及气象研究所的开源专利占专利申请量的比例高达 77% 以上，这也反映出其所持专利总体应用价值较低，脱离经济、社会发展实际需要，其应当更加重视专利产出质量与转化效能，充分发挥现有专利对技术发展的激励作用。

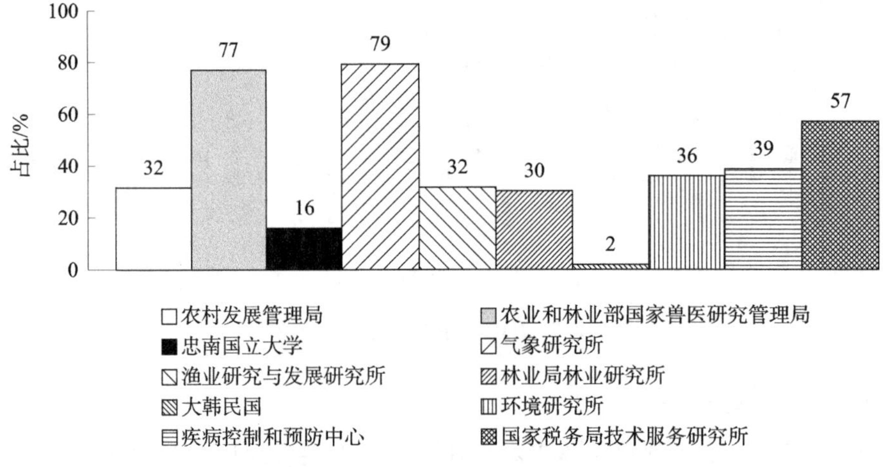

图 7.2.7　KIPO 重要主体开源专利占比

（3）重要主体专利申请趋势

图 7.2.8 反映了 KIPO 前五个专利申请主体在开源的 2009 年前后专利申请量的变化趋势。可见在 2009 年之后，专利申请量呈现较大提升，技术积累越来越雄厚。

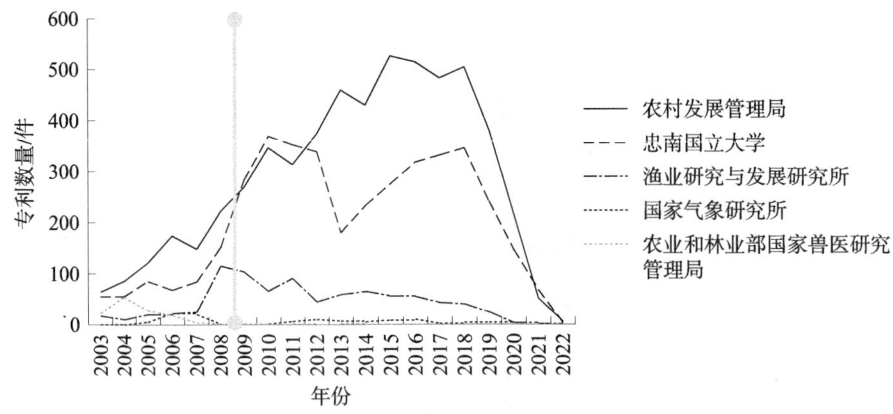

图 7.2.8　KIPO 重要主体专利申请趋势

（4）重要主体开源前后转让情况

如图 7.2.9 所示，选取专利数量最多的农村发展管理局作为分析对象，其专利转让情况在 2009 年专利开源前后的变化如下：开源后该申请人的转让趋势有所提升，但不是直接发生在 2009 年，不能直观地得出其转让趋势的变化与专利开源之间的必然关系。但图 7.2.9 在一定程度上可以反映出，开源对于提高专利运用转化效率起到了一定的促进作用。

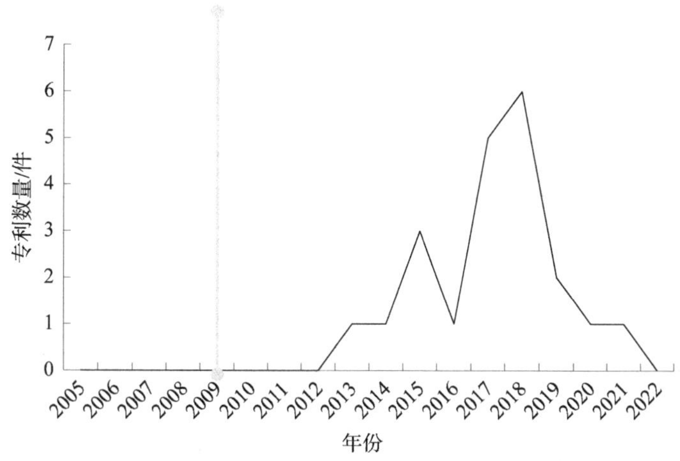

图 7.2.9　KIPO 重要主体开源前后转让情况

（5）农村发展管理局与我国农业农村部对比分析

KIPO 开源专利最主要的申请人为农村发展管理局，其开源前后专利申请趋势如图 7.2.10所示。可见开源前，农村发展管理局已有一定数量的专利申请。

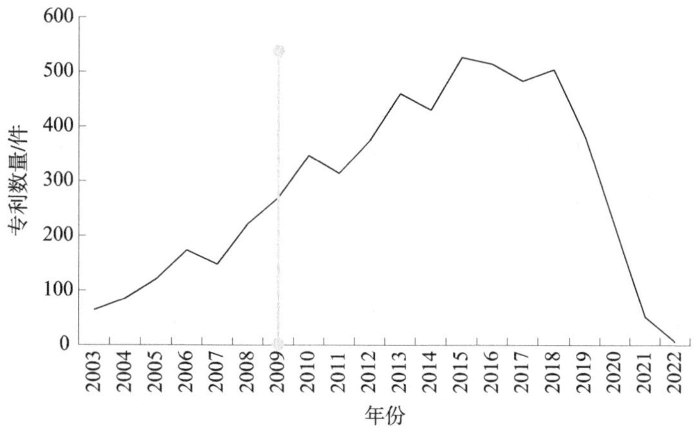

图 7.2.10　农村发展管理局专利申请趋势

中国对应的相关部门为农业农村部，其相关专利申请和转让趋势如图 7.2.11 所示。

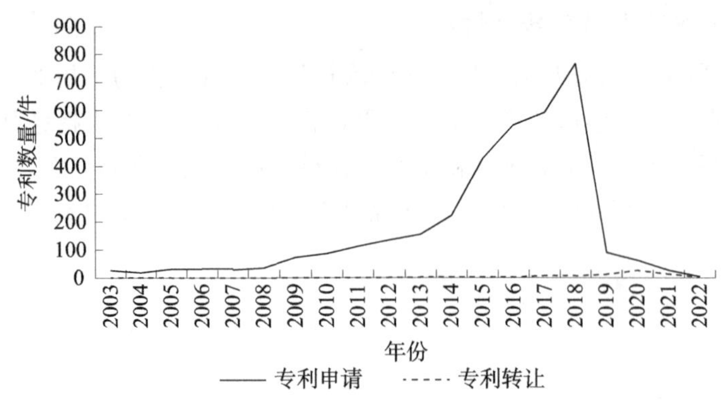

图 7.2.11　中国农业农村部相关专利申请和转让趋势

可以看出，中国农业农村部也已有一定数量的相关专利申请积累，但专利转让成效并不好，在专利转化运用方面任重而道远，可以参考 KIPO 的开源模式以促进我国农业农村部相关专利的转化和运用。

7.2.3　案例启示

通过对 KIPO 专利开源项目的分析可知，以专利转化为目的的专利开源，需要注意以下两点。首先，应当成立专利开源主体管理部门，负责专利开源项目的高效率、高质量运行，促进闲置专利转化取得实效。其次，对于开源的对象，除了高价值专利，特别是热门领域的高价值专利是优先考虑的选择外，非热门领域中等偏上价值度的闲置专利也是促进专利成果转化的不错选择。

7.3　高校及科研机构专利开源战略分析及运营实践

专利技术是高校及科研机构科技成果的重要形式和内容，高校及科研机构专利活动的高质量发展关系着国家科技创新的质量和效率。本节分析专利转化模式下高校及科研机构运营的开源战略、组织管理和运营实例。

7.3.1　高校及科研机构开源运营的先决条件

高校及科研机构在制定开源战略时，应充分注重其专利开源的成效，具体包括以下三个方面。

① **应充分考虑闲置专利的价值**。并非所有闲置专利都适合作为专利开源的对象。价值较低的专利转化为现实生产力的可能性较小，如果对这类专利进行开源，则会造成专利开源平台资源的浪费。因此，在进行开源决策时，高校及科研机构应当先评估其闲置专利的价值，从而为专利开源取得良好成效奠定坚实的基础。

② **应充分考虑市场需求**。为推动高校及科研机构专利技术成果的有效转化，需同时考虑供给侧、需求侧以及专利开源平台服务三个方面。供给侧即高校及科研机构，是专利成果的创造主体。需求侧则以企业为主，是将专利成果商业化、产业化的实施主体。因此，高校及科研机构在评估其闲置专利的价值度、筛选出价值度较高的闲置专利后，应充分调研市场需求，以合理确定适合开源的专利，促进专利开源取得实效。

③ **应充分考量风险**。专利开源作为一种新兴的专利运用方式，其相关的法律体系和运行机制等方面还不够完善。专利开源虽然对促进专利转化展现出巨大的优势，但其现实存在的风险和潜在的未知风险也同样需要拟开源的高校及科研机构在进行开源决策时认真考量。

如图 7.3.1 所示，上述三点作为专利转化模式下专利开源的重点考虑要素，如果高校及科研机构拟开源的闲置专利价值度较低，或市场需求度较低，或无法承担现有及潜在的法律风险，则不建议加入或构建专利开源项目。如果高校及科研机构满足上述三个要素，则较为适合进行专利开源，可通过加入或构建专利开源项目的方式开展专利开源运营，促进闲置专利转化为现实生产力。

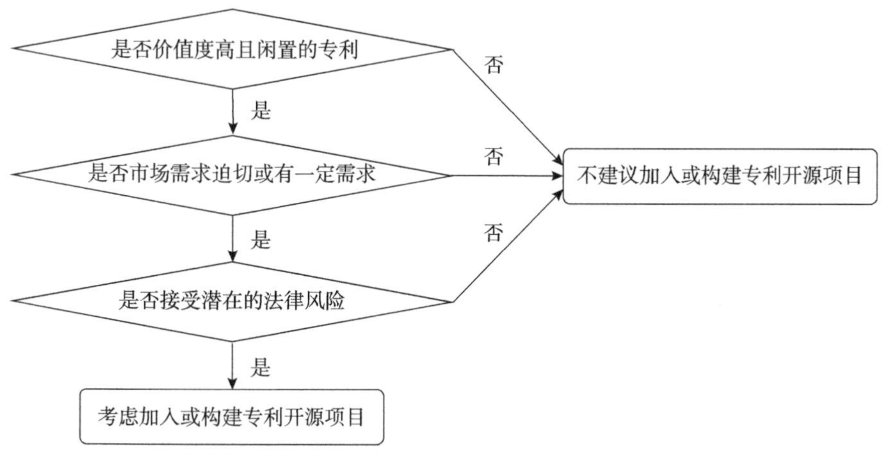

图 7.3.1　专利转化模式专利开源运营条件判断流程

7.3.2　高校及科研机构开源运营的组织管理

在前文已对专利转化模式下专利开源运营的先决条件进行详细介绍的基础上，本小节从开源主体管理、开源专利管理、法律事务管理、开源风险管理以及开源生态管理五个方面，介绍专利转化模式下高校及科研机构专利开源运营的组织管理，以期为适合开展专利开源运营的高校及科研机构提供指导性建议。

7.3.2.1　开源主体管理

目前，我国高校及科研机构在专利转化方面表现出以下特征。

① **从转化全局看，专利转化率偏低，转化效果不佳**。尽管近几年我国发明专利和实

用新型专利授权数量不断攀升并达到很大的体量，但专利转化率始终处于较低水平，仍有大量专利被搁置，无法得到有效利用。这一问题势必会影响我国经济的高质量发展。

② **从专利本身看，部分专利质量不高、应用价值不强，是专利技术转化为现实生产力的重要障碍，也是知识产权强国建设必须着力解决的关键问题**。究其原因，包括但不限于以下几个方面：

- 部分研发主体的研发能力不足；
- 受政策、制度影响，现有的知识产权工作评价体系中，考核指标大多集中在数量而非质量上；
- 研发投入不足，如在研发中后期，部分项目会因为资金不足而草草收尾，专利质量在一定程度上无法得到保证；
- 科研活动对接市场需求不足，研发人员接触市场不够充分，所产出的专利技术在一定程度上脱离社会的现实需要，应用价值不高。

③ **从转化过程看，专利转化的途径不畅通**。主要原因包括以下几个方面：

- 信息不对称。供需信息不对称导致科研人员的技术供给能力无法得到充分发挥，企业技术需求无法得到充分满足。
- 专利转化中介功能未得到充分发挥。目前，我国提供专利转化服务的专业化中介机构水平较低，服务不够完善。
- 政府对专利转化的激励政策力度不够。部分地方政府的激励政策主要侧重于专利的研发，而对专利转化方面的激励政策相对较少。
- 《专利法》为专利转化所提供的多种法律途径缺乏具体明确的适用标准，这也导致在实践中存在法律途径难以利用的现象。

④ **专利转化过程中存在多种高风险因素**。从我国专利转化的实践中可以总结出五类风险：

- **产业化风险**。专利主要在实验室中产生，其所依据的技术方案能否进行规模化、产业化生产仍是个未知数。
- **泄密风险**。当专利投入企业进行量产时，该专利所依据的技术方案难免为更多人所知悉，一旦泄密，将会造成重大损失，进而挫伤科研人员和企业进行转化的积极性。
- **资金风险**。专利转化的过程需要大量的资金投入，资金链一旦中断，转化便举步维艰。
- **市场风险**。转化是为市场服务，一旦市场不需要此种科技成果衍生的服务，那么将专利转化为生产力便缺乏现实意义与动力。
- **价值评估风险**。如果评估价值过分低于该专利的实际价值，那么将会降低科研人员转化积极性；反之，如果评估价值过分高于该专利的实际价值，那么将会降低企业吸收该专利的积极性。

基于上述原因分析，为促进专利技术成果的转化与应用，作为专利开源主体的高校及科研机构应不断提高认识，充分认识专利转化对于国家经济高质量发展的重要性，采取有效手段，促进专利开源取得实效。

“斯坦福大学模式”技术许可办公室（OTL）的专利运营模式为高校及科研机构的专利开源运营实践提供了良好思路。斯坦福大学首创在学校内部成立技术许可办公室，由专利技术经纪人负责一项专利技术从披露到转化的全过程，该模式现已成为国外大学、科研院所普遍采用的标准专利运营模式之一。

高校及科研机构可发起设立技术许可办公室并制定相关制度，依托技术许可办公室专业团队进行专利转化项目的构建、实施和维护，确定适合转化的专利、免费使用期限、相关协议等。对于不具备设立技术许可办公室条件的高校及科研机构，也可通过加入其他高校及科研机构的技术许可办公室构建的专利转化项目，达到实施自身专利转化的目的。

如图 7.3.2 所示，技术许可办公室人员构成包括：负责人；技术经理人、技术经纪人；专利代理人、专利管理人员；会计、财务管理人员；行政管理人员；法务人员；信息管理人员等。

专利开源运营的具体服务流程为：

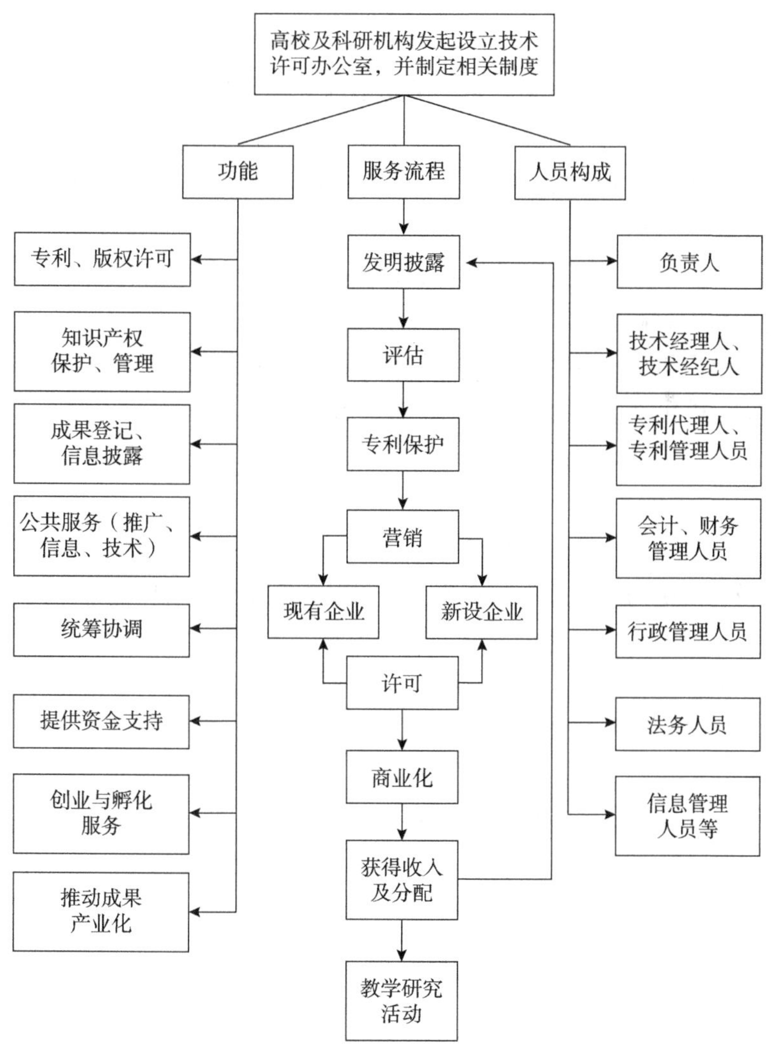

图 7.3.2　技术许可办公室建设及运营模式流程

① 发明人向技术许可办公室进行发明和技术披露，技术许可办公室记录在案，并指定专人（专利管理员）负责审查和了解其市场潜力；

② 在充分掌握大量信息的基础上，由技术许可办公室对技术进行评估，独立决定是否申请专利，开展专利保护；

③ 专利保护，进行专利申请、布局；

④ 专利营销，制定授权策略并征集可能对此感兴趣的公司，对现有企业进行筛选以保证专利许可效果，企业需具备使该项发明商业化的基本条件或为新设企业，以便更好地实施专利；

⑤ 进行专利许可谈判，签订专利许可协议。为避免利益冲突，学校规定发明人不能参加技术许可办公室与企业之间的专利许可谈判，谈判由技术许可官全权代表学校；

⑥ 被许可方实施专利，实现商业化；

⑦ 技术许可办公室对专利许可持续跟踪，获得许可收入并进行正确分配；

⑧ 许可收入应用于教学研究活动，促进专利管理良性循环。[1]

参考“斯坦福大学模式”技术许可办公室的专利运营模式，高校及科研机构也可以通过设立相应的专利运营管理机构开展专利转化模式下的专利开源运营。专利运营管理机构的人员构成同样可以包括：负责人；技术经理人、技术经纪人；专利代理人、专利管理人员；会计、财务管理人员；行政管理人员；法务人员；信息管理人员等。专利开源运营的具体服务流程为：

① 高校及科研机构向专利运营管理办公室进行发明和技术披露，办公室记录在案，并指定专人（专利管理员）负责审查和了解其市场潜力；

② 在充分掌握大量信息的基础上，由办公室对技术进行评估，独立决定是否申请专利，开展专利布局保护；

③ 进行专利申请、布局，加强专利保护；

④ 高校及科研机构向办公室披露拟进行开源的闲置专利信息；

⑤ 由办公室对闲置专利的价值度、市场需求、相应领域的行业或企业特点等进行专业性评估，确定开源专利；

⑥ 专利营销，搭建专利开源平台并公布开源专利信息，征集可能对此感兴趣的企业，企业须提交专利无偿实施许可申请书；

⑦ 办公室对企业进行筛选以保证专利开源效果，企业需具备将闲置专利商业化的基本条件；

⑧ 进行专利开源谈判，签订开源协议；

⑨ 实施专利开源项目，实现商业化；

---

[1] 国际科技创新中心网络服务平台．技术许可办公室（OTL）建设及运营操作指南和典型案例［EB/OL］．(2021－11－05)［2024－01－08］．https：//www.ncsti.gov.cn/kjdt/xwjj/t20211105_50565.html.

⑩ 办公室对闲置专利的转化成效持续跟踪，并及时反馈至高校及科研机构，促进产学研深度合作。

专利开源运营管理办公室的岗位设置同样可以参考技术许可办公室的类型。技术许可办公室通常可分为两类。一类是以技术许可为核心的办公室，其部门设置通常也较为简单。管理部门通常设置主任、副主任岗位，普通部门以技术许可岗位为主，辅以少量的支持岗位，如财务岗、行政岗、产权管理岗等。总体而言，以技术许可为核心的办公室，部门类型较少，组织结构简单。另一类办公室除了技术许可外，往往也非常注重行业联系和创业活动，部门设置相对复杂。管理部门设置主任、副主任岗位，普通部门包括许可及产权部门、企业联络及创业服务部门、行政支持部门。许可部门还可以包括高级许可员、许可员、许可助理等岗位，而且不同许可员有自己管理的学科领域，如药学和生物医学工程、物理科学与工程、生命科学等。❶

虽然上述两类办公室在部门设置方面存在一定差异，但许可岗位是二者共有的核心岗位。总的来看，以技术许可为核心的办公室部门设置更为简单，交流协调更为便利，但专业分工程度低，缺少与行业保持联系和专门支持科技研发、创业的岗位。而包括技术许可和行业联系在内的办公室，通常专业分工程度更高，与企业保持着良好的沟通联系，但管理起来相对复杂。高校及科研机构在进行专利开源时，可以参考技术许可办公室的岗位设置，结合自身条件选择适合的发展方式。

7.3.2.2　开源专利管理

通过前述的介绍，在开源专利管理方面，专利转化模式下的管理需要从制度和实施两个层面考虑。

在制度方面，为确保开源专利管理的规范、良好运行，应该加强管理相关规章制度建设，明确管理分工与职责，规范管理流程，使管理人员在管理开源专利时有据可依，顺利、高效地开展工作。

在实施层面，可以按照布局、申请、披露、筛选评估、协议制定、推广转化和运营维护几个方面开展开源活动。对于已有拟开源的闲置专利，专利管理的重点应放在开源专利的筛选评估和推广转化方面。其中，筛选评估是做好开源的基础，推广转化则是做好开源、推进产学研深度合作的重要保障。通过对闲置专利的开源活动，不仅能够实现闲置专利的转化，更能够让高校及科研机构等国家重要创新主体充分了解市场需求、企业需求，有助于其合理规划后续专利布局、提升专利申请质量，从而增强专利开源实效，有效推动从技术研发到成果转化运用的良性循环。

7.3.2.3　法律事务管理

通过前述案例的介绍，在法律事务管理方面，应重点考虑以下三个要素。

---

❶ 张盼盼．美国公立研究型大学技术转移的 OTL 模式研究［D］．杭州：浙江大学，2017.

① **加强法律事务管理的规范性**。拟进行专利开源的高校及科研机构，可以参照KIPO以及“斯坦福大学模式”的技术许可办公室法务体系，结合自身实际，制定科学化、规范化的专利转化流程管理规范。

② **引进优秀的法律事务管理人才**。注重人才的综合素质，包括法律背景、技术背景、经济与管理背景等，同时应具备与学术界、产业界、中介机构和政府机构有效沟通的能力。

③ **制定严谨、合理的开源协议**。开源协议制定时应充分考虑专利转化供需双方的特点与需求，评估潜在风险等。为了促成专利技术转化，除前述涉及的有限不主张条款、可再专利性条款、权利用尽条款、转让限制以及违约条款外，还可以加强条款的灵活性，尽量满足供需双方的需求。同时，也应注意条款的严谨性，避免造成不必要的法律风险。对于开源期限的限制，在开源期间可以通过免费使用的方式吸引更多企业使用相关开源专利技术，同时在开源到期后双方能够有机会重新制定合作方式，以对高校及科研机构的研发和运营投入形成回报。

7.3.2.4 开源风险管理

在专利转化模式下的开源风险管理方面，高校及科研机构闲置专利的开源可能导致开源对象（如企业）面临法律风险，主要包括有限不主张条款带来的反向许可法律风险，权利用尽条款中后续主体在被许可人使用专利或制造产品的基础上继续进行技术开发和销售而导致侵权的法律风险，转让限制条款导致被许可人侵权的风险，以及违约后被许可人的专利权终止从而影响被许可人的后续使用并造成侵权等风险。开源对象可能面临的技术风险主要涉及专利开源项目中的专利技术并非较为先进的技术，但受“免费”条件吸引而使用其专利技术，从而导致开源对象技术发展相对落后。

7.3.2.5 开源生态管理

专利转化是一个包括专利技术在内的有效信息传输与吸收的过程，对于大量闲置、无法得到有效利用的高价值专利，重要信息的获得往往直接决定了专利技术产出是否符合预期目标、专利成果转化是否取得实效。因此，信息与沟通平台的建立不仅能使得重要信息在供需双方之间得到有效传递，还能使供需双方（特别是需求方）高效锁定目标专利，促进专利开源的顺利运行。

图7.3.3简要示出了专利转化模式专利开源运营实践流程。在构建和运营专利开源平台的过程中，应重点关注专利开源平台的设计与推广。在平台的设计方面，可以运用大数据手段为高校及科研机构的闲置专利技术成果与企业需求牵线搭桥，充分起到专利供需双方桥梁纽带的作用。确定开源范围之前，应对拟开源专利的高校及科研机构进行详细调研，了解专利供应方闲置专利的特点，包括专利价值度、专利的市场需求、相应领域的行业或企业特点等，以便提升平台设计、服务的针对性，使得相关领域的企业能

够快速、直观地获得闲置专利的相关信息。此外，专利开源平台应具备数字化、智能化、综合化的特点，对专利技术成果分类建库，通过多种展示方式将成果发布至专利开源平台、积极推荐高价值专利技术成果、分享专利转化典型成功案例（如 KIPO 专利开源案例），拓宽渠道、主动寻求有意向的企业并与之建立互通渠道等多种功能。平台同时收集对口领域企业技术需求信息并进行信息配对，有效提升成果转化成功率。此外，平台应通过对大数据的整合与分析，实现对市场需求与变化的及时掌握，以期能够进一步做到提前预测技术需求的发展趋势，为高校及科研机构提供有市场价值的决策建议，确定未来研究方向和目标，深化产学研合作，为高校及科研机构专利转化、开源运营服务提供全方位资源保障。❶

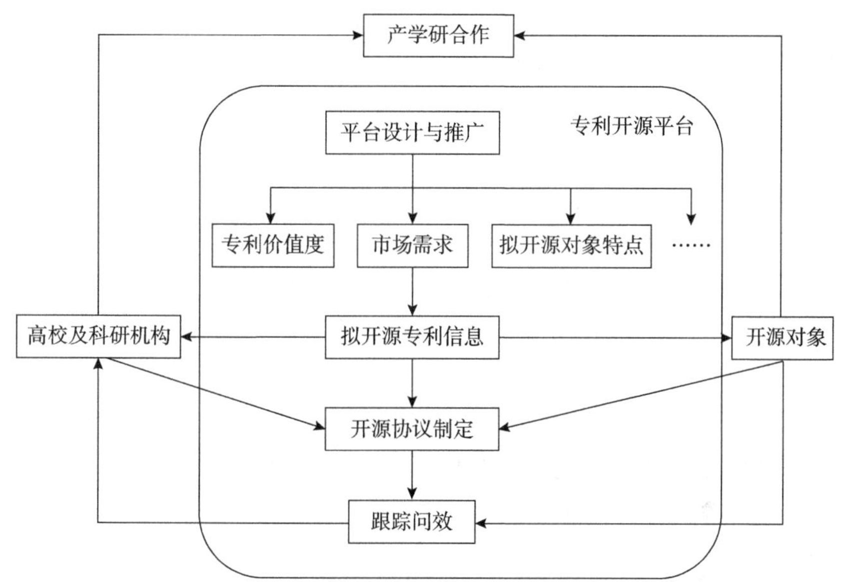

图 7.3.3　专利转化模式开源运营实践流程

7.3.3　高校及科研机构专利开源运营实施策略

2023 年 10 月，国务院办公厅印发《专利转化运用专项行动方案（2023—2025 年）》（以下简称《方案》），对我国大力推动专利产业化，加快创新成果向现实生产力转化作出专项部署。《方案》指出，要以习近平新时代中国特色社会主义思想为指导，全面贯彻落实党的二十大精神，聚焦大力推动专利产业化，做强做优实体经济，充分发挥知识产权制度供给和技术供给的双重作用，有效利用专利的权益纽带和信息链接功能，促进技术、资本、人才等资源要素高效配置和有机聚合。要从提升专利质量和加强

❶ 杨立佳，史玲，王巍．应用型高校专利转化现状与政策促进［J］．辽宁工业大学学报（社会科学版），2022，24（1）：50－52.

政策激励两方面发力，着力打通专利转化运用的关键堵点，优化市场服务，培育良好生态，激发各类主体创新活力和转化动力，切实将专利制度优势转化为创新发展的强大动能，助力实现高水平科技自立自强。《方案》提出，到2025年，推动一批高价值专利实现产业化。高校及科研机构专利产业化率明显提高，全国涉及专利的技术合同成交额达到8000亿元。一批主攻硬科技、掌握好专利的企业成长壮大，重点产业领域知识产权竞争优势加速形成，备案认定的专利密集型产品产值超万亿元。

《方案》从三个方面对专利转化运用专项行动作出具体部署。

① **大力推进专利产业化，加快专利价值实现**。梳理盘活高校及科研机构的存量专利，以专利产业化促进中小企业成长，推进重点产业知识产权强链增效，培育推广专利密集型产品。

② **打通转化关键堵点，激发运用内生动力**。强化高校及科研机构专利转化激励机制，强化提升专利质量、促进专利产业化的政策导向，加强促进专利转化运用的知识产权保护工作。

③ **培育知识产权要素市场，构建良好服务生态**。高标准建设知识产权市场体系，推进多元化知识产权金融支持，完善专利转化运用服务链条，畅通知识产权要素国际循环。《方案》强调，要加强组织实施，强化绩效考核，加大投入保障，加强宣传引导和经验总结，在全社会营造有利于专利转化运用的良好氛围，确保专项行动任务落地见效。

可见，高校及科研机构作为我国重要的创新基地，突显了推动我国专利产业化的重要性。下面从已设立技术许可办公室和未设立技术许可办公室两个角度，探讨高校及科研机构闲置专利开源运营的实施策略。

7.3.3.1 专利开源与专利技术许可联合模式

对于已设立技术许可办公室的高校及科研机构而言，专利转化的组织管理已相对完善。然而从前述案例分析可知，我国高校及科研机构专利成果的转化成效仍有待进一步提高。因此，鉴于已有专利开源这种专利转化的新思路，不妨尝试通过专利开源与专利技术许可联合的方式进一步推动成果产业化，促进产学研深度合作，实现技术产出和市场运用的良性循环（如图7.3.4所示）。

① **开源主体管理**。对于专利开源与专利技术许可联合模式，已有的技术许可办公室组织架构和人员组成均较为完善，特别是人员构成方面，能够覆盖专利开源所需的人才。在办公室的功能设置方面，建议增加闲置专利评估、专利开源管理、专利开源统筹协调、专利平台设计维护等功能，以支撑专利开源管理，保障专利开源项目的顺利有序开展。

② **开源专利管理**。在高校及科研机构已利用技术许可办公室开展专利许可的情况下，闲置专利的管理仍需要从制度和实施两个层面考虑。

- 制度层面。建议完善专利开源管理相关制度，明确管理分工与职责，规范管理流程，确保开源专利管理和许可专利管理的规范、良好运行。

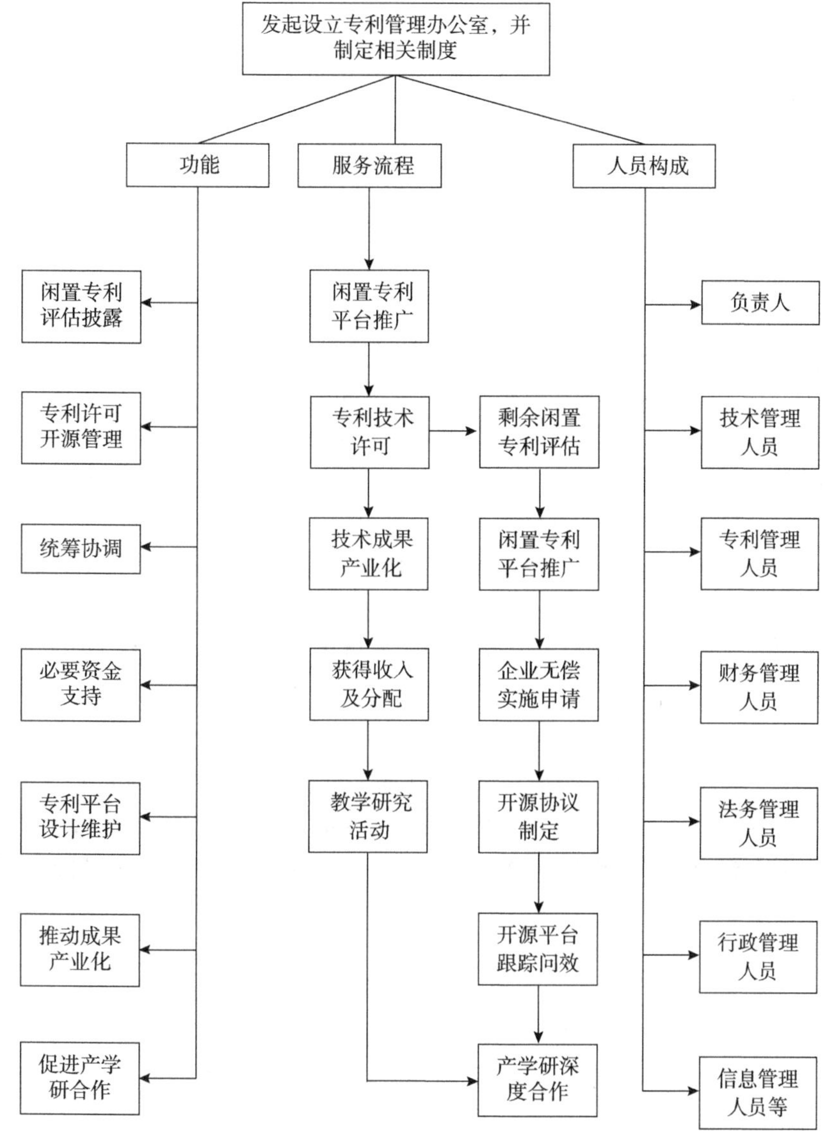

图 7.3.4 专利转化模式下专利开源与专利技术许可联合模式基本流程

- 实施层面。在已将部分闲置专利实施专利许可的情况下，为进一步推动专利成果的转化，建议对剩余闲置的专利进行梳理和评估，遴选出适合开源的专利，通过平台进行推广，让更多企业看到闲置专利的技术及相关信息，吸引企业无偿申请实施。对于实施专利开源后专利产业化效果突出的专利，开源期满后可以考虑是否进行专利技术许可，进而为高校及科研机构带来一定的收益，从而为研发提供更多的资金支持。而对于后续新增的授权专利，建议从专利的价值度、市场需求等方面对授权专利进行合理划分。对于专利价值高、市场需求迫切的专利，可以通过专利技术许可的方式促进专利产业化。对于专利价值中等、市场存在一定需求的专利，则可以通过专利开源的方式促进专利产业化。对于专利价值低、市场需求低的专利，则不建议尝试专利许可或专利开源：一方面，其对于推动创新发展的意义不大；另一方面，其也会造成人力、物力等资源的浪费，大大降低了专利转化的性价比。

③ **法律事务管理**。对于专利开源与专利技术许可联合模式，首先，应加强法律事务管理的规范性，在已有的专利技术许可法务体系基础上，结合专利开源模式，进一步完善法务体系及相关管理制度，使得法务管理更加科学化、规范化。

其次，对于已有的法务管理人才，应及时补充专利开源相关法律知识，必要时可另引进优秀的专利开源法务管理人才，并注重人才的综合能力，以促进各部门间的高效协作。

此外，应注意制定严谨、合理的开源协议，包括充分考虑专利转化供需双方的特点与需求，衡量潜在的风险等，相关内容已在前述章节中有所介绍，这里不再赘述。

④ **开源风险管理**。对于专利开源与专利技术许可联合模式，开源风险管理除前述章节提及的注意事项外，还需注意对于开源期满的、拟进行专利许可的专利。由于开源专利的转化运用存在延迟性，因此对于开源专利期满后可能成为许可专利的情形，参与专利开源项目的企业应当事先对专利开源与专利技术许可联合模式下的专利开源做好充分的认识与准备，严格制定开源协议，避免后续可能产生的侵权风险等。

⑤ **开源生态管理**。对于专利开源与专利技术许可联合模式，闲置专利平台的设计与推广尤为重要，其关系着闲置专利相关信息在供需双方的有效传递，以及企业对专利许可和专利开源的方向性选择。除前述章节给出的开源生态管理建议外，平台还应建立合理的咨询渠道，帮助企业合理选择专利转化的具体方式。同时，无论是专利技术许可还是专利开源，都应注重跟踪问效，了解专利转化成效。一项专利技术的许可或一项专利的开源，其专利成果的转化并不是该项活动的结束，不代表任务的完成，更应该思考以及推动的是在高校及科研机构与企业之间建立良好的合作关系，打通研发与应用的渠道，深度促进产学研合作，让作为我国重要科技创新基地的高校及科研机构的专利产业化朝着更加健康有序的方向发展。

7.3.3.2 专利开源模式

前文已经介绍了对于已设立技术许可办公室的高校及科研机构，其专利开源的具体实施方式。对于未设立技术许可办公室的高校及科研机构，其专利开源的情况则相对简单，相关的高校及科研机构可以参考专利开源与专利技术许可联合模式中专利开源的组织管理及实施策略开展专利开源。

此外，本小节介绍的专利开源与专利技术许可联合模式、专利开源模式，仅为实施专利开源的基本组织管理及实施策略建议，仅作为一种参考（如图 7.3.5 所示），高校及科研机构也可以结合其自身实际情况及条件，考虑是否进一步丰富、完善相关办公室的职能，如版权许可、公共服务、创业与孵化服务、专利产出等。

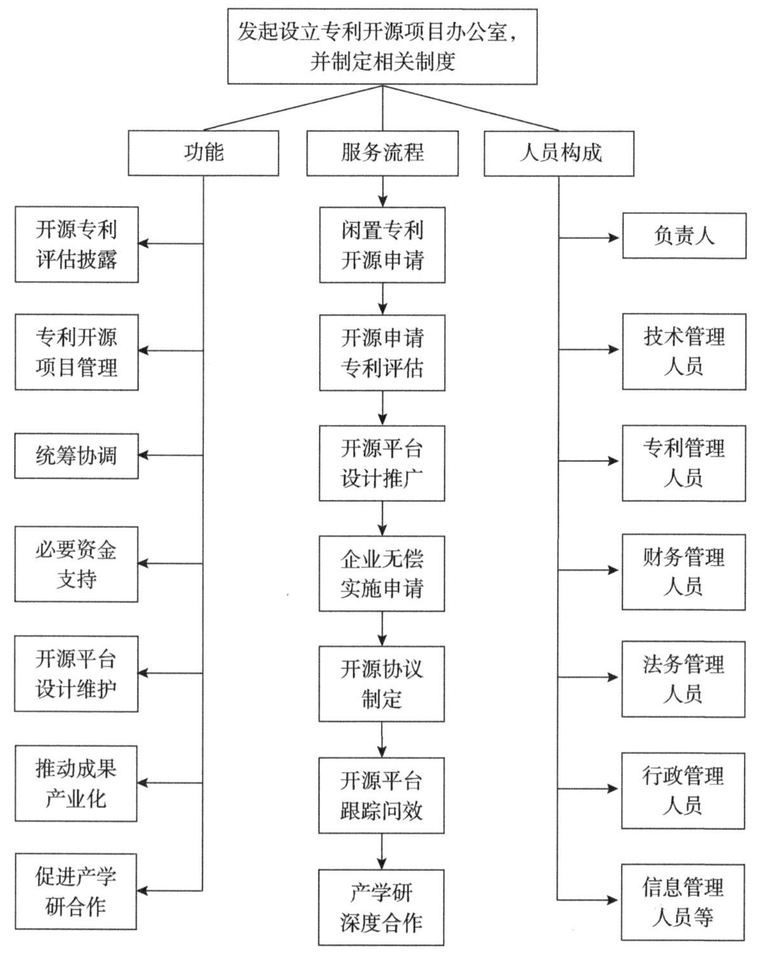

图 7.3.5　专利转化模式下专利开源基本流程

7.4　小结

本章主要针对专利转化模式下的专利开源及其运营实践进行了探索与研究，提出专利转化模式的定义，简要总结了专利转化模式的特点。对专利转化模式下的经典案例——KIPO 国有专利开源项目进行剖析，梳理了其专利开源组织管理中的开源主体管理、开源专利管理、法律事务管理、开源风险管理和开源生态管理五个方面，分析了其开源的国有专利特点，得出专利转化模式下高校及科研机构开展专利开源运营的先决条件，进一步明确了其开源运营的组织管理方式。同时，针对我国高校及科研机构的专利产业化发展现状，从已设立技术许可办公室及未设立技术许可办公室的高校及科研机构两个方面，给出其进行专利开源及运营的指导性意见和建议，以期助力我国高校及科研机构专利的产业化发展，促进产学研深度合作，进一步促进创新与市场间的良性循环。